Dr Artur Džanov

PRIMALNO LEČENJE
ČUDO OSEĆANJA

BIBLIOTEKA
XXI vek
Knjiga 2

Urednik
SIMON SIMONOVIĆ

ARTUR DŽANOV

PRIMALNO LEČENJE

Čudo osećanja

S engleskog prevela
NINA OGRIZOVIĆ

RAD

Izvornik

Arthur Janov, PhD
PRIMAL HEALING
The Miracle of Feeling

© 2006 za izdanja na srpskom, Rad

IZJAVE ZAHVALNOSTI

Želim da zahvalim dr Polu Tomsonu iz Neuroimaging Centra sa Los Anđeles Univerziteta, Kalifornija, koji mi je bio od velike pomoći u radu. Hvala i Vama, dr Dejvide Gudman iz Njuport Neuroscience Centra, na Vašem doprinosu navodima iz neurologije; reči zahvalnosti dugujem i dr Džonti Kristi. Zahvaljujem dr Majku Mejkpisu, koji je pomogao da jezik ove knjige bude bolji, kao i mom asistentu istraživaču Dejvidu Lasofu, koji je proveo mnoge sate proveravajući ponekad nepoznate reference. Hvala i izdavaču, Keti Vajer, na vremenu koje je utrošila pomažući oko izdavanja, a takođe i mom višegodišnjem izdavaču, Rendiju Malatu. Hvala i doktorima Džofriju Karu i Piteru Prontzosu na njihovom neprocenjivom doprinosu. I na kraju, zahvaljujem izdavaču Elizabeti Lion, koja je u pravom smislu reči, uobličila ovu knjigu, provodeći mnoge sate u njenom doterivanju.

Moje najdublje uvažavanje iskazao bih svojoj supruzi, dr Frans Džanov, koja je iznova čitala ova poglavlja, nudeći mnogo neprocenjivih uvida. Kao direktor kliničke obuke u našem centru, ona je pomogla u razvijanju teorije i tehnika Primalnog pristupa. Njeni dodaci u tekstu kao i ispravke, prisutni su u celoj knjizi.

Najzad, želim da zahvalim svom, nedavno preminulom, dugogodišnjem kolegi neurologu dr Majklu Holdenu, koji je podsticao moje interesovanje za neurologiju i od koga sam izuzetno mnogo naučio.

Dizajn tri nivoa svesti uradila je dr Frans Džanov.

Adieu,
Majkl, Met, Mimi, Nanu, Mišel,
Leri, Helmut, Edi

„A muke slične na paklen – ponore
I mnogo gore, neg' se podnijet more."

„Otmica Lukrecije"[1], Šekspir

„Naša je dužnost da iz sećanja izvučemo pouku."

—Žak Širak, Predsednik Francuske

Sećanje je dužnost.
I sećanje je lek.

— Dr Artur Džanov

---

[1] U prevodu Danka Anđelinovića. – *Prim. prev.*

SADRŽAJ

UVOD

Kao klinički psiholog sa više od pedeset godina iskustva, naučio sam da moramo da integrišemo discipline neuroloških nauka i psihologije i da kombinujemo ono najbolje iz oba sveta ako želimo da uspešno lečimo mentalne zdravstvene probleme. Potrebna je duboka razmena, ukrštanje znanja i prakse između ova dva polja.

Bihevioralna i kognitivna terapija/terapija uvidom, fokusirale su se isključivo na ponašanje u postavljanju dijagnoze i lečenju, zbog čega je savremeno istraživanje mozga u velikoj meri prošlo neprimećeno. Tako, iako su psihološke teorije sveobuhvatne, njima nedostaje utemeljenje u neurološkim naukama, koje sadrže bogatstvo informacija korisnih za kliničku praksu. Ja predlažem stvaranje mosta između ove dve nauke.

Moj pokušaj je jedan od prvih koraka ka ovom cilju, i nije konačan, definitivan odgovor. Imajući privilegiju da mnoge decenije provedem u kliničkom radu, posmatrao sam kako se ličnost razvija, gde neuroza počinje, i otkrio sam gde se nalazi lek. Zahvaljujući neurološkim naukama, mi sada imamo ogromno znanje za dalje istraživanje, kao i dublje, sigurnije razumevanje toga kako je mozak povezan sa ponašanjem. Za razliku od ranijih godina, danas znamo mnogo više o prirodi osećanja i limbičkom sistemu. I što je još važnije, znamo kako da oslobodimo sistem urezanog, trajnog bola.

Primalna terapija je prva psihoterapija u istoriji koja uspešno pristupa najdubljim slojevima mozga i svesti. Da bismo pomogli ljudima, oslobodili ih užasnih simptoma i patnje i stavili tačku na depresije i anksioznosti, moramo izaći iz okvira frojdovskog i biheviorističkog nasleđa, koje nam je mnogo pomoglo, ali je danas previše ograničavajuće. Moramo umetnost psihoterapije pomeriti ka nauci.

Stav da je misao prva, a mozak drugi, koji odvaja intelektualnu terapiju od terapije osećanjima, seže sve do stare rasprave između logičkih pozitivista devetnaestog veka – koji su videli um kao primaran, i empiričara – koji su primat dali iskustvu. Ovaj stav jasno seže sve do Sokratovih́ pojmova. *Materija, mozak, očigledno je prethodila umu.* Pre nego što se pojavio misleći um koji je mogao da stvara ideje, već bilionima godina je postojao organski život.

Psihologija ne može više biti samo „nauka o ponašanju", već pre ono što uzima u obzir naše psihološko sopstvo, snage koje pokreću ponašanje, dakle – *nauka o osećanjima...* Psihologija mora pos-

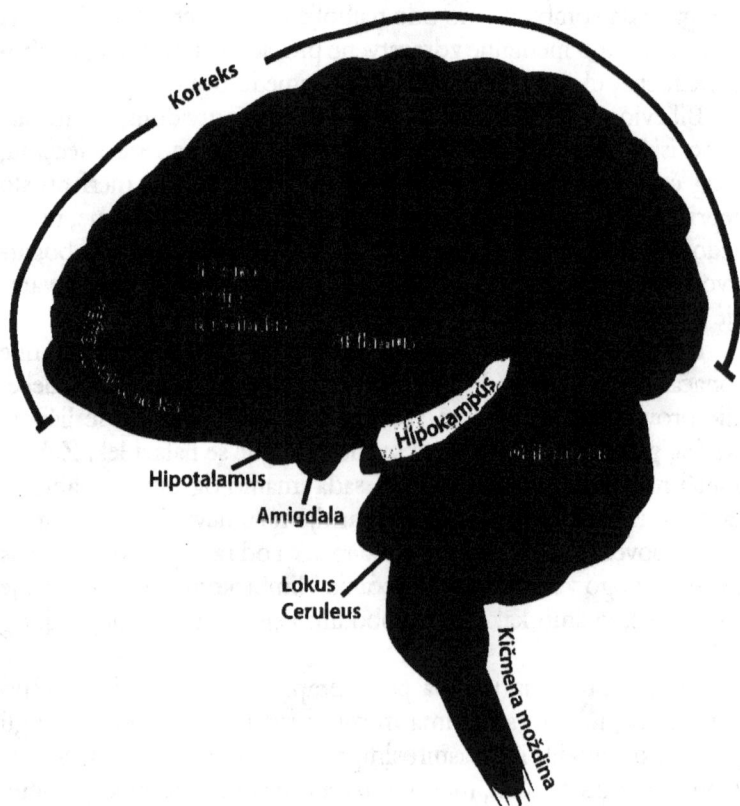

Slika 1.

tati nauka o ljudskom stanju; celokupnom stanju, ne samo njegovom mentalnom aspektu.

Mi u Primalnoj terapiji osnivamo prvu psihoterapijsku nauku. Formulišemo hipoteze i proveravamo ih. Završili smo četiri ozbiljna eksperimenta sa moždanim talasima kao i nekoliko dvostrukih „slepih" studija, i ispitali neuro-hemiju pacijenata i funkciju imunog sistema. Posmatrali smo naše pacijente godinama posle terapije da bismo proverili da li se njihov napredak održao. Merimo vitalne pokazatelje svakog pacijenta pre i posle svake sesije. Kada postoji specifična konfiguracija vitalnih pokazatelja, znamo da će neke vrste patologije biti otkrivene. Promene u tim pokazateljima, ukazuju nam meru napretka. Naše tehnike, pročišćene godinama prakse, precizne su i podležu kvantifikaciji.

Ostao sam veran istraživanju koje sam vršio i dao iskren izveštaj o njemu; takođe sam naveo kada je nešto spekulacija ili pretpostavka, a kada zasnovana činjenica. Naš klinički rad je priznat posle trideset tri godine tretmana, i pet hiljada pacijenata iz više od dvadeset zemalja.

Posvećujem ovaj rad svojim pacijentima koji su mi kroz svoju posvećenost tretmanima, pomogli da formulišem ideje – i koji su smogli hrabrosti da odu tamo kuda nijedan psihijatrijski pacijent pre toga nije otišao.

Poglavlje 1

SVE JE U VAŠOJ GLAVI

Postavio sam sebi prilično zastrašujući zadatak: da pokažem da nijedna terapija koja koristi reči kao dominantan način terapije, ne može da izazove bilo kakvu dubinsku promenu kod pacijenta. Ovo uključuje sve terapije uvidom, kognitivnu terapiju, Racionalnu emotivnu terapiju, hipnoterapiju, psihoanalizu, biofidbek, DROP – Desenzitizacija i reprocesiranje očnog pokreta i vođeno simboličko/direktivno sanjarenje. Sve ove terapije mogu da pomognu, ali nijedna ne može izazvati ozbiljnu promenu u ličnosti ili pružiti duboko, trajno olakšanje.

Pre mnogo decenija, dok sam se bavio psihoanalitičkom terapijom/terapijom uvidima, ne bih se složio sa ovom tezom. Moji pacijenti su se slagali da se osećaju drugačije posle terapije, i verovali da su napravili bitne promene u svojim životima. Sada sam više nego skeptičan po tom pitanju. Uvideo sam šta je još moguće. Duboka promena ličnosti je nemoguća ne samo na nivou reči, već i na nivou emocija; nema oduška ili „izbacivanja", kroz plakanje i vrištanje, koje će doneti bilo kakvu istinsku ili trajnu promenu.

Za prave i trajne promene, filogenetski stariji nivoi mozga moraju da se promene fiziološki, omogućavajući ključnim moždanim strukturama da se prilagode optimalnim, zdravim nivoima. Štaviše, takva promena će se desiti samo kada oni delovi mozga sa duboko utisnutim sećanjima, uspeju da se povežu neurohemijski sa delovima mozga koji zastupaju racionalnije, misleće aspekte našeg uma – kao što je frontalni neokorteks. Bilo koji broj terapija zasnovanih na razgovoru nikada neće dovesti do takve veze, jer nedovoljno aktiviraju subkortikalne strukture, koje utiču na duboko utisnuta sećanja. Upravo ova veza (između filogenetski starijih i mlađih moždanih struktura – *prim. prev.*) je od vitalnog značaja za bitniji napredak u psihoterapiji. Na ovim stranama, pokazaću da je naše mentalno zdravlje, kao i fizičko, u velikom obimu određeno fiziološkom funkcijom sive materije koju zovemo mozak.

Konvencionalna psihoterapija je zasićena verovanjem da je dobro mentalno zdravlje proizvod našeg uma – rezultat našeg razmišljanja, logičkog, racionalnog, prefrontalnog korteksa; ukratko, da nas razmišljanje može izlečiti. Logičan zaključak je da se razboljevamo u svom umu; u stvari, da razmišljanjem stižemo do bolesti. Konvencionalna psihoterapija veruje da se menjanjem stanja uma, menja i zdravstveno stanje osobe. Pa ipak, neuroza, psihička i mentalna devijacija normalnog sistema, ne nalazi se u mozgu kao ideja, već kao iskustvo koje je ostavilo fiziološki trag: Zbog ovoga, nijedna psihoterapija koja se oslanja na reči i ideje ne može da promeni neurozu. Postoji članak u „*Naučnim novostima*" [2], koji je utvrdio da pozitivno razmišljanje može imati dugotrajan efekat. Ista kola moždanih nerava koja obrađuju stvarni bol, mogu da obrade čak i očekivanje bola; suprotno je takođe tačno: da razmišljanje o olakšanju donosi olakšanje. Ovo je, nažalost, navelo mnoge profesionalce da veruju da čovek može razmišljanjem vratiti svoje zdravlje. Razmišljanjem jedino možemo postići varljivo stanje zdravlja, dok pulsirajući bol i dalje ključa iznutra. [3] Prema ovom istraživanju, verovanje u olakšanje ima čvrstu neurološku osnovu i nije isključivo „kapric" uma. Problem je što ovo ostaje verovanje, a ne realno, celovito fiziološko stanje. Ovo je jedan oblik prekida između tela i uma; oblik odvajanja i otuđenja uma od našeg pravog fizičkog stanja.

Neuroza je velika količina bola koja je rano u životu utisnuta neurohemijski u naše sisteme, koja izaziva promenu u mentalnom, emocionalnom i fizičkom funkcionisanju. U psihoterapiji ne smemo zanemariti efekat iskustva na fiziologiju obraćanjem pažnje samo na kortički, misleći um. Uprkos očiglednosti ovoga, većina savremenih psihoterapija razdvaja um i mozak, mozak i telo, čime terapija postaje fragmentarni poduhvat. Ako um vidimo kao odraz

---

[2] „Otklonite bol razmišljanjem", Sept. 2005.
[3] Videti ceo članak u Zborniku Nacionalne Akademije Nauka od 6. sept. 2005.

ukupne sume celog sistema, počinjemo da shvatamo da možemo ozdraviti samo ako ga posmatramo kao sistem koji je integrisan u celinu.

Da je „zdravlje" samo pitanje onoga što mislimo o sebi (ili onoga što terapeut misli o nama), sva bi religijska preobraćenja i posledična Bogojavljanja, bila isto tako validan lek za neurozu kao i bilo koja psihoterapija. Najzad, ako izaberemo konvencionalnu psihoterapiju, i poverujemo da postajemo zdravi samo u našem umu – u mislima o nama samima – onda je to što se nalazi u našem umu bitnije (od osećanja – *prim. prev.*), bilo da je to ideja da nas je spasao Bog, ili da su nas spasli uvidi o tome kako se majka odnosila prema nama dok smo odrastali...

Međutim, budući da je deo mozga zadužen za više funkcije sposoban za samoobmanu, mi se ne možemo osloniti na zaključke pacijenata; niti možemo da se oslonimo na to da će nam psihološki testovi dati tačnu informaciju o pacijentu, jer se takvi testovi bave samo idejama, a isključuju telo i fiziološki aspekt. Slučaj koji ovo ilustruje: studija grupe britanskih neurologa otkrila je da oznaka mirisa nadjačava faktičko senzorno iskustvo. Oni su pogrešno označili razne mirise i otkrili da je proučavana grupa reagovala na natpise umesto na iskustvo. Ovo je provereno merenjem magnetnom rezonancom. Ukratko, kognicija je dominirala nad osećanjem i instinktom. Ako je subjekat reagovao na pogrešno označen miris, delovi mozga koji je trebalo da se „uključe" na sir na primer, nisu to učinili, jer je sir imao prijatniju oznaku. Ukratko, možemo da izokrenemo percepcije i kognicije na bilo koji način, i one mogu da nadjačaju iskustvo. Videćemo koliko je ovo važno, kada budemo diskutovali o kognitivnoj terapiji.

Izbor

Za prave i trajne promene, filogenetski stariji nivoi mozga moraju da se promene fiziološki, omogućavajući ključnim moždanim strukturama da se prilagode optimalnim, zdravim nivoima.

Moramo uvek biti precizni u svojim dijagnozama. Ne bismo dali antibiotike za virusnu infekciju samo zato što pacijent misli da ima bakterijsku infekciju. U opštoj medicini, mi ne prihvatamo dijagnozu koju sebi postavlja pacijent – radimo testove da bismo otkrili istinu. Moramo isto raditi i u psihoterapiji. Moramo testirati ne samo psihu, već i fiziološki sistem. Fiziološka dejstva i ideje koje imamo o sebi, dolaze iz dva različita moždana sistema. Često, komunikacija između ta dva moždana sistema je slaba, tako da ono što mislimo i osećamo mogu biti dve potpuno različite stvari.

Većina terapeuta testira samo psihološko stanje pacijenta. Njihovi upitnici se fokusiraju na mentalno zdravlje. Ako pacijentkinja kaže, „Često plačem, ali se osećam dobro", da li je to nešto u šta treba da poverujemo? Ako proverimo njen nivo hormona stresa (kortizola) i vidimo da je on visok, moramo posumnjati u njenu tvrdnju da se oseća dobro.

Lečio sam ženu koja je bolovala od takozvane „maskirane depresije"; ona nije bila svesna svog stanja, ali je zato njeno ponašanje, skoro neprekidno, bilo bezvoljno i odsutno. Njeni pokazatelji vitalnih funkcija bili su niski, a njen nivo kortizola (hormon stresa čiji nivo merimo uzimanjem pljuvačke) je bio prilično visok. Iako je tvrdila da nije svesna ikakve duboke patnje, potvrdila je da ima blagu nelagodu. Njena fiziologija je vrištala iz sve snage, a kasnije je to činila i ona; tačnije, kada je razvila pristup svom nesvesnom. Naš posao je, s jedne strane, da spojimo nesvesno sa svesnim, i dovedemo sebe u dodir sa onim što naša tela govore. Da bismo to uspeli, treba da naučimo jezik filogenetski starijih delova mozga koji nam se neprekidno obraćaju (kada bismo ih slušali), dok mi sa njima komuniciramo retko. Treba da naučimo njihov jezik, što nije mnogo lakše od učenja francuskog. Da stvar bude još gora, ne možemo taj jezik naučiti pomoću reči; nikad kroz intelektualne vežbe, jedino kroz osećanja. Ako ne naučimo da govorimo jezik nesvesnog, koji ima svoju sopstvenu sintaksu i rečnik, jednostavno nećemo biti u stanju da izazovemo duboku promenu.

Bolni aspekt sećanja javlja se kada se osećanja pobune protiv potiskivanja. Kada neka osoba oseća, i više nema razloga za potiskivanje ona ima utoliko manje bola. Uz porast jačine osećanja na terapijskoj sesiji, povećava se i bol. Kako se osoba približava svesnosti – svesni bol postaje nepodnošljiv. A onda, iznenada, javlja se – olakšanje. Osoba je došla u kontakt sa osećanjem i doživela ga.

Jedini izbor koji osoba na konvencionalnoj terapiji ima, jeste smanjenje bola lekovima. Ili, može ga potopiti bujicom reči i ideja. Jasno je da, u procesu otvaranja prema sebi, osoba postaje mnogo slobodnija, otvorenija i toplija.

Izbor

Moderna psihoterapija često ojačava rascep ili prekid veze između dubokog primalnog univerzuma i našeg „mislećeg" frontalnog korteksa.

Trideset trogodišnja Ejmi rekla je svom terapeutu u Centru za Primalnu terapiju da joj je protekla sedmica bila prilično dosadna. „Iako s vremena na vreme plačem, izgleda da je sve u redu". Međutim, njeno ju je telo izdalo. Čak i u „dosadnom, mirnom" okruženju, njen nivo hormona stresa (kortizola) bio je visok. Očigledno da je bila pod stresom ali to nije znala, što je slučaj sa mnogim osobama kod kojih se naprasno javi krvarenje čira a da one ne znaju zašto. Njeno telo i njeno nesvesno znali su istinu, iako „ona" nije. To je ključni razlog neophodnosti pristupa nesvesnom, koje nas u tom slučaju više ne bi pokretalo. Pristup nesvesnom zaustavio bi nalet neobjašnjive bolesti. Ljudi koji osećaju bol ne pate uvek; njihovi sistemi za potiskivanje – inhibitorni sistemi – funkcionišu dobro. Patnja je deo bola o kome imamo samo svest, ne i svesnost. To znači da, iako možemo biti svesni neke neprijatnosti, toga da se loše osećamo, ne moramo znati zašto se tako osećamo. Međutim, kada imamo svest, osećamo bol i znamo zašto se pojavio i odakle on dolazi. To je znanje koje je rezultat pristupa našem nesvesnom.

Patnja u depresiji ne bi trebalo da bude misterija. Izazvali su je specifični događaji, i do nje se može doći na metodičan način, postupno. Pošto je ispričala kako je njena majka uvek vikala na nju, Ejmi je shvatila „da osoba koja je stalno tako ljuta, ne može da voli". Iako je njena majka sporadično pokazivala ljubav rečima, ljubav nikada nije bila prisutna u njenom ponašanju. Nisu samo reči bitne, bitno je i ponašanje. Ejmine potrebe su bile pod zabranom, a njihovo zadovoljenje je bilo uskraćeno. Potrebe su bile očigledne u njenom odigravanju, pri čemu se držala ženskih prijateljica, u stalnoj potrazi za njihovom „ljubavlju" i potvrđivanjem. Tako se očajnički kačila za njih, da je neke i oterala.

Malo ko od nas zna da u filogenetski starijim delovima mozga leži ceo univerzum iskustva. Taj univerzum pokreće naše ponašanje i izaziva javljanje mentalnih i fizičkih simptoma. Moramo sebi postaviti sledeća važna pitanja... Kako znamo za taj univerzum? Kako dolazimo do njega? I, najvažnije od svega, kako ga integrišemo u svesnost tako da nama više ne upravljaju nesvesne sile?

Nažalost, velik deo moderne psihoterapije pojačava podelu, ili diskonekciju, između dubokog primalnog univerzuma i našeg mislećeg frontalnog korteksa. Najveći broj terapeuta misli da su osećanja koja teku iz primalnog univerzuma – aberacije, koje naš misleći um, korteks, treba da potisne. Mi sada znamo da to nije tako. Taj univerzum ne samo da postoji i može se kvantifikovati (osećanja mogu da se mere zajedno sa nivoom potiskivanja), već je takođe od presudne važnosti za naše zdravlje. Telo ima glas, koji nas obaveštava ako je nivo kortizola, našeg hormona stresa, visok, i ako je nivo serotonina, hemijske supstance u mozgu koja potiskuje druge aktivnosti u mozgu, nizak; telo može da nadjača sve ono što bi korteks želeo da verujemo. Trebalo bi da budemo podozrivi ako postoji neslaganje između onoga u šta verujemo i onoga na šta fiziološki testovi ukazuju.

Jedan pacijent je počeo terapiju govoreći da je ovde iz intelektualnih razloga, jer veruje u našu filozofiju. Malo-pomalo, otkrili smo da ne može da spava, da je stalno uznemiren i da ne može da se opusti. Njegov dan je bio tako organizovan, da je uvek imao nešto da radi i nekud da ide. Njegovi pokazatelji vitalnih funkcija bili su visoki – broj otkucaja srca stalno je bio 95, a krvni pritisak iznosio je 160/100. Nisu ga filozofski razlozi doveli kod nas. Stideo se što je „neurotičan" kao i svi ostali i nije mogao da podnese da bude „lujka". Ovaj čovek je imao ono što ja zovem „kapije koje propuštaju". Njegov inhibitorni sistem, sistem potiskivanja bio je defektan. Videćemo kasnije da za to postoji mnogo razloga. Važan razlog (za defektan inhibitorni sistem – *prim. prev.*) je trauma zbog jake anestezije koja je data majci na porođaju, koja je umanjila šanse za pravilan razvoj frontalnog inhibitornog korteksa. Pacijent je imao problem sa kontrolom impulsa, koji bi se pojačali tokom spavanja, budeći ga i navodeći ga da razmišlja o potpuno trivijalnim stvarima. Njegov sistem kapija nije bio dovoljno dobar da bi mu omogućio miran san.

Uradili smo „slepe" studije o vezivanju imipramina za trombocite. (Zajedno sa Otvorenim Univerzitetom Milton Kejnz iz Engleske.) Trombociti imaju veliku biološku sličnost sa nervnim ćelijama, kako po pitanju unošenja neurotransmitera tako i što se tiče vezujućih mesta. Naš stav je bio da možemo meriti proizvodnju serotonina u mozgu, pomoću surogata, ispitivanjem krvi. Imipramin deluje kao antidepresiv. On blokira trošenje serotonina tako da ga više ostaje da pomogne u potiskivanju. Zato je bitno da se posle godinu dana Primalne terapije, nivoi serotonina vrate u normalu (jer to ukazuje da više ne pomaže u potiskivanju).[4] Naša neformalna analiza velikog broja pacijenata iz Evrope, otkrila je da je kod maničnih pacijenata, vezivanje imipramina bilo loše. To je bilo očekivano, jer su njihovi mehanizmi frontalne kontrole bili neispravni. Pretpostavili smo da je rana trauma ugrozila razvoj tkiva prefrontalnog mozga.

U našem moždanom sistemu nalazi se levi frontalni korteks, koji ima jaku sposobnost samoobmane. (Vidi crtež 1.). Kada jednom shvatimo njegovu ulogu u evoluciji, nećemo očekivati od njega precizan i istinit izveštaj o našem unutrašnjem iskustvu. Mi se možemo osloniti na levi frontalni korteks što se tiče spoljašnje percepcije, jer je to njegova uloga, ali on nam neće biti od pomoći kod razumevanja unutrašnjeg iskustva. Ako želimo da saznamo nešto o našem primalnom univerzumu osećanja, moramo da se obratimo desnoj strani mozga i desnom prefrontalnom korteksu. Desnoj strani možemo verovati; ona je skladište istine. Nažalost, ona tera levu stranu da laže i vara; iznad svega, da laže i vara sopstvo.

Videćemo kako dobijanje ljubavi rano u životu, čak i u materici, postavlja osnove moždanih sistema i struktura i određuje doživotno mentalno i fizičko zdravlje.

Skorašnja istraživanja mozga (navedena kasnije) su pokazala da, ako imamo nedostatak ljubavi rano u životu, imamo i manjak ključnih ćelija za razmišljanje, koncentraciju, fokusiranje i povezivanje naših misli sa našim osećanjima. Kada budemo razumeli da

---

[4] (Brajli i dr., O vezivanju imipramina, Evropski farmakološki žurnal, 1979, strane 347 i 348).

su skrivena osećanja pokretač velikog dela našeg ponašanja, razumećemo koliko je važno da povežemo svoje misli sa svojim osećanjima. Bez ovog povezivanja, ne možemo da kontrolišemo ponašanje ili fizičke simptome koji nastaju iz takvih osećanja.

Kroz konvencionalnu psihoterapiju, mi pomoću raznih uvida i lekova uspevamo da postignemo, privremeno, stanje koje bi postojalo da smo imali roditeljsku ljubav u ranom dobu. Lekovi i terapija nam omogućavaju da postignemo bar privremeno stanje olakšanja jačajući efikasnost odbrambenog sistema. Tvrdim da je kognitivna terapija/terapija uvidom u stvari sedativ, koji pojačava potiskivanje od strane leve hemisfere na štetu osećanja.

Lekovi ubijaju bol zbog toga što nismo bili voljeni rano u životu, čineći da neko vreme verujemo da smo bili voljeni, ili nas bar navode da mislimo da je sve u redu. Budući da ljubav u detinjstvu dovodi do optimalnog izlučivanja inhibitornih hemijskih supstanci, kada je nema, javlja se gubitak ovih supstanci koji čini da se retko osećamo dobro u svojoj koži. Kada je nečije rođenje traumatično, čitav njegov biohemijski sistem je izmenjen, a telo može proizvoditi manje ekscitirajućih hemijskih supstanci, čineći osobu usporenom, pasivnom i povučenom (sa manjkom agresije). Takva iskustva iz ranih godina utisnuta su neurohemijski u mozak i utiču na naše živote kasnije.

Pojam otiska je presudan za naš rad i za razumevanje neuroze. Neurohemijsko utiskivanje iskustva utiče trajno na naše nervne veze, što znači da otisak zauvek ostaje u našem moždanom sistemu. Međutim, izgleda da je moguće promeniti otisak, putem ponovnog proživljavanja iskustva u Primalnoj terapiji. Patnja koju je izazvao otisak, može se ublažiti lekovima ili do izvesne mere olakšati konvencionalnom psihoterapijom, ali otisak je neizbrisiv, i na kraju pobeđuje.

Kao što ćemo videti, otisak je unet u svaku ćeliju našeg tela. On iskrivljuje funkcionisanje organa i menja ključna vezujuća mesta hormona i neurohemijskih supstanci kao što je serotonin. Da bismo promenili ili uklonili otisak, moramo da se vratimo u trenutak kada je on utisnut, ponovo proživimo iskustvo i vratimo sistem u normalu. Ne postoji voljni akt ni pokušaj, koji će sistem vratiti u normalu; jedino će ponovno proživljavanje vremena devijacije dovesti do toga da se sistem normalizuje sam po sebi. To je razlog što depresivna osoba može doći na terapijsku sesiju sa temperaturom od 35 i po stepeni, ponovo proživeti duboko rano beznađe i otići sa normalnijom temperaturom. Zašto? Zato što utisnuta senzacija više ne drži devijaciju na njenom mestu. Da pojasnimo, izmenjeni (iskrivljeni) rezultati su proizvod otiska. Telo ne razvija nisku telesnu temperaturu iz kaprica, već reaguje na pogubna dešavanja iz ranih godina. Jedan deo reakcija sistema ne dozvoljava da se priđe depresiji. To je sve deo sećanja. Možemo popraviti ovu ili onu reakciju (krvni pritisak, otkucaji srca) vitaminima ili tehnikama novog doba, ali da bismo promenili ceo spektar reakcija moramo se usmeriti na vreme primalnog događaja.

Kada se bavimo muškarcem ili ženom kao celinom, dobijamo drugačiji set reakcija nego kada se tu i tamo bavimo pojedinačnim simptomom. Ne želimo da izlečimo *simptom*, već *osobu*, a simptom će najčešće sam nestati. Zbog toga kod naših pacijenata sa hipertenzijom postoji značajno smanjenje pritiska (simptoma – *prim. prev.*) posle jedne godine terapije. Ne bavimo se direktno simptomima, i često znamo malo o njima. Znamo više o ljudskom stanju koje je uzrok simptoma. Specijalisti često imaju celovito znanje o detaljima, (što je veoma vredno) umesto detaljnog znanja o celini; znaju više o jednoj specifičnoj reakciji nego što znaju o njenom poreklu i kako je otkloniti. Naučili su da kontrolišu reakciju i da njome upravljaju pomoću lekova.

Jedna depresivna pacijentkinja, dolazila je na terapiju hronično umorna i sa manjkom energije. Ponovno je proživela rođenje, na kome je majka bila pod jakom anestezijom; pacijentkinja nije mogla da izađe, bez obzira koliko je pokušavala. Najzad, izvadili su je forcepsom. Ali umor i nedostatak energije ostali su utisnuti. Pre naše terapije, postavili su joj dijagnozu hroničnog sindroma umora i lečili je različitim lekovima. Ali umor je bio *sećanje* – koje je jedino moglo da se izleči sećanjem; povratkom na mesto gde je sve počelo, doživljavanjem umora u tom kontekstu. Njeni su se pokazatelji vitalnih funkcija potom vratili u normalu, kao i energetski nivoi. Za ovo nije bila dovoljna jedna terapija, već mnogo njih.

Dok konvencionalna psihoterapija zanemaruje organsku prirodu mozga, postoji i suprotan problem u nekim medicinskim krugovima, gde su zdravstveni problemi svedeni samo na moždanu funkciju, ne dozvoljavajući nikakve psihološke faktore. Tako u ovim krugovima trenutno vlada mišljenje da na probleme sa ishranom, kao što je bulimija, utiče nizak nivo serotonina, hormona koji se proizvodi u mozgu, pri čemu mnogi zaključuju da je za nizak nivo serotonina zaslužna genetika.

Verovanje da su samo fizički faktori ono što je bitno, izraženo je na polju medicine poznatom kao biofidbek; ovo polje zastupa stav da možemo uticati na problem u mentalnom zdravlju kao što je anksioznost, putem privremenog skretanja moždanih talasa u drugom pravcu, odnosno tako, što će pacijent zamisliti opuštanje i tada usmeriti svoje moždane talase do alfa nivoa, što je za neke terapeute isto što i stanje mirovanja. Ali, da li je ovo dovoljan kriterijum uspešnosti terapije?

U biofidbeku, pojam normalnosti se „nameće" pacijentu umesto da se dozvoli sistemu da se normalizuje kroz prirodan razvojni proces terapije. To je *terapeutova* ideja normalnosti. Uzima se deo naše psihe i tretira kao da je to sve što postoji. Zamislite da vam mere moždane talase – EEG i da pokušavate kroz vizualizaciju, kao u biofidbeku, da izmenite svoje moždane talase u takozvane – normalne. Čist je misticizam ozbiljno misliti da će ovo biti jače od efekata života sa majkom alkoholičarkom i ocem nasilnikom. Takav terapeutski proces (biofidbek – *prim. prev.*), zavisi od zamišljanja normalnog stanja, što znači da se razmišljanjem dolazi do ozdravljenja. Ono što osoba postiže jeste prividno stanje; ukratko, nešto što nije ni stvarno ni trajno.

Da bismo uspešno lečili pacijenta, neophodno je da uzmemo u obzir njegovu psihološku istoriju, istoriju koja može sadržati incest, napuštanje i zanemarivanje. Najvažnije od svega, moramo uzeti u obzir rani fizički i psihički razvoj osobe, i ispitati kritičan period koji uključuje trudnoću i prve tri godine života (za koje nauka upravo počinje da priznaje da jako utiču na kasnije životne probleme). Neophodno je videti osobu kao celinu i razmotriti pacijentovu ranu istoriju, uzimajući u obzir i fiziološke i psihološke faktore.

Jaz između osećanja-senzacija i njihovog (ne)odgovarajućeg psihološkog pandana, nazvao sam – Džanovljev jaz. Videćemo koliko je ovaj jaz važan u određivanju dužine života i kako utiče na ranu pojavu velikog broja fizičkih i psiholoških bolesti.

Jedini napredak u terapiji jeste da se ponovo postane celovit, da se povrati davno izgubljeno sopstvo i da se ponovo povežemo sa osećanjima od kojih smo bili odvojeni na samom početku života. U ovome može uspeti samo terapija koja se zasniva na iskustvenom, na razvoju mozga individue. U ovakvim terapijama se u obzir mora uzeti ceo pacijentov sistem, da bi došlo do oporavka celog sistema, a ne samo jednog njegovog dela.

Simptomi su izraz utisnutog sećanja – sećanja na iskustva koja smo imali jako rano u životu, koja su utisnuta neurohemijski u naš mozak i nervni sistem. Primalni univerzum sadrži jake emocije utisnutih sećanja koja su izolovana u udaljenim delovima mozga. Da bi pacijent ozdravio, neophodno je pristupiti tim sećanjima na bezbedan način, dovodeći ih do svesnosti-svesti i konačno ih integrišući u sistem. Kada se to desi, ceo sistem jedne individue je u harmoniji, ključni hormoni su u normali, a sistem je najzad ispravan. Pošto je stvorena veza između osećanja-senzacija i mislećeg uma, percepcije su tačnije, i najzad osećamo mir i opuštenost kao nikada ranije.

Izbor

Pošto je stvorena veza između osećanja-senzacija i mislećeg uma, percepcije su tačnije, i najzad osećamo mir i opuštenost kao nikada ranije.

Pošto smo napravili vezu između našeg mislećeg uma i utisnutog bola osećamo se mnogo bolje, jer je trauma ostavila trag u svakom delu našeg sistema. Kada je napravljeno pravo povezivanje sa otiskom i njegovim pratiocem osećajem-senzacijom, vidljive su promene u svim sistemima, mozgu, biohemiji, hormonima i krvi. Takvo merenje napretka u psihoterapiji je moguće, i mora obuhvatiti sve te različite sisteme. Međutim, doktori često prepisuju lekove da bi popravili stanje ovih sistema. Oni će prepisati zoloft, prozak, velbutrin, paksil – i još mnogo toga, da bi pomogli pacijentu da se oseća bolje, što se ponekad i dešava. Pacijenti mogu prestati da piju ili da previše jedu ili najzad mogu biti sposobni da se opuste. Da li je to poboljšanje? Naravno, ali pacijent plaća visoku cenu: lekovi izazivaju duboko potiskivanje proširujući jaz između utisnutog iskustva i mislećeg uma, čineći pacijenta nesvesnim svojih ose-ćanja. Ovo kasnije može izazvati ozbiljna oboljenja.

Najvažnije u vezi pomenutih lekova jeste što pomažu u potiski-vanju; u blokiranju osećanja. Pravi ubica danas jeste potiskivanje; ono je srž mnogih bolesti. Kada postoji snažna sila koja zadržava bol, sistem se sa njom bori na svoj način. (Psihijatar Džon Daj-mond je, dalekih sedamdesetih, pisao o tome kako telo ne laže.) Energija bola mora nekud da ode, i ona putuje do raznih organa – bubrega, jetre, srca ili do krvotoka. Ovo znamo zbog toga što simptomi, kada pacijent ponovo proživi najveće životne traume, uključujući odsustvo ljubavi, nestaju; krvni pritisak i puls se norma-lizuju. Većina naših novih pacijenata ima visoke nivoe hormona stresa; znamo da povećan nivo hormona stresa u dužem periodu, može dovesti do velikog broja bolesti, od kojih je Alchajmerova bolest samo jedna. Da budemo jasni: da je stvarni bol otišao navi-še i napred i napravio vezu, energija ne bi otišla u razne organe, i to one najosetljivije. Ali, kada ne postoji veza, jedino što ostaje da luta po sistemu jeste energetski deo osećanja. Postaje neophodno pozabaviti se energetskim izvorom bola. Taj izvor nas pokreće; kao motor koji stalno ubrzava. Kako navodim na drugim mestima, povećan stres u dužem periodu zaista umanjuje veličinu hipokam-pusa – sedišta pamćenja, čime štetno utiče na pamćenje.

Lekovi produbljuju prekid između dubokog bola i svesnog uma. To nije način da se razreši neuroza; baš suprotno, to je način da se ona pojača, a takozvano poboljšanje je veštačko. Mislimo da nam je bolje, ali telo zna istinu. A problem se nastavlja.

Izbor

Lekovi izazivaju duboko potiskivanje povećavajući jaz između utisnutog iskustva i mislećeg uma, što pacijenta čini nesvesnim njegovih osećanja, i može kasnije izazvati ozbiljna oboljenja.

Ako zanemarimo znanje o mozgu i njegovim sistemima, onda naši zaključci o pacijentima neće imati osnove u fizičkoj realnosti. Kada u lečenju pacijenata izaberemo palijativni, intelektualni pris-tup, odnosno terapije koje utiču samo na više moždane strukture, (levi prefrontalni korteks), možemo biti nesvesni uzavrelog bola u pacijentu. A taj bol će najverovatnije nastaviti da izaziva mentalne i fizičke probleme, sve dok se misleći um neurohemijski ne poveže sa njim.

Ja predlažem radikalnu promenu obrazaca na polju psihologije, novi obrazac, koji se zasniva na novim teorijskim postavkama koje će koristiti specifične tehnike pristupa filogenetski najstarijim moždanim strukturama i omogućiti normalno funkcionisanje moždanih sistema. Međutim, da bismo ovo uradili, moramo razumeti kako moždana struktura i njeno organsko funkcionisanje utiču na naše celokupno zdravlje. Znamo, na primer, da se desna moždana hemisfera (gde vladaju osećanja), razvija pre leve (gde vlada mišljenje) i da desna reaguje pre leve hemisfere. Naravno, uspešna psihoterapija će povezati obe hemisfere i sjediniti ih. Integrisati znači „sjediniti". To znači biti celovit; razmišljati o onome što osećamo, osećati ono o čemu mislimo. To je kraj licemerja.

U svakoj uspešnoj psihoterapiji uočićemo važnost veze između desne i leve moždane hemisfere. U njoj ćemo saznati više o prednjem delu prefrontalnog korteksa i njegovoj ulozi u povezivanju misli sa osećanjima, i videćemo kako je sećanje utisnuto i smešteno u naš sistem.

Pokušaj da se, sa čisto intelektualnog stanovišta, razume uticaj traume na rođenju na zdravlje pacijenta, je vrlo ograničavajući. Ali, ako razumemo jezik moždanog stabla, koje je najdublji kanal centralnog nervnog sistema, možemo saznati šta se stvarno desilo tokom trudnoće i porođaja. Ako povedemo pacijenta putem od njegovog svesnog uma kroz filogenetski starije moždane strukture – da bi se povezao sa utisnutom memorijom i „ponovo proživeo" svoje iskustvo u materici – tretman će biti uspešan i ublažiće širok spektar zdravstvenih problema.

Jedna pacijentkinja iz Švedske došla je sa hroničnom hipertenzijom (preko polovine naših pacijenata dolazi iz Evrope). Ona je više puta proživela traumu rođenja, boreći se da izađe iz materice i koristeći svu svoju energiju u toj borbi. Tada je kod nje bio uspostavljen prototip za visok krvni pritisak (hipertenziju). Njen krvni pritisak nije opao ni kada je ponovo proživela mnoga osećanja zanemarivanja iz detinjstva. Posle šest meseci terapije, njen krvni pritisak je najzad pao sa 180/110 na 135/90. Primalna terapija joj je spasla život.

Tokom tri decenije postojanja Primalne terapije, videli smo da se neuroza, ili čak ozbiljna mentalna bolest, mogu izlečiti brižljivo smišljenom terapijom, zasnovanom na istraživanjima neuroloških nauka i godinama iskustva. Sistematski proces omogućava pacijentu da svesno ponovno proživi svoju istoriju, povezujući se neurofiziološki sa prošlim traumama. To znači da pacijent viđa samo terapeuta preko dana, što traje tri nedelje. Pacijent je u zvučno izolovanoj prostoriji sa blagim osvetljenjem i umirujućom atmosferom. Ovakva postavka onemogućava ometanje u toku terapije (zvonjava telefona, ulazak sekretarice...). Pacijent je u potpunom fokusu terapeuta. Posle ove tri nedelje, formiraju se grupe i nastavljaju individualne sesije, iako ne svakodnevno. Svi pacijenti se predstavljaju zaposlenima i zajednički se diskutuje o planu njihove terapije, što omogućava i drugim terapeutima u grupnoj terapiji lakši pristup pacijentu.

Trauma nije obavezno ugravirana u jednom strašno dramatičnom trenutku. Nju može izazvati zanemarivanje koje je trajalo godinama u ranom dobu deteta. Beba, koju roditelji ne uzimaju kada joj je to potrebno, pati. Ako traje dugo, patnja postaje trauma i utiskuje se neurohemijski u mozak.

Kada se trauma desi rano u životu, nervni sistem nije potpuno razvijen, i on može da obradi samo ograničenu količinu stresa pre nego što dođe do preopterećenja bolom. Sistemi u telu ne zanemaruju to preopterećenje; umesto toga, ono se skladišti neurohemijski u mozgu i čuva kao utisnuto sećanje. Kasnije, to utisnuto sećanje može izazvati sledeće ponašanje – Njih nije briga za mene. Šta nije u redu sa mnom? To sećanje se pretvara, prema psihološkoj terminologiji, u manjak samopoštovanja. Najgore posledice utisnutog sećanja jesu depresija, anksioznost ili visok krvni pritisak, kao i veliki broj raznih mentalnih i fizičkih bolesti.

Važno je da psihoterapeut pristupi istoriji pacijenta na metodičan način, da postepeno otkrije bol koji je uskladišten u obliku utisnutog sećanja. U Primalnoj terapiji počinjemo sa najskorijim, manje bolnim sećanjima, i nastavljamo ka daljim, izuzetno ranim traumama, vraćajući se sporo i na metodičan način, putem koji vodi ka filogenetski najstarijim delovima mozga.

Izbor

Nema ničeg jednostavnijeg od doživljavanja naših osećanja; ničeg jasnijeg od iskustva – i ničeg što proizvodi takvo olakšanje kao što je postojanje jedinstvenog sistema – mozga i tela – konačno.

Poznati mit kaže da je opasno otvoriti psihu. Ovo verovanje je postalo deo nas, još od Frojdovih upozorenja. Nasuprot tom verovanju, otkrio sam da otvaranje psihe na nežan, sistematičan način, koji pristupa svim nivoima moždanih funkcija, jeste jedini način da se eliminišu urezani šabloni ponašanja i uporni neobjašnjivi simptomi.

Poglavlje 2

KAKO LJUBAV OBLIKUJE ZDRAV MOZAK

Naš razvoj se najbolje može razumeti kao transformacija spoljašnjeg u unutrašnje. Mi od samog početka internalizujemo naša iskustva iz spoljnjeg sveta, i naša neurofiziologija se ponovo oblikuje u tom procesu; ova iskustva bukvalno postaju deo nas. Dobijanje ljubavi ili iskustvo nedostatka ljubavi u ranom dobu, menja mozak trajno. Ako je spoljni život težak i bez ljubavi, čak i u materici, to će biti pounutreno, a to okruženje će oblikovati naš mozak.

Prisustvo ili odsustvo ljubavi u ranom detinjstvu, snažno utiče na naš fiziološki razvoj. Kada dobijamo ljubav u doba našeg ranog razvoja, naš mozak i telo će raditi na optimalnom nivou. Stepen ljubavi koju dobijamo u detinjstvu može odrediti naš odnos sa drugima, našu sposobnost za davanje i primanje ljubavi, stabilnost naših veza, našu intuitivnost i sposobnost empatije, sposobnost učenja, i nivo našeg zdravlja. I stvarno, u našem organizmu postoje supstance poznate kao hormoni ljubavi (oksitocin i vazopresin). Postojanje niskih količina ovih hormona kod odrasle osobe, može nam ukazati na to da roditelji nisu pružili dovoljno ljubavi ovoj osobi i da nisu bili dovoljno prisutni u njenom detinjstvu. Niske količine ovih hormona takođe mogu ukazati na to da li ćemo kasnije biti sposobni da održimo dobru vezu. Otisak izolovanosti i usamljenosti može diktirati stepen naše bliskosti sa drugim osobama (o ovim hormonima ću reći više kasnije u knjizi).

Ličnost se razvija drugačije u odsustvu ljubavi, kao i njena fiziologija i način života. Nedostatak ljubavi uslovljava način na koji razmišljamo o svetu i sebi, i naša osećanja. Ona određuje stepen oštećenja moždanih struktura za osećanja. Nedostatak ljubavi će dovesti do smanjenja sposobnosti koncentracije, smanjenja intelektualne upornosti i nesposobnosti da zadržimo pažnju. Rezultat će biti i odsustvo sposobnosti učenja, što će u velikoj meri uticati na naš život. Odsustvo ljubavi će takođe izmeniti proizvodnju većine naših ključnih hormona i učiniti da doživotno budemo podložniji stresu. Nedostatak ljubavi može uticati i na pojavu bolesti kasnije u životu, kao i na samu dužinu našeg života.

Prema Alanu Šoru, profesoru neuropsihologije na Univerzitetu Los Anđeles u Kaliforniji, tokom trudnoće i prvih kritičnih meseci bebinog života, limbički sistem majke vrši uticaj na bebin. Majčina osećanja oblikuju bebine moždane centre za osećanja, stvarajući neku vrstu simfonije ili sinhroniju. Fetus/beba, oseća i integriše u svoju limbičku oblast majčino ponašanje, njeno raspoloženje, njen hormonski disbalans, preterano uzbuđenje ili depresiju. Ovaj prenos oblikuje matricu dečije fiziologije i razvoja mozga.

Ako želimo da imamo zdrav, integrisan mozak, odakle treba da krenemo? Krećemo od ljubavi – u najobuhvatnijem, najširem smislu tog termina. Ljubav je presudna za određivanje razvoja mozga (upotrebite ovu rečenicu za natpis na jakni!) Ona određuje uspešnost veza između ključnih moždanih centara, i utiče na stepen pristupa našim osećanjima u životu.

Voleti dete znači ispunjavati njegove potrebe. Beba (fetus) ima potrebe u materici, na rođenju i posle rođenja. Ovo znači da treba da negujemo dete od samog začeća, naročito tokom trudnoće i prve tri godine života, ne nanoseći mu traumu.

Bebin razvoj u materici je od velikog značaja, jer u materici fetus prolazi kroz kritične faze svog razvoja. U prvim mesecima trudnoće, postavljaju se polazne tačke mnogih fizioloških funkcija. Ljubav između majke i deteta izražava se na mnogo načina, kao što je zadovoljavanje bebinih fizioloških potreba (npr. potrebe za kiseonikom) kao i pravilnom ishranom majke tokom trudnoće. Majka koja voli svoje dete neće držati drastičnu dijetu dok je trudna, niti će piti alkohol ili pušiti, jer će znati da je to štetno za fetus. Ona neće uzbuniti svoj i bebin sistem unoseći kofein u sokovima ili u kafi, niti će ikada uzeti pilule za mršavljenje ili kokain.

Rađanje sa ljubavlju znači da majka neće pristati na anesteziju da bi smanjila bol na porođaju (epiduralna anestezija), jer zna da će to uskratiti kiseonik njenoj bebi i prekinuti funkcionisanje mnogih bebinih sistema. Trauma sa rođenja je utisnuta i može trajati doživotno, jer je rođenje često pitanje života i smrti. Da bi majka pokazala svoju ljubav i omogućila da se razvije jaka povezanost između nje i bebe, neophodno je da bebu drži uz sebe i da je doji.

Pored toga, prava ljubav znači bebinu bliskost sa oba roditelja i mnogo toplog fizičkog kontakta sa roditeljima kroz njihovo držanje, grljenje i ljubljenje bebe. Pored držanja i maženja bebe, voleti bebu znači i gledati je sa toplinom u očima, obraćati pažnju na njena raspoloženja, slušati je, brinuti se o njoj i imati stav koji deluje umirujuće. To znači da roditelji imaju empatiju za bebu, da osećaju šta želi kad traži pažnju, da osećaju i kad beba ne želi pažnju; neku decu roditelji grle, ljube i maze previše jer je to njima potrebno (a ne detetu). Roditelji izražavaju svoju ljubav kada ohrabruju svoje dete, kada ga hvale i omogućavaju mu da izrazi svoja osećanja. Ljubav znači usmeravanje i zaštitu, i pomaže da se dete sve vreme oseća bezbedno.

U procesu sazrevanja mozga razvijaju se i druge potrebe, kao što su potrebe da dete dobije intelektualnu stimulaciju i pohvalu od roditelja, i da može da razgovara sa njima. Ukratko, kada naše fizičke, emocionalne i intelektualne potrebe nisu zadovoljene, mi patimo.

Što je veći broj potreba zadovoljen, to će mozak biti zdraviji, a beba srećnija. Ali kada ove potrebe nisu zadovoljene (fizičke, emocionalne i intelektualne – *prim. prev.*), kada nema ljubavi, javljaju se trenutne i trajne posledice. Kada majka nema mnogo ljubavi, nije emocionalno nežna i topla, ne mazi svoju bebu dovoljno, ona oblikuje drugačiju strukturu osećanja u bebinom mozgu. Menjanje strukture se pre svega odnosi na bebinu desnu moždanu hemisferu, jer se tu nalaze najranije utisnuta sećanja, o čemu ću govoriti kasnije. Nedostatak ljubavi ne prati bebina raspoloženja. Malo dete je poletno i razigrano, a iritantna majka ga ućutkuje i grdi. Ponekada, kada je dete tužno, jedini komentar njegovog oca je : „Promeni izraz lica i budi veseo."

SPOLJNO DIKTIRA UNUTARNJEM

Ono što pokreće ljudsko ponašanje od trenutka začeća, jeste težnja ka minimizaciji bola i maksimalizaciji prijatnosti. Zbog toga, mi posedujemo razrađen sistem za ublažavanje bola, sistem na koji deluju neurotransmiteri koji ulaze u sinapse između neurona, da bi onemogućili da se poruka o patnji prenese višim centrima. Da bismo se osećali prijatno, moramo imati optimalan nivo inhibitornih neurotransmitera, *serotonina* i *endorfina*, „morfijuma" koji proizvode naš mozak i naše telo. Ljubav u ranom dobu normalizuje ove nivoe. Ono što jača mozak bebe, jesu smirenost majke u trudnoći, i bliskost između majke i bebe, puna ljubavi, u prvim nedeljama i mesecima bebinog života.

Izbor

Na lučenje hormona koje će uticati na razvoj bebinog mozga, utiču majčino ponašanje u trudnoći, njeno raspoloženje, njen hormonski disbalans, njeno preterano uzbuđenje ili depresija, njena želja ili odsustvo želje da ima bebu.

Ljubav reguliše receptorski sistem za opijate, tako što se u sistem majke izlučuju optimalni nivoi endorfina, čineći da se ona oseća prijatno i da se lakše nosi sa bolom. Neko bi to mogao nazvati višom tolerancijom na bol, dok to u stvari znači da je potiskivanje kod zdrave osobe uspešnije. Povećano lučenje endorfina će povećati detetovu sposobnost da bude zadovoljno i da se raduje. Ovo će takođe omogućiti da dete bolje podnosi stres i da se lakše izbori sa problemima kasnije u životu. Kada ovo dete odraste i postane majka, moći će zahvaljujući svom ranom iskustvu, da prenese smirenost na svoju bebu. Ova majka može da učini da se njeno dete oseća prijatno, omogućavajući mu da podnese stres, a da ga on ne preplavi.

Jedna majka koju smo lečili, odgajila je „primalnu bebu", dete koje je bilo potpuno voljeno. Dete se nikada nije bojalo novog iskustva; nije se bojalo da promeni školu ili stekne nove prijatelje, niti da pristupi novim saznanjima. Ono je živelo celim svojim sopstvom, što je značilo pristup sopstvenim osećanjima. Dete je bilo sposobno da podnese jaku stimulaciju, jer nije bilo stalno preplavljeno unutrašnjim pritiskom (zbog utisnutog bola). Osoba koja pati je već pod pritiskom unutrašnjih podataka (utisnutog bola),

tako da svaki dodatni pritisak, bez obzira na snagu, postaje preve-
lik. Ovakva osoba kao da se slama pod preteranim teretom.

Na lučenje hormona koji će uticati na razvoj bebinog mozga,
utiču majčino ponašanje u trudnoći, njeno raspoloženje, njen hor-
monski disbalans, njeno preterano uzbuđenje ili depresija, njena
želja ili odsustvo želje da ima bebu. Sve više naučnih istraživanja
potvrđuje da su deca majki koje su bile pod stresom tokom trud-
noće „sklonija bolestima kao što su dijabetes, gojaznost, visok
krvni pritisak i srčana oboljenja."[5] U izveštaju u *Naučnim novina-
ma*[6], navodi se: „Detinjstvo, puno psiholoških ili fizičkih proble-
ma, povećava rizik da osoba oboli od srčane bolesti." Da bi utvrdi-
li faktore rizika za srčana oboljenja, istraživači iz Atlante i San
Dijega pregledali su podatke za više od sedamnaest hiljada odraslih
pacijenata. Zaključili su da je verovatnoća pojavljivanja srčanih
oboljenja tokom života, povezana sa jačinom problema u detinj-
stvu. Ovi istraživači nisu proveravali koliko se rano u životu mogu
javiti ti faktori rizika (problemi u detinjstvu). Visok nivo anksioz-
nosti kod majke doprineće da fetus bude izložen većem stresu.
Trudna majka koja je anksiozna, svojim reakcijama na dešavanja u
svojoj okolini uzburkaće metabolizam svog fetusa, koji takođe rea-
guje na svoje okruženje (što je u njegovom slučaju materica majke
– *prim. prev.*). Ako majčina anksioznost traje dovoljno dugo, ank-
sioznost će postati trajno stanje kod fetusa, a kasnije i kod deteta i
odrasle osobe. Majčina anksioznost će previše stimulisati fetus i
oštetiti njegov nervni sistem, stvarajući dete sa utisnutim visokim
nivoom stimulacije; takvo dete se može osećati ugroženo zbog
svake sitnice. Kao odrasla osoba, takva žena može odgovoriti na
muževljevu molbu da donese so, jednim ljutitim: „Zar zaista oče-
kuješ da ja uradim sve? Donesi je sam."

Spoljno diktira unutarnjem. Za fetus je majčina materica spoljni
svet – njegovo okruženje. Posledica okruženja koje drži fetus u sta-
nju uzbune (kod anksiozne majke, na primer – *prim. prev.*), jeste
agresivnije, hiperaktivno dete, koje neće moći mirno da sedi ili da se
koncentriše. Ovakvo dete će biti izuzetno oprezno kada odraste. To

---

[5] Videti BELEŠKE pod – 3.
[6] „Trauma u detinjstvu povećava rizik od srčanih oboljenja", 30. okt.
2004, „Naučne novine".

može biti korisno ako ono postane holivudski agent ili policajac na tajnom zadatku, ali će loše uticati na dužinu njegovog života. Suprotno tome, ako brižna majka postane depresivna i to traje duže vreme, njena beba će preći na „usporen" način rada.

Poznati mit kaže da je opasno otvoriti psihu. Ovo verovanje je postalo deo nas, još od Frojdovih upozorenja. Nasuprot tom verovanju, otkrio sam da otvaranje psihe na nežan, sistematičan način, koji pristupa svim nivoima moždanih funkcija, jeste jedini način da se eliminišu urezani šabloni ponašanja i uporni neobjašnjivi simptomi.

Zaista je čudno što se moderna psihoterapija još uvek drži starog religioznog shvatanja da se u nama nalaze demoni kojima se ne smemo približiti. Smešno je misliti da je nesvesno puno fantazmagoričnih entiteta, crnih mračnih sila koje moramo izbeći po svaku cenu. Ništa od toga nije istina; pacijenti su uz našu pomoć išli do najvećih dubina nesvesnog i nisu našli mistične demone. Sve što tamo nalazimo jesu sećanja, sećanja na naše živote. Bolna sećanja, od kojih se prevrće utroba, ali sećanja sa kojima možemo da živimo. Kako to može biti loše? Kako to može biti opasno?

Proces povezivanja sa utisnutim sećanjima nazvao sam „ponovno proživljavanje" i/ili „primal". Bez ponovnog proživljavanja osećanja, deo sećanja koje organizam nije mogao da integriše kada se trauma desila, nanosi stalnu štetu našem sistemu. Ipak, samo kada smo stariji i zreliji možemo ponovo da proživimo osećanja. Tada smo dovoljno jaki da se suočimo sa svojim bolom.

I pored ogromnog broja raznih terapeutskih pristupa, smatram da je jedini način da se izađe iz neuroze, povezivanje – povezivanje nižih nivoa svesnosti sa višim, i desnog prefrontalnog mozga sa levim, dakle, ponovno proživljavanje bola. Nema ničeg jednostavnijeg od doživljavanja naših osećanja; ničeg jasnijeg od iskustva– i ničeg što proizvodi takvo olakšanje kao što je postojanje jedinstvenog sistema – mozga i tela – konačno. Ponovnim proživljavanjem osećanja da, na primer, nismo voljeni, mi dozvoljavamo sebi da ponovo osetimo ljubav. To znači da najzad možemo osećati, zaista osećati.

Depresija majke može izazvati niske nivoe dopamina kod fetusa; nizak nivo dopamina može kasnije stvoriti ličnost koja će biti flegmatična, pasivna sa potpunim odsustvom agresije. Ako majka pije koktel, bebi će se zavrteti u glavi i biće pijana. Ako majka puši, beba će se gušiti. Ovakvo majčino ponašanje će uticati na utiskivanje drugačijih polaznih tačaka u bebin nervni sistem. Setimo se da nizak nivo dopamina može dovesti do zavisnosti od droga koje podižu raspoloženje (npr. kokain). Ukratko, naš emocionalni kapacitet i naš fiziološki sistem mogu biti ugroženi i pre našeg rođenja, čak i pre nego što se u potpunosti razviju strukture koje obrađuju emocije.

Nedovoljno majčine ljubavi na samom početku života deteta, dovešće do smanjenja inhibitornih supstanci u bebinim mozgu koje imaju ulogu zadržavanja bola. Ako majka ne hrani dete kada je ono gladno, već kad njoj odgovara, ili ako roditelji svom jednogodišnjem detetu ne upućuju zagrljaje, nežnost i poljupce i ne ostvaruju sa njim bliskost, dete će patiti. Izazivanje patnje kod druge osobe nije izraz ljubavi. Često se detetove potrebe nesvesno zanemaruju, što ilustruje rečenica „Ti znaš da te volim, samo to ne pokazujem." Iako bismo želeli da dete razume zašto ga ne možemo voleti, to nije moguće, jer svi njegovi podsvesni sistemi znaju da ono pati zbog nezadovoljenih potreba. U svojim istraživanjima nisam pronašao eksperimentalni dokaz o povezanosti jačine bola i proizvodnje serotonina, ali logično je da jak bol prvo izaziva povećanu proizvodnju serotonina, a zatim naglo smanjenje njegove proizvodnje. Izgleda da, kod jakog bola obim proizvodnje serotonina ne može da se održi, pa dolazi do opadanja. Otkriveno je, na primer, da u hroničnoj depresiji postoji nizak nivo serotonina. Primer sa proizvodnjom serotonina u izvesnoj meri liči na ono što se dešava u krvnom sistemu kada otisci, koji su utisnuti u ranom uzrastu, prvo uzrokuju vazokonstrikciju, koje zatim prati vazodilatacija (sužavanje krvnih sudova/širenje krvnih sudova).

Dobijanje ljubavi rano u životu, pomaže razvoju sveobuhvatne mreže dendrita, dela moždane ćelije koji dobija informacije od drugih ćelija. Neuroni „razgovaraju" sa drugim ćelijama preko široke mreže veza nalik grani (drveta), koje se zovu dendriti. Što je više dendrita, to će bolja biti komunikacija između naših ćelija. Ovo može poboljšati pristup našim osećanjima jer ćemo doslovce imati više komunikacijskih linija na raspolaganju.

Kao što pozitivna iskustva u ranom dobu mogu da stimulišu neurone da razviju nove sinapse i dendrite koji omogućavaju različite veze sa drugim neuronima, tako, kada postoji nedostatak ljubavi, imamo manje sinapsi koje su nam potrebne da bismo integrisali svoja osećanja sa svešću. Mi se, jednostavno, ne igramo svim svojim klikerima. Možemo smatrati da je genetika razlog što je jedan brat mentalno jači od drugog u detinjstvu, ali verovatnije da je razlog njihov život u materici, usled koga su se u mozgu jednog deteta razvile bolje i jače nervne veze nego u mozgu njegovog brata. Majka je verovatno bila mirnija tokom jedne trudnoće nego tokom druge.

Studija u članku iz „Naučnih novosti"[7] uporedila je dve grupe miševa. Jedna grupa bila je normalna; drugoj je bio izbačen gen za proizvodnju serotonina. Miševi su zatim podvrgnuti terapiji ekvivalentom prozaka (pojačivač lučenja serotonina), na uzrastu od četiri dana do dvadeset jednog dana (što odgovara uzrastu od trećeg trimestra trudnoće do osam godina). Kada su miševi sazreli, stavljeni su pod stres (dobijali su elektrošokove preko stopala). Miševi kojima je davan „prozak" rano, pokazali su anksioznost i depresiju, manje su bili zainteresovani za svoju okolinu i trebalo im je više vremena da izbegnu šok. Ova studija je pokazala da serotonin igra odlučujuću ulogu u razvoju normalnog mozga, i da će posledice na raspoloženje i kontrolisanje raspoloženja biti kasnije trajne, ukoliko rano ometamo proizvodnju serotonina – dok se mozak još razvija. Moje mišljenje je da rana trauma, čak i u materici, može da uradi tačno to – učini osobu podložnom na anksioznost i/ili depresiju tokom života.

Ljubav je naročito bitna za razvoj prefrontalnog korteksa (deo mozga koji leži iza čela i očnih šupljina), jer je to deo zadužen za pristup osećanjima, njihovu kontrolu i integrisanje u sistem. Ljubav dovodi do stvaranja većeg broj nervnih ćelija, čiji je ključni zadatak – prevođenje i prenos informacija. Sinapse, koje čine vezu između neurona, rastu, jačajući mozak, naročito u oblasti prefrontalnog korteksa/kontrolnog centra. Trauma odsustva ljubavi tokom života u materici, može da dovede do postojanja manjeg broja nervnih ćelija. Manjak neurona može usporiti razvoj prefrontalnog korteksa, imajući za posledicu kasnije probleme sa kontrolom impulsa. Osoba koja ima slabije razvijen prefrontalni korteks

---

[7] „Recept za nevolju", 30. Okt. 2004. tom 166, str. 278.

ne može da čeka ili da kontroliše impulse. Mokrenje u krevet kod deteta ili prevremena ejakulacija kod odrasle osobe takođe su posledica slabije razvijenog prefrontalnog korteksa, kao i teškoće sa fokusiranjem ili koncentracijom koje osoba ima.

Zbog smanjenja prefrontalnog korteksa (usled neodgovarajućeg razvoja zbog nedostatka ljubavi – *prim. prev.*), manji broj dendrita će primati poruke drugih neurona i manji broj sinapsi će prenositi poruke drugim neuronima, tako da ni kasnije funkcionisanje prefrontalnog korteksa neće biti sjajno. Ovo potvrđuju i skeniranja mozga. Na primer, skreniranje je pokazalo da je kod nekih impulsivnih reakcija aktivnost u prefrontalnoj oblasti smanjena. Kriminalci kojima dominiraju nagoni, imaju veću tendenciju ka impulsivnom ponašanju. Danijel Ejmen, specijalista za mozak, skenirao je mozak osoba različitih fizioloških stanja. Otkrio je da se kod poremećaja pažnje (hiper-kinetski sindrom), kada je subjektu dat zadatak koji zahteva koncentraciju, energija u mozgu kreće unazad umesto ka frontalnom korteksu kao što bi trebalo. Mozak je frontalno deficijentan, zbog rane traume ili toksičnih uticaja, tako da ne poseduje opremu za fokusiranje: nije povezan jaz između neurona, niti postoje odgovarajuće moždane ćelije za obradu apstraktnih misli. Mozak nema „sve svoje klikere", i ne može da uradi ono što zdrav mozak može. Ovo nikako ne smemo zanemariti pri lečenju pacijenata u psihoterapiji. Bez podataka o funkcionisanju mozga, pokušavaćemo da nateramo mozak da uradi ono što on neurološki nije u stanju.

KRITIČNI PERIODI: KADA JE PREKASNO DA BUDEMO VOLJENI?

Kritični period je onaj u kome je potreba za ljubavlju na svom maksimumu i mora biti zadovoljena. Bol utisnut u sistem usled nezadovoljenja potreba u kritičnom periodu, ostaje za ceo život. Ništa ne može da popravi štetu – ni dobijanje ljubavi ili brige kasnije, ni uspeh, ni „svest" stečena kroz terapiju, ni droge, ni alkohol, ni vera u Boga.

Jedini način da se otkloni jedan deo nastale štete, jeste pristupanje nervnim vezama koje su postavljene u vreme izvornog bola i traume na takav način da se one (nervne veze) mogu izmeniti. Pošto ove nervne veze uključuju filogenetski starije oblasti našeg mozga, gde se nalaze naše osnovne emocije i funkcije opstanka, razgovor o tome šta nam se desilo, neće imati mnogo efekta (jer u vreme utiskivanja traume nije postojala verbalna komunikacija – *prim. prev.*). Umesto razgovora, moramo sebi dozvoliti da u potpunosti proživimo, ili preciznije, da ponovo proživimo ta rana bolna, traumatična iskustva, ali sa pozicije odrasle osobe koja može da podnese osećanja. To je ono što nudi Primalna terapija.

Iako je besmisleno dati šestomesečnoj bebi dodatni kiseonik zato što joj je nedostajao u materici, ipak se može nešto uraditi. Svaka ozbiljna trauma tokom trudnoće ili na porođaju postaje utisnuta i može trajati celog života. Ali mi danas imamo tehnike koje nam pomažu da se vratimo unazad kroz pacijentovu istoriju i poništimo efekte traume. Možemo se vratiti u trenutak kada je novorođenčetu na porođaju nedostajao kiseonik. Pacijent će pocrveneti, i u tom trenutku će mu zaista nedostajati onaj isti kiseonik kojeg je njegov mozak uskladištio kao sećanje. (Naše istraživanje, o kojem ćemo govoriti kasnije, na Laboratoriji za bolesti pluća Los Anđeles Univerziteta u Kaliforniji, ovo je potvrdilo). Budući da je taj nedostatak kiseonika poremetio sistem, (česti su problemi sa disanjem ili nedostatkom vazduha) ponovno proživljavanje, sad, može razrešiti traumu i ispraviti devijacije koje je prouzrokovalo izvorno iskustvo. Svi smo videli decu koja će, kada su pod stresom, predugo zadržati vazduh, što je često pokazatelj nedostatka kiseonika na rođenju. Na primer, ako tokom trudnoće majka hronično koristi droge ili alkohol, ovo izaziva dugotrajnu štetu u mozgu bebe i znatno ugrožava njenu sposobnost da, kada odraste, podnese stres, bude srećna i da funkcioniše bez problema. Zdrav razvoj neurona tokom poslednjeg trimestra trudnoće je posebno bitan; ako se trauma desi u ovom periodu, mozak koji je u razvoju, može biti izmenjen za ceo život. Ako se novorođenčetu ne pruži dovoljno dodira u prvim satima ili danima posle rođenja, kod njega će možda biti utisnuti strah i usamljenost koji će mu obeležiti život.

Nekoliko studija pronašlo je vezu između majčine brige i budućeg mentalnog zdravlja njenog deteta. Noviji eksperimenti na životinjama koje je vršio Majkl Mini, profesor medicine na Mek Gil

Univerzitetu u Montrealu, Kanada, o kojima izveštava Ema Ros[8], otkrili su da način na koji se majka brine za svoju bebu može odrediti koliko će dete biti podložno stresu kad odraste; majčinska nega može trajno promeniti funkcionisanje detetove genetike.

Mini je imao nameru da proveri da li se bebe pacovi koje majka više čisti i liže, razlikuju po nečemu od onih koje majka manje čisti i liže, i ako je to tačno, zašto. Ove studije su ispitivale poreklo bolesti odraslih, i rigorozno su proverile hipotezu da je majčino ponašanje najbitnije za razvoj mladunaca; takođe su pokazale šta se dešava u mozgu mladunaca pri stvaranju karakteristika koje će imati odrasla jedinka. Mini i njegov istraživački tim, otkrili su da su bebe pacovi koje su majke lizale, bile manje anksiozne i plašljive kao odrasle, i da su proizvodile niže nivoe hormona stresa od onih koje je majka čistila manje." Sve majke pacovi pružaju negu svojim bebama, daju puno mleka, i bebe pacovi rastu savršeno dobro", rekao je Mini, "- Ali, postoji jedno ponašanje, koje zovemo lizanje i čišćenje, koje neke majke čine mnogo više od drugih – četiri ili pet puta više. Bebe pacovi koje su majke više lizale i čistile, manje su plašljive, proizvode manje hormona stresa kada su izazvane, a broj njihovih otkucaja srca nije toliko velik zbog čega je njihova reakcija na stres mnogo umerenija od reakcije beba pacova koje majke nisu toliko lizale."

Naučnici su čak potpuno uklonili majku sa scene i mazili bebe pacove slikarskim četkicama. Mini nastavlja, „Ovo ima isti efekat kao i majčinsko lizanje." Promena u proizvodnji moždanih receptora je bila očigledna već u drugoj nedelji života.

„Ovo je vrlo važna studija", potvrdio je Piter Blekman, profesor pedijatrije i prenatalne biologije sa Okland Univerziteta na Novom Zelandu, koji nije učestvovao u istraživanju. Ukazao je na to da genska ekspresija kod sisara može biti trajno promenjena načinom interakcije između majke i deteta i da to može imati dugotrajne efekte na ponašanje i psihičko zdravlje deteta. Da je ove bebe pacove majka lizala samo par nedelja kasnije, kritičan period bi bio prošao i dugotrajni efekti ne bi bili vidljivi.

Biolog i neurolog sa Stanford Univerziteta, Robert M. Sapolski, u knjizi „Majmunska ljubav"[9], daje izveštaj o svom istraživanju

---

[8] Kompletan navod možete naći u časopisu „Associated Press", 2002.

na miševima, i navodi koliko rano se javlja kritični period. Kako ćemo videti, događaji iz ranog detinjstva su bitni za kasniji život, ali je život fetusa mnogo važniji. Sapolski je utvrdio da genetski uticaji nisu jedino što je bitno, kako ponekad verujemo; ne samo da su životne okolnosti bitne, već i uticaji pre rođenja mogu biti od kritičnog značaja za naš život.

„Opuštena" vrsta (iz gena AJ) – miševi koje su od rođenja odgajale majke iz „stidljive" vrste, odrasla je isto tako opuštena kao i svi drugi članovi „opuštene" vrste. Istom tehnologijom koja se koristi u klinikama kod in vitro oplodnje, istraživači su izvršili „ukršteno hraniteljstvo" dok su miševi bili još embrioni (stvarajući situaciju u kojoj jedna vrsta miševa odgaja genetski različitu vrstu). Usadili su jaja „opuštene" vrste u ženke iz „stidljive" vrste koje su ih nosile do rađanja. O nekim bebama miševima „opuštene" vrste, brinule su majke „povučene" vrste, a o drugim miševima „opušte-ne" vrste brinule su majke iste vrste. Rezultat? Kada su miševi, genetski predodređeni za „opuštenu" vrstu, prošli kroz fetalni razvoj i rano doba sa mamama iz „stidljive" vrste, kao odrasli bili su isto tako stidljivi, kao i drugi miševi iz „stidljive" vrste (koji su to nasledili). Isti geni, različito okruženje, različiti ishod." Sapolski zatim komentariše: „Uticaj okruženja ne počinje na rođenju. Neki faktori u okruženju majke „povučenog" miša tokom njene trudno-će – njeni nivoi stresa.... utiču na nivoe anksioznosti i sposobnosti učenja njenih potomaka, čak i kad odrastu." On naglašava da „opušteni miševi nisu opušteni samo zbog svojih gena; njihovo okruženje tokom fetalnog razvoja i njihovo neonatalno okruženje (tokom, i neposredno posle rođenja) su presudni faktori koji su uticali na njihovu opuštenost".... Razmotriću ove rane uticaje, i naglasiću da postoji mnogo istraživanja na životinjama koja potvr-đuju moje reči: događaji na rođenju i pre rođenja određuju naše ponašanje kada odrastemo; ako zanemarimo ove uticaje, nećemo u potpunosti razumeti ko smo i zašto smo takvi. Štaviše, nećemo znati kako da lečimo i rešavamo razne probleme kad odrastemo. Mi pravimo nadgradnju od začeća nadalje. Potrebna nam je čvrsta osnova za tu nadgradnju, da bismo bili integrisane odrasle osobe sposobne da izdrže razne uticaje. Zaključak: genetika je važna, ali

---

[9] „Majmunska ljubav" „Skribner", Njujork. 2005., str. 52.

je životno iskustvo, čak i u materici, podjednako važno, ako ne i važnije. Pojava visokog krvnog pritiska, astme ili migrene, ne zavisi samo od genetike, već i od onoga što nam se desilo jako rano u životu. Zanemarivanjem života fetusa u materici, izostavljamo životno iskustvo koje na nas može uticati tokom celog života.

Pitamo se – da li se zaista možemo vratiti i ponovo proživeti događaje iz perioda kada smo bili fetus? Odgovorio bih na sledeći način: u evoluciji, svaki novi nivo moždanog razvoja inkorporira niže, ranije nivoe. Misleći neokorteks je neka vrsta dodatka na ranije forme životinjskog mozga. Tako na rođenju već postoje senzacije iz perioda pre rođenja, koje uslovljavaju reakciju novorođenčeta na traumu porođaja. Kada pacijent ponovo proživi traumu porođaja (ako je ona postojala), on ponovo prolazi i kroz senzacije (osnovu osećanja) koje su na porođaju postojale. Kako ćemo kasnije videti, na ovaj način možemo ponovo proživeti događaje iz perioda pre rođenja, a da nismo svesni da su to iskustva iz petog ili šestog meseca trudnoće.

Opšte je pravilo – što se ranije u životu javila potreba koja nije zadovoljena, to će biti gore posledice nedostatka ovog zadovoljenja. Što je trauma bliža „kritičnom periodu", to je ona štetnija. Jedan od načina za definisanje kritičnog perioda jeste ireverzibilnost njegovih efekata. Što više vremena prođe od kraja kritičnog perioda, to je veća snaga potrebna da se stvori otisak. Da bi trauma imala dubok i trajan efekat posle kritičnog perioda, potrebno je da ona bude veoma snažna. Zašto dolazi do nezadovoljenja potreba? Iz milion razloga, ali vrlo često roditelji imaju toliko sopstvenih nezadovoljenih potreba (čiji je rezultat narcizam) i bola, da jednostavno ne mogu da se brinu za svoje dete.

Izbor

Iz osećanja naših pacijenata i provere pokazatelja vitalnih funkcija pre i posle svake sesije, otkrili smo da odsustvo dodira u uzrastu od sedam godina, nikada ne može izazvati istu traumu kao kada ono postoji u uzrastu od šest meseci.

Razvedeni otac, koji je napustio porodicu kada mu je ćerka imala šest, a sin osam godina, vratio se porodici kada su deca već bila tinejdžeri. Nadao se da će uspeti da im nadoknadi izgubljeno vreme. To se nije desilo. Njihov odnos je bio ozbiljno poremećen, a bol dece zbog gubitka oca bio je duboko ugraviran. Jedino što sada ovi tinejdžeri mogu da urade jeste da se vrate u vreme napuštanja, osete bol zbog toga, zamole tatu da ne ide, a onda možda mogu da bolje prihvate očev povratak. Blokada ranog bola sprečavala ih je da budu otvoreni (prema ocu – *prim. prev.*).

U stvari, svaki dubok bol i potiskivanje mogu da zatvore sistem do te mere, da je ulazak ljubavi skoro nemoguć. Bol je neprijatelj, a potiskivanje može biti i prijatelj (potreban izvorno da nas drži na pravom kursu) i neprijatelj (kada kasnije poželimo ljubav). Potiskivanje ulazi u biće kao sluga bola. Razrešen bol značiće i smanjenu potrebu za potiskivanjem. Preciznije, što je više bol integrisan (ponovnim proživljavanjem – *prim. prev.*), manja će biti potreba za potiskivanjem.

Iz osećanja naših pacijenata i provere pokazatelja vitalnih funkcija pre i posle svake sesije, otkrili smo da odsustvo dodira u uzrastu od sedam godina, nikada ne može izazvati istu traumu kao kada ono postoji u uzrastu od šest meseci. Na primer, nedostatak bliskog fizičkog kontakta sa roditeljima u prvim mesecima po rođenju, može značiti manje nervnih vlakana koja povezuju levu i desnu moždanu hemisferu, a rezultat toga će biti – odsustvo pristupa osećanjima. (Vidi sledeće poglavlje.) Nedostatak bliskog kontakta posle pete godine ne bi imalo isti efekat.

Ako ne mazimo dete od sedam godina, neće doći do užasnih posledica i to neće izazvati presudne promene u moždanim strukturama. Dete će biti povređeno, ali njegov moždani sistem se neće promeniti. To će biti bolno sećanje, ali neće biti utisnuto na isti način kao da se to desilo tokom kritičnog perioda. Traume koje se javljaju u adolescenciji zbog odsustva grljenja, razumevanja, slušanja još bole, ali ne toliko kao traume zbog nezadovoljenih potreba u ranom detinjstvu. U stvari, osećanja povezana sa ranijim bolom su obično okidač za kasniji bol, iako možemo biti potpuno nesvesni toga.

Nasuprot tome, otisci, posebna kategorija sećanja, imaju trajne i rasprostranjene efekte. Otisci menjaju celu našu fiziologiju, određuju glavne tačke za ključne moždane strukture, čime oblikuju ličnost. Kada beba tek dođe na svet, a njen emocionalni mozak se još razvija (desna hemisfera – *prim. prev.*), odsustvo dodira može imati nesagledive posledice. Nedostatak dodira će biti okidač proizvodnje hormona stresa – kortizola, koji može porasti do katastrofalnih nivoa i tako štetno uticati na moždane strukture. Otiske, po definiciji, nije moguće otkloniti jer se javljaju tokom kritičnih perioda – sem u slučaju ako ih osoba ponovo proživi neurofiziološki.

Velik broj eksperimenata na životinjama pokazuje da mladunci, kojima su povezane oči tokom kritičnog perioda za razvoj vida, postaju slepi. Dva naučnika sa Harvarda, Torsten Vizel i Dejvid Hjubel, u sada već klasičnom eksperimentu, povezali su mačićima oči odmah po rođenju. Kada je povez kasnije skinut, mačići su bili slepi. Iako su njihove oči funkcionisale, njihov mozak je izgubio sposobnost da obrađuje vizuelne informacije, jer u kritičnom periodu nije imao podatke o tome (kako se obrađuju vizuelne informacije). Slično ovome, ljudi koji su slepi od detinjstva, a kojima je funkcija vida kasnije uspostavljena pomoću novih medicinskih tehnika, nalaze da je previše teško „naučiti" da se vidi.

Slično se dešava i kod uticaja ljubavi na razvoj mozga. Ljubav znači zadovoljenje potrebe u trenutku kada je to od presudne važnosti (kada smo deca – *prim. prev.*). To se ne može nadoknaditi godinama kasnije, kao u slučaju majke čiji je muž otišao kada su deca bila mala. Ona je bila depresivna dok su deca bila mala. Kada su deca malo odrasla, želela je da im nadoknadi izgubljeno vreme, ali avaj, to nije bilo moguće. Deca su odustala od pokušavanja da dobiju ljubav od ove usamljene, depresivne žene, kojoj je čak i ustajanje iz kreveta padalo teško. Vrlo retko im je kuvala. Dete može da oprosti majci, ali njegova potreba za njom kada je malo, nemilosrdna je i ne oprašta. Ova deca su došla kod nas kao odrasle osobe, sposobne da se vrate u detinjstvo i da osećaju, ali su plakala kao mala deca sa izvornim mozgom deteta. Već smo pomenuli da je to plač koji se ne može ponoviti posle sesije. To je čudna dijalektika: bol je nestao zato što su ga osetili. Zašto? Zato što ga nikada ranije nisu u potpunosti osetili. Bio je uskladišten, sve dok osoba nije postala dovoljno jaka da se suoči sa njim. Verujte sistemu – on zna šta radi.

Kada terapeuti kažu pacijentu šta da radi ili kako da se ponaša, ovo uopšteno znači da oni ne veruju u pacijentov sistem. Simptomi ili neko ponašanje se kod nas ne javljaju bez razloga. Sistem je savršeno logičan. Mi samo treba da otkrijemo koja logika stoji iza specifičnog ponašanja ili simptoma. Poenta naše terapije nije vrištanje po naredbi terapeuta, niti je to udaranje u zidove pošto je pacijentu rečeno da je ljut na svog oca. Poenta terapije jeste da dozvolimo sebi da osetimo ono što je već tu, često zaključano duboko u nama, i da damo ovim osećanjima njihov pun izraz. Radi se o sistematskom putovanju do antipoda uma, gde pacijenta vodi njegov mozak.

Potreba za ljubavlju je isto toliko važna i biološka kao i potreba da vidimo. Kada nam je jednom uskraćena ljubav, mi gubimo deo sposobnosti da dajemo i primamo ljubav. Zato ne treba da kažemo : „ Hej, zašto si depresivan, imaš devojku koja te voli?" Devojka nikada ne može popuniti prazninu; i to vodi beskrajnoj potrazi za onim što nedostaje, što se često manifestuje neverstvom. Kada se jednom osetimo nevoljenima, ljubav muža ili žene nikada ne može izmeniti to osećanje. To je kao da pokušavamo da uklonimo otisak. Da budem precizniji; osoba se može osećati prijatno sa supružnikom, ali i pored prijatnosti i „ljubavi", ona stalno oseća da nešto nedostaje. Možemo pisati preko otiska, ali ga ne možemo iskoreniti. I pored toga, osećanja koja imamo prema drugima i koja dobijamo od drugih, prilično znače; ona pomažu da se umiri teskoba. Kada je nezadovoljenje potrebe jednom utisnuto, možemo pokušavati da ispunimo tu potrebu sa mnogo različitih partnera, ali to nikada neće biti isto kao njeno zadovoljenje. Osoba nastavlja sa neverstvom. Setimo se, u detinjstvu, mozak se još uvek razvija. Nedostatak ljubavi rano u životu može uticati na taj razvoj. Dokaz za to su očaj i paranoja koje osoba oseća kada ima partnera. Onog trenutka kada partner počne da priča s nekim drugim, javlja se ljubomora. Zatim bes, uzajamno optuživanje i sumnja. Što je ranije utisnuto nezadovoljenje potrebe, to se lakše javlja bol u sadašnjosti. Muzičar koga sam lečio, zahtevao je da njegova devojka gleda u pod kada su na zabavama. Nije želeo da ona gleda ikog osim njega.

Ako ne pohvalimo dete ili bar obratimo pažnju na njega i ono što stvara u svom ranom i kasnijem detinjstvu, možemo izazvati stvaranje otiska (nedostatka pažnje ili ljubavi – *prim. prev.*) i prome-niti detetovu neurofiziologiju. Posle toga svako ohrabrenje koje roditelji upute svom detetu biće upućeni gluvoj osobi, ili bar gluvom limbičkom sistemu (delovima mozga koji utiču na naša osećanja i emocije). Kritičan period je došao i prošao. Potreba za pohvalom kod deteta od šest meseci možda nije od presudne važnosti, ali je ključna u dobu od pet godina. Nije onda čudno što se filmska zvezda, koja je odrasla u sirotištu, nikada neće osećati ispunjeno, bez obzira na to koliko laskanja i ljubavi dobija kasnije u životu. Ljubav u sadašnjosti pomaže; ona može umanjiti bol koji osoba oseća, ali ga nikada neće promeniti. Da je to moguće, Merilin Monro ne bi imala toliko veza, tražeći tu neuhvatljivu stvar zvanu ljubav.

Takođe je tačno da će, što je veći nedostatak zadovoljenja potrebe u ranom dobu, biti veća borba da se ta potreba zadovolji kasnije u životu. Hiljadu ljudi može aplaudirati jednoj osobi, ali to neće zadovoljiti potrebu za odobravanjem roditelja koju je imala kao dete (koja je utisnuta). Kad bi bilo moguće ljubav nadoknaditi kasnije u životu, rok zvezde koje viđam na terapiji bi se osećale prijatno. To se retko dešava. Deca majki koje su muževi ostavili tokom trudnoće, mogu imati veću tendenciju ka homoseksualizmu. Otkriveno je da stresna situacija u kojoj se nalazi brižna majka, može da izmeni polne hormone deteta.[10]

Na primer, istraživači su otkrili da su ženske karakteristike fetusa bile trajno izmenjene kada je on bio izložen visokim nivoima testosterona u materici. Ovakvi uticaji na fetus u materici će učiniti ženske potomke muškobanjastim. Ženski pacovi, na primer, igraće se kao mužjaci i pokušavaće da se penju na mužjake.

Da li je homoseksualnost izbor? To nije verovatno. Ako je otac napustio porodicu nakon što je dete napunilo tri godine, uticaj neće biti tako katastrofalan kao da se to desilo u kritičnom periodu u trudnoći, kada se javljaju polni hormoni. Ali u situaciji kada je majka u trudnoći pod stresom, a da je kasnije otac bio odsutan (napustio je porodicu), moguće je javljanje otvorene homoseksualnosti kod muškog deteta. Gubitak očinske ljubavi može izazvati male promene u polnim hormonima deteta i može kod deteta stvo-

---

[10] Videti BELEŠKE pod – 1.

riti latentni homoseksualizam. Ovo ne mora uvek biti tačno, ali toga treba da budemo svesni. Na žensko dete bi uticale drugačije okolnosti.

Kritični period za intelektualni razvoj javlja se mnogo kasnije nego kritični period za ljubav. Petomesečna beba neće se osećati glupom bez obzira kako postupaju s njom. Ali ako je postojao adekvatan intelektualni razvoj kasnije u detinjstvu, dete će biti podložno emotivnom uticaju i može se osećati glupim. Ako su sa nama od šeste do petnaeste godine postupali tako da su nas naveli da se osećamo glupima, velika je verovatnoća da ćemo verovati da smo glupi i kasnije. Bez obzira na to šta postignemo kasnije u životu, i dalje ćemo misliti da smo glupi.

Blizak kontakt između majke i deteta u prvim nedeljama i mesecima života reguliše sistem receptora za suzbijanje bola uspostavljanjem optimalnog nivoa unutrašnjih sredstava protiv bola, što čini da se osećamo prijatno. Ovo nam pomaže da kasnije i svojoj deci omogućimo da se osećaju prijatno i da podnose stres, a da ih on ne preplavi. Roditelj, koji je imao dovoljno ljubavi kad je bio mali, poseduje smirenost koja se prenosi na njegovu bebu. Kada napeta majka grubo postupa sa detetom, ona mu ne pruža osećanje mira. Majka kojoj je očajnički potrebna ljubav, može koristiti svoju bebu da bi ispunila sopstvene potrebe. Uz takve majčine zahteve, beba ne može biti to što jeste.

Nedavno smo u grupi imali mladog homoseksualca čiji otac nije bio fizički odsutan, ali je bio emocionalno. Otac je bio bokser i čvrst momak, koji je želeo da njegov sin ide njegovim stopama. Grljenje i ljubljenje sina nije dolazilo u obzir. Njegov „mačo" deo to nije dopuštao. On bi boksovao i rvao se sa svojim sinom, ali ga nikada nije dodirnuo s nežnošću. Tu nežnost je naš pacijent stalno tražio kasnije u životu. Nikada nije toga bio svestan u periodu odrastanja, ali njegovo telo je uskladištilo tu potrebu sve dok se ona nije ispoljila kroz ljubavnu vezu sa drugim muškarcem. Prošlo je toliko vremena od perioda kada je ovom pacijentu nedostajala očeva nežnost i javljanja njegove kasnije potrebe za muškom ljubavlju, da je izgledalo da ove dve stvari uopšte nisu povezane. Kada je došao kod nas, plakao je i vrištao za očevom ljubavlju.

BOLEST I POTISKIVANJE

Ranije sam napisao da je majčinska ljubav, tokom kritičnih perioda ranog života, kao droga. Ali u odsustvu te ljubavi, mi patimo. Nedostatak ljubavi je bol. Beba ne može da preživi osećanje da majka nikada neće doći, ili da je sve potpuno, neverovatno beznadežno. Na sreću, beba ne mora da trpi takav bol. Bebin mozak će se prilagoditi nedostatku ljubavi i naći način da se s tim izbori, kroz potiskivanje.

Kao mehanizam preživljavanja, potiskivanje omogućava da osećanja budu blokirana i premeštena na drugi kolosek, tako da beba više nema potrebu da oseća – „Umreću ako me moja majka ne voli." Naravno, takva osećanja nikada nisu artikulisana, njih je beba samo osetila. Pa ipak, ona su utisnuta u mozak kao osećanje: „Umreću ako me ne voli." Godinama kasnije, kada ova beba postane odrastao muškarac, on može pasti u duboku depresiju jer ga je ostavila devojka (što je trenutno slučaj kod jednog od naših pacijenata iz Kanade). Naš pacijent iz Kanade bio je sklon samoubistvu, osećao je da ne može više i nije želeo da nastavi da živi. Otkrili smo da je to bilo isto osećanje koje je imao kada je njegova majka pobegla sa drugim i ostavila ga ocu da ga odgaja. Otisak je bio okidač za javljanje osećanja napuštanja, „Umreću ako me ne voli." Veza između misli i osećanja je bukvalno serija povezanih nervnih mreža, gde svaka nervna ćelija ili kolo pokreće susednu; onda one zajedno sazivaju sastanak, skup, i javlja se generišući izvor. Moramo prisustvovati tom skupu. D. O. Heb govorio je još pre pedeset godina o skupu neurona.

Iako potisnut, preplavljujući bol zbog ranog nedostatka ljubavi stalno lupa na vrata svesti. Sistem radi sve što može da blokira tu svest, jer biti svestan znači osećati se povređeno. Ali kada rana trauma dovede do smanjenja sedativa koje naše telo proizvodi (kao što su neurotransmiteri), sposobnost mozga da drži bol na odstojanju je oslabljena. Da bi sprečila bol, osoba može osećati da su joj jedini izbor droge ili alkohol. Mnogi sedativi, na primer, rade isto što bi naše telo radilo da njegova sposobnost proizvodnje sopstvenih sedativa nije oštećena traumom i nedostatkom ljubavi u ranom detinjstvu. Ili, neko može postati zavisan od supstance koja mu pomaže da se oseća dobro – kao što je kokain, koji podiže nivoe dopamina (hormon dobrog raspoloženja) i zauzima mesto njegove majke. Ta supstanca čini da se osoba oseća jačom i toplijom i daje joj utisak – „sve mogu", odnosno, ova supstanca čini ono što je njegova majka ranije trebalo da učini. Osoba je naizgled zavisna od kokaina, ali to je u stvari samo zamena za majku od koje je zaista zavisna. Njegova majka mogla je da mu dâ životnu zalihu dopamina. Sada je prekasno. Zato se on zadovoljava zamenom.

Izbor

Mnogi sedativi, na primer, čine isto što bi naše telo radilo da njegova sposobnost proizvodnje sopstvenih sedativa nije oštećena traumom i nedostatkom ljubavi u ranom detinjstvu.

Slično ovome, briga i ljubaznost terapeuta vredi privremeno kao dvadeset miligrama prozaka, koji je zamena za serotonin. To je razlog zbog koga mnogi ljudi postaju zavisni od terapije. Mi se stalno vraćamo na terapiju, često ne znajući zašto, pa ipak, činjenica da postoji neko ko sluša samo nas, veoma nam prija. Većina naših lekova deluje tako da zamenjuje hemijske supstance u našem mozgu, koje se gube ili se njihovo dejstvo smanjuje tokom utiskivanja. Ljubav u ranom dobu pruža optimalnu količinu serotonina našem sistemu. Ali nedostatak ljubavi stvara deficit. „prozak" radi ono što je majka trebalo da uradi. A potreba za heroinom ili bilo kojim drugim sredstvom protiv bolova je ona ista potreba za majkom koja je postojala u ranom uzrastu. To je bilo, i još uvek jeste, pitanje života i smrti. Uzimanje lekova, ukratko, jeste pokušaj da nadoknadimo nedostatak ljubavi.

Da li je zavisnost loša navika? To je, pre svega, pitanje opstanka. Ne bi trebalo da je osuđujemo kao moralno nepodobnu. Da li se treba hvaliti time što smo prestali da koristimo droge/alkohol? Ljudi iz Anonimnih Alkoholičara misle da treba, i očigledno, to jeste važno. Ali moramo da znamo šta da radimo kada prestanemo sa korišćenjem ovih sredstava. U suprotnom, sistem crpi sam sebe, uništavajući organe, što će eventualno skratiti naše živote. Potreba ne nestaje. Ona ostaje u savršeno čistoj formi tokom celog života. Na potrebu ne utiče iskustvo, jer je ona oguglala na sva iskustva koja ne zadovoljavaju želju, čak i na ona koja je simbolično zadovoljavaju. Zaglavljeni smo u vremenskom tesnacu.

Kasnije ćemo videti kako reči terapeuta, bez obzira da li su ispravne ili pogrešne, mogu da deluju umirujuće na naše agonije. Možemo se varati misleći da „uvid" koji imamo u terapiji čini da se osećamo bolje, ali u stvarnosti, to je briga, i umirujući ton tokom terapije. Briga i umirujući ton ublažavaju bol, bol zbog majke koja nije bila topla i pažljiva, bol zbog oca kome nikada nije bilo stalo, koji nikada nije bio blag, i čiji je ton bio surov. Terapeut, svojim prisustvom, poručuje pacijentu: „Ja sam sada ovde. Biće sve u redu." Sam boravak u njegovoj ordinaciji može učiniti da se osećamo bolje.

Dobro je osećati se bolje. Ali moramo imati na umu da briga koju dobijamo kasnije, ne može da nadoknadi nedostatak brige kada je to bilo presudno. Kritični period je prošao. Da nije, doktorova briga bi nas izlečila. Pošto je briga došla posle kritičnog perioda, ona može samo da ublaži bol zbog nedostatka zadovoljenja te potrebe u detinjstvu. Briga terapeuta može pomoći da se stabilizuje nesiguran odbrambeni sistem, ali ona nikada ne iskorenjuje potrebu. Ponoviću još jednom: ne možemo da izlečimo neurozu pomoću ljubavi. Čak i kada bi naša mama mogla da vaskrsne i da poljubi i zagrli svoje odraslo dete, njena ljubav u sadašnjosti ne bi mogla da popravi štetu. Zbog toga ljubazan terapeut, kome je stalo i koji pokazuje zanimanje, ne može da vrati ravnotežu svom pacijentu. Bez obzira na to koliko je brižan i koliko uvida pruža, to neće izazvati duboku promenu. Kada su jednom rane nezadovoljene potrebe zapečaćene, nema psihoterapije koja može da ih izmeni, niti će to učiniti lekovi ili odigravanja.

Štaviše, moramo imati na umu da je uzaludno koristiti *ideje* da bi se lečili efekti duboko urezanih trauma. Kao što ćemo videti, nije moguće koristiti ideje i misaone procese, koji su bukvalno nastali milionima godina kasnije u razvoju mozga, da bismo uticali na ono što se nalazi u filogenetski starijim moždanim strukturama i što se razvilo milionima godina ranije.

PRAKSA

Slučaj: *Steš*

Rođen sam slab i iscrpljen. Lekovi koje su dali mojoj majci na poro-
đaju, prošli su kroz njen sistem u moj i pokušavali da me ubiju; tako
sam se osećao – kao da nešto pokušava da me ubije. Više puta su me
pljusnuli i potapali me naizmenično u hladnu i vruću vodu da bi me
oživeli posle carskog reza i spasli od smrti zbog ovih lekova.

Nikada nisam imao šansu; nikada nisam imao priliku da se izlečim
i oporavim, uvek su od mene očekivali da budem normalna beba; u
stvari, sjajna beba, savršena beba kojom bi svako mogao da se ponosi.
Trebali su mi odmor i mnogo pažnje, a ne život prema nečijim očeki-
vanjima; zašto bi se išta očekivalo od nekoga ko je tek došao na svet?

Uvek sam se povlačio u prošlost. Prošlost mi je uvek izgledala
bolja od sadašnjosti. Na terapiji sam se setio trenutka kada sam imao
otprilike oko godinu dana i kada sam bio, mislim, u stanu mojih rodi-
telja. Jedino čega se sećam jeste da sam sam, u kolevci, u sobi sa pri-
gušenim svetlom iako je napolju sunčano i toplo, a zavese lako trepe-
re na velikom otvorenom prozoru ili duplim vratima. Važan deo
sećanja je da sam bio sam, i da sam se osećao jako, jako usamljeno.
Imao sam to osećanje melanholije, žudnju za prošlošću, i ovo je boji-
lo sva moja osećanja u životu. Zamislite žudnju za prošlošću kada
imate manje od godinu dana! Za mene, to je osećanje želje da se ode
kući; da se ode nazad na mesto gde se osećam dobro i gde melanholi-
je više nema.

To je bio početak moje depresije, a posle toga se samo pojačavala.
Verujem da sam težio da se vratim u matericu, gde je sve bilo celo i
gde se vodila briga o svemu, i –najvažnije – gde nikada nisam bio sam.
Znam da ni tamo nije bilo idealno jer je moja majka bila alkoholičar i
pušač, ali u poređenju sa oštrom samoćom koju sam osećao, materica
je bila mnogo bolje mesto.

Sve što sam ikada želeo jeste da budem ono što moji roditelji žele,
naročito ono što moj otac želi. Želeo sam da budem sve ono što su
želeli, i više. U stvari, jedino što sam ikada želeo bilo je da zadovoljim
svoje roditelje, uprkos tome što sam, kada sam bio stariji, postao bun-
tovan i ljutit.

Glavna tema u mom životu, koja se iznova ponavljala na milijardu
načina, jeste da sam uvek morao da se pretvaram da sam jak (i pored
toga što sam osećao da sam slab). Slabost je užasno preteća za mene,
uvek se užasavam toga da će je ljudi videti i da će me zbog toga odba-
citi. Nikada joj se ne mogu prepustiti; utrošio sam neopisivu energiju

stalno je držeći na odstojanju. Nisam mogao drugačije nego da joj povremeno povlađujem, ali nikada joj nisam mogao dozvoliti da preuzme kontrolu, jer je to rupa iz koje nikada ne bih mogao da se izvučem; ona je za mene smrt.

Uvek sam osećao da nešto nije u redu sa mnom. I to iz dva razloga – jer je to istina, i zato što jednostavno nisam bio sposoban da živim prema očekivanjima moje porodice. Ja verujem da su ljudi (kao i životinje uostalom) duboko utisnuli očekivanja u svoje gene. Jedno od očekivanja jeste da se rodimo kroz kanale za porođaj i da to treba da osete i majka i dete. Kada se to ne desi onako kako je trebalo da se desi, nešto nije u redu i nikada neće biti u redu dok nije razrešeno i dok se ne pobrinemo za to. Tako, uvek sam osećao da nešto nije u redu sa mnom; nisam bio rođen na način na koji je trebalo da se rodim i nisam se osećao onako kako je trebalo da se osećam. U stvari, krenulo je toliko pogrešno da sam čak osetio da nije ni trebalo da se rodim, da je trebalo da umrem.

Za sve što sam radio, trebalo mi je uvek duplo više napora nego drugima, koji nisu imali takvu traumu. Ne samo da je trebalo da radim stvari isto kao drugi ili bolje od njih, već sam morao i da potisnem to stalno osećanje umora i slabosti koje me je preplavljivalo. Od mene se očekivalo da budem izvrstan u svemu. Ni moji roditelji niti iko drugi, nisu razumeli da sam počeo svoj život sa ogromnim nedostatkom i da mi je zato trebala pomoć, nega, šansa, manja očekivanja itd, itd. Od mene se dakle očekivalo da se istaknem i nije postojao razlog da to ne uradim. Najzad, u njihovim očima ja nisam imao nikakav hendikep. I tako, kada ne bih uspeo da se istaknem, to je značilo da nešto nije u redu sa mnom, dvostrukim gubitnikom. A kada bih uspeo da se istaknem u nečemu, pa, to se i očekivalo. Niko nije imao predstavu da je meni za to trebalo duplo više energije, duševnog bola i napora nego drugim ljudima.

Tako sam se celog života borio sa ovim neverovatno pretećim osećanjem, misleći da nešto nije u redu sa mnom, da sam inferioran, itd. Čak i najmanji neuspeh je bio ogroman, jer je mogao da izazove ovo osećanje. Pa ipak, moj sistem je uvek pokušavao da se vrati u normalu vraćajući se na ovo iskustvo, da bi osetio ovo osećanje i razrešio ga. A ja sam mislio da sam gubitnik, neuspešan, da nisam dovoljno vredan da bi neko bio sa mnom ili da bi me upoznao, da nisam talentovan ni za šta, da nisam vešt već bezvredan, i da me se treba stideti; pitao sam se zašto bih se ikome sviđao i zašto bi iko želeo da mi bude prijatelj. Sve što sam ikada želeo jeste prilika da udahnem, da se povratim, odmorim malo... i uvek sam želeo šansu da počnem ispočetka, i da ovog puta sve uradim kako treba.

Bacio sam se na droge i alkohol. Kokain mi je bio omiljen jer mi je davao energiju, osećanje da sam svemoćan i učinio bi da otupim na sve. Onda bih se „slomio" od silnih žurki, te bi realnost odgovarala mamurnom osećanju iznutra, da bih se zatim oporavljao pre početka novog ciklusa. Baš tako je moje rođenje i prošlo, droge i ostalo. Nekako sam uspeo da radim / vodim sopstveni posao u ovo vreme, kao i da idem u teretanu skoro svakog dana, sviram u bendu i izlazim sa mnogo žena.

Dakle, iscrpljen sam. To je suština depresije. To je osećanje izvorne, izuzetno jake traume (traume iz detinjstva zbog toga što se osećao neadekvatnim), koja se uvlači u svest zajedno sa jakim potiskivanjem neophodnim da bi se ovo užasno osećanje stalno držalo na odstojanju od svesti. Morate sebe prilično da umrtvite da biste sprečili da osećanje izvorne traume preuzme kontrolu. Ipak, za ovo postoji cena, jer je umrtvljeno i proživljavanje naših iskustava, i postoji duboka melanholija, žudnja za tim kakve bi stvari trebalo da budu. Svi smo stvoreni sa ovom žudnjom. Na čudnovat način, znamo šta bi trebalo da osećamo i kakvi bi trebalo da budemo, i kada se ovo ne desi, javlja se melanholija; jer život nije ono što bi trebalo da bude.

Poglavlje 3

ODAKLE IZVIRU IDEJE:
RAZLIČITI JEZICI MOZGA

Ako želimo da razumemo svoje ponašanje i zašto patimo od raznih bolesti, potrebno nam je osnovno razumevanje strukture mozga i njegovog funkcionisanja. Treba da znamo gde je koren emocionalne patnje i kako je nastao, pre nego što probamo da do patnje stignemo i da je izlečimo. Ovo je naročito važno u psihoterapiji jer, kako izreka kaže, „kada se ukrcaš na pogrešan voz, i svaka stanica će biti pogrešna".

Trauma i nedostatak ljubavi nas od početka navode na pogrešan put. Ovo se može doslovno reći za mozak, jer trauma (zbog nedostatka ljubavi u ranom dobu) menja nervne puteve u mozgu; to je kao kuća kod koje instalacije nisu dobro izvedene. Ako ne znamo za devijaciju, nećemo znati ni gde normalna putanja treba da bude. Da stvari budu gore, misleći da je devijacija čisto „psihološka", mi previđamo važnost fiziološkog; mislimo da se ideje „aktiviraju" ili javljaju same od sebe, a da ostatak naše ličnosti ostaje nepromenjen.

Lečili smo mnogo pacijenata, intelektualno orijentisanih, koji nisu imali predstavu o postojanju univerzuma osećanja. Naši terapeuti moraju da znaju koji moždani sistem koristi pacijent. Na primer, kod pacijenta možemo primetiti ono što nazivam „prvom linijom ometanja". On počinje da oseća nešto u vezi zanemarivanja u detinjstvu i počinje da kašlje, iskašljava tečnost, stavlja ruke u položaj fetusa itd. Pošto nam je poznato koji se znaci ometanja javljaju kod pacijenata u terapiji, mi tako znamo da otisci koji su duboko u pacijentovom mozgu kreću ka površini, ometajuće osećanje sa kojim se pacijent u tom trenutku suočava. Tada imamo izbor, ili da se pozabavimo ometanjem, ili da damo pacijentu lek da bismo obuzdali ovo ometanje nakratko kako bi mogao da oseti svoje emocije. Potrebno nam je znanje neurologije/geštalt pristupa, da bismo mogli da napravimo izbor. U svakom slučaju, ovo ometanje nam pokazuje da sistem za inhibiciju-potiskivanje ne funkcioniše kako treba (ne blokira bol). Da li ćemo privremeno popraviti funkcionisanje sistema lekovima, ili ćemo dozvoliti da pacijent oseti neka od ovih ometanja?

Trenutno je na terapiji pacijent iz Francuske, koji pokušava da oseti događaje iz svog detinjstva, ali istog trenutka kada pristupi svojim osećanjima, pojavljuju se ometanja koja su postojala na rođenju, i blokiraju svaku sposobnost osećanja. On pocrveni, nedostaje mu kiseonik, guši se i jednostavno ne može da nastavi sa osećanjima. Ovde je to sećanje – „sam sam – roditelji me ignorišu" – produbljeno primalnom samoćom upravo posle rođenja kada su ga ostavili samog tri dana, pri čemu je imao samo osnovnu negu. Kad ovog pacijenta nivoi svesti nisu razdvojeni, pa se on oseća preplavljeno sve vreme. U ovakvim situacijama, kratko vreme dajemo lekove da bismo uklonili ometanje i dozvolili pacijentu da oseti podnošljivija osećanja, koja su se javila posle njegove desete godine. Postoje određeni *sigurni znaci* ometanja na rođenju koji se ne mogu odglumiti, kao što, na primer, ne može ni pad telesne temperature od dva stepena.

Veoma je moguće da će, pre nego što dođe na psihoterapiju, pacijentovo neurotično ponašanje biti toliko ukorenjeno, da će biti skoro nemoguće pristupiti njegovom uzroku. Konvencionalne terapije, kao što su bihevioralna, kognitivna i terapija uvidom, nemaju oruđe za otkrivanje ranih otisaka koji su uzrok pacijentovih neuroza. Ako želimo da pacijent ozdravi, onda moramo posedovati alat da bismo pronašli put do korena njegove emocionalne i fizičke pometnje. Poznavanje mozga – rasporeda njegovih putanja i kola – je neophodno, ako želimo da stignemo do korena bilo kog problema. Cilj terapije mora biti stvaranje neometanih puteva komunikacije između nivoa svesnosti. Ova neometana komunikacija čini svesnost potpunom.

Mozak, u stvari, ima tri nivoa svesnosti, a ne dva koje većina naziva svesnim i podsvesnim umom. Ali kada budemo razumeli sva tri nivoa, videćemo kako su određena iskustva utisnuta u različite nivoe u zavisnosti od vremena dešavanja i jačine tih iskustava. Kada neko uzima droge ili sedative, na primer, on smiruje različite nivoe svesti, a samim tim i utisnuto sećanje na iskustvo koje izaziva povećanje bola.

Istraživanja pokazuju da je, za utiskivanje traume u mozak, neophodno da traumu izazovu veoma jake emocije. Postoje mnoga istraživanja o vraćanju potisnutih sećanja i moždanim sistemima koji su za to zaduženi. Otkrićemo put u mozgu kojim ide osećanje, kako se taj put blokira, i šta nam se dešava kada je on blokiran. Takođe ćemo videti zašto osećanja moraju da budu nužna pretpostavka svake prave psihoterapije.

TRI NIVOA SVESTI

Mi u suštini imamo tri mozga u jednom: moždano stablo, limbički sistem i neokorteks; svaki od ova tri čini jedan nivo svesti, i svaki ima sopstveni memorijski sistem. Naša sećanja mirisa, senzacija, pa čak i razgovora, nalaze se na različitim moždanim nivoima, pa ipak, oni su svi povezani.

Prva linija – moždano stablo

Prva linija (prvi nivo), moždano stablo, jeste primitivni mozak (ponekad ga zovem mozak reptila ili daždevnjakov mozak, jer limbički sistem i moždano stablo čine dobar deo mozga životinje) i on je naš najstariji moždani sistem. Moždano stablo se razvilo prvo, to je prvi deo centralnog nervnog sistema koji se razvio u ljudskoj evoluciji. Daždevnjaci, uzgred, imaju limbički sistem prilično sličan našem, u primitivnom obliku. Eminentni naučnik koji se bavi neuroanatomijom, E.Dž. Herik, nazvao je daždevnjakovo moždano stablo „moždanim stablom koje hoda, pliva i živi.“ Izgleda da nikada nismo izgubili taj deo. Samo smo mu dodali novo moždano tkivo. Kada su pacijenti na ovom nivou (prva linija), nikada nema reči niti vrištanja na način odrasle osobe. Postoji samo gunđanje.

Moždano stablo se proteže od dna, zadnjeg dela mozga, niz kičmenu moždinu. Ono je zaduženo za instinkte, bazične potrebe, funkcije preživljavanja, san – i osnovne životne funkcije kao što su telesna temperatura, krvni pritisak i srčani otkucaji. Moždano stablo sam nazvao „prvom linijom" ili mozgom za preživljavanje. Moždano stablo se formira oko trideset trećeg dana trudnoće. Posle prvog meseca u materici, imamo prilično kompleno moždano stablo, a sa njim se javlja i sposobnost da se kodira i uskladišti trauma. Moždano stablo je zaduženo za jako duboko disanje, kao i za čula ukusa i sluha. Njegovo postojanje nam omogućava da uskladištimo majčinu depresiju, anksioznost, stres, uzimanje droga, pušenje ili pijenje. Majka takođe može da saopšti, kroz promenjen nivo hormona, svoje podsvesno odbacivanje bebe, i to odbacivanje se uskladištava u bebino moždano stablo. Takvo iskustvo nije uskladišteno kao ideja, naravno, jer još nemamo neokorteks, koji je naš misleći, intelektualni um. Ali ono što je važno jeste da će otisci u ovom skladištu (moždanom stablu – *prim. prev.*), kasnije uticati na neke misli i izazvaće aberacije u razmišljanju. Otisci će pratiti nervne puteve do viših centara u mozgu, gde će se zatim razraditi iskustvo izvorne traume na različite načine; ovo će uticati na naše mišljenje. Čak i bez najvišeg nivoa, mislećeg frontalnog korteksa, koji će izraziti bol rečima, životinje i ljudi još uvek mogu da vrište i plaču.

Postoji shvatanje da je emotivni bol različit od fizičkog bola. Sada postoji studija koju je sproveo tim fiziologa sa Los Anđeles Univerziteta iz Kalifornije [11], istraživši dve vrste bola. Koristeći magnetnu rezonancu da bi pratio moždanu aktivnost grupe studenata, dao je ispitanicima vežbu koja je tako bila podešena da izazove osećanje odbačenosti kod njih – da izazove emotivni bol. Skeniranje mozga je ukazalo da je sedište ove vrste bola bilo u centru mozga, odnosno u strukturi poznatoj kao cingulum, kao i u delovima desnog prefrontalnog korteksa. (U poglavlju o levoj i desnoj hemisferi, videćemo da je desna prefrontalna oblast viša instanca, u kojoj se obrađuju osećanja). Cingulum je, međutim, takođe ključan za obradu fizičkog bola. Drugim rečima, mozak ne razlikuje raz-

---

[11] „Odbacivanje zaista boli"... N. I. Ajsenberg, Doktor Liberman, 10. Okt. 2003. – naslov sa interneta.

ličite vrste povreda – povreda je povreda, bez obzira na poreklo. Emocionalna povreda zaista boli. A sistem se zatvara kada bol bilo kakvog porekla postane prejak. Emocionalni bol u ranom dobu, postaje utisnut u fizički sistem, gde i ostaje. Biti ostavljen, što deca doživljavaju kao ekstremno odbacivanje, jeste *fizička* agonija, često prejaka da bismo je osetili. Neki kažu: „sve je to u tvojoj glavi. Prebolećeš ti to!" Ne tako žurno! U psihoterapiji stalno moramo imati na umu da bavljenje emocionalnim bolom (emocionalnim povredama – prim. prev.) znači proživljavanje svih njegovih fizioloških delova. Nekoliko suza ili uzdaha neće obaviti posao; ne ako želimo da otklonimo štetu emotivnog lišavanja u ranom i kasnijem detinjstvu.

A zašto emocije toliko bole? Zato što nam je potrebna jaka emotivna veza sa roditeljima ako želimo da preživimo (pa će odsustvo ovakve veze izazvati jako bolne emocije i osećanje ugroženosti – *prim. prev.*) (videti „Kako ljubav oblikuje mozak"). Životinje kojima je oštećen cingulum ne pokušavaju više da budu blizu svojih potomaka, a bebe (koje imaju oštećen cingulum) više ne plaču kada su odvojene od roditelja. Cingulum je važan jer je taj plač neophodan da bi majka došla do svoje bebe.

Sećanje prati razvoj mozga do viših struktura i smešta se unutar novog, višeg nervnog sistema. Svaku traumu koju preživimo, prvo će apsorbovati limbički sistem (osećanja), a onda kortikalni aparat (misli, logika, rezonovanje) i izmeniti je shodno situaciji.

Do sedmog meseca trudnoće, veći deo struktura moždanog stabla je osposobljen da deluje i sve veze između vlakana su u redu. Čak i ako bi frontalni korteks bio uništen u ovom trenutku tokom neke traume, primitivni refleksi moždanog stabla kao što su sisanje, hvatanje, povlačenje itd., nastavili bi da funkcionišu. Međutim, fetus može samo da komunicira na jeziku za koji njegov mozak poseduje kapacitet u datom trenutku: grčenje, mumlanje, okretanje, uvrtanje, udaranje u prepreku, pljuvanje i crvenjenje. Uz to, u ovom periodu fetus može komunicirati i kroz svoje vitalne funkcije kao što su, na primer, brzo lupanje srca i visoka telesna temperatura.

U primalnoj sesiji, pacijent može regresirati u ponovno proživljavanje iskustva koje se desilo u trudnoći ili na porođaju. U tom slučaju, dok se frontalni korteks smiruje i povlači, a niži moždani centri preuzimaju kontrolu, pacijent će početi da kašlje i da se guši kada pristupi otiscima u moždanom stablu. Tokom ponovnog proživljavanja, frontalni korteks, koji se kasnije razvio, skoro da ne funkcioniše, dok su filogenetski starije strukture aktivne (jer se u njima nalazi otisak – *prim. prev.*). Tako, dok pacijent klizi u osećanja i senzacije, i kasnije u sećanja pre rođenja, ima sve manje i manje misli, manje izražavanja rečima. Sa ovim osećanjima i senzacijama nikada ne idu prizori, samo fiziološke reakcije. Naravno, nikada nema reči; to je jedan od pokazatelja koji nam govore sa kojim moždanim nivoom imamo posla. Osećanja i senzacije su različite. Teško je verovati da su ponovno proživljavanje osećaja uznemirenog stomaka i teškoće u disanju stvarna sećanja, ali ovo su primitivna sećanja, proživljena na jedini način na koji to mozak ume.

Na neki način, sesija liči na san. Tokom sna, prefrontalni misleći korteks ostaje relativno neaktivan, dok su centri za osećanja uzburkani. Da objasnimo: ako je prefrontalni korteks jako aktivan, neće biti ni sna ni primalnog osećanja na sesiji. Posle sesije, pacijent obično ne zna koliko je vremena proveo u osećanju, baš kao i kod sanjanja, jer o vremenu vodi računa neokorteks – filogenetski novija struktura, koja je uzela kratak odmor tokom osećanja/sna. U stvari, ako pacijent ima precizan pojam o vremenu koje je proveo na sesiji, to može biti zato jer nije bio potpuno u osećanju. Neki pacijenti izveštavaju da je uranjanje u delove svesnosti koji su ispod kognitivnog nivoa, ličilo na sanjanje. Dok silazi u filogenetski starije moždane strukture do nivoa osećanja, pacijent je sve manje svestan prostora u kome je; on se nalazi na nižem nivou svesnosti (više o ovome kasnije). On je više usmeren ka unutra nego ka spolja, što je po mom mišljenju od suštinskog značaja za izlečenje u psihoterapiji – ne smer ka unutra kojim vlada frontalni korteks koji *raspravlja* o osećanjima, već smer kojim vlada talamus – koji kontroliše unutrašnju svest (više o ovome kasnije). Sve u svemu, padanje u osećanje tokom sesije liči na padanje u san; razlika je u tome što su u snu osećanja simbolička, da bi zaštitila osobu koja sanja (da bi bol bio držan podalje, kako bi san trajao). U terapiji, osoba je uronjena u osećanja *ispod* simbola; na taj način pacijenti koji su duže uranjali u osećanja, sa napretkom terapije izveštavaju o snovima koji su manje simbolični.

Moramo se setiti da sećanje moždanog stabla znači *reakciju* moždanog stabla. To znači da se jaki vitalni pokazatelji koji su pratili izvornu traumu, moraju ponovo pojaviti tokom sesije ako želimo da razrešimo primitivna sećanja. Kada pacijenti ponovo prožive otiske od pre rođenja i na rođenju, sve pomenute senzacije se mogu pojaviti, što i jeste slučaj ako je sećanje potpuno. Bez kompletne reakcije na sećanje, poboljšanje je samo delimično, onoliko koliko su reakcije dozvolile.

Hronična hipertenzija (visok krvni pritisak) je dobar primer kako sećanje živi u našem moždanom sistemu – to je izraz sećanja, neurološki otisak, koji se manifestuje fiziološki. On je podsetnik na iskustvo koje je doživljeno i blokirano van svesnosti/svesti.

Kada se otisak uzburka („proradi") u filogenetski starijim moždanim strukturama, iako mi toga nismo svesni, on izaziva kolitis ili krvarenje čira. Neki oblici smetnji u disanju mogu se pripisati „prvoj liniji ometanja".

Izvršili smo istraživanje na mladom čoveku tridesetih godina, u Laboratoriji za bolesti pluća Univerziteta Los Anđeles u Kaliforniji. Posle ponovnog proživljavanja rođenja, odjednom se pojavio problem sa disanjem i on nije disao čitav minut. Ovo nije bio voljan akt. Kopirao je ono što mu se desilo na rođenju. To je bilo nemo proživljavanje koje je doseglo neku vrstu svesti koja nije bila potpuno verbalna. U stvari, to je bila senzacija koja je bila povezana sa periodičnim gubitkom daha, koje se ponekad javljalo u njegovom snu. Ako ponovo proživimo rani užas, koji je urezan pre nego što smo imali reči da ga opišemo, to ipak može biti povezan događaj. Ušao je u svest. Posle toga, to više nije neodređena, neobjašnjiva anksioznost. Postaje ono što je i bilo – užas.

Ukazao sam da moždano stablo govori jezik visokog krnog pritiska, lupanja srca i kratkog daha – tihih ubica. Ono pruža utočište mnogim našim instinktima, našem užasu i besu, i našim bazičnim, primitivnim potrebama. Ono sadrži tajne našeg rođenja i našeg života pre rođenja, u materici. Ako želimo da znamo kakav smo porođaj imali, moždano stablo će nam to reći na svoj način. Biće precizno i neće grešiti. Njegov sjajan kvalitet je da ono ne može i neće lagati. Ako tvrdimo da se ne plašimo, ali se duboko u nama nalazi ogroman strah, neće biti teško otkriti istinu. Hroničan simptom lupanja srca je svedok da stari otisak leži duboko u nervnom sistemu. Sećanje koje je utisnuto u moždano stablo, može ozbiljno uticati na mnoge funkcije preživljavanja.

Izbor

Hronična hipertenzija je dobar primer kako sećanje živi u našem moždanom sistemu – to je izraz sećanja, neurološki otisak, koji se manifestuje fiziološki.

Zbog činjenice da moždano stablo nastavlja svoj razvoj nekoliko meseci posle porođaja, ono što nam se događa emocionalno tokom prvih nekoliko meseci života može uticati na funkcionisanje našeg srca, većinu naših mehanizama za preživljavanje i razvoj našeg mozga. Kada govorimo o otežanom disanju i srčanim problemima u kasnijem životu, moramo se setiti moždanog stabla i sećanja koje ono sadrži. Ovi problemi (otežano disanje i srčani problemi) govore o preverbalnoj traumi i zato mogu da diktiraju u kom pravcu ćemo morati da idemo u psihoterapiji. Svaki dubok simptom kao što je stalna niska temperatura ili hronično povišena telesna temperatura ukazuju na moždano stablo. Da ponovimo, traumatični otisci iz ranog doba, imaju direktnu povezanost sa funkcionisanjem srca. Može se desiti da ne vidimo problem decenijama i zato ne možemo ni pretpostaviti koliko su rano počeli srčani problemi neke osobe.

U moždanom stablu je utisnut najjači bol, jer se ono razvija tokom trudnoće i bavi pitanjima života i smrti pre nego što vidimo svetlost dana. Skoro svaka trauma koju smo iskusili tokom života u materici je pitanje života i smrti. Moždano stablo ne priča engleski ili neki drugi jezik. Zamislite da pokušavate da komunicirate sa njim o njegovom bolu rečima – kada one ne postoje. Visok krvni pritisak ili kolitis se kod nas javljaju kada moždano stablo nosi utisnuto sećanje na traumu, i pokušava da ispriča frontalnom korteksu svoje iskustvo bliske smrti. Visok krvni pritisak ili kolitis upozorava na uskladišteni užas. Moždano stablo vrišti na neokorteks (misleći um) : „Slušaj me! Moram da ti kažem nešto, moraš da čuješ ovo! Moram da uspostavim vezu. Pusti me da prođem!" Ono vrišti pomoću visokih nivoa biohemijskih supstanci kao što su noradrenalin, glutamat i kortizol, jezikom svoje biologije. A korteks kaže: " Žao mi je, ti imaš informaciju koju ne želim da čujem. Pokušaj kasnije!" „Da, ali ako me ne propustiš, moj krvni pritisak će dramatično porasti", kaže moždano stablo. A korteks na to uzvraća: „Žao mi je."

Poremećaji sna su dobar pokazatelj tragova otiska u moždanom stablu. U stvari, ovde bismo mogli da koristimo reč „otisak stopala" jer se otisak široko prostire u moždanom stablu i zahvata mnoge moždane funkcije utičući na sve, od unošenja hrane, preko seksa, do spavanja. Mogli bismo reći da je razlog što neko ne može da zaspi to što postoji previše misli – brz um. Pravi razlog je to da njegove misli pokreću otisci u moždanom stablu koji su potpuno „besmisleni", jer reči nisu bitne na nivou moždanog stabla; pa ipak, otisci u moždanom stablu pokreću stalan tok nesuvislih ideja. Ovo se dešava zbog toga što ono (moždano stablo) sadrži dugačke nervne puteve koji se protežu direktno do određenih oblasti u mislećem, kortikalnom umu i zbog toga pokreću beskrajne misli, čak i kada spavamo. Ali ovo nisu „poremećaji misli"; to je rezultat neverbalnih otisaka koji utiču na naš život u potpunosti.

Rano u trudnoći, moždano stablo fetusa će reagovati na spoljnu buku, čak i na zvuk majčinog glasa, okretanjem glave, refleksnim pokretima tela i promenom u srčanim otkucajima. Ako se desi ozbiljna nesreća majci dok je trudna, to će bez sumnje uticati na moždano stablo fetusa, i najverovatnije će uticati na njegovu srčanu funkciju. Beba se može roditi kao slaba, osetljiva i veoma plašljiva.

Moja pacijentkinja Edit, ponovo je proživela događaj kada je bila osmomesečni fetus. Njena majka je vozila kola ne vezavši se, promašila je skretanje, prevrnula se nekoliko puta, završivši zaglavljena između volana i sedišta. Bila je u osmom mesecu trudnoće, zarobljena u smrskanom automobilu, i tako je provela dva sata. Majka je potom bila u stanju šoka sa stalnim napadima anksioznosti, sve dok nije rodila Edit. Edit je rođena kao plašljivo dete koje je preterano reagovalo i na najmanju buku. Bila je jako napeta, imala je probleme da nađe i zadrži posao, i bila je nestabilna u vezama. Iako je imala dosta ljubavi kada je bila dete, kako je bivala starija počela je da se plaši skoro svega, naročito smrti. Kao dete, nosila je u sebi osećanje koje je bilo duboko utisnuto u njen sistem, pa ipak nije mogla da nađe njegov smisao. Išla je kod mnogih lekara, od kojih nijedan nije mogao da otkrije poreklo njenog problema. Ušla je u skoro sve vrste sistema verovanja i kultova kada je odrasla ne bi li pobedila osećanje preteće smrti, a pre svega, ne bi li objasnila neobjašnjivo. Bila je, po svim standardima, preosetljivo ljudsko biće. Od trenutka udesa, bio joj je utisnut dubok užas, a mehanizmi moždanog stabla bili su stalno aktivni.

Šta fetus radi kada se suoči sa traumom? On reaguje visceralno[12] Ako smo imali ovakvu vrstu traume dok smo bili fetus, imaćemo predispoziciju da i ostatak života reagujemo na isti način, usled čega ćemo kasnije imati stomačne probleme, kolitis, čireve, grčeve, probleme sa disanjem, a nećemo znati razlog. Iz ovog razloga, terapeuti često znaju poreklo problema kada im pacijent kaže da ima kolitis, na primer. Ako je problem ozbiljan i isključivo instinktivan, velika je verovatnoća da njegov uzrok potiče još sa rođenja ili pre toga. Potražite izvor problema u moždanom stablu i naći ćete ga. U slučaju Edit, koja je celog života bila u stanju uznemirenosti, sedativi su bili neophodni da bi joj omogućili svakodnevno funkcionisanje. Patila je celog svog života, uprkos detinjstvu punom ljubavi.

Druga linija – limbički sistem / sistem osećanja

Druga linija svesnosti jeste limbički moždani sistem, koji je odgovoran za osećanja i njihovu emocionalnu memoriju. On nam daje slike i sklonost ka umetnosti, obrađuje neke aspekte seksualnosti i delimično je odgovoran za bes i strah.

limbički sistem se sastoji iz struktura koje su ključne za funkcionisanje mozga; to su: *hipokampus*, koji je čuvar emocionalne memorije; *amigdala*, koja verujem pruža doživljaj osećanja – njegove instinktivne komponente; *hipotalamus* i *talamus*.

---

[12] Kod fetusa se, u stomaku, javljaju grčevi, bol i sl. – *prim. prev.*

Talamus je relejna stanica (ili centralni prekidač mozga) koja šalje poruke o osećanjima naviše i napred da bi bile shvaćene i integrisane. On može odlučiti da je osećanje prejako da bi se osetilo i narediti da se poruka (o osećanju) ne prenosi. *Hipotalamus* radi zajedno sa nižom strukturom, hipofizom, da bi kontrolisao lučenje ključnih hormona, među kojima je i hormon stresa. Kada imamo jake emocije, hipotalamus organizuje naš odgovor na njih.

Unutar hipotalamusa leže dve različite vrste nervnih sistema; oba rade automatski. Jedan je simpatički, a drugi je parasimpatički. Ovaj drugi upravlja mehanizmima popravke, lečenjem i odmorom. Simpatički nervni sistem kontroliše agresiju i prodornost. Kada se javi jaka trauma *in utero* ili odmah posle rođenja, jedan od ova dva sistema dominira našim životom i diktira da li ćemo biti pasivni ili agresivni pri suočavanju sa problemima. Simpatički i parasimpatički sistem pomažu da se oblikuje naša ličnost.

Limbički sistem/sistem osećanja je skladište emotivne istine. On se nalazi otprilike u predelu slepoočnice i vijuga unazad po stranama mozga kao rogovi ovna. Ovaj sistem osećanja se razvija bar još dve ili tri godine po rođenju, iako je jedna od njegovih komponenti, hipotalamus, potpuno funkcionalna kada se rodimo. Zbog toga možemo imati fizičke bolove od samog rođenja; grčevi mogu biti jedan od primera efekata stresa hipotalamusa zbog traume na rođenju ili čak pre njega.

Amigdala – osećanje osećanja

Amigdala je jedna od filogenetski najstarijih moždanih struktura i najstarija struktura u limbičkom sistemu. Ona se formira mnogo pre neokorteksa, kako u evoluciji ljudske vrste, tako i u evoluciji individue. Amigdalu i moždano stablo mogu oštetiti: trauma pre rođenja (kao što je stres od anksiozne majke ili majke koja uzima droge), trauma na porođaju, ili trauma zbog uskraćivanja ljubavi u ranom detinjstvu. Amigdala je hauba emocionalnog sistema, kapija ka osećanjima. Ona nam daje senzacije povezane sa osećanjima, dok hipokampus, koji se kasnije razvija, registruje ova osećanja kao činjenice. Otisci u amigdali će uticati, kako na razvoj našeg fizičkog sistema – naših kostiju, krvi, mišića – tako i na razvoj naše ličnosti. Moguće je pristupiti sećanjima na neko osećanje, a da se to osećanje stvarno ne oseti. Sećanje na osećanje koje je dete imalo kada je njegova majka poklonila njegovog psa, može biti uskladišteno u hipokampusu bez punog učešća amigdale. Kada se pristupi takvom osećanju, neće doći do trajne promene u terapiji, jer dobar deo sećanja nije vraćen kroz ponovno preživljavanje. Naš posao je da pomognemo vraćanju svih događaja, uključujući potpuno isti emocionalni odgovor kao što je izvorno i bio. Tek tada on može biti integrisan u sistem i prestati da upravlja našim životima. S obzirom da je izvorna trauma prožimala svaki deo našeg sistema, i ponovno proživljavanje mora da uradi isto. U suprotnom, to je samo delimično proživljavanje i nije lekovito.

Amigdala upozorava na pretnju i govori nam da se spremimo za opasnost. Ona pomaže da se aktiviramo, tražeći još veću količinu hormona stresa. Rano traumatično sećanje se konsoliduje (učvršćuje) u amigdali. Ona obrađuje instinkte, doslovce – visceralne aspekte osećanja. Amigdala je dominantna u obradi emocionalnih informacija do šestog meseca života. Kritični period amigdale – kada je najlakše utisnuti traumu u nju – jeste poslednji trimestar pred porođaj i prvih par meseci po rođenju kada se dovršava razvoj sinapsi i dendrita u mozgu. Otisci koji se u ovom periodu utisnu u amigdalu su odlučujući za kasniji život. Amigdala direktno utiče na neokorteks, diktirajući koja se sećanja skladište i kada, i koliko će snažno ta sećanja uticati na naš misaoni proces.

Reči koje terapeut upućuje odraslom pacijentu, nikada ne mogu izmeniti sećanja na traumu koju je amigdala pretrpela. Na sreću, kada stvari postanu ozbiljne, ona može da pomogne tako što proizvodi sopstveni opijum da bi sprečila pojavu bola. Amigdala nam tako pomaže da ostanemo nesvesni (svog bola – *prim. prev.*). Pravo je čudo kako ova mala moždana struktura „zna" kada da zaustavi bol; i čudo je kako može da izluči derivat maka da bi nam pomogla. Štaviše, ona govori ostalim moždanim strukturama koliko da izluče i kada da stanu. U stvari, ovo je pre upozorenje nego razgovor. Mnoge biljke čine isto. Kada postoji previše sunčevog svetla, a samim tim i opasnost, slabljenjem procesa fotosinteze, biljka se zatvara. Ovo ukazuje da se proces „preopterećenje – gašenje" može naći još u biljnom svetu. Dva istraživača ukazuju da prejaka sunčeva energija izaziva oštećenja na listu ista kao naše opekotine od sunca. Izgleda da biljke imaju sistem upozoravanja koji upozorava delove biljke koji još nisu izloženi, na opasnost od prejakog sunca.

Često u terapiji vidimo da se, nakon primalnog ponovnog preživljavanja, sistem zatvara na trenutak. On kao da želi da kaže; „Bilo mi je dosta za danas." To znači da je vreme da se pacijent odmori, a ne da ga dalje guramo u preopterećenje.

Hipokampus – sedište memorije

Hipokampus sadrži arhivu ranih iskustava, naročito trauma; on, takođe, ima i funkciju da priguši aktivaciju amigdale, čime sprečava da nas ugroze naše sopstvene reakcije (visok pritisak i sl.); stalni visok pritisak i velik broj otkucaja srca će sigurno ugroziti naše postojanje. Receptori za hormon stresa su veoma gusto raspoređeni u hipokampusu i zato je on veoma osetljiv na stres. Hipokampus organizuje kontekst osećanja. On daje sidro našim osećanjima dajući im vreme i mesto – i dozvoljava nam da se povežemo sa njima.

Hipokampus nije tako star kao njegova rođaka, amigdala; zbog toga, amigdala može obraditi masivnu ranu traumu bez specifičnog vremena i mesta i bez govornog koncepta ili reči da bi se trauma razumela. Za razumevanje traume je potreban hipokampus koji se kasnije razvija. Za povezivanje sa preverbalnim traumama potrebno je da imamo svest o specifičnoj senzaciji u njenom izvornom kontekstu – kao što je osećanje senzacije davljenja tokom rađanja i poznavanje njegovog porekla. Možemo preživeti traume pre rođenja, na rođenju i u ranom detinjstvu, ali ne možemo ih se setiti, jer sistem koji je odgovoran za to (hipokampus) još nije informisan. I dok se svesno ne možemo setiti ovih vrlo ranih događaja, „memorija" amigdale je ipak registrovala „sećanje" ili otisak i on će uticati na nas, iako ga se ne možemo setiti. Kako navodi neurofiziolog Žozef Ledu, „Iz ovog razloga (nemogućnosti da se svesno setimo traume), trauma može uticati na mentalne funkcije i funkcije ponašanja kasnije, kroz procese koji ostaju nepristupačni svesti." On veruje da su „sećanja neizbrisivo utisnuta u mozak i ostaju sa nama ceo život", , što je, uzimajući u obzir sve kasnije informacije, postalo prilično zasnovana činjenica. [13]

Ono što je odlučujuće za hipokampus, jeste da trauma u ranom dobu i nedostatak ljubavi mogu prouzrokovati slabljenje veličine dendrita u hipokampusu; to će na kraju dovesti do gubitka pamćenja. Dugotrajni otisci utiču na hipokampus, tako da nije čudno ako, kasnije, pamćenje oslabi. Postoje neka kasnija istraživanja koja ovo potvrđuju.

Hipotalamus – prevodilac osećanja

Hipotalamus, takođe deo limbičkog sistema, pomaže da se organizuje lučenje hormona stresa, posebno kortizola. Kortizol povećava broj i jačinu srčanih kontrakcija i utiče na mnoge naše metaboličke procese koji su reakcija na stres. Hipotalamus danas izgleda skoro isto kao što je izgledao i pre milion godina. On upravlja lučenjem hormona, kontroliše unošenje čvrste i tečne hrane i pokreće bes. On daje fiziološku snagu osećanjima. Bavi se prvenstveno našim unutrašnjim svetom, a kontrolišu ga delimično druge limbičke strukture, kao što je amigdala. Hipotalamus ima vezu sa moždanim stablom i prevodi osećanja u biohemijske procese. On je u mnogome prevodilac, jer preuzima osećanja iz moždanog stabla i organizuje fiziološke reakcije za njih.

Talamus – glasnik osećanja

Relejni centar limbičkog sistema je talamus, koji šalje osećanja naviše do frontalnog korteksa da bi bila shvaćena i integrisana u sistem. Kada je bol prevelik, talamus neće preneti osećanja; umesto toga, on deluje kao poštar i vratiće osećanja pošiljaocu, sa naznakom – „adresa nepoznata." U talamusu se nalazi najveća koncentra-

---

[13] „Emocije, memorija i mozak", Žozef Ledu „Američki naučnik", 31. avg. 2002. str. 62–71.

cija agenasa potiskivanja – inhibitornih neurotransmitera. Talamu-su je potrebna pomoć da bi zaustavio prevelik bol i on je dobija. U stvari, talamus obavlja dvostruku dužnost; on je povezan sa dva različita puta – istovremeno šaljući informacije višim centrima (prefrontalnom korteksu), i nižim centrima (filogenetski starijim strukturama) – amigdali. Amigdala dobija poruku i šalje je moždanom stablu, koje onda alarmira sistem, stavljajući telo u stanje uzbune. Ako amigdala ne funkcioniše, nema ni stanja uzbune.

Talamus je prekidač u mozgu, i on prenosi određene aspekte osećanja frontalnom korteksu – zaduženom za mišljenje, ambiciju, planiranje i uviđanje posledica naših dela. Ipak, osnovna dužnost frontalnog korteksa je – potiskivanje (zadržavanje osećanja koja se, inače, pojavljuju pri punoj svesnosti). To je instanca poslednje provere pre nego što se poruka o osećanjima približi, krećući se prema prefrontalnoj oblasti, oblasti svesti. Talamus govori potpuno neurohemijskim govorom, jezikom koji se izražava bez reči. Pa ipak, on može da bolne poruke prevede na jezik koji će frontalni korteks razumeti. Ako je bol prevelik, poruka koja stiže je konfuzna. Ako je prihvatljiv, kapije se otvaraju i poruka je potpuno razumljiva. Znamo šta osećamo.

Bol određuje kakav će biti posao talamusa. Određeni neurotransmiteri „znaju" kada da se umešaju. Kasnije u terapiji, talamus će preneti poruku korteksu, a onda ćemo najzad imati reči za ovaj proces. „Voli me, Mama. Kaži mi da ti se bar malo sviđam!" Talamus poseduje neku vrstu svesti, jer može da odluči da je emotivni bol prevelik i da ga ne prenese na više nivoe. Talamus čuva prefrontalni korteks i vodi računa da ga ne preopetereti. Ovde se ne radi o tome da smo u jednom trenutku bili svesni, a onda potisnuli osećanje. Stvar je u tome da ključne emocionalne poruke nikada nisu ni stigle do pre-frontalne oblasti.

Ponoviću da centri za emocije mogu biti aktivni i pre nego što se pojavi svest. To znači, između ostalog, da nas emocije mogu pokretati, a da toga nismo svesni. To je jedan od razloga što ne shvatamo da nam prete skrivena osećanja; svesni smo samo velike neprijatnosti. Evo dobrog primera kako istovremeno možemo imati svest o nečemu i biti nesvesni. Jedna nova pacijentkinja imala je običaj da ostavlja svoje dete sa dadiljama koje nije dobro poznavala, da bi išla na seminare o svesti. Dok je sticala svest, ponašala se nesvesno. Ponekad možemo nešto reći, pre nego što smo o tome razmislili. Naša osećanja su aktivna pre nego što inhibicije preuzmu kontrolu. Možemo besno da viknemo na nekoga, a da uopšte ne pomislimo na posledicu koju bi to moglo da ima.

TREĆA LINIJA: NEOKORTEKS

Treća linija je neokorteks, deo našeg mozga koji se poslednji razvio i koji je odgovoran za intelektualno funkcionisanje, za nastanak ideja i razmišljanje. *Leva prefrontalna oblast* zadužena je za spoljašnji svet; ona nam pomaže da potisnemo osećanja i da ih integrišemo u sistem kada za to budemo sposobni. Počinje da funkcioniše oko treće godine života. *Desna prefrontalna oblast* je orijentisana ka unutra. Ona je zadužena za naša osećanja, koja treba da odvede do leve prefrontalne oblasti za razumevanje. Iako se desna prefrontalna oblast razvija brzo u prve tri godine života, u periodu pre adolescencije imamo još jedan skok u njenom razvoju. Kada hormoni počnu da „divljaju“, povećava se deo frontalnog korteksa koji kontroliše impulse. Ukratko, ovde potiskivanje zaista počinje svoj život. Do kraja adolescencije, potiskivanje kao da je u punoj snazi. Prekasno: adolescent se već ponaša divlje i van kontrole je. Previše hormona – i premalo uticaja prefrontalnog korteksa.

Izbor

Neokorteks je prva kapija kroz koju prolazimo pri rekonstrukciji lične istorije i razumevanju našeg bola.

Frontalni korteks je deo sistema osećanja jer daje značenje našim fiziološko-emocionalnim reakcijama. neokorteks služi kao kapija za ulazak u komponentu patnje našeg sećanja. neokorteks je kapija koja ne može da radi sama. To su samo prva vrata kroz koja prolazimo pri rekonstrukciji naše istorije i razumevanju našeg bola. Kada je prefrontalni korteks (neokorteks) oštećen zbog rane traume, teško je blokirati osećanja koja stižu iz filogenetski starijih moždanih struktura. Ako nije dovoljno efikasan, utisnuta sećanja cure ka površini. Otisak će pokrenuti osećanje panike, slabost i anksioznost, što se takođe može manifestovati kao kompulsivna (prisilna) zabrinutost.

Vrlo je važno da se u psihoterapiji pristupi lečenju osnovnog problema (uzroka) – a ne samo simptoma – što je, nažalost, čest slučaj. Na primer – nije „zabrinutost" problem; ona je simptom nekog fiziološkog dešavanja u mozgu – simptom onoga što je *izaziva*. Briga se javlja kada strah nasrće na frontalni korteks. Za strah je zadužena limbička oblast; bezoblični strah pripada filogenetski starijim slojevima, moždanom stablu. Uporni simptomi, kao što su fobije, obično potiču iz moždanog stabla. Zabrinutost utiče na mnoge od nas i obično je izražavamo na sledeći način: „Šta ako se desi ovo ili ono?!" Biti stalno zabrinut znači očekivati katastrofu, jedino što ne shvatamo da se katastrofa već desila; mi jednostavno nemamo pristup tom saznanju. Prefrontalni korteks (levi i desni zajedno) je oblast u kojoj se aspekti naše istorije udružuju da bi postali celoviti, u kojoj grupišemo različite aspekte naše istorije. Ako je jedan od ciljeva psihoterapije da se osoba učini celovitom, onda sećanja moraju biti kompletna i povezana.

U osnovi, neurozu pokreću niži moždani centri koji pokušavaju da komuniciraju sa levim neokorteksom, ali to nisu u stanju, jer je došlo do prekida veze; otisak nedostatka ljubavi u ranom detinjstvu, koji šalje poruku beznadežnosti i bespomoćnosti, odgovoran je za ovaj prekid. Na primer, limbički sistem – druga linija – sposoban je da reaguje samostalno i pre nego što se neokorteks uključi, tako da mi reagujemo sistemski pre nego što je frontalni korteks uopšte svestan šta se događa. Reakcije našeg tela i nervnog sistema ne pokreću se pod uticajem ideja koje dolaze iz prefrontalnog neokorteksa, već ih pokreću emocionalni procesi koji neurohemijski izviru iz limbičke oblasti.

Moja pacijentkinja Eva, kada u pošti nije uspela da pošalje pismo na željeno odredište, reagovala je besno jer je ovo odbijanje trenutno pokrenulo otisak (koji je izvorno i nastao zbog odbacivanja – *prim. prev.*), prethodno utisnut u njen sistem, sa kojim se pojavilo i osećanje besa. Budući da joj roditelji nikada nisu pomagali i budući da je bila blokirana na rođenju (carski rez) i „nije

Razvoj mozga			Funkcije	Potrebe	Simptoma
Misli/Ideje	Sazrevanje Do 17–20 godina	Treća linija Neokorteks	Rezonovanje – logika Planiranje budućnosti Apstraktno razmišljanje Percepcija Fokus na spoljašnje	Intelektualna stimulacija Različiti unosi Nezavisnost Pohvala, odobravanje Stimulisano usmeravanje Intelektualna sloboda Druženje Socijalne interakcije Ohrabrivanje radoznalosti	Nedostatak radoznalosti/interesovanja Nedostatak motivacije Slaba mentalna stimulacija Slabljenje intelektualne radoznalosti Paranoja Opsesije Prisilna ponašanja Iskrivljena percepcija
(nečitko / oštećeno)	*(nečitko)*	*(nečitko)*	*(nečitko)*	*(nečitko)*	*(nečitko)*
Senzacije/Opstanak	Sazrevanje Do 6 Meseci	Prva linija Moždano stablo	Otkucaji srca Hormoni Krvni pritisak Telesna temperatura Instinkt Disanje	Zdrava trudnoća Neometan porođaj bez lekova Dovoljno kiseonika Prijatnost, mir Željenost Sigurnost Dobro sklonište/toplina Dobro zdravlje Dobre veze	Nepravilno disanje Kašalj Kolitis/grčevi Črevi/migrene Nizak/visok krvni pritisak Srčani problemi Seksualna disfunkcija Nesanica Nemir Zavisnost

mogla da izađe", u njen mozak bilo je utisnuto verovanje da pomoć nije dostupna; zbog toga je nikada nije ni tražila. Eva, kojoj je sada četrdeset pet, došla je kod nas u depresiji. Njen prethodni psihoanalitičar postavio joj je dijagnozu manične depresije. Pre terapije je koristila droge – hašiš i marihuanu. Imala je čitav niz propalih veza, nije mogla da zadrži posao, bila je agresivna i nesposobna da sledi pravila.

U svojoj maničnoj fazi, ponovo je izražavala svoja osećanja sa rođenja u istom intenzitetu kojim se borila da izađe iz materice. To je bila manična borba koja je završila neuspehom; onda je njena majka dobila anestetik i Eva je prošla kroz takozvanu „tačku prolaza", kako je ja zovem. „Tačka prolaza" je pozicija na kojoj je pokušaj rođenja onemogućen, bilo zbog pupčane vrpce obmotane oko vrata, bilo zbog prejake anestezije – ili nečeg drugog. Ova nemogućnost prolaza pokreće sindrom „neuspešne borbe", i dovodi mozak u inhibiran način rada (parasimpatički). Kasnije, kada se pojavi bilo kakva prepreka, javlja se tendencija da se odustane, uz misao – „kakva je svrha?" Kad je odrasla, Eva nije mogla „da funkcioniše". Sve je predstavljalo napor; i najmanji zadatak ponovo je budio rani otisak – sve je bilo previše (za Evu). Taj napor je poticao od jednostavne neartikulisane senzacije, koja je postala artikulisana kada se sposobnost za to razvila kod Eve. I bez artikulacije, možemo osetiti da se sa nečim ne možemo izboriti. Upravo ta mogućnost ukazuje na postojanje „rezonance" – osećanja u sadašnjosti služe kao okidač za osećanja iz prošlosti, sa kojima su povezana. Preterane reakcije u sadašnjosti rezultat su faktora „rezonance". Eva je bila manična da ne bi skliznula u tu „tačku prolaza", gde je vrebala smrt; njena fiziologija je i dalje funkcionisala u modusu čuvanja energije (jer je to bilo potrebno na rođenju). Ona je stalno osećala da smrt vreba, što je osećala i kada se rađala; izaći iz tog osećanja bilo je skoro nemoguće. Eva bi stalno imala osećanje utučenosti i propasti. Kasnije bi morala neprestano da se kreće da se ne bi osećala bespomoćno. Kada je istrošila svu energiju, i kada su stvari u njenom životu krenule nizbrdo – njen dečko ju je napustio, imala je probleme na poslu – počela je da klizi u osećanje bespomoćnosti, beznadežnosti i očajanja – sastavne delove depresije. Depresija je život u „tački prolaza", ne stav ili serija negativnih ideja. Ona znači da je osoba duboko u svojoj istoriji i da nije sposobna da iz nje izađe. Da stvar bude gora, depresija znači da osoba uopšte ne zna da je zarobljena duboko u svojoj istoriji.

Ideje su se pojavile milionima godina posle naših instinkata i osećanja. Nisu ideje problem; one signaliziraju problem, obezbeđujući reči kojima se to saopštava. Sistem za patnju je jedan od najstarijih u mozgu. Majmuni pate, ali to ne mogu opisati rečima. Mi možemo. Ali, i mi i primati patimo na isti način putem sličnih moždanih struktura. Filogenetski novija struktura našeg mozga – neokorteks – samo ukazuje na to *koja* se osećanja pojačavaju. On ne pati; on je toga svestan i priča o tome. neokorteks se seća života u detinjstvu i razmišlja o njemu, ali deo koji pati leži izolovan u svom skrovištu čekajući odgovarajući trenutak i odgovarajuću terapiju.

Kada ništa drugo nije uspelo, Eva je pokušala samoubistvo. Smrt je bila sećanje (sa rođenja – *prim. prev.*), sećanje koje je značilo kraj agonije. Kada bi je u toku dana neko isprovocirao, ili sprečio da uradi ono što je želela, to bi izazvalo osećanje bespomoćnosti – koje se javilo na rođenju, kada je bila sprečena da izađe iz materice i osećala se bespomoćno. Naglasio bih da moramo imati na umu da postoje povezani nervni putevi koji formiraju vertikalnu nervnu mrežu (o ovome ću ubrzo govoriti). Određena situacija u sadašnjosti služi kao okidač za osećanje, koje zatim silazi u prototipsku nervnu mrežu (simpatičku/parasimpatičku). Ispod postoji izvorna senzacija, koja se detaljno razrađivala kako je naš mozak sazrevao. Stoga, terapijska sesija je vraćanje evolucije unazad, vraćanje kroz vreme. Kada bi Evu nešto isprovociralo, javljalo se osećanje koje bi ličilo na noćnu moru. U toj noćnoj mori, ona je postajala bespomoćna i osećala je blizinu smrti; osećala je da ne postoji drugi izlaz iz te situacije (osim smrti). Izvorno, nije bilo drugog izbora. Jaka anestezija koja je data majci na porođaju, ušla je u sistem novorođenčeta i nije ostavila alternative za ponašanje. Eva je bila užasno nesrećna. U svom snu, izmislila je bajku da bi racionalizovala osećanje; i *raison d'être*[14]. To je ono što svakodnevno radimo – pokušavamo da racionalizujemo osećanja koja leže u nesvesnom.

Ako mi sami smatramo da smo glupi, uvereni smo da to i drugi misle i zbog toga pogrešno interpretiramo ono što nam govore.

---

[14] *Raison d'être* – razlog postojanja (franc.) – *prim. prev.*

„Da li znate kako ovo radi?" – „Naravno! Mislite li da sam glup?"– Ovo se govori sa iritacijom i nestrpljenjem. Jedno bezazleno pitanje služi kao okidač za jedno staro osećanje i postaje napad na nečiju inteligenciju. Ovo je suština neuroze – „rezonanca".

Ponovo vidimo da su osećanja ta koja pokreću ideje, a ne obrnuto. Čak i ideje i slike u snu pokreće naše nesvesno. Ideje prate evoluciju – prvo nastaju senzacije, zatim osećanja, i najzad – ideje. Kada Eva nije uspela da učini nešto od svog života, pala je u ozbiljnu depresiju. To ju je vratilo tamo gde njena borba nije donela rezultat (borba na rođenju), tamo gde je pretila smrt. Bila je opet tamo odakle nije mogla da se pomeri da bi živela; ponovo je bila bespomoćna. Svaka vrsta bespomoćnosti za nju je još od ranog doba značila smrt, odnosno – depresiju. Izbegavala je bilo kakvu situaciju u kojoj bi mogla da se oseti bespomoćno ili gde bi mogla da bude u nečijoj milosti – da ima šefa, na primer. Prototip je obuhvatao osećanje bespomoćnosti kao i osećanje bliske smrti sa rođenja.

Morala je da porekne bol od samog početka života kroz stav „Nema nikoga da mi pomogne. Moram sve da uradim sama." Kao dete, nikada nije tražila pomoć zbog postojanja otiska sa rođenja; nikada nije dobila pomoć od roditelja, jer nikad nije ni izgledala kao da joj je potrebna. Bila je odlučna u svemu što je radila. Sve ovo je pojačalo njeno nesvesno osećanje: „vidiš, nema nikoga da ti pomogne. Bolje da sve uradiš sama." Ta potreba (da joj drugi pomognu) čekala je u zasedi, i nikad nije stigla do najvišeg nivoa, nikada joj nije dozvolila da oseća i da zna da joj neko treba u životu. Menjala je partnere, nesposobna da održi dugotrajnu vezu. Uvek je krivila njih i nikada nije videla svoju ulogu u neuspehu veze. Iznad svega, nije želela da je iko kontroliše. I najmanji zahtev koji bi joj neko uputio, postajao je fašistička zapovest, nešto protiv čega se treba buniti.

Uzrok i poreklo Evinog ponašanja bili su duboko skriveni i neprepoznatljivi kada je došla kod nas na terapiju (zato nije čudno što se terapeuti fokusiraju na *ovde-i-sada* u lečenju pacijenta). Osnovno osećanje se razgranalo i zamrsilo zbog kasnijih događanja u detinjstvu. Izvorno osećanje, vrlo snažno, podelilo se na velik broj osećanja slabijeg intenziteta u sadašnjosti, kao što je, na primer, ustezanje da se u restoranu traži voda od konobara. Eva nije mogla da održi vezu, jer nije želela da zavisi ni od koga po pitanju ljubavi. Njeni roditelji, koji su imali tu moć davanja ljubavi, zloupotrebili su je i dali joj malo. Njene sadašnje veze odjekivale su tom zloupotrebom i plašile je.

KAKO FUNKCIONIŠE POTISKIVANJE

U mozgu postoji sistem kapija koji inhibira ili usporava poruku o osećanjima ukoliko ih je nemoguće podneti. Kada mehanizam kapija amigdale protiv rastućeg intenziteta osećanja ne funkcioniše, dolazi do direktnijeg uticaja na frontalni korteks; frontalni korteks se tada aktivira, i počinje ubrzano da radi, da proizvodi ideje, verovanja – čini sve što može da bi oslabio nalet osećanja. Ako je hipokampus preopterećen bolnim sećanjima, onda on neće moći da obavesti hipotalamus da ublaži proizvodnju osećanja u amigdali. Amigdala ima direktnu vezu sa frontalnim korteksom, tako da osećanja mogu direktno da utiču na naš misaoni proces; i naravno, amigdala ima direktne veze sa filogenetski starijim strukturama mozga. Kada mehanizmi kapija ne rade, osećanja koja se nalaze u filogenetski starijim moždanim strukturama, kao što je užas, mogu da pobegnu kontroli i stignu do prefrontalnog korteksa da bi signalizirali opasnost. Prefrontalni korteks ovo može da označi kao napad anksioznosti i osoba je tada svesna velike neprijatnosti.

Kognitivni psiholog može pokušati da leči tu anksioznost kao da je ona samo kortikalni fenomen, i može pokušati da je kontroliše pomoću ideja, misli, logike itd.: „Slušaj, preteruješ... Nema razloga za toliko uzbuđenje." Pa ipak, reakcije su skoro uvek precizne; one nam govore šta se stvarno dešava u filogenetski starijim strukturama mozga, čak i ako je izvorni kontekst utiskivanja neprepoznatljiv. Ne bi trebalo da poričemo ili menjamo reakcije, već da pronađemo njihovo poreklo i tako im damo smisao. Ako ne pristupimo našim osećanjima, bićemo prinuđeni da zaključimo da je neko sadašnje ponašanje iracionalno, jer nismo svesni šta mu je sve prethodilo. Ovo se dešava u slučaju fobije.

Osećanja, koja pokreću naše ponašanje, mogu predstavljati opasnost za nas, u slučaju kada ih je previše da bi ih filogenetski novije moždane strukture prihvatile i integrisale u sistem. Mozak ima sistem za uzbunu, kojim nas upozorava kod potencijalne preopterećenosti – kada se javi mnogo više osećanja nego što se može iskusiti i integrisati u sistem. On kaže „pripremi se za žestok napad bola", i sistem sluša. Ali, ako inhibitorni sistem kapija „propušta", on dozvoljava da prođe previše bola. Kada ova preopterećenost bolom / beznadežnošću počne svoj marš ka korteksu, pokreću se zvona za uzbunu. Kortizol je jedna od hemijskih supstanci koje služe za alarmiranje sistema. To je opšta uzbuna, i mnogi sistemi su zahvaćeni. Sam hipokampus može biti oštećen zbog prevelikog lučenja kortizola u dužem periodu, što dovodi do slabljenja memorije. Nije čudno što se osobe koje su bile anksiozne u detinjstvu slabo sećaju tog perioda. Eva gotovo da se nije sećala svog detinjstva; ono je bilo „crna rupa"... Rekla nam je na početnom intervjuu, da se seća, iako nejasno, da je imala „prilično srećno detinjstvo". Kasnije je na terapiji otkrila da to baš i nije bio slučaj.

Dobar primer preopterećenja (osećanjima – *prim. prev.*) videli smo nedavno, kod naše pacijentkinje. To je četrdesetogodišnja žena koja se, kada je imala devet godina, kupala sa električnom grejalicom pored kade. Pružila je ruku da pomeri grejalicu, pri čemu je doživela jak strujni udar. Odmah je izgubila svest, ali jačina njenih trzaja/napada (koje je udar izazvao), iščupala je utikač iz zida i spasla joj život. Sišla je da to kaže majci koja je peglala. Majka je rekla, „Oh, baš mi je žao. Ali sada izgledaš u redu." I nastavila sa peglanjem. Ovakva reakcija njene majke je toj devojčici u tom trenutku značila – „njoj nije stalo. Nema pomoći za mene. Ona me zaista ne voli."

Proteklih meseci, ona je u nekoliko navrata, ponovno proživela taj šok (od strujnog udara), prolazeći kroz podjednako jake konvulzije kao kada ga je prvi put doživela. (Ovo je snimljeno na traci). Nije imala pojma da je šok još uvek unutra. To je bila čista električna energija bez sadržaja, pa ipak ju je potpuno zamrzla. Imala je rigidan, ukočen izraz lica koji nije nestao niti se ublažio mesecima posle ponovnog proživljavanja šoka. Celo njeno telo se ukočilo u trenutku šoka, a čak joj je i danas teško da pravi pokrete bez napora. Ceo njen sistem kao da se trajno zgrčio, usled potpunog preopterećenja. „Primali" ove pacijentkinje jesu njeni napadi (zbog strujnog udara) i njeno uverenje koje je izazvala majčina reakcija – „Njoj nije stalo. Nema pomoći. Nemam kuda da odem." To shvatanje je bilo jako bolno, jer je ukazivalo na to kako će izgledati njen život od tog trenutka. Skoro da je umrla. Njena majka jedva da je reagovala. Ovi primali su joj pomogli da shvati zašto nikada nije mogla da se izrazi. Sve je bilo zaključano u njoj. Činilo se kao da je mrtva. Sada, najzad, po izražavanju šoka, ona može da se izrazi emocionalno. Njeno lice ima izraz, dok je ranije bilo bezizrazno i nepokretno. Imala je stalan strah od smrti, koji nije bio bez osnova. To je bilo realno iskustvo. Njene noćne more su bile ispunjene opasnošću u kojoj je bila na ivici smrti. Video sam mnogo pacijenata sa ovakvim strahovima, koji su se odnosili na sadašnjost – „umreću sada!"

Da pacijentkinja nije ponovo proživela šok, mi nikada ne bismo saznali za njeno stvarno iskustvo bliske smrti. U kognitivnoj terapiji, njeni strahovi bi mogli da se tretiraju kao iracionalne ideje. Strujni udar u kadi nije ništa drugačiji od preopterećenosti osećanjima. „Sve je beznadežno. Niko me nikada neće voleti." I to je elektricitet. Ali on ima sadržaj. Strujni udar ga nije imao. Zato je bilo tako đavolski teško to otkriti. Nije bilo specifičnog prizora na koji smo mogli da se u terapiji oslonimo. To je bilo „neutralno" iskustvo; čist elektricitet, koji nam je dozvolio da jasno vidimo preopterećenje i kako ono deluje. Ovo preoptrećenje, iako nije imalo veze sa seksom, sprečavalo je i seksualno izražavanje. Svaka rana trauma može imati istu posledicu.

Traume se mogu urezati u visceralni deo mozga tokom života u materici i na rođenju, tačnije, u doba kada su funkcije moždanog stabla/limbičkih struktura aktuelne neurološke funkcije. Kada pacijenti dolaze žaleći se na stomačne tegobe kao što je Kronova bolest, to nam jasno govori kada je trauma urezana. Znaci, koji ukazuju na to kada je otisak nastao, jesu – muka u stomaku, pritisak u grudima, teškoće u disanju, senzacije pritiskanja i stezanja i opšte osećanje uznemirenosti.

Dakle, amigdala i hipokampus mogu kontrolisati lučenje hormona stresa. Dok se sistem puni kortizolom, hipokampus, na primer, može poslati hipotalamusu poruku da zaustavi rast kortizola.

Na izvestan način, amigdala moli hipotalamus da „dozvoli" povećanje kortizola, dok ga hipokampus moli da „spreči" to povećanje. Mi želimo da budemo pod stresom samo koliko nam je potrebno da bismo se nosili sa vanrednim stanjima, ali ne i da nas on preplavi. Želimo da budemo sigurni da signal o opasnosti neće i sam postati opasnost. Mi nismo u panici zbog neke iracionalne sile. Postoji dobar razlog za to; nešto u filogenetski starijim moždanim strukturama pokreće paniku. Panika (i napad panike) je odgovor na uzbunu, opasnost. Ukratko, napadi panike mogu biti prilično racionalni, odgovarajući na stvarno utisnute događaje. Prečesto pokušavamo da uklonimo signal za opasnost, dok opasnost zanemarujemo i ostavljamo po strani. Ovo se najčešće dešava kada se opasnost krije u moždanom stablu, gde nije vidljiva. Sve dok se bavimo rečima i objašnjenjima, nikada ne možemo stići do izvorne opasnosti.

Panika je užas iz perioda rane trudnoće. Ona je oslabila sistem kapija za potiskivanje, tako da bilo kakvo trenutno smanjivanje opreza može da je pokrene. Panika pravi veću štetu nego bol usled depresije, jer se javlja pre potpunog razvoja ihibitornog sistema – sistema kapija. Ona je čisto fizička i izgleda vrlo misteriozno – dok osoba ne dobije dubinski pristup. Tada ona više nije misterija. To je najprimitivnija od svih reakcija; reči je nikada neće dotaći. Ona predstavlja najviši nivo funkcije mozga u tom trenutku (rani meseci trudnoće – *prim. prev.*). Pogledajmo kako se panika manifestuje: kratak dah, bol i pritisak u grudima, ubrzan rad srca, senzacija davljenja i gušenja, trema, vrtoglavica, očekivanje katastrofe. Nijednoj od ovih reakcija nije potreban korteks ili filogenetski mlađa moždana struktura. To je glavni razlog što je reči ne mogu izlečiti. Ona je bazično visceralna i subkortikalna. Ove manifestacije nam govore da izviru iz vrlo primitivne moždane organizacije, iz vremena kada je postojala samo nerazvijena moždana struktura (kojoj je nedostajao potpuno razvijen neurokorteks koji bi obradio traumu). Nema uvida koji je može lečiti, jer je ona počela svoj život mnogo pre no što smo došli u posed reči.

Paniku vidimo kod nižih životinja kada ih uplaši druga životinja. Njihove reakcije izgledaju kao čista panika. Ovo vidimo kod nekih individua koje idu na pregled magnetnom rezonancom. Onog trenutka kada osoba bude zatvorena u čelik i cement, javlja se panika.

Ova situacija je slična izvornoj situaciji. Panika koristi stešnjenost takve mašine da bi ponovo probudila primitivno osećanje. Pacijent može verovati da je uzrok njegove anksioznosti ta mašina, ali pravi razlog je primalna panika od uskog, zatvorenog prostora. Magnetna rezonanca stimuliše memoriju „rezonancom"[15] (ne memoriju na koju obično mislimo, već telesnu reakciju). Ako doživimo ovu vrstu anksioznosti na ispitivanju magnetnom rezonancom, možemo biti prilično sigurni da smo imali težak porođaj; to je, ukratko, i pomoć pri dijagnostici, kada odvajamo one koji su imali zdrav porođaj od onih koji su imali traumatično rođenje. Učim tehničare, koji me pregledaju magnetnom rezonancom, da s vremena na vreme, u nepravilnim intervalima, dodirnu moje stopalo, tako da kod mene ne može da se pokrene puna anksiozna reakcija.

Da bi se proizvelo stanje anksioznosti potrebna je određena vrsta više cerebralne organizacije. Bitan je koncept „rezonance", jer situacije odjekuju u nama ispod jezičkog nivoa. Možemo biti uznemireni, a da ne znamo šta nas je u datoj situaciji uznemirilo. Tako, u seksu, golo žensko telo može kod muškarca imati odjek njegovog ranog iskustva sa majkom (možda je njegova majka imala zavodnički stav mnogo pre nego što je dete moglo to da shvati). Imao sam jednog pacijenta, belca, koji je imao majku sa vrlo zavodničkim stavom; ona je imala običaj da ljubi svog sina u usta. Kasnije, on je mogao da bude samo sa devojkama koje su bile Crnkinje ili Azijatkinje – previše bela devojka bi odzvanjala tim ranim zavođenjem i uplašila bi ga. Ovde su „bele" žene odzvanjale („rezonirale") kao „bela" majka, dakle, kao nešto što treba izbegavati. Lečio sam ženu homoseksualne orijentacije, koju je seksualno zlostavljao njen (beli) očuh. Na početku je mogla da ima samo veze sa crnim muškarcima. Kasnije, svaki je muškarac odzvanjao kao očuh iz njenog detinjstva. Zato je prešla na seks sa ženama. To joj je izgledalo mnogo bezbednije.

Kada postoji borba na život i smrt na rođenju – zbog nedostatka kiseonika (anoksija) na primer – postojeći reaktivni sistem se aktivira, ali, budući da ne može dobro da funkcioniše zbog preopterećenosti bolom (osetiti ga u potpunosti bilo bi isto kao umreti, ili bar kao izgubiti svest), on funkcioniše delimično, unutar svojih

---

[15] O kojoj je govoreno ranije – *prim. prev.*

bioloških ograničenja, a zatim odlaže višak užasa na čuvanje; čuva ga dok naš sistem ne postane dovoljno jak da bi ga osetio i rešio. Taj užas živi iza naših kapija potiskivanja.

Međutim, mi stalno reagujemo na ovaj uskladišteni užas – hronično visokim nivoima hormona stresa, smanjenim imunitetom, iskrivljenim percepcijama, čudnim idejama, noćnim morama i hroničnim osećanjem neprijatnosti. Ova stalna aktivacija, nagriza kardiovaskularni sistem, što može dovesti do ozbiljne bolesti u našoj pedeset petoj godini na primer, iako u to vreme živimo naizgled normalnim, opuštenim životom. Nije čudno što se jedna od najvećih koncentracija inhibitornih neurotransmitera (deo mehanizma kapija u mozgu) nalazi u talamusu, koji neće prenositi informacije koje su za nas preveliko opterećenje. Talamus mora da blokira bol, ukoliko bol ugrožava frontalni korteks. U primalnoj terapiji, kada osoba ima pristup osećanjima i kada se najzad uspostavi veza između levog prefrontalnog korteksa i filogenetski starijih moždanih centara, javlja se veliki bol, a zatim sledi veliko olakšanje. U primalnom iskustvu (potpunom proživljavanju ranog nedostatka ljubavi), postoji toliko veliki porast bola, da je odbrambeni sistem privremeno preplavljen, kapije slabe, a jedino što se može probiti kroz sistem, jesu kompulsivni kašalj, osećanje gušenja ili gubitka vazduha, i vrlo brzo drhtanje nogu; ovo drhtanje može trajati i ceo sat, čak i kada pacijent toga nije svestan. Drhtanje često vodi poreklo iz filogenetski starijih moždanih struktura i predstavlja elemente anksioznosti ili paničnih stanja. Drhtanje se javlja usled nepovezanosti između levog prefrontalnog korteksa i filogenetski starijih struktura.

Izbor

U primalnoj terapiji, kada osoba ima pristup osećanjima i kada se najzad uspostavi veza između levog prefrontalnog korteksa i filogenetski starijih moždanih centara, javlja se veliki bol, a zatim sledi veliko olakšanje.

Ako se ne suočavamo sa svojom unutrašnjom realnošću, ne možemo se suočiti ni sa spoljašnjom stvarnošću, naročito kada ta spoljašnja realnost deluje kao okidač za unutrašnja osećanja koja pokušavamo da izbegnemo. Drugim rečima, spoljnje i unutrašnje oblikuju integrisano kolo u mozgu. Najzad, spoljašnje jeste unutrašnje. Kada je otvorena senzorna kapija, i spoljašnje i unutrašnje informacije se prihvataju i integrišu u sistem. Kada je kapija zatvorena, ne vidimo jasno ni unutrašnjost ni spoljašnjost. Prekidamo vezu sa sobom. Potiskivanje sprečava ono što je unutra da izađe, a ono što je spolja da uđe. Kada je kapija zatvorena, ljubav nikako ne može da uđe. Dok se ovo dešava, patićemo od velikog broja psihosomatskih smetnji. Energija se ne može povezati i integrisati u sistem. Ona nastavlja da pravi štetu. Zamislite ovna kako udara u kapiju; osećanja su toliko jaka da kapija najzad popušta i omogućava pristup anksioznosti i napadima panike.

Ono čime se dobar deo medicine i psihoterapije danas bavi, jeste lečenje fragmenata ljudskog bića, lečenje delova izvornog sećanja koji su izgubili svoju vezu sa celinom. Napadi kašlja, pritisak u grudima, anksioznost, fobije i potreba da pobegnemo, sve su to delovi izvornog otiska. Mi lečimo različite izdanke centralnog otiska umesto samog otiska; to je proces koji će trajati večno. Ono što dobijamo jeste delimičan napredak – promene u delovima ranog iskustva. Lečimo fobije, visok krvni pritisak i lupanje srca, ponekad sve to istim lekom. Zašto? Jer su sve to delovi, aspekti istog ranog iskustva. Na ovaj način lečimo iskustvo, iako toga nismo svesni. Postoje „uspešne" kognitivne i bihevioralne terapije za fobije, na primer. Ove terapije „leče" fobiju, ali ne i njen uzrok; on će nastaviti da pravi štetu.

Talamus i prefrontalni korteks su uzajamno povezani informativni servisi. Ponekad je informacija koja se šalje naviše i napred toliko preplavljujuća da ne može biti prihvaćena i integrisana u sistem. Informacija se vraća pošiljaocu. Postoje određena jedra u talamusu koja su centri za percepciju i releji za bol. U ovom jedru bol može biti blokiran na svom putu ka prefrontalnom korteksu. Ovo je takođe oblast, zajedno sa frontalnim kortikalnim centrima, koja pomaže da se integrišu osećanja, da se učine razumljivim. Talamus podstiče korteks da proizvodi misli da bismo se osećali prijatno. Kada je neokorteks spreman, razumna količina bola će proći i biti integrisana u sistem. Naš posao u Primalnoj terapiji jeste da pretvorimo neodređenu nelagodu, paniku i patnju u specifični bol; da proizvedemo integraciju. Druga reč za to jeste – harmonija.

Ako je neko preterano aktivan još u ranom dobu, to za njega postaje normalno stanje. Ovakva osoba smatra sebe normalnom. Ovde leži problem. Osoba može biti preterano aktivna, a verovati da je normalna, jer je to jedino što joj je ikada bilo poznato. Osoba je uverena u to da je normalna, jer organizuje svoj život prema otisku da bi ga učinila racionalnim i koherentnim; ona ispunjava svoj život projektima i planovima da bi racionalizovala svoj unutrašnji nemir. Kada u Primalnoj terapiji uklonimo bol, osoba najzad zna šta je „normalno".

Ideje se prilagođavaju osećanjima i njihov su sastavni deo. Mi reagujemo kao celovit sistem, ne samo jednim njegovim delom – idejama. Ako imamo puno potisnutog besa u sebi, to može izlaziti iz nas kao stalni sarkazam, što nam može izgledati kao normala reakcija. To je samo deo naše „ličnosti". Kažemo da je neko sarkastičan i ciničan jer su to osobine njegove ličnosti, ali te osobine su rezultat ljutnje i besa koji su uskladišteni duboko u mozgu. Ta ljutnja i bes rastu i utiču na ono što izlazi iz naših usta, ali to nije jedino što treba da se leči (naše reakcije –*prim. prev.*). Ukratko, otisak pokreće naša usta.

Ako je užas uskladišten u našem sistemu, onda određene fobije doživljavamo kao nešto normalno, ili bar kao prijatne za sistem. Postoje osobe sa kompulsivnim (prisilnim) pranjem ruku, kojima to donosi prijatnost. Ove osobe nikada ne bi promenile to ponašanje, niti bi mogle. Ritual drži bol na odstojanju. Duboka osećanja se dižu na nivo ponašanja i pokreću kompulsivnu aktivnost. Poznati komičar, koji ne sme da dodirne kvaku na vratima, kaže da se dobro oseća i da ne želi da se menja. To kompulsivno ponašanje (korišćenje maramice da bi otvorio vrata) ublažava njegove strahove, (čijeg je porekla nesvestan) i čini da se oseća prijatno.

Moja pacijentkinja Edit nikada nije mogla lako da zaspi. Njen idejni sistem čudnih verovanja – nastao je zbog stalnog jačanja impulsa koji su vršili pritisak na levi frontalni neokorteks. Ovi impulsi su se pojavili kao posledica automobilske nesreće koju je njena majka imala u osmom mesecu trudnoće. To je bila ona ista snaga koja je njen um terala da i noću neprestano radi. Njoj su te ideje bile potrebne da bi se osećala prijatno. Obično je uloga frontalnog korteksa da nas usmerava ka rešavanju situacija. Ali kod Edit je opasnost skrivena, tako da je korteks zadužen za pomoć, no on može samo da se uzburka bez cilja. Kada bismo pokušali da eliminišemo ili uklonimo te ideje kognitivnom terapijom, naudili bismo ključnim mehanizmima za preživljavanje. Ako zanemarimo poslednje nedelje koje je Edit provela u majčinoj materici, nikada nećemo moći da razumemo poreklo njenog problema. Bila je uplašena i osetljiva od početka svog života; ona je bukvalno imala nesiguran početak. Nije bilo načina da fetus dâ smisao onome što se desilo zbog saobraćajne nesreće; tako su besmislen bol i nejasna senzacija užasa postali otisak. To se dešava kada je odbrana jedne osobe slaba; ovo izaziva sve vrste fobija ili čudnih verovanja, koja za druge nemaju nikakvog smisla.

Kada je Edit vratila to sećanje, ono je počelo senzacijom lomljave, koja je bila misterija za nju i terapeuta. Ali put je vodio do filogenetski mlađih moždanih struktura i najzad do talamusa i neokorteksa gde je bila svesna senzacije lomljenja, užasa i slabosti. Ono što joj je nedostajalo bilo je „zašto?" Majka joj je zatim rekla šta se desilo u osmom mesecu trudnoće, (i tada su ove senzacije za Edit postale jasne, kao i za terapeuta).

Bilo bi nemoguće da joj se deprogramiraju čudne ideje; one su se protezale sve do filogenetski starijih moždanih struktura i do početaka njenog života. Edit je razvila fobiju koja bi je, na duže vreme, sprečavala da napusti svoju spavaću sobu, čak i da bi otišla u nabavku osnovnih namirnica. Čim bi izašla iz kuće, postala bi anksiozna. Užas je našao fokus, ali to je bio samo fokus. Otišla je kod bihevioralnog terapeuta koji je zajedno sa njom, izašao napolje; prvo su šetali niz jedan blok zgrada, zatim drugi, a onda su otišli do prodavnice. Držao ju je za ruku i umirio kada se njena anksioznost pojačala. Uradio je ono što je dobar otac trebalo da uradi mnogo ranije. Ali naravno, to je bilo samo privremeno rešenje, pošto je pravi užas bio jako duboko sakriven. Kada je jednom osetila sav svoj užas (na našoj terapiji), mali strahovi nisu više morali da cure tu i tamo. Povezala se sa skrivenim sećanjem.

Hajde da pretpostavimo da su se ti strahovi ispoljili kao strah od liftova – strah od boravka u veoma ograničenom prostoru (ovakav prostor postaje predmet užasa). Užas je smešten u filogenetski starijim strukturama u mozgu, dok se terapija fokusira na filogenetski novije strukture u mozgu. Psihoterapija ne može da izleči užas iz filogenetski starijih struktura, razgovorom sa filogenetski mlađim strukturama; tu ne leži rana. Fobiju mogu izazvati i neka realna događanja u životu – zaglavljivanje u liftu ili nekom drugom zatvorenom prostoru dok smo bili dete, ali pravi užas, usled događaja koji je pitanje života i smrti, retko potiče iz dešavanja u kasnijem detinjstvu. Otisak je poreklo (užasa), užas postaje reakcija (koju izaziva otisak – *prim. prev.*), a fobija postaje fokus za terapiju. Treba da razdvojimo ove tri stvari da bismo razumeli problem i mogli da se bavimo otiskom i njegovom reakcijom. Otisak će uraditi ostalo.

Da bi kontrolisala svoju fobiju od izlaska napolje, Edit je morala da se vrati tamo gde se osećala bezbednom – kući. Uzrok fobije bila je nesreća, ali postepeno, posle vremena provedenog na primalnoj terapiji, njene fobije su nestale a da o njima čak nismo direktno ni razgovarali. Svet je bio opasno mesto za nju, a da ona nije znala zašto; bio je opasan čak i pre nego što je prvi put udahnula vazduh. Bezbednost je za nju, ležala u čauri njenog doma, koji je bio simbol za matericu. Osećala se prijatno ne izlazeći napolje. Pokušavala je da se vrati na bezbedno mesto, što je materica bila pre nego što se desila nesreća. Boravak napolju bi ponovo probudio senzaciju iz doba nesreće, kao i nesvesni užas. Uvek se plašila da bi se nešto grozno desilo ako se udalji od kuće. Nešto užasno se već desilo; taj užas se nalazio u obliku sećanja u njenom celom sistemu. Kako nije imala pristup tom užasu, morala je da se fokusira na sadašnjost. Uradila je ono što je Frojd zvao „projekcija". Projektovala je strahove iz ranog iskustva na sadašnjost.

Naš uobičajeni referentni okvir za razumevanje sveta trebalo bi da budemo mi sami. Ali, ako nemamo svoje sopstvo, ni pristup svojim osećanjima, gubimo svoj sopstveni referentni okvir i onda moramo da se oslonimo na druge ljude, gurue, terapeute itd. Sve dok ne pristupimo svojim osećanjima, mi se oslanjamo na sud i percepciju tih drugih ljudi. Oni mogu da „učitaju" svoje ideje u naš frontalni korteks i svoja osećanja u naš limbički sistem. Izgubili smo sposobnost da proverimo njihove ideje i sudove, jer nemamo pristup našem limbičkom sistemu. Zato počinjemo da koristimo reči, a ne osećanja.

Kada nemamo pristup svojim osećanjima, obično biramo pogrešnog partnera, jer obraćamo pažnju samo na njegovo spoljašnje ponašanje, a ne na ono što leži ispod tog ponašanja. Bez pristupa osećanjima mi ne možemo ni videti ni osetiti kakvi su ljudi zaista. Reči i ponašanje neke osobe, njena fasada, postaju veoma važni.

Uopšteno, druge vidimo kao pomoć u zadovoljenju naših potreba, nekoga ko će da nas vodi, da se brine o nama, da nas štiti, da bude ljubazan prema nama, da bude agresivan za nas ili da radi sve one stvari u društvu koje mi ne možemo. U drugima vidimo zadovoljenje sopstvenih potreba. Neko nam se sviđa kada nam nudi ono što nam je potrebno. Ne sviđa nam se ako nam to ne nudi. Na primer, narcističkoj ličnosti, kojoj je potrebna konstantna pažnja, neće se svideti osoba koja ne ume da sluša i želi svu pažnju za sebe. Većina nas traži simboličko ispunjenje u životu – našavši nekoga ko nas kritikuje, dok mi pokušavamo da dobijemo njegovo odobravanje (kao od roditelja u detinjstvu) – tako da imamo istu borbu kao i ranije, ali se nadamo boljem kraju. Ili nalazimo nekog hladnog, kao što je naša majka, i pokušavamo da ga učinimo toplim. Izgleda da uvek počinjemo od nule, ponovo stvarajući izvornu traumu i pokušavajući da nađemo željeno rešenje. Nikada ne odustajemo od pokušaja.

Da bismo objasnili ponašanje i simptome, ne smemo se baviti samo ispitivanjem struktura ili hemijskih supstanci u mozgu, niti se smemo ograničiti samo na psihološki pristup. Mozak i telo su ujedinjeni. Ne smemo uzeti kortikalnu normalizaciju kao standard za zdravlje (kao što čine terapeuti u moždanom biofidbeku), a da ne uzmemo u obzir druge delove mozga. Isto tako, ne smemo određivati normalnost samo prema psihološkim kriterijumima. Tačnije, ne smemo biti zadovoljni izveštajima pacijenata o tome kako se osećaju ili rezultatima njihovih psiholoških testova. Naše telo govori jezik, a mi taj jezik možemo razumeti ako znamo gde da tražimo. Moramo uvek pokušavati da idemo dublje.

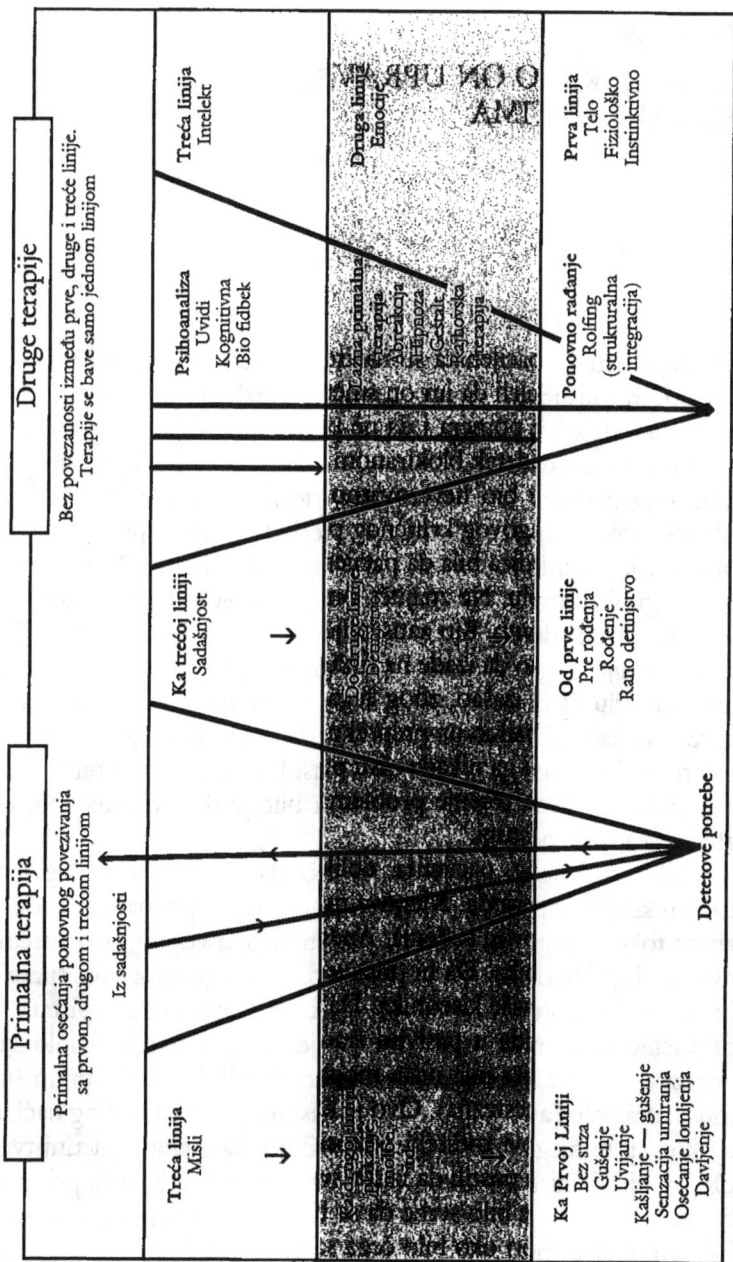

Primalna terapija

Primalna osećanja ponovnog povezivanja sa prvom, drugom i trećom linijom

Iz sadašnjosti

Treća linija
Misli

→

Ka Prvoj Liniji
Bez suza
Gušenje
Uvijanje
Kašljanje — gušenje
Senzacija umiranja
Osećanje lomljenja
Davljenje

Detetove potrebe

Druge terapije

Bez povezanosti između prve, druge i treće linije.
Terapije se bave samo jednom linijom

Treća linija
Intelekt

Psihoanaliza
Uvidi
Kognitivna
Bio fidbek

Ka trećoj liniji
Sadašnjost

→

Od prve linije
Pre rođenja
Rođenje
Rano detinjstvo

Ponovno rađanje
Rolfing
(strukturalna
integracija)

Druga linija
Emocije

Prva linija
Telo
Fiziološko
Instinktivno

Poglavlje 4

OTISAK: KAKO ON UPRAVLJA NAŠIM ŽIVOTIMA

Jednog od mojih pacijenata su roditelji sprečavali da bilo šta radi. Od početka nisu želeli da im on smeta. Rekli bi mu da sedi u svojoj stolici, da se ne pomera i da ne progovara. Njihovo ponašanje se nastavilo kao dodatak blokiranom rođenju, usled čega je njegov izlazak iz materice bio neverovatno težak. Ova dva traumatična iskustva tokom njegovog kritičnog perioda su se stopila, postajući otisak, čija je posledica bila da pacijenta ništa nije moglo zaustaviti kada izgubi kontrolu. Ne znajući, on je reagovao na događaje koji su se desili jako davno. Biti zaustavljen, sprečen, izvorno je značilo smrt; da nije mogao da izađe na rođenju, on bi umro. Morao je da upotrebi silu da bi izašao, zbog čega je kasnije postajao preterano agresivan kada bi naišao na prepreku. Borio se sa svojim rađanjem i sa roditeljima koji ga nikada nisu pustili da uradi po svome. Njegov jedini način za rešenje problema bilo je da juriša napred, ne znajući kada da odstupi.

Ličnost drugog pacijenta oblikovali su drugačiji događaji tokom kritičnog perioda. Njegova majka je bila pod jakom anestezijom tokom njegovog rođenja. Anestetik je ušao u njegov sistem, lišavajući ga kiseonika. Da bi preživeo, morao je da sačuva energiju i da ne troši previše kiseonika. Da bi se spasao, njegov sistem je promenio način rada u pasivno stanje, stanje čekanja, fiziologiju poraza i očajanja, jer nije ništa mogao da učini u vezi s onim što mu se dešavalo (anestezija). Ovo je kasnije pogoršano zbog načina na koji su se njegovi roditelji odnosili prema njemu u detinjstvu. Oni ga nikada nisu pustili da izrazi svoja osećanja ili da dâ primedbu na bilo šta. Nije bilo svrhe da se bori na rođenju, a kasnije nije bilo svrhe da se bori oko bilo čega sa svojim roditeljima, jer bi ga oni mogli tretirati sa još više nipodaštavanja i još više ga ignorisati. U oba slučaja, njime su dominirale spoljašnje sile nad kojima nije imao kontrolu, i nije imao drugog izbora sem da popusti i odustane od svega. Pasivnost je bila odgovarajuća reakcija, i to reakcija koja je spasavala život. Od tog trenutka, kada bi se suočio čak i sa najmanjim preprekama, odmah bi odustajao, kao i na porođaju i sa roditeljima. U stvari, prelazio bi u „pasivan" način funkcionisanja, što je radio od samog početka (života).

Ovi pacijenti su bili žrtve događaja, kao i mnogi od nas. Rana iskustva tokom kritične prve tri godine života u velikoj meri oblikuju našu ličnost i naše zdravlje. Katolička crkva imala je običaj da kaže: „Dajte nam dete pre šeste godine i biće zauvek katolik". Izgleda da bi im bile dovoljne samo tri godine. Do kraja treće godine, kada se bliži kraju kritični period, postajemo ono što ćemo biti tokom ostatka života. Postajemo optimisti ili pesimisti, koncentrisani/nekoncentrisani, aktivni/obuzeti razmišljanjem, oni koji pokušavaju/odustaju, okrenuti ka spolja/unutra, oni koji prevazilaze prepreke/ oni koji odustaju pred preprekom, oni koji gledaju ispred sebe/gledaju iza sebe, orijentisani ka cilju/ oni koji oklevaju, agresivni /pasivni. Postoje osobe koje uvek pomažu drugima – čime poriču sopstvenu potrebu da im neko pomogne – nasuprot onim osobama koje uvek traže tuđu pomoć – odigravajući bespomoćnost (praveći se bespomoćnima). Setite se, odigravanje je automatsko i nesvesno jer je nesvesno i osećanje koje ga pokreće. Tako, ako nismo imali majku koja nam je pomagala, teramo druge da nam pomažu, a onda im čak nismo ni zahvalni, jer to i očekujemo. Neke osobe idu kroz život pokušavajući da ispune stare potrebe, a druge odustaju od toga. Ta potreba je ista kod svih, ali okolnosti iz ranog života nas usmeravaju u jednom ili drugom pravcu. Budući da smo, pre svega, bića osećanja tokom kritičnih godina[16] (budući da kognitivne moći dolaze kasnije), jezgro našeg sopstva se u velikoj meri oblikuje kroz iskrivljen preverbalni i neverbalni proces. Ovaj period utiče i na to koje će se bolesti javiti kasnije u životu. Kod bolesti, naravno, moramo uzeti u obzir i genetske faktore, ali otkrio sam da faktori životne sredine imaju najveći uticaj u većini slučajeva. Da ponovimo: pošto smo zanemarili život u materici

---

[16] Kritični period – prve tri godine života (otprilike) – *prim. prev.*

(najvažnijih devet meseci našeg života u procesu oblikovanja lič-
nosti), mi smo zanemarili ključne događaje koji su na nas uticali (i
promenili nas). Definišemo sebe pomoću genetike. Zbog toga
pogrešno pretpostavljamo da je bolest pitanje genetike, a zanema-
rujemo njene prave uzroke – život u materici, rođenje i rano detinj-
stvo.

Koncept otiska je centralan u mom radu već nekoliko decenija.
Kada je rana trauma (tokom kritičnog perioda razvoja) velika, ona
postaje otisak – trajno stanje. Komponenta patnje, deo koji se ne
može integrisati u sistem jer je previše bolan da bismo ga podneli,
iseca se i uskladištava. To je otisak, i on živi svoj sopstveni život u
našem nervnom sistemu.

Otisak postaje strana sila, koja nije zaista deo nas, koja je odvo-
jena od nas, ali ipak pokušava da uđe u svesnost/svest. Ta strana sila
oblikuje naše misli i ponašanje. Neki ljudi primećuju „vanzemalj-
ce"; to je samo njihov sopstveni užas, koji se projektuje ka spolja.
Do traumatskog otiska najpčešće dolazi iz dva važna razloga. Prvi
je težak porođaj, dok je drugi izostanak veze pune ljubavi između
majke i deteta i, naravno, oca i deteta. Obično je, međutim, majka
ta koja ostaje kod kuće i brine se o detetu.

Ranije sam razmatrao važnost sinhronizacije majčinog mozga
sa detetovim; to formira neku vrstu zajedničke cerebralne rezonan-
ce. Što je bolje majka sinhronizovana sa bebinom desnom hemis-
ferom, to će desna hemisfera biti bolje organizovana kod deteta.
Ukoliko njihova veza nije sinhronizovana, pozornica je spremna za
pojavu štetnog otiska.

Postoji mnogo načina na koji se može utisnuti osećanje nevo-
ljenosti. Na primer, u situaciji kada se o detetu ne vodi računa
odmah posle porođaja, kada se ono ne drži i ne miluje, može mu
biti utisnuto : "potpuno sam sam" osećanje koje se tek kasnije arti-
kuliše. Kasnije, kada osobu napusti devojka, ona će pasti u duboku
depresiju. Zašto? Zato što je ovo pokrenulo otisak „patim od užas-
ne samoće" iz perioda neposredno posle rođenja. Ako osoba ne zna
šta nije u redu, ona može patiti od depresije ili se osećati neopisivo
izolovano u gomili ljudi. Osećanje potpune napuštenosti može pre-
plaviti nekoga ko ostane sam, čak i samo na jedno popodne. Ta
osoba ne može biti sama, ne može podneti primalnu samoću, koja

je bila i jeste razarajuća. Postoji li „dobar" otisak? Postoje dobra sećanja koja nas oblikuju i pomažu da se normalno razvijamo. Ona nisu uskladištena u podsvesnom kao što su loša sećanja. Ona su pristupačna jer ne postoji i nikada nije postojao razlog da ih potisnemo. Rana ljubav jednostavno postaje deo nas, dok nam loši događaji postaju strani, a zatim se, potisnuti, uskladištavaju.

Istraživanja na Univerzitetu Los Anđeles u Kaliforniji i Univerzitetu u Torontu, utvrdila su da depresija može biti izazvana poremećajem funkcije nekih nervnih kola koja povezuju limbički sistem sa prefrontalnim korteksom. U našem radu sa pacijentima, i mi smo otkrili isto; samo, *uzroci* su različiti. To nije poremećaj funkcije, već neophodna funkcija da bismo mogli da ostanemo nesvesni. Odnosno, prekid veze koji nastaje između dva sistema nam pomaže da nas ne preplavi uneti bol. To je mehanizam opstanka, a ne „poremećaj funkcije".

Neodazivanje roditelja na poziv deteta, prenosi poruku da dete nije važno, da „nikome nije stalo". Kada roditelji dozvole da beba plače satima u kolevci, to najzad izaziva osećaj poraza: „Kakva je svrha? Ne mogu više da pokušavam." To osećanje može pogoršati već postojeću tendenciju ka rezignaciji i očajanju koji su se pojavili usled traume na rođenju. Svako novo iskustvo izgrađuje se na otisku i oblikuje ličnost. Potvrdu za ovo nalazimo u istraživanju na pacovima. Pacovi koje nikada nisu dodirivali ili čistili u ranom dobu, niti se njima bavili u toku dvadeset jednog dana po rođenju, imali su doživotne efekte ovog uskraćivanja. Oni nisu mogli da se nose sa stresom tako dobro kao oni pacovi koji su bili dodirivani i kojima su se roditelji bavili.

Kada jednom postoji otisak „nevoljenja", niko više ne može učiniti da se osetimo voljenima. To je jedna od ključnih činjenica naših života koju pokušavamo svim snagama da izbegnemo. Pokušavamo da se osetimo voljenim od strane naših prijatelja, porodice, dece (pre svega, dece), čak i od strane razvodnika u pozorištu. Ako je bol zbog toga što nismo bili voljeni tokom prvih nedelja i meseci prevelik, kasnije se možemo pridružiti kultovima i verovati u najbizarnije ideje, u stalnoj potrazi za ljubavlju koju nismo imali. Otisak beznadežnosti može stvoriti verovanja u božanstvo ili gurua koji pruža nadu. Jedan pacijent je počeo da ponovo proživljava događaj incesta. Na vrhuncu svojih osećanja, seo je i rekao da je pronašao Boga. Rekao je da ga je Bog spasao. U stvari, spasla ga je *ideja* Boga – ideja koja je pomogla da se blokira osećanje koje je trebalo da proživi. „Spasla" ga je *ideja* o spasu. To je već pomenuti prekid između prefrontalnih ideja i osećanja koja se nalaze u limbičkom sistemu. To je primer za razvoj verovanja. Bolna osećanja nižeg nivoa izazivaju stvaranje ideja i verovanja na višim nivoima; isto kao što su u evoluciji ljudske vrste nepovoljni uticaji doveli do nastanka frontalnog korteksa koji je stvarao ideje da bi pobegao od *unutrašnje* opasnosti. Ovo se zasniva na pretpostavci da ontogeneza (naša lična evolucija) ukratko ponavlja filogenezu (evoluciju vrsta). Razvoj prefrontalne oblasti omogućio nam je da pobegnemo od unutrašnje opasnosti, što kod životinja ne bi bilo moguće.

Svakoga dana hodamo u stisku naših nesvesnih sećanja („Niko me ne želi", „Beskorisno je pokušavati da se dođe do ljubavi"), a naše odraslo ponašanje jeste analogija otiska. Otisak je u našem stavu, izrazu lica i našem hodu. On se odražava, pre svega, u odlukama koje donosimo, u hobijima koje imamo, u profesiji ili u poslu koji odaberemo, i kroz ljude sa kojima smo u vezi. Fiziologija beznadežnosti je najniži stupanj lanca osećanja čiji je rezultat depresija. Možemo se osećati poraženo mnogo pre nego što posedujemo reči za to osećanje. Mnogi moji pacijenti izveštavaju kako su odustali od školovanja zbog tog osećanja poraza. Ili ih je i najmanja prepreka navela da odustanu od potrage za životnim partnerom. Mnogi izbori koje napravimo u životu spadaju u takve obrasce ponašanja.

Ako bebina očajnička potreba za majkom nije zadovoljena, ona može da se odrekne svake šanse za ljubavlju kao odrasla osoba, koja još uvek funkcioniše iz te nezadovoljene potrebe za majkom. Nema partnera koji može da učini da se ta osoba oseti ispunjenom jer se otisak oseća „neispunjenim". Osoba će ići od partnera do partnera, nikada se ne osećajući zadovoljno, uvek misleći da će neki drugi partner biti idealan za nju. Najzad, šta je, na primer, „ženskaroš?" Neko kome je potrebna jedna žena za drugom, a da to nikada nije dovoljno.

Odsustvo majke koja je puna ljubavi duboko utiče na malu devojčicu koja, godinama kasnije, otkriva da nema mleka da hrani svoju sopstvenu bebu. Razlog za to je što su niži nivoi hormona oksitocina iz njenog detinjstva, ozbiljno umanjili njenu sposobnost majke da voli svoje dete i proizvodi mleko. Ono što pokreće majku da se prerano vrati na posao i zanemari svoje dete, nije njena volja. Nju pokreće isti nedostatak ljubavi od koje će i njena beba patiti. Teško je poverovati da su dešavanja pre rođenja ili prvih nedelja i meseci života uzrok svega. Mi se samo povinujemo ovim sećanjima i odbacujemo ih kao da imamo slobodnu volju, kao da smo doneli svesnu odluku da to uradimo. Nažalost, to je ropska poslušnost nevidljivim i nepoznatim primalnim snagama koje neprestano otimaju naše živote od nas. Naš život je samo racionalizacija otiska. Imao sam pacijentkinju koja nikada nije glasala jer je mislila da ono što ona želi nije bitno. To je bilo tačno u slučaju njenih roditelja, koje čak nije zanimalo ni šta ona želi za večeru. Zato je bila sigurna da njen glas, ili njen izbor političara, nisu bitni.

OTISAK I NEUROFIZIOLOGIJA: KAKO SE PAMĆENJE UPISUJE

Nova istraživanja potvrđuju koncept otiska, i pokazuju da je ekstremna, rana emotivna trauma upisana i uskladištena u naš sistem kao fiziološki događaj, sa trajnim fiziološkim posledicama. Iz ovog razloga, preverbalna trauma koja se dešava pre nego što je frontalna – misleća oblast – sazrela, jeste presudna za naš razvoj i nastavlja da utiče na našu ličnost, naše ponašanje i zdravlje tokom celog života.

Džejms MekGoh, sa Kalifornijskog Univerziteta u Irvinu, ukazuje na to kako se luče kateholamini (hemijske supstance ekscitacije, neurosokovi budnosti), koji se javljaju kod jakih emocija, i koji teže da zapečate sećanje; u stvari, oni upisuju dešavanja u mozak. Ovo je, u mojoj terminologiji, *otisak*. To znači da je ekstremna emotivna trauma uskladištena u našem sistemu kao psihofiziološki događaj. Taj događaj je i psihološki i fiziološki, i može da traje celog života. Na primer, poruka „niko me neće" traje, jer je bila previše bolna da se oseti i integriše u sistem u trenutku javljanja. Otisak menja naš mozak i pokreće naše ponašanje.

Istraživači su otkrili i lokaciju ovih traumatičnih otisaka u mozgu i mehanizme kojima se (otisci) trajno utiskuju. Setite se, postoji veliki broj fizioloških reakcija koje potiču iz centralne tačke (bolnog – *prim. prev.*) iskustva. Otisak ostaje utisnut sve dok se ne vratimo do te tačke, ponovo proživimo te reakcije, osvestimo ih i najzad – integrišemo u sistem. Tako, nema više potrebe za iskrivljenjem i dislokacijom fizioloških procesa. Sećanja na traumu pri kojoj su se izvorno javile promene u krvnom pritisku, održavaju trajno visok krvni pritisak. To je bio deo galvanskog aparata koji se suprotstavljao upadu traume – davljenje pupčanom vrpcom, na primer. Ponovno proživljavanje događaja davljenja i gušenja, i njegovo integrisanje u sistem, znači da više nije potrebno da se borimo sa utisnutim događajem. Što se trauma ranije desila, to se više menja struktura tek formiranog mozga, i teže je promeniti ga. Zato su napadi panike tako tvrdoglavi. Oni su ugravirani u periodu rane trudnoće.

Otisci tokom kritičnog perioda bivaju ugravirani u desnu moždanu hemisferu, naročito u desni limbički sistem, mozak „osećanja". Desna hemisfera se razvija pre leve. Na rođenju su aktivni : desna amigdala – jedna od limbičkih struktura čiji je zadatak procena sirovih informacija, kao i moždano stablo, čiji razvoj traje od rane trudnoće do prvih šest meseci života. Ostatak limbičkog sistema postaje aktivan ubrzo nakon toga, a desni limbički sistem ubrzano raste do bebine druge godine. Hipokampus, još jedna limbička struktura, koja registruje ono što nam se vrlo rano dešava kao podatak, zreo je oko druge godine. Kada se desi traumatično iskustvo u kritičnom periodu, razne moždane strukture koje su zadužene za budnost sistema – kao lokus ceruleus – pomažu da se organizuje hemijsko lučenje za otisak. Hipokampus pomaže da se učvrsti utisnuto sećanje, dok amigdala daje osećanjima snagu. Na primer, desna amigdala i moždano stablo će urezati svako uznemirenje majke. Ideja o „snazi osećanja" je moja pretpostavka zasnovana na različitim istraživanjima. To je izvedena logika, ne zasnovana činjenica. To može jednostavno biti metafora, ali izgleda da, osim amigdale, nema nijedne druge strukture, koja bi mogla da popuni prazninu. Naravno, za osećanja je zadužena limbička oblast, a amigdala se uvećava kada postoji preverbalna trauma. Ona podnosi glavni udar traume dok naizgled „puca po šavovima".

Osoba takođe mora da se upita zašto ekscitirajuće neuro-hemijske supstance pomažu u otiskivanju. Razlog je jednostavan – zato što velika opasnost mora da se zapamti kao nešto što mora da se izbegava u budućnosti. A kada se kasnije nađemo u opasnoj situaciji, mozak će skenirati svoju istoriju u potrazi za ključnim ranim otiscima da bi ih koristio kao smernice.

OTISCI NAS ISKRIVLJUJU FIZIOLOŠKI

Naše emocije utiču na naš sistem mnogo ranije od našeg misaonog procesa. U desnoj hemisferi se hvatamo u koštac sa stresom rano u životu, što može odrediti kako će ceo sistem ubuduće reagovati. Prototip „iskrivljuje" fiziološke procese u celom našem organizmu. Mreža desnih limbičkih ćelija/ćelija moždanog stabla utiče na lučenje hormona i druge fiziološke procese; ovde se naša osećanja direktno prevode u našu biohemiju. Na taj način naša rana iskustva mogu odrediti koji će se hormoni preterano lučiti, a koji premalo i da li će nivoi neurotransmitera biti normalni i uravnoteženi ili ne.

U „simpatičkom" prototipu (koga mobiliše simpatički nervni sistem), izgleda da postoji višak lučenja (hormona – *prim. prev.*). Neko može biti stalno nervozan i napet zbog preteranog lučenja hormona agresivnosti – viška noradrenalina na primer – zbog otisaka prve linije (nastalih u predelu prve linije – *prim. prev.*). Ovo može kasnije izazvati šovinističke stavove kao što je: „Moramo da sredimo te skotove!"

Izbor

Agresivnost ne mora da izazove veće lučenje noradrenalina, ali trauma u ranom dobu može proizvesti agresivnost kao stil, i sa njim veću količinu aktivacionih hormona.

„Parasimpatički" prototip (kojim vlada parasimpatički nervni sistem), nasuprot „simpatičkom", ostaje u „hipo" načinu funkcionisanja. Mnogi glavni hormoni i neurotransmiteri kod ovog prototipa su ispod normalnog nivoa proizvodnje: tiroidna žlezda će slabije raditi, biće manje testosterona, nivoi serotonina biće niži itd. Dok smo kod parasimpatičkog prototipa pronašli niske nivoe testosterona, kod simpatičkog prototipa, pronašli smo suprotne vrednosti. Kao rezultat sistemskih efekata ova dva prototipa, parasimpatički može imati tendenciju ka impotenciji, a simpatički može imati problem sa preranom ejakulacijom. (Šest muškaraca koje smo proučavali, sa nivoom testosterona od preko 600, imali su pad od 15-35 %, posle 26 nedelja terapije. Kod onih sa niskim početnim nivoima, došlo je do povećanja od 20-34 %.) Ove promene su proistekle iz glavnih hemijskih tačaka, koje su verovatno nastale još davno u detinjstvu ili pre. Ličnost i hormoni nastavljaju brzo, dalje prateći jedni druge. Tako, osobe koje imaju visok nivo testosterona i noradrenalina mogu imati tendenciju da budu agresivnije. Agresivnost ne mora da izazove veće lučenje noradrenalina, ali trauma u ranom dobu može proizvesti agresivnost kao stil, i sa njim veću količinu aktivacionih hormona.

Rane promene na nivou hormona i neurotransmitera nisu prolazna stvar. One su deo načina na koji se memorija urezuje. Ali postoji opasnost: nedostatak ispunjenja. Tu opasnost (da potrebe ne budu zadovoljene) prati preterano lučenje hormona stresa. Trauma fetusa i bebe navodi simpatički sistem da se ubrza, proizvodeći više adrenalina, dopamina, kortizola i noradrenalina. Kada·potreba ostane nezadovoljena, mi se aktiviramo. Oprez je i stvar opstanka; kada bežimo, bežimo od sebe, od naše svesnosti/svesti. Ceo sistem je u stanju uzbune, i ostaje u tom stanju sve dok je otisak fiksiran u sistemu, a potrebe nisu zadovoljene. Ovde se ne radi o tome da prvo nastaje sećanje, a zatim promene u hormonima; te promene su deo iskustva. A zauzvrat, promene u biohemiji utiču na naše ideje, stavove i ponašanje. Zbog činjenice da su promene u neurosokovima i hormonima deo iskustva, da bismo ih vratili u normalu, moramo u potpunosti ponovo proživeti izvorno iskustvo.

Na primer, osećanja utiču na hipotalamus, koji upravlja proizvodnjom oksitocina i vazopresina, „hormona ljubavi". Ovi hormoni nam pomažu da zasnujemo veze pune ljubavi, a delimično funkcionišu i kao sedativi. Ljubav zaista i može imati takav efekat.

Ljubav je glavno sredstvo protiv bolova za malo dete, tako da nije slučajno što su kao posledica postojanja roditeljske ljubavi u ranom detinjstvu, „hormoni ljubavi" obilniji. Ali ako nismo imali nekog da nas voli rano u životu, kada smo bili usamljeni ili se osećali zanemareno, velike su šanse da ćemo patiti od hronično niske proizvodnje ovih hormona. Glavno osećanje će biti „Niko me ne želi" ili „Niko me ne voli." To je bilo i jeste, beznadežno. Ovo osećanje: „niko me ne želi", upravlja našim životom. Ono nas čini stidljivim u društvenim situacijama. Posledica ovog osećanja može biti potisnut bes, koji zbog svoje jačine, utiče na to da dete postane nasilno. Šta je drugo banda, nego prava porodica sa vođama, mesto kome se pripada i koje služi kao ventil za ljutnju. Ona pruža bratstvo, prihvatanje, odobravanje i društvo. Na kraju, mogu nam trebati i sredstva za smirenje da bismo držali podalje osećanje „niko me ne želi". To osećanje boli. Svaka osujećena potreba boli.

Dokaz o tome koliko je važna ljubav, daje i istraživanje koje je izvršio Johanes Odendal iz Južne Afrike (Pretorija Tehnikon). On je proučavao vlasnike i ljubimce koji su se opuštali zajedno, pri čemu su vlasnici mazili i milovali životinje. Posle određenog vremena , uzet je uzorak krvi vlasnika i njihovih ljubimaca. Rezultat je bio: krvni pritisak je pao, dok se oksitocin udvostručio. I to ne samo kod pasa već i kod ljudi punih ljubavi! Prilično je jasno da ljubav u ranom dobu pomaže detetu da se opusti, isto kao i majci, a efekti ove ljubavi trajaće ceo život.

Nedostatak hormona ili neurotransmitera može, takođe, osobu učiniti ranjivom, tako da kasnija trauma izaziva jaku patnju. U petoj godini ne mora postojati vidljiva bolest kod deteta, ali seme je već posejano. Kasnije možemo reći, „Anoreksija je prouzrokovana...viškom noradrenalina", premalom količinom ovoga ili onoga. Međutim, to nisu uzroci; oni samo prate izvornu traumu – to su saputnici traume koju više ne vidimo i ne možemo ni da zamislimo kod osobe koja ima četrdeset godina. Otisak proizvodi devijacije u ličnosti i fiziologiji, što na kraju dovodi do specifičnih simptoma. Tako, agresivni simpatički prototip može imati višak noradrenalina. On ne izaziva anoreksiju; njegovo pojačano lučenje jeste deo reakcija na izvorni događaj.

Takođe, osoba koja je u depresiji ne potiskuje svoj bes, kako bi Frojdovi sledbenici rekli. To se dešava kod parasimpatičke osobe, kod koje je količina hemijskih supstanci koje se stvaraju pri ljutnji smanjena, supstanci koje se stvaraju u depresiji povećana, dok lučenje njenih neurotransmitera opada tokom borbe protiv bola. Hronično depresivne osobe imaju nizak nivo serotonina, jer koriste dragocene zalihe za potiskivanje bola.

Migrena je još jedan simptom koji se javlja kod parasimpatičkog prototipa. Prekid pokušaja da se izađe iz materice je na rođenju spasao bebi život jer je snizio potrošnju kiseonika (koga je u tom trenutku bilo nedovoljno zbog dužine porođaja), ali sada, bilo kakav stres može aktivirati simptom. Osoba ostaje u usporenom načinu rada (čuvanja energije), zbog otiska nedostatka kiseonika na rođenju. Svaka sadašnja pretnja može pokrenuti staro sećanje na manjak kiseonika i migrenu.

Mislite o otisku kao dirigentu. Pošto iskustvo utiče na skoro sve naše sisteme, od mišića, preko krvi, do moždanih ćelija, i otisak ima efekte na sve ove sisteme. Svaki sistem svira različiti instrument, ali svi zajedno, oni čine jedinstven entitet. Ako obratimo pažnju samo na deo koji svira violina, nikada nećemo razumeti ceo komad, niti ćemo uočiti međusobnu povezanost delova koje sviraju različiti instrumenti; isto će se desiti ako proučavamo samo krvni pritisak, a zanemarujemo ljude čiji krvni pritisak proučavamo. Isti otisak može, što se i dešava, uticati na centralni nervni sistem, srce i nivo šećera u krvi i izazivati hronično znojenje. Otisak može izmeniti sve funkcije preživljavanja – jer se i radilo o preživljavanju. Kombinovanje našeg ranog bola sa kasnijim iskustvom dovodi do manifestacije simptoma, izazivajući visok krvni pritisak, dijabetes, migrenozne glavobolje, hipotireozu i/ili Parkinsonovu bolest.

Postojanje hronično visokog nivoa kortizola koga je izazvao otisak, može da utiče na pamćenje kasnije u životu, kao i da poveća podložnost kardiovaskularnim bolestima. Kada stimulišući hormoni stresa postanu previše aktivni, kao što je slučaj kod hroničnog bola, oni mogu da utiču na moždane ćelije i dovedu do njihove smrti, možda ne trenutno, ali kasnije svakako. Ćelije umiru kada postoji neprestana aktivacija. Previše aktivnosti koje predugo traju, u načinu rada predviđenom za preživljavanje, će nas ubiti. Za mozak, jak bol koga je preživeo rano u razvoju, zaista jeste pitanje života i smrti. Ništa nas tako ne alarmira kao bol – uzbunjeni bolom mi ne osećamo.

Jedan od pokazatelja uticaja otiska na promene u funkcionisanju različitih sistema jeste javljanje ključnih i korisnih promena u mnogim psihofizičkim sistemima (uključujući i funkcije opstanka kao što su otkucaji srca i krvni pritisak) i kada ponovo proživimo otisak. Drugim rečima, vrlo često je ponovno proživljavanje ključ opstanka. U našem skorašnjem istraživanju, otkrili smo drastičan pad srčanih otkucaja posle jedne godine terapije (pre toga je izgledalo kao da ceo sistem ubrzano radi protiv sećanja). Kada ponovo proživimo sećanja, telo više ne mora da bude mobilisano; otuda i pad u broju otkucaja srca. To je jedan od mnogih indikatora za način na koji se sećanje uskladištava i kako se protiv sećanja stalno borimo. Čini mi se da taj pad broja srčanih otkucaja utiče u velikoj meri na dužinu našeg života. Ako uzmemo u obzir da se polazna tendencija za broj srčanih otkucaja može ustanoviti čak i pre rođenja, moramo da obratimo više pažnje na naš način života pre rođenja naših beba. Majka, koja pije koka-kolu i kafu dok je trudna, može promeniti brzinu otkucaja srca svog potomka.

TERAPIJE GOVOROM: NISU RAVNE OTISKU

Videli smo kako će se sistem iznova vraćati na prototip, koji se najčešće ispoljava ili kao agresivna težnja ili kao lako odustajanje (pri suočavanju sa životnim izazovima). Videli smo kako se osobe koje imaju emotivnu distancu prema drugima, prvo udalje od sebe; i kako će otisak utisnut u sistem rano u životu, pokrenuti odigravanja kao što su neuspešne veze, korišćenje droga ili vatreno religiozno verovanje koje će trajati celog života. Ovo poslednje nije samo *ponašanje* odrasle osobe koje treba usmeriti u drugom pravcu u kognitivnoj ili bihevioralnoj terapiji; koreni ovog verovanja sežu jako daleko.

Prototip, koji je utisnut pre pojave reči, ne može biti poništen rečima. On je ugraviran u velik deo desne moždane hemisfere; ideje leve moždane hemisfere neće biti ni od kakve pomoći pri pokušaju promene prototipa (osim, naravno, dok leva moždana hemisfera učestvuje u povezivanju, tokom terapijskog ponovnog preživljavanja).

Izbor

Osećanje poraza je realnost, a ne neka neurotična aberacija. To je realna reakcija na stvarni događaj kada je osobi na rođenju bilo onemogućeno da se bori zbog jakih anestetika koji su dati majci.

Kada je neko dalek i uzdržan, ovo možemo osetiti; nismo u stanju da zaista dopremo do njega. Njegova odbrana se ne može probiti. Njegovo naizgled uzdržano ponašanje je deo otiska, ne nešto što se može ponovo usloviti ili otkloniti argumentima u kognitivnoj terapiji. Ako neko postane beživotan (zatvori se) čim se seksualno uzbudi, on tu ništa ne može učiniti. To može biti analogija sa rođenjem na kome je bilo uzbuđenja i bitke – praćenih anestezijom majke (a samim tim i fetusa) koja je trenutno prekinula uzbuđenje i bitku. Scena sa rođenja postaje prototip koji nas progoni celog života. U terapiji ovo vidimo kod pacijenata koji daju sve od sebe u prvim minutima sesije, a onda odustaju, osećajući se beznadežno. Slično tome, osećanje poraza je realnost, a ne neka neurotična aberacija. To je realna reakcija na stvarni događaj kada je osobi na rođenju bilo onemogućeno da se bori, zbog jakih anestetika koji su dati majci! Ako pokušamo da promenimo taj stav: „od kakve je koristi truditi se" bez utisnutog sećanja, samo sečemo vrh korova i oduzimamo nekome ključne aspekte sećanja na opstanak.

Ovaj sindrom neuspešne borbe videli smo kod nekih naših pacijenata rođenih carskim rezom, jer im u prošlosti nije bilo dozvoljeno da završe proces rađanja. Jedna pacijentkinja se celog života osećala „nedovršenom"; oduvek je osećala da treba nešto da uradi, ali nije znala šta, sve dok nije proživela iskustvo prototipa i osvestila njegovo postojanje. Nikada nije mogla da se opusti (odmori), jer je stalno osećala da mora nešto da uradi. Prototip je diktatorski nastrojen. On nema milosti kasnije, jer ju je imao na rođenju, kada je dozvolio da budemo nesvesni ključnog bola. Ne možemo imati sve.

Što se tiče referentnog okvira prototipa, parasimpatička stidljivost, bojažljivost i pasivnost su odbrana, a ne kapric. One su izvorno bile dizajnirane da drže bol podalje. Mi smo neurotični (devijantni) iz dobrog razloga – adaptacije. Ceo sistem parasimpatičkog prototipa teži ka smanjenju: smanjenju dopamina, testosterona, noradrenalina, serotonina, tiroksina[17] itd. Od početka, ceo sistem se kretao prema „hipo" (usporenom – *prim. prev.*) načinu rada jer je to bio mehanizam opstanka.

Budući da otisak diriguje velikim brojem promena, možemo napasti problem lekom za lečenje tiroidne žlezde ili bilo kojim drugim lekom i on će pomoći. Na primer, dodavanje bilo koje komponente ovih lekova u sistem koji je depriviran, može pomoći ublažavanju osećanja depresije i poraza. Zato davanje leka za lečenje tireoidne žlezde depresivnoj osobi, ili leka koji pojačava lučenje serotonina, često pomaže. Ali ovo nije pravo lečenje. Hipnoza pomaže kod pušenja, ali osoba i dalje ima potrebu da puši i biće mnogo štetnih reakcija tamo gde je osoba najosetljivija. Hipnoza pomaže da se suzbiju želje, ali ne i potrebe. Te želje su prerušene potrebe. „Želim cigaretu", može biti odigravanje potrebe za sisanjem iz ranog detinjstva. A da ne pominjemo potrebu da se suzbije bol!

Imamo izbor: ublažiti simptome ili izlečiti ljude. Dakle, možemo da ponovo regulišemo svaku fizičku promenu pojedinačno (dodati malo leka „tireoida" ovde, dozu „prozaka" tamo, nikotinski flaster da bismo pomogli pušaču da se odvikne od te navike...), ili da dođemo do uzroka, i normalizujemo sve navedene fizičke promene zajedno.

Kada je neko hroničan pušač ili hronično depresivan, ili je usporen i izbegava ljude, ceo njegov sistem utiče na njegovo ponašanje, a ovaj sistem je funkcija njegove istorije. Naš terapeutski zadatak mora uvek da bude istorijski. Lična istorija je ona suštinska razlika između kognitivne terapije i terapije osećanjima. Ako tretiramo osobu kao da nema ličnu istoriju, možemo samo promeniti njen trenutni simptom, ali ne i njenu ličnost. Moderna kognitivna psihoterapija zaustavlja se kod mentalnog. Ona se zadržava kod leve frontalne hemisfere. Međutim, kao što ćemo videti, desna moždana

---

[17] Tiroksin – hormon štitne žlezde – *prim. prev.*

hemisfera/hemisfera osećanja je dominantna u ranom detinjstvu, a rani otisci u njoj stalno aktiviraju mozak. U njoj ćemo naći „osećanje poraza". Moramo se boriti protiv tog važnog osećanja koje vlada velikim delom našeg života. Jedini način da do njega dođemo jeste preko desne moždane hemisfere i desnog limbičkog sistema, završavajući eventualno na vrhu tog sistema – desnom orbito – frontalnom korteksu (desni prednji deo gornjeg dela mozga).

Pristalice kognitivne terapije su pobrkale moždane hemisfere i pokušavaju da reše problem obraćanjem levoj strani. Odatle se ne može stići do izlečenja. Leva frontalna oblast počinje da funkcioniše tek posle utiskivanja ključnih otisaka u desnu hemisferu. Ako bi išta trebalo da dokaže kako ideje prate osećanja, a ne obrnuto, to je činjenica da su moždane oblasti za senzacije/osećanja na snazi mnogo pre ideja; štaviše, osećanja se kreću naviše i napred da bi stvorila rezonantne ideje, misli koje „racionalizuju" osećanja. Zbog toga na terapiji možemo pomoći pacijentu da prati ideju do ranih osećanja. Ideja, „Ne sviđam im se" će tako postati majka koja je mrzela dete. Postaće osećanje – „Molim te ne mrzi me, mama. Želi me!" Kognitivna terapija se uglavnom bavi efektima osećanja na levu moždanu hemisferu, dok osećanja u desnoj sve vreme mole za pažnju.

Izbor

Imamo izbor: ublažiti simptome ili izlečiti ljude.

Ako je nečije celo biće prožeto osećanjem „niko me ne želi", do tog stepena da su mu potrebni lekovi da bi suzbio bol, to nije samo ideja koju treba da promenimo: to je organski deo te osobe. Ideje nisu nešto što stvaramo tek tako. Mi nemamo samo razlike u mišljenjima; imamo razlike u celokupnoj ličnosti, koje izazivaju pojavu mišljenja. Isto tako, kada je uobičajeni način funkcionisanja osobe odustajanje pred preprekom, ona odgovara na senzaciju – „-Kakva je korist da se trudim" koja se nalazi duboko u njenom mozgu. Senzacija ima snažan uticaj, jer leži jako duboko. Reči koje bi opisale stanje ove osobe su – kasni evolutivni razvoj. Ovo ne treba mešati sa biološkim stanjem; radi se o fiziologiji poraza.

U hijerarhiji intenziteta snaga, reči imaju mnogo manji intenzitet od neverbalnih otisaka sa prve linije. Ne smemo verovati da možemo da izazovemo duboku promenu ako lečimo pacijenta rečima, menjajući nazive. Možemo zalepiti nove (lažne) ideje na stara osećanja, ali osećanja se ne menjaju. Sve što se dešava u ovom slučaju jeste da dalje potiskivanje stvarnog osećanja stvara više stresa za sistem. Otisci se ne mogu savladati niti pobediti. Možemo biti sposobni da ubedimo nekoga da promeni ideje, ali nikada ga ne možemo ubediti da se promeni fiziološki. Naš posao je da dovedemo ideje u istu ravan sa osećanjima. Trebalo bi da kažem da je to pacijentov posao jer će njegova osećanja, kada se prožive, uraditi sve sama.

Pacijent koji sedi u udobnoj ordinaciji, ne može da oseti onu vrstu užasa koju bi osetio u tamnoj, tapaciranoj sobi (kao u duševnoj bolnici). Ova postavka (stolica u udobnoj ordinaciji – *prim. prev.*) sprečava kognitivne terapeute da pacijente vode unazad kroz njihovu istoriju. Prvo, njihova teorija ne uzima u obzir ličnu istoriju pacijenta, a drugo, način na koji je ordinacija uređena to sprečava. Kognitivni terapeuti prave raspored u svojoj ordinaciji prema teoriji. Ordinacija je dizajnirana tako, da je fokus na sadašnjosti – često na rečima terapeuta. Nažalost, jedna od najvećih opasnosti sa kojima se suočavamo dolazi iz naše prošlosti, od nas samih. To je sećanje koje nas informiše da nas naši roditelji ne vole, da nikada nećemo biti voljeni i da je sve beznadežno. Mi možemo imati probleme sa drugim ljudima, ali rešenje je u nama. Što je neko bliži sebi, to je bliži i drugima.

REVERBERACIJE U MOZGU

Utisnuta osećanja stvaraju reverberativne spirale neuralnih mreža unutar kola moždanog stabla/limbičkog kola. Uvek, kada bi se osetila nemoćnom u nekoj situaciji, Eva bi spakovala kofere i spremila se da ode – da se ne bi osećala bespomoćno, jer je osećala da ništa drugo ne može da uradi. „Bespomoćnost" je bila kolo koje je stalno odjekivalo u njenom mozgu. Ideja da ostane i podnese veliku frustraciju bila je previše za nju. Potreba da budemo bezbedni, koju stvara osećanje da nismo bezbedni, može dovesti do toga da se kasnije u životu ponašamo kao da nas neko obuzdava, kao da smo sputani, bez spontanosti. Možemo opominjati osobu da pokuša da se ponaša spontano i da bude kreativna, kao što to rade geštalt-terapeuti, ali ceo njen sistem bi se pobunio protiv toga.

Strah da se ne napravi pogrešan korak može početi na rođenju i nastaviti se kroz život. Veštačko ponašanje[18] (Geštalt terapija : „Budi slobodan, ponašaj se kao majmun") neće to promeniti. Mi jesmo taj „majmun"; samo smo izgubili dodir sa njim. Osećanje da nešto nije u redu sa nama, najčešće stoji iza naše nesposobnosti da prihvatimo da smo napravili grešku. Jedna pacijentkinja, koja je rođena karlično, uvek je imala osećaj da nešto nije u redu. Nikada nije znala šta, ali uvek je imala osećaj da će nešto krenuti loše. A to bi se zaista i desilo. Svaka kritika da nešto nije dobro uradila, taložila se na to iskustvo na rođenju, i na nemilosrdnu kritiku od roditelja u detinjstvu. Ona bi odmah prebacivala krivicu na okolnosti ili na nekog drugog.

Našu drugu pacijentkinju su blago opomenuli na poslu. Ona je postala prilično anksiozna i najednom je počela da se oseća neuspešno. Pomogli smo joj da dođe do osećanja: „Neću uspeti." Počelo je sa carskim rezom na rođenju, kada je jedva uspela da preživi. Ovo je postavilo osnove za fiziologiju poraza. Uz ovo, trpela je i stalnu kritiku svog oca. Anksioznost, koja bi se javila pri najmanjoj kritici od strane njenog šefa, bila je užas sa prve linije, od traume na rođenju. Traumu je pojačala očeva stalna kritika u njenom detinjstvu. Ona je, kao beba, rođena bez pulsa i umalo nije umrla. To je bilo neizbrisivo sećanje. Zbog toga, preterana reakcija na kritiku nije bila iracionalna. Blaga kritika bi se spuštala niz nervne puteve, stižući do mesta, gde bi pokrenula staro osećanje zbog traume na rođenju, koje je izazivalo preteranu reakciju u sadašnjosti.

Ti nervni putevi su se urezali vremenom, kao jasan put koji usmerava osećanja u određenom pravcu. Oni su uzrok za to što sadašnji događaj: „iznesi đubre", može odjednom otići do bazičnih prototipskih događaja na rođenju i evocirati osećanje: „ne želim više da radim; dovoljno sam uradio; neću to da uradim." Iznad svega, to objašnjava zašto razgovor na terapiji o nečemu u sadaš-

---

[18] Geštalt terapija: „Budi slobodan; ponašaj se kao majmun.

njosti može iznenada da pokrene staro osećanje koje treba ponovo proživeti. To je razlog što najbezazleniji komentari mogu da izazovu trenutnu emocionalnu eksploziju. Ovo će se desiti kod nekoga ko ima vrlo slabe kapije. Slabe kapije su obično posledica užasnog perioda pre rođenja i užasnog rođenja, zajedno sa ranim životom bez ljubavi.

Izbor

Otisak je, u stvari, skup reakcija koje se istovremeno utiskuju u ceo sistem.

Treba da imamo na umu da svaki viši nivo mozga (filogenetski mlađe strukture) jeste elaboracija događanja na nižim nivoima (filogenetski starije strukture). Kada počinjemo terapiju u sadašnjosti, uz prave tehnike, pacijent će automatski otići u prošlost. Kada postoji trauma iz detinjstva i nedostatak ljubavi, pri čemu su kapije (za zadržavanje bola) slabe, pacijent previše naglo silazi u svoju istoriju. U tom slučaju, u jednom kratkom periodu pacijentu dajemo sedative, da bismo pomogli njegovom sistemu kapija. U psihozi kapije ne rade, tako da prva i druga linija prodiru u treću. Osoba je uronjena u svoju prošlost, a nije svesna toga.

Jedan pacijent je došao kod nas, odmah pošto ga je devojka ostavila. Tek što se osetio napuštenim, odjednom se uspravio i rekao da ne može da nastavi sa sesijom. Bio je previše anksiozan. Pacijent je dobijao sedative (tokom kratkog perioda) da bismo potisnuli rano napuštanje – njegova majka je pobegla sa drugim muškarcem kad mu je bilo pet godina. Ostao je sa depresivnim ocem, koji je bio previše uništen da bi obraćao pažnju na svoju decu. U stvari, njegov život je bio završen u tom trenutku. To je bila agonija; nešto što je tada mogao da oseti samo delimično. Kada ga je devojka ostavila, počeo je da je proganja i presreće. Morala je da zatraži i dobije zabranu prilaska da bi ga držala dalje od sebe. Nije mogao da prihvati napuštanje ni sada ni u prošlosti, i postao je paranoičan. Njegova prefrontalna oblast je bila preplavljena i počeo je da zamišlja scenario koji je postojao samo u njegovom umu. Čest je slučaj da pacijent može da oseti trenutno napuštanje samo ako nije pretrpeo ozbiljno zanemarivanje u detinjstvu. Otisak je, u stvari, skup reakcija koje se istovremeno utiskuju u ceo sistem. To je celovito iskustvo, za razliku od sećanja, koje je većim delom mentalno, i rezultat je aktivnosti levog frontalnog korteksa. Možda nećemo biti sposobni da se setimo otiska. Možemo ga se setiti samo celim svojim sistemom : mišićima, visceralnim delom i krvnim sistemom, jer je ceo naš sistem bio uključen u izvorno iskustvo; zato, iskustvo mora da se proživi ponovo svim sistemima koji su izvorno bili uključeni u trenutku kada je iskustvo urezano. I ne samo to, već to iskustvo mora biti ponovo proživljeno sa istim intenzitetom sa kojim je bilo utisnuto, zbog čega se to retko dešava u konvencionalnoj ili kognitivnoj terapiji gde je emocionalni nivo prilično prigušen. Iz istog razloga se ne dešava često da pacijent na početku terapije vrati svoja intenzivna sećanja na situaciju života i smrti. Otkrili smo način da priđemo dubinama nesvesnog postupno, metodično, tako da pacijent ne bude preplavljen bolom. Znamo da je bol većeg intenziteta smešten duboko u nervnom sistemu (filogenetski starijim strukturama) i zato izbegavamo svaki pristup tom nivou rano u terapiji. Primalnu terapiju zovem „neuroza koja ide unazad", jer idemo nazad niz razvojni lanac ka mestu gde je sve počelo. Vraćamo se u prošlost odmerenim koracima; bavimo se dešavanjima iz kasnijeg detinjstva pre nego što počnemo da se bavimo dešavanjima iz ranog detinjstva; ranim detinjstvom bavimo se pre bavljenja rođenjem, a rođenjem pre perioda trudnoće. Fizičar, Dejvid Bom, zabeležio je da je čovek mikrokosmos univerzuma; zato je ključ univerzuma – ono što čovek jeste.

To je upravo i naša tačka gledišta. Ono što čovek jeste, što je bio. Unutar ljudskog mozga možemo naći ostatke ribljeg mozga i mozga reptila. To ukazuje na to da smo stvoreni od najuspešnije adaptacije onoga što smo davno bili. Kada se naši pacijenti vrate do filogenetski najstarijih delova mozga u svom ponovnom proživljavanju, vidimo kako ti delovi funkcionišu. I, mogao bih da dodam, nikada nema reči u tim ponovnim proživljavanjima. Uloga terapeuta jeste da „govori" jezik neverbalnog mozga. Da ćuti dok pacijent silazi niz lanac bola i utapa se u svoje rano detinjstvo. Povremeno je potreban poneki dodir, ili pritisak na glavu kada se pojave znaci. Nervna kola se povezuju kroz osećanja. Tako, osećaj napuštanja u sadašnjosti izvlači na površinu ranije iskustvo, a sa njim možda i iskustvo iz perioda odmah posle rođenja, kada je novorođenče bilo satima bez nege. Ovo drugo je osećanje koje je bilo nemilosrdno utisnuto i čini da preterano reagujemo u bilo kojoj situaciji u sadašnjosti. Problem je što prečesto paranoična reakcija postaje jaka, zacementirana i ne popušta pred bilo kakvom spoljašnjom molbom.

Izbor

Otkrili smo način da priđemo dubinama nesvesnog postupno, metodično, tako da pacijent ne bude preplavljen bolom.

Kada razmatramo prirodu svesnog, moramo, ponavljam, *moramo* uzeti u obzir mozgove koji su postojali pre nas, mozgove koji još borave u nama. Oni pomažu da se stvori naša svest. Najzad, niže životinjske vrste su morale da budu prilično svesne toga gde se nalaze hrana i neprijatelji. One su sigurno imale svest, i taj nivo svesti još uvek postoji u nama. Ove „svesti", sigurno, čine modernu svesnost. Misliti drugačije znači usvojiti antirevolucionaran stav, koji kaže da je neokorteks, koji se razvio kasnije – sve i svja ljudske svesnosti. Ako želimo da razumemo poreklo univerzuma, kako ontogenetskog (ličnog) tako i filogenetskog (ljudske vrste), potrebno je duboko uranjanje u našu unutrašnju prošlost. Da li životinje osećaju? Silazimo duboko u stari limbički sistem, čiji deo delimo sa životinjama, i otkrivamo da i one osećaju. Da li psi osećaju? Naravno.

Mi ispravljamo devijacije koje su nastale usled traume u ranom detinjstvu, i bavimo se njima proživljavajući događaje koji su izazvali te ključne devijacije. *Otisak je i problem i rešenje.* To je sila koju ne možemo izbeći. Seme rešenja leži u bolu, i jedino tamo. Vraćanje nazad u osećanje da nas roditelji nisu voleli znači osećati (u ponovnom preživljavanju); tek kada ovo uradimo, možemo da pustimo ljubav unutra. Događaji koji su smešteni u limbičkom sistemu omogućavaju nam da rekonstruišemo svoje detinjstvo, da osetimo očev losion posle brijanja, dodir njegove brade, da vidimo

naš dom iz detinjstva i setimo se kako smo se osećali za vreme veče-
re. Vidimo scene porodičnih svađa, ili rane strahove i užas. Kada
siđemo na niže limbičke nivoe, vidimo jasno boju tepiha; vidimo
pogled na očevom licu; i osećamo majčinu indiferentnost i nedo-
statak interesovanja. Opet smo ranjivo, osetljivo dete. Pacijenti na
sesijama Primalne terapije mogu se setiti svakog detalja scene kada
su imali šest godina ili ranije, kojih se inače nikada ne bi setili. Sve
što je bilo spolja jeste i unutra; pristupili smo svim pacijentovim
potrebama. Zaista je fascinantno što se negde u našem mozgu nala-
zi miris očeve lule i naša potreba iz detinjstva da se on okrene ka
nama i obrati nam se bar na tren – priznajući nam da postojimo i
da smo mu važni. Ako se to nikada nije desilo, prestajemo da oče-
kujemo da se to desi. Nastavljamo sa svojim životarenjem bez lju-
bavi.

Izbor

Nije dovoljno da osetimo bol u terapiji, jer moramo razumeti da unutar
tog bola leži potreba, potreba koja se nekada, kada nije bila zadovoljena,
pretvorila u bol.

Ono što je najfascinantnije u našoj terapiji jeste što, sa gledišta
biologije, izgleda da nema razlike između postojanja ljubavi u
ranom dobu i ponovnog proživljavanja nedostatka ljubavi kasnije
(čime se sistem vraća u normalu, kao da je ljubav u ranijem dobu
postojala). Dakle, u oba slučaja postoji normalizacija sistema. Ono
što se dešava tokom sesija Primalne terapije je u analogiji sa našom
razvojnom istorijom. Istovremeno sa pacijentovim ulaskom u
dubine beznadežnosti – u temelje njegove duboke depresije – doći
će do prebacivanja kontrole na simpatički sistem, što će izazvati
često uriniranje, visok krvni pritisak, ubrzane otkucaje srca, sto-
mačne grčeve i napetost u mišićima. Sistem koji reaguje na utisnu-
ti bol je u stanju jakog uzbuđenja. *Ali sistem odrasle osobe sada može*
da se nosi sa bolom, dok dečiji sistem to nije mogao. Bol može da se
iskusi jer je kritični period završen.

Nije dovoljno da osetimo bol u terapiji, jer moramo razumeti
da unutar tog bola leži potreba, potreba koja se nekada, kada nije

bila zadovoljena, pretvorila u bol. Potreba je ta koja se na kraju mora proživeti u potpunosti. Na primer, potreba za sisanjem je tu čim se rodimo, neartikulisana. Kada majka ponudi dojku, dolazi do zadovoljenja i opuštanja bebe. Kada ova potreba nije zadovoljena, kod nas može preovladati simpatičko dominantno stanje sa ubrzanim funkcionisanjem, uz dalje postojanje potrebe za sisanjem. U našem okruženju ne postoji ništa što će dozvoliti parasimpatičkom nervnom sistemu da uskoči i rasprši tu potrebu. Potrebe su snažno urezane; one uvek uključuju opstanak. Potrebe nisu nastale da bi se menjale. Niti treba da se menjaju. Odigravanje (koje u ovom slučaju može značiti da tražimo od žena da se ponašaju kao naša majka, da se brinu o svemu, da serviraju jelo u odgovarajuće vreme), jeste stalni podsetnik. Kada potreba nije zadovoljena, mi onda simbolički odigravamo potrebu. Budući da je ispunjenje simbolično, ono nikada nije zaista zadovoljavajuće niti stvarno nešto rešava. U kognitivnoj terapiji se radi o lečenju simbolizma. Potreba za pušenjem jeste simbol stvarne potrebe. Vrlo često ljudi se bave pogrešnom potrebom. A kada se pogrešna potreba menja ili potiskuje u terapiji, to se smatra uspehom. Setite se, potreba nikada ne prestaje bez obzira na naše godine.

Suština svega je da se potreba oseti, jer se ona pretvara u bol koji upozorava. Osećanje potrebe znači, na primer – potrebu za kiseonikom koji je nedostajao na rođenju zbog anestezije. Pacijent se može boriti za vazduh, gušiti se i pocrveneti tokom ponovnog proživljavanja – bez korišćenja reči. To je dovoljno. Bol neće popustiti dok se bazična potreba oseća. Da, moramo osetiti bol ali on je samo usputna stanica do potrebe. Stalno ponavljanje osećanja: „pomozi mi, mama", zaustaviće odigravanje potrebe traženjem od žena da se prema nama ponašaju kao majka. Ne možemo očekivati promenu pošto smo samo jednom osetili potrebu; moramo je osetiti često i sa snagom koju je imalo odsustvo zadovoljenja te potrebe u ranom dobu. Da budemo jasni, mi samo delimično ponovo proživljavamo patnju, da bi ona mogla da se integriše u sistem. Ako bi pacijent pokušao da ponovo proživi patnju u njenom punom intenzitetu, on bi bio preplavljen i odleteo bi u simboličnu stratosferu – u prošle živote, na primer. Sećanje je isto, ali je različita jačina bola (u delimičnom ponovnom proživljavanju patnje i njenom ponovnom proživljavanju u punom intenzitetu – *prim. prev.*).

Moramo da proživimo osećanja sa intenzitetom koji je svojstven otisku; ne postoji prečica za to. Pošto potreba nije bila zadovoljena, a taj nedostatak zadovoljenja se pojačavao s vremenom, dolazi do taloženja potrebe. Ona postaje skoro monolitna. Ako osoba pokuša da oseti potrebu u svom njenom intenzitetu uz pomoć droga, to joj gotovo izvesno, neće uspeti. Sistem nije projektovan za povezivanje sa preplavljujućim osećanjima. On je projektovan da ih izbegne i pretvori u simbolizam – devojka postaje „majka".

Posle povezivanja – nakon osećanja: „niko me ne želi; nikad me nisu želeli" – sistem može preći na parasimpatičku dominaciju. Sistem tako najzad može da se odmori jer je opasnost prošla (i ostala u prošlosti gde i pripada). Kada se povežemo sa bolnom komponentom sećanja, i integrišemo otisak u sistem, devijacije telesnih sistema počinju da se ispravljaju. Da bi se u potpunosti proživeli bol i potreba, potrebno je stvoriti fiziološki sistem koji funkcioniše kao da je ta potreba uvek bila zadovoljena. Taj fiziološki sistem će omogućiti parasimpatičkom (sistemu, ili parasimpatikusu – *prim. prev.*) da proširi svoje vizije i više rizikuje. To će dozvoliti simpatičkom sistemu da smanji stalnu borbu koja mu nikada ne dopušta da se opusti. Najzad, to pomaže našem celokupnom sistemu da najzad nađe ravnotežu. Više ne moramo da budemo zarobljenici lekova ili droge. Uravnotežen sistem znači da je kod muškarca sa parasimpatičkim prototipom, hronično nizak nivo testosterona vraćen na normalu –što smo ustanovili posle jedne godine terapije. To znači da je osoba sada prodornija i manje depresivna. Uravnotežen sistem znači da ne moramo da popijemo pet šolja kafe dnevno ili da budemo zavisni od koka-kole. To znači da osoba ne mora da puši – što bi inače skratilo njen život. To je pravo značenje izraza – „biti slobodan".

Skoro svi smo zarobljenici svog prototipa. Kognitivna terapija pretpostavlja da imamo ogromnu količinu slobodne volje. Nisam tako siguran. Možemo da pravimo izbore u okviru prototipa, ali to je uzak spektar. Ono što možemo da uradimo jeste da se vratimo i otkrijemo kako je sve počelo. Tako će i naš izbor, postati mnogo širi.

DEPRESIJA, ILI FIZIOLOGIJA BEZNADEŽNOSTI

Depresija je primer za efekte otiska. Smanjena količina kiseonika na rođenju i pre njega (zbog trudne majke koja puši bar deset cigareta dnevno, i anestezije na rođenju) uslovljava fiziološku promenu. Ova fiziološka promena izaziva brojne reakcije; svaka reakcija je adaptacija na pretnju opstanku. Ova promena, na primer, dovodi do sniženog nivoa kiseonika – sindrom hroničnog umora – dok moždano stablo upravlja reakcijama kao što su trema, vrtoglavica i neodređeni užas. Ovde možemo uključiti i sve visceralne reakcije. Te reakcije kontroliše naš primitivni ili drevni nervni sistem. Kada je užas utisnut rano, fetus ili novorođenče nema kortikalnu sposobnost da oslabi njegov uticaj. Priroda jakog užasa je tako duboka da je u njegovom ponovnom proživljavanju, decenijama kasnije, moguće osetiti ga samo deo po deo.

Beznadežnost, bespomoćnost, očajanje i rezignacija mogu biti utisnuti zbog nedostatka kiseonika; ovo su senzacije koje prate osećanje užasa zbog nedostatka kiseonika. Ove senzacije će se kasnije javiti u depresiji, koja je nastala zbog nedostatka osećanja, diktatorskog doma u kome dete nije imalo kuda sa svojim osećanjima. To ne mora da znači da su roditelji namerno potisnuli detinja osećanja, već da možda nisu bili emotivno prisutni. Rezultat je isti: nema nikoga kome se mogu uputiti osećanja. Opet smo bespomoćni i bez nade. Ne činimo više velike napore, odustajemo od pokušaja/borbe da uspemo, jer je borba na rođenju značila mogućnost umiranja. Ovo sve je deo adaptacionog procesa – čuvanja energije u cilju opstanka.

U izvornom kontekstu, svaka borba fetusa/bebe, kao što je borba protiv pupčane vrpce koja guši, mogla je biti fatalna. Jaki lekovi koje je majka dobila na porođaju savlađuju sistem novorođenčeta, ostavljajući mu fiziološko sećanje beznadežnosti i nemoći. Osećanje beznadežnosti zatim postaje deo sindroma preživljavanja i pojačavaju ga hladni roditelji, koji su na distanci. Mogu proći decenije, a da nemamo koncept o ovom osećanju. Možemo se osećati beznadežno, ili prestati da se trudimo, a da ne shvatamo razlog za to; osećanje beznadežnosti može dominirati nama mnogo pre nego što to shvatimo. Sećam se da sam, dok sam se bavio psihoanalizom, govorio pacijentima da imaju „maskiranu depresiju" jer nisu čak ni znali da su depresivni i da se osećaju beznadežno. Ali to nije bilo tačno – znali su. Sada ne moram ništa da kažem svojim pacijentima. Oni to sami shvataju. Oni osećaju beznadežnost ranog života, koju skoro uvek signalizira niska telesna temperatura, i oni polako izlaze iz depresije. Sada se mogu radovati što će živeti život sa osećanjima.

ŠTA JE PRIMALNA TERAPIJA?

Za one čitaoce kojima nije poznata Primalna terapija, objasniću osnove onoga čime se bavimo. Oni, kojima je već poznata naša terapija jer su čitali moje prethodne knjige, mogu preći na sledeće poglavlje.

Suština Primalne terapije je ponovno proživljavanje i vraćanje na rani nedostatak ljubavi i traume, koji su ostali u sistemu u vidu otisaka. Otisci su oslonac našeg rada, jer su urezani u sve naše sisteme u vidu neizbrisivih sećanja koja upravljaju našim životima. Ta sećanja su najčešće nesvesne sile koje su ugravirane čak i pre nego što smo imali reči da ih opišemo. Naša terapija je sistematsko silaženje u istoriju, u pacijentovu prošlost, u kojoj počinjemo sa najskorijim problemima pacijenta, a zatim vodimo osećanja sve dalje kroz njegovu istoriju; istorija pacijenta može biti istorija trauma pre rođenja ili sama trauma rođenja. Istorija uključuje rano detinjstvo i kasnije detinjstvo; penjanjem uz vremensku skalu, bolovi postaju manje snažni jer su potrebe sve manje i manje pitanje opstanka. Nedostatak dodira sa deset godina, i trauma usled ovog nedostatka sa dve nedelje, ne može nikada imati iste efekte. Ono što se gotovo nikada ne dešava u konvencionalnoj terapiji jeste vraćanje na preverbalne događaje i nedostatak ljubavi kada je pacijent imao, recimo, godinu dana. Preverbalni događaji i nedostatak ljubavi u tom periodu se ignorišu kao da nisu ni postojali. Ali kada se pacijent vrati na uzrast od jedne godine i oseti teskobu zbog indiferentnosti roditelja, zbog majke koja je u depresiji i ne može da obrati pažnju na bebu, znamo da trauma postoji. Odrasla osoba može sada moliti majku za pažnju, što ranije nije mogla. Bol dolazi u naletima. Jedan pacijent se seća da ga je majka držala u naručju kada mu je bilo tri godine, i seća se u ponovnom proživljavanju tačne boje i oblika njenih minđuša. Pitao je svoju majku za njih. Ona je potvrdila da ih je imala, ali da ih je bacila pre više decenija.

Možemo voditi osećanja unazad kroz vreme jer su ona postojala i u veoma ranom dobu; ta osećanja su povezana, obično ključnim frekvencijama, i zbog toga osoba može da ode do njihovog porekla. Kada se jednom osoba „podesi" prema ovim frekvencijama, one je nose nazad automatski. Mi ne možemo *pokušavati* (učiniti napor – *prim. prev.*) da se vratimo u neki raniji period života, jer je to pojam koji samog sebe pobeđuje. Što više koristimo mozak odrasle osobe da bismo učinili neki napor, to manje imamo pristupa osećanjima. Pojam „frekvencija" je podržao pre dosta godina psihijatar Vilijam Grej, koji se pridružio sistemskom teoretičaru, Polu LaVioletu, u verovanju da su u sve misli utisnuti tonovi osećanja. Pomoću ovih tonova osećanja, sećanja se kodiraju i skladište kao neuro-električni talasi. Frekvencija ovih neuro-električnih talasa – osećanja – jeste ono što povezuje jedan događaj sa drugim i dozvoljava rezonancu. Kôd reaguje na tragove sećanja i omogućava nam da se spojimo sa svojom istorijom.

Još jedan primer: pacijentkinja se svađala sa mužem jer je htela da on bude dovoljno jak za oboje i da bude zabrinut zbog njenih migrena. To ju je vratilo u doba kada je bila mala i kada roditelje nije ni najmanje brinula njena patnja; oni su hteli da ona prestane da „cvili" i da bude „raspoložena i vesela". Osećanje je bilo: „njih je briga samo kako izgledam, a ne kako se osećam." Drugu pacijentkinju je uznemiravao kolega. Bila je uznemirena jer je znala da šef neće biti na njenoj strani. To ju je vratilo u vreme kada su je braća zadirkivala, a otac nije reagovao. Pustio je njenu braću da je nemilosrdno maltretiraju. Zbog toga je jedno od njenih osećanja bilo „a šta je sa mnom i sa mojim osećanjima, tata? Zar ja nisam važna?" Njeno kasnije ponašanje je bilo u skladu sa stavom „ja zaista nikome nisam važna". Nastavila je da se ponaša kao da njene želje nisu bitne, pa je prestala i da ih izražava. Došla je na sesiju sa osećanjem „mog šefa boli uvo; on jednostavno dozvoljava da me kolega gazi". Kada je jednom bila u tom osećanju, to ju je odvelo nazad i ona je pronašla njegov uzrok, ne samo uzrok specifičnog događaja sa ocem, već i razlog zbog koga je prestala da izražava svoje potrebe. Do prestanka izražavanja potreba nije došlo zbog tog jednog događaja, već zbog akumulacije mnogih iskustava koja su je najzad oterala u rezignaciju.

Terapija se radi u prostoriji koja je zvučno izolovana, zatamnjena, bez distrakcija. Pacijent leži na madracu dok je terapeut iza njega. On govori o dešavanjima u svom životu, o onome što mu smeta i onome što mu se dešava. Na određenim ključnim mestima, on se povezuje sa osećanjem koje ga, kada ga doživi, vodi nazad u događaje iz detinjstva koji su uticali na njega, do bolova koji su živeli u njegovom sistemu i pokretali ga. Iako i pacijent i terapeut govore povremeno tokom sesije, govor prati osećanja – koja vode do ponovnog proživljavanja ranijih iskustava. Ovo nije jednostano sećanje na ranija iskustva već pre njihovo ponovno proživljavanje – kao da se dešavaju ponovo, pri čemu se aktivira moždano kolo koje je funkcionisalo u tom trenutku. Tako, pacijentov vrisak može zvučati kao vrisak prave bebe tokom sesije, ali isti pacijent nikada ne može da ponovi ovaj zvuk kasnije, kada izađe iz primalnog proživljavnja.

Verujemo da pacijent, kada jednom pristupi svojim osećanjima, zna kada treba da dođe na sesiju. Inicijalna terapija podrazumeva tri nedelje individualnih sesija (jednom dnevno), koje nemaju ograničeno trajanje; osećanja pacijenta određuju kada se sesija završava. Obično je to posle dva – tri sata. Posle tri nedelje, tokom kojih se pomaže pacijentu da nauči „primalni stil" i kako da pristupi svojim dubljim osećanjima i iskustvima, on ima još i dve grupne sesije nedeljno, kao i individualne, u zavisnosti od njegove volje i osećanja. Nijednom pacijentu se ne zakazuje dolazak. Moć je u njegovim rukama. On odlučuje koliko terapije mu je potrebno, jer ima pristup svojim osećanjima koja ga alarmiraju zbog „opasnosti" od rastućeg bola. Uobičajeno je da, po isteku prve tri nedelje individualnih sesija, pacijenti dolaze jednom ili dvaput nedeljno, a onda, posle tri-četiri nedelje, njihove posete postaju ređe. Na kraju individualne ili grupne sesije, postoji period diskusije koji traje pola sata ili sat. To je period kada pacijent pretresa svoja osećanja i uvide. On diskutuje o tome kako je bol uticao na pojavu određenih simptoma kod njega ili na njegovo neurotično ponašanje. Kroz razgovor, pacijent razmatra na koji način je potreba koju je osećao, dovela do toga da on previše traži od prijatelja, kačeći se o njih.

U grupi nema mnogo konfrontacija. Svaki pacijent koristi grupu da bi došao do sopstvenih osećanja. Nečiji bol zbog događaja sa ocem, može pokrenuti drugog pacijenta sa sličnim osećanjima. Mi možemo imati probleme sa drugim ljudima, ali rešenje je u nama. Kako sam drugde napisao, što je neko bliži sebi, to je bliži i drugima. Ove grupe traju tri sata ili duže.

Svake godine imamo grupu naveče uoči Svih Svetih[19], kada pacijenti dolaze obučeni u svoje tajno/skriveno Ja. To im pomaže da dođu do svojih skrivenih osećanja. Osoba može doći obučena u porno časopis. Jedan pacijent nije imao pojma zašto je zavisan od njih (porno časopisa – *prim. prev.*). Otkrio je da se jedino osećanje koje je ikada video kod neke žene nalazilo u ovim časopisima; njihova osećanja su bila uzbuđujuća; njegova majka je bila „mrtva"(nije pokazivala nikakva osećanja prema njemu). Ovo bi ga zatim uzbudilo seksualno. Ali, pravo uzbuđenje bi bilo da je nekada, majka pokazala uzbuđenje. Očekivanje tog uzbuđenja, preobrazilo se u uzbuđenje tokom gledanja porno časopisa. Druga pacijentkinja dolazi kao Fantom iz Opere; ona je imala skrivena ubilačka osećanja prema ocu koji ju je maltretirao. Sledeći je bio Kvazimodo, grbavac iz crkve Notr Dam, koga su svi izbegavali. Tako se on osećao; nikome se nije sviđao, svi su ga izbegavali. Osećao se ružan, neželjen i kao da niko nikada ne bi mogao da ga voli. Otkrio je da je tražio žene koje ga nisu zaista želele i da se zatim borio da ih natera da ga žele. Ali osećanje neželjenosti bi prevladalo i on bi napustio borbu.

Jedan pacijent je došao je sa religioznim transparentom, došao je u kavezu; bio je zatvorenik svojih verovanja i nikad se nije osećao slobodnim u odnosu na svoje vaspitanje – moralizatorsko i kontrolišuće.

Ljudi koji dolaze kod nas, uglavnom imaju nekakav pristup svom bolu. Oni pate i to znaju. Drugi, koji uspešno funkcionišu u životu, čije odbrane efikasno deluju – često uz zavisnost od lekova –skloniji su kognitivnim pristupima/pristupima uvidom. Lečimo ljude koje bol sprečava da upravljaju svojim životima na zdrav način. Ne postoji neki određen tip pacijenata, niti oni dolaze iz neke određene socio-ekonomske klase. Viđamo mnogo više individua iz niže klase (radničke) nego iz viših klasa. Imamo pacijente koji žive

---

[19] Halloween.

u svojim kolima, da bi uštedeli za terapiju – iako imamo fondacije koje finansiraju terapiju za pacijente kojima je to neophodno.

Naši terapeuti su izuzetno obučeni, ali i dalje imaju obuku dvaput nedeljno, čak i oni koji kod nas rade i po deset godina. Komplikovano je, najblaže rečeno. Snimamo svaku sesiju i nadziremo naše terapeute. Merimo vitalne znake pre i posle svake sesije da bismo bili sigurni da je bilo integracije osećanja. Ranije smo radili sistematsko merenje moždanih talasa pacijenata na početku i na kraju terapije, ali je to postalo preskupo. Bez obzira na to, jako se trudimo da sprečimo „abreagovanje"– nasumično pražnjenje energije bola – jer, iako liči na primalno, ono je destruktivno za terapijski proces. Pacijent se posle „abreagovanja" može osećati bolje, ali ovo je privremeno i daje mu lažan osećaj napretka.

Da li Primalna terapija ima svoje mane? Da, ali one nisu ni blizu manama koje sam mogao da vidim dok sam praktikovao psihoanalizu (frojdovske orijentacije). Vrlo je teško raditi sa onima koji su uzeli LSD ili ekstazi previše puta ili sa psihopatama koji su inkorporirali terapiju u svoju težnju da varaju i lažu. Postoje i oni koji se jako vređaju i zatvaraju, kojima treba puno vremena da se otvore, ali ako ostanu otvoreni, često su uspešni. Budući da nismo ustanova zatvorenog tipa, primamo vrlo malo psihotičnih pacijenata. Njima treba više brige i nadzora nego što mi to možemo ponuditi. Postoje neki pacijenti koji osećaju da im u životu ne treba više bola i koji odlaze. To razumemo. S druge strane, ima pacijenata koji su nestrpljivi da dođu na terapiju. Oni znaju da ih na drugom kraju sesije često čeka olakšanje. Postoje oni koji duboko urone u bol, a onda odlaze, jer im je dosta patnje. To su oni koji su imali najgore detinjstvo, bez roditelja, koji su doživeli incest, batine itd.

Veliki broj naših pacijenata se vraća u svoju zemlju i nastavlja kontakt sa nama telefonom ili putem kompjuterskih sesija. Razgovori telefonom su ponekad mogući, ali je uvek najbolje fizičko prisustvo. Kada jednom pristupi svojim osećanjima, pacijent može sam ići dalje ili nastaviti uz našu pomoć. Posle izvesnog vremena, to postaje način života. Osoba oseća bol i vrišti kao što se smeje – što je sve deo ljudskog stanja. Na klinici postoji sistem „drugara". Pacijenti dolaze na kliniku sa svojim drugarima, koji imaju ulogu njihovih zastupnika. „Drugari" se ne podvrgavaju terapiji; oni su tu samo kao pacijentovo pojačanje. Stari pacijenti se svakih nekoliko meseci vraćaju u naša utočišta. Pacijenti koji borave u utočištu, ostaju na klinici, gde se i hrane. Oni gledaju filmove sa primalnim osećanjima i mogu imati sesije u određeno vreme i sa određenim grupama. To je jedan od vrlo uspešnih aspekata našeg rada.

Da li postoji uobičajeni tip pacijenta? Ne bih rekao, iako je svima zajedničko to što se osećaju jako nesrećnim, što se ne osećaju ispunjeno i što im se čini da im život ne pruža dovoljno. Kod skoro svih pacijenata uočavamo velik broj psihosomatskih bolesti, astmu, kolitis, migrenu, visok krvni pritisak, epilepsiju kao i poremećaje ponašanja. Zajedničko im je i to što nisu sposobni da održe veze (kasnije u životu), često se razvode, ne mogu da se koncentrišu (hiper-kinetski sindrom HKS), a mnogi od njih su često i u ozbiljnoj depresiji. Kod ovih pacijenata smo videli gotovo svaku vrstu patnje koja postoji. Ono što pacijenti dobijaju od terapije jeste prestanak bola i šansa za dobar život. Oni ponovo mogu biti produktivni, dobro spavati, imati uspešan seksualan život nasuprot dotadašnjoj frigidnosti ili impotentciji. Ove osobe se više ne plaše novih iskustava i voljno traže izazove. Najbitnije je to, što pacijenti posle terapije često nisu više anksiozni ili depresivni. Kada su oni u pitanju, imamo prednost što znamo koliko je duboko njihov bol i imamo tehnike da do njega dopremo – nežno, na metodičan način, ali neminovno.

Postoji malo primalnih terapeuta. Ovo se dešava zato što obuka traje jako dugo i zato što su profesionalci u oblasti mentalnog zdravlja već proveli godine radeći i nemaju želju da počnu ispočetka. To mogu da razumem, ali ako profesionalac ima veru u ono što radimo, on mora da učini pravu stvar i prođe neophodnu obuku. Ja želim da otvorim našu terapiju za profesionalce; sve što treba da urade, jeste da nađu vreme za obuku. Ne čuvamo terapiju kao tajnu zanata. Saznali smo da neki profesionalci koji pročitaju moje knjige ponekad pokrenu primalnu radionicu. Rezultat je često užasan. Ovog jutra sam dobio pismo od profesionalca iz Njujorka koji je postao samoimenovani predavač i terapeut za Primalnu terapiju. Možemo biti sigurni da će njegovi pacijenti trpeti. Terapeut mora stići do pacijentove nezadovoljene potrebe, a to je težak zadatak; pitanje je kada to uraditi, a kada ne. I kako to uraditi. Često Primalna terapija dolazi na loš glas zbog šarlatana koji je praktikuju i zbog štete koju, samozvani, prave. Godinama smo morali da otklanjamo štetu koju su napravili oni koji su se bavili ponovnim rađanjem. U jesen 2006. organizovaćemo obuku za profesionalne terapeute, kroz intenzivni jednogodišnji kurs koji obuhvata podvrgavanje profesionalnog terapeuta terapiji, učenje sadašnje teorije i praksu.

Primalna terapija se ponekad naziva čudesnom, ali ona nije čudo. Čudo su osećanja. Primalna terapija se bazira na zdravim, naučnim principima i trideset pet godina istraživanja. Da li je to jedini način lečenja? Voleo bih da budem demokratičan i kažem „Ne – osoba bi sve trebalo da proba." Ali, korišćenje jednog neefikasnog metoda za drugim, koji je još manje efikasan, ne vodi do pravilne, korisne, uspešne terapije. Ovde bih želeo da istaknem, da smo u poslednje tri decenije usavršili svoje tehnike i ustanovili rigoroznu metodologiju zasnovanu na najnovijim istraživanjima u neurologiji i biohemiji. Drugi terapeuti mogu pomoći pacijentu da ima primal s vremena na vreme, ali nikada nisam video da se to radi sistematično i pravilnim redosledom. I skoro nikada sa dubokim povezivanjem. Primalna terapija može biti vrlo opasna za pacijenta, ako je sprovodi neobučena osoba.

I poslednja misao – kako se terapija odvija, pacijenti sve manje i manje moraju da prolaze kroz osećanja sa primalnog nivoa. Oni znaju kako se osećaju i mogu da vode mnogo zdravije živote, da napuste zavisnost od viskija, cigareta i droga i da više ne budu zavisni od terapije.

PRAKSA

Studija slučaja: *Kiki*

Kada sam imala petnaest godina imala sam operaciju. Uklonili su cistu sa mog desnog jajnika. Kada sam se posle operacije probudila, bilo mi je jako hladno. Toliko sam drhtala, da mi ni ćebad koju su sestre donele nisu pomogla. Prve noći posle intervencije, bila sam previše uplašena da bih se pomerala, jer mi se činilo da mi je stomak otvoren kao da su zaboravili da me zašiju. Osećala sam da će mi, ako se ikada više pomerim, utroba ispasti. Zaboravila sam na operaciju. Ona je postala jedna od onih crnih rupa u mojoj glavi.

Dva meseca pošto sam počela Primalnu terapiju, moje, do tada vrlo bolne menstruacije, su se pogoršale. Bol u mojoj karlici je bio difuzan, sa povremenim oštrim abdominalnim bolovima. Iako je bol bio skoro nepodnošljiv, nisam ni pomislila da ga ublažim sredstvima protiv bolova. Patila sam od ovoga mesecima, dok nije prošlo oko godinu dana terapije. Onda sam započela primal u vezi sa mojom operacijom. Sećanja o operaciji počinju ako se osećam odbačenom od ljudi koji su mi bliski u životu. Moj ožiljak odmah počinje da boli, moja materica se grči, i ja počinjem da krvarim.

Kada upadnem u osećanje, imam senzacije o tome kako se grubo postupa sa mojim unutrašnjim organima i kako ih guraju u stranu. Osećam kako se nešto vrlo hladno i tvrdo ubacuje u moju vaginu. Osećam ubod, a za njim strašan bol koji se širi svuda po tom predelu. To je kao da mi taj deo neko ili nešto pritiska iz sve snage. Osećam se kao da je neko ubacio vazduh u moju unutrašnjost i da ću pući iznutra.

Takođe, osećam užasnu atmosferu oko sebe: atmosferu koja postoji kada su ljudi (u operacionoj sali) pod velikim stresom na poslu i rade bez ikakvog osećaja ili osećanja za osobu koju operišu. Jako mi je hladno i počinjem da se tresem. To je osećanje potpunog odbacivanja, najgore koje sam ikada osetila. Mislim da ga pokreće odbacivanje u sadašnjosti. Sve vreme osećam kako je ono što mi se dešava potpuno pogrešno, i kako ne mogu ništa da uradim. Ovo osećanje – ne mogu ništa da uradim – dugo sam odigravala u ponovnom proživljavanju tako, što čak nisam ni pomislila da uzmem pilulu da bih ublažila bol.

Moji glavni uvidi iz primala operacije jesu:

1. Moja ogromna potreba da mi bude toplije fizički (odeća ili viša temperatura u operacionoj sali).
2. Potreba da hirurzi sa mnom postupaju oprezno, da nežno pomeraju moje unutrašnje organe.
3. Potreba da neko bude sa mnom, iako sam bila pod sedativima. Bio bi mi potreban neko da me nežno dodirne, da mi blago govori i da me smiri samim svojim prisustvom za vreme operacije. Pretpostavljam da je sve vreme koje sam bila pod sedativima, moj misleći um spavao. Ali duboko u mom mozgu on je bio živ, osećajući sve što se dešava, pamteći pomoću svojih jasnih otisaka kojih se sada sećam, i koje bih volela da nikada nisam iskusila.

Ovde vidimo da je sve ono što je izvorna hladna sterilnost operacione sale izazvala – odbacivanje, indiferentnost, hladna atmosfera u sadašnjosti, moglo da pokrene Kikino iskustvo operacije, što se desilo tek nakon mnogo meseci terapije.

Poglavlje 5

LEVA I DESNA MOŽDANA HEMISFERA: URAVNOTEŽENJE LJUDSKOG BIĆA

Postoji nekoliko primarnih sistema koji funkcionišu u mozgu. Ovi sistemi rade od vrha naniže – o čemu ćemo kasnije govoriti – ali i sleva nadesno. Mozak ima dve hemisfere, levu i desnu. Svaka moždana hemisfera ima drugačije funkcije. Uopšteno, mogli bismo reći da je desna hemisfera odgovorna za osećanja, dok leva razmišlja, planira i pravi nacrte. Leva hemisfera upravlja našim doživljavanjem spoljnog sveta, dok desna upravlja našim unutrašnjim životom. Jedna hemisfera je naučnik, a druga se često bavi misticizmom. Desna hemisfera oblikuje veliki deo naše ličnosti, upravlja brojnim biohemijskim procesima u našem organizmu, i usmerava naše živote u većoj meri nego što mi to shvatamo. Ovo znači da osećanja upravljaju našim izborima, interesovanjima, profesijama, partnerima i ljubavima. Leva hemisfera se uglavnom bavi kvantitetom stvari; desna – kvalitetom.

Kada govorimo o „kvalitetu života", bavimo se osećanjima. Dakle, imamo jednu hemisferu koja vidi fragmente (leva) i drugu koja vidi celinu (desna). Da bismo bili celoviti, moramo da napravimo kompletnu sliku od fragmenata našeg života; za to nam je potrebno da obe moždane hemisfere rade u harmoniji. To je jedna od definicija svesnosti i po tome se ona razlikuje od svesti. U terapiji vidimo ovu razliku kada, nakon osećanja, pacijent počne sa „litanijom": „ovo sam uradio zbog toga što...a ono sam uradio zato što..." Delovi ponašanja počinju da dobijaju smisao. Ponašanje dobija geštalt kontekst – svesnost iz nesvesnog.

Desna strana stvara slike i rime i stvara prostorne veze, dok je leva više „bukvalna". Ona gleda u budućnost i vidi posledice naših akcija. Intelektualcima leve strane potreban je red i razum da bi objasnili svoj svet, dok umetnici koji rade desnom, preziru takav red. Osobe koje ne „shvataju" šalu, često su više orijentisane na levu hemisferu jer im promiče nijansa, naglasak na osećanju za humor. Osobe orijentisane na levu hemisferu takođe slabije reaguju na muziku, ritam i ton. Ljudi koji ne mogu da „osete" nečiju neiskrenost ili psihološki podtekst, više su povezani sa levom hemisferom. Oni ljude često „drže za reč" i postaju opsednuti rečima. Suprotno tome, oni koji osećaju, mogu osetiti ton ili podtekst onoga što drugi govore. Ove osobe reaguju na skriveno značenje onoga što je rečeno i osećaju potrebe svoje dece. Celovito ljudsko biće ima ravnotežu između leve i desne hemisfere; ono je osećajno, ispoljava svoja osećanja i dobro opaža. Pod pojmom „celovit" podrazumevam povezanost, što osobu čini svesnom.

Kako sam naveo u prethodnom odeljku, majčina osećanja oblikuju bebine centre za osećanja. Beba koja je voljena imaće dobru ravnotežu između leve i desne hemisfere, zdrav pristup svojim osećanjima, koja kasnije može koristiti, da bi donosila dobre odluke. Ova osoba će biti sposobna da sebe vidi „objektivno". U terapiji se ovo može videti kada pacijenti, koji su povezali desnu i levu prefrontalnu oblast, odmah vide greške koje su napravili sa svojom decom ili supružnicima. Usled ovog povezivanja, osoba će takođe biti osetljivija na tuđa osećanja. Desna strana se seća ljubavi i odsustva ljubavi. Ona uvek pokušava da razgovara sa levom prefrontalnom oblašću. Ona govori u hemijskim terminima: „Nema ljubavi, to je užasno. Pošalji hormone stresa." Bliskost, ljubav i emotivna vezanost – ili njihovo odsustvo – utiču najviše na desnu moždanu hemisferu deteta tokom fetalnog perioda i u prve tri godine života. To je ključni kritičan period. Budući da majčina ljubav ima aktivan uticaj na razvoj bebinog mozga, dobijanje te ljubavi u trudnoći i rano u životu, jeste veoma bitno za bebino zdravlje. Događaji u ovom periodu menjaju mozak, kako funkcionalno tako i strukturalno.

Kada uzmemo u obzir da desna hemisfera – emocionalni/limbički mozak– ubrzano raste u prvim godinama, kada su dodir i ljubav apsolutno presudni, jasno je da će njihov nedostatak imati doživotne posledice na naše emocije. Moždana neurohemija, nivoi hormona stresa i druge aktivacione hemijske supstance, pretežno su pod kontrolom desne hemisfere. Kada se oni menjaju, to utiče na naš odnos prema drugima i prema nama samima.

Ono što postoji između majke i deteta jeste razgovor njihovih desnih limbičkih sistema. Kada je majka usklađena sa detetovim ose-ćanjima, njen desni limbički sistem je podešen, i ona može da oseti ono što beba oseća i da reaguje shodno tome. Što ima više roditelj-ske ljubavi, to će biti veći nivo dopamina u desnoj hemisferi, i dete će imati osećanje blagostanja. Što se beba bolje oseća u svom okru-ženju, optimalnija će biti aktivacija dopamina u desnoj hemisferi. Kada dobijamo majčinu ljubav, mi se fiziološki osećamo dobro.

Desna hemisfera je, u stvari, model onoga što nam se desilo rano u životu. Ako nismo imali jaku emotivnu vezu sa roditeljima rano u životu, u desnu hemisferu će biti urezan šablon koji može kasnije iza-zivati stalne prekide veza. Desni limbički mozak takođe određuje našu kasniju podložnost psihosomatskim bolestima. Ako ne dobijemo dovoljno ljubavi u ranom detinjstvu, patićemo zbog toga kasnije (srčane bolesti su samo jedan od brojnih primera). Zašto se to deša-va? Zato što jako rana trauma, registrovana u moždanom stablu i sta-rim limbičkim strukturama, ima direktnu vezu sa različitim organima, od kojih je jedan i srce. Rani otisak može izazvati blago ubrzane srča-ne otkucaje, što vremenom može oslabiti srčanu funkciju. Pojava srča-nog oboljenja može biti izvesna i pre nego što počnemo svoj društve-ni život. Ljubav pokreće svet; ona takođe čini da mozak funkcioniše kako treba. Za ovo je presudan kritični period, u kome će iskustvo izmeniti mozak na niz načina, često trajno.

Izbor

Jedino što može da izleči bol, jeste odlazak u filogenetski starije moždane strukture i ponovno proživljavanje prototipa – osnove ličnosti koja je bila postavljena čak i pre rođenja, koja je presudna za kasniju neurotičnu nadstrukturu.

Ne zanemarujem važnost genetike, ishrane ili faktora životne sre-dine. O tome se mnogo diskutuje u savremenoj literaturi. Novinske rubrike o zdravlju, pune su diskusija na ovu temu. Nedostaje im razumevanje primalnih faktora o kojima pišem.

Nema te količine ljubavi i brige kasnije u životu, koja može da ispravi njen rani deficit. To znači da bilo kakva pažnja terapeuta ne može da proizvede duboku promenu u pacijentu – njegov kritični period je davno prošao. Da ponovimo – ljubav ne može izlečiti neurozu. Naravno, pažnja u sadašnjosti može nakratko otkloniti bol zbog njenog nedostatka u detinjstvu; pažnja terapeuta deluje umirujuće, ali ne leči. Pažnja u sadašnjosti mora da bude sve vreme prisutna, ili će bol početi da nadire. Zato mnogi pacijenti idu na konvencionalnu terapiju beskonačno.

Jedino što može da izleči bol, jeste odlazak u filogenetski starije moždane strukture i ponovno proživljavanje prototipa – osnove ličnosti koja je bila postavljena čak i pre rođenja i koja je presudna za kasniju neurotičnu nadstrukturu. Ukratko, neophodno je ponovo proživeti nedostatak pažnje roditelja u ranom detinjstvu, izražen senzacijom – „nema pomoći", i to treba ponavljati dok ne prestanemo da potiskujemo taj bol; posle toga, neophodno je ponovno proživeti samu tu senzaciju (nema pomoći), koja se javila na rođenju.

Da li osoba zaista može ponovo proživeti „nema pomoći" u situaciji gde nisu postojale reči? Ona može ponovo proživeti kasnije aspekte ove senzacije, izražene rečima: „otac mi nikada nije pomogao"; proživljavanje ovih aspekata senzacije, vratiće osobu u trenutak njenog rođenja na kome je postojala izvorna senzacija (verbalno neartikulisana) – „nema pomoći", ili u period odmah po rođenju.

Naš mozak je podeljen na dva dela. Bez harmonije između te dve strane, ne možemo biti ni celovite ni integrisane ličnosti. Budući da moždano stablo i limbičke strukture desne strane u velikoj meri obuhvataju nesvesno, naš zadatak je da dovedemo desnu hemisferu u simetriju sa levom. Setite se, događaji su nesvesni jer rana trauma utiče na desnu hemisferu mnogo više nego na levu, i ta strana gubi dodir sa svesnošću / svešću. Ona gubi konekciju.

MEHANIZMI KOJI UTIČU NA DISKONEKCIJU

Od naše povezanosti sa sopstvenim osećanjima, zavisiće i način na koji prisustvo / odsustvo ljubavi oblikuje naš mozak. Naša sposobnost da se povežemo sa svojim osećanjima zavisi od ključne moždane strukture koja služi kao most između razumevanja osećanja – što je funkcija leve hemisfere, i samog osećanja – kojim upravlja desna hemisfera. Most se zove *korpus kalozum* (corpus callosum). To je najvažniji od nekoliko puteva koji povezuju levu i desnu hemisferu; 80 procenata informacija o osećanjima prolazi kroz ovu strukturu. Rano iskustvo može uspešno da blokira ovaj informacijski „auto put", koji vodi od jedne do druge hemisfere. Ovo znači da leva strana, bukvalno, ne zna šta se nalazi u desnoj.

Korpus kalozum trpi posledice pojave rane traume. Njegova vlakna se istanjuju i postaju manje efikasna, jer se smanjuje broj nervnih ćelija koje vrše konekciju. Zbog smanjenog broja nervnih ćelija, ovaj most ometa normalnu interakciju desne i leve hemisfere. Na primer, prevremeno rođenje može da oslabi korpus kalozum tako da kasnije zaista dolazi do prekida (između leve i desne hemisfere – *prim. prev.*). Druge rane traume imaju tendenciju da doslovno „potkresuju" ćelije, stvarajući lošu konekciju; jedna strana ne može da čuje drugu i nema predstavu o tome šta ova druga pokušava da kaže. Rezultat je da gubimo kontakt sa svojim osećanjima, koja tako ostaju zakopana u desnom – nesvesnom – umu. Iako nesvesna, ove osećanja nas pokreću. Leva hemisfera reaguje na pritisak poruke, bez obzira koliko ona nejasno izgledala. Velika usamljenost koju novorođenče oseća kada se ne vodi briga o njemu, utiskuje se, i kasnije može navesti odraslu osobu da, kada je sama, uvek zove prijatelje. Razlog: samoća može izneti na videlo izvorno razarajuće osećanje, a samim tim i poriv da se povežemo s drugim osobama da bismo to osećanje držali pod kontrolom. Osoba ima poriv da zove druge ljude i da se viđa se sa njima ne zato što je društvena, već zato što je u *ludačkom bekstvu od svojih osećanja*. Još jedan primer: imali smo pacijenta čiji je rani život bio pakao, usled čega se okrenuo komunizmu kao obećanom raju na zemlji. Njegova verovanja – potreba za alternativom paklu – bila su određena osećanjima. Nada, koja je poticala iz duboke beznadežnosti, upravljala je njegovim verovanjima.

Iznova ponavljano iskustvo odsustva ljubavi rano u životu, može izazvati bolest koja se zove Post Traumatski Stresni Sindrom (PTSS). Ovaj poremećaj oštećuje korpus kalozum, čime umanjuje sposobnost osobe da se poveže sa svojim osećanjima, ili, doslovno, umanjuje mogućnost da se leva hemisfera poveže sa desnom. U članku štampanom u časopisu „Američki Naučnik"[20], Martin Tejčer sa Medicinskog fakulteta Harvard, iznosi rezultate svog istraživanja: „Dečaci koji su bili zlostavljani ili zanemarivani rano u životu, imaju značajno manji korpus kalozum nego normalna deca. Kod devojčica, otkriveno je da je seksualno zlostavljanje dovelo do smanjenja srednjeg dela korpus kalozum-a." dr Tejčer iznosi svoje stanovište: „Naš tim je započeo ovo istraživanje sa hipotezom da je stres u ranom životu bio toksičan agens koji je uticao na normalan, neometan razvoj mozga. Izlaganje stresu ima molekularne i neurobiološke efekte koji menjaju neuralni razvoj na adaptivan način, pripremajući mozak odrasle osobe za preživljavanje i reprodukciju u opasnom svetu." dr Tejčer dodaje da manji korpus kalozum vodi do „slabijeg povezivanja dve hemisfere;[21]" ovo stanovište potkrepljuje naše kliničke opservacije. Osoba kod koje je korpus kalozum smanjen, bukvalno ne može da se „sredi". Nadamo se da ćemo u daljem istraživanju uspeti da odgovorimo na pitanje – da li korpus kalozum može da izraste do svoje normalne veličine posle Primalne terapije. Zbog štete koju je pretrpeo korpus kalozum, mozak je uveliko oštećen, i to će uticati na učenje, koordinaciju i emocionalnu stabilnost osobe. Kasnije ćemo videti kako leva hemisfera može da „radi" normalno kada je desna strana u haosu.

Jasno je da stres i zanemarivanje rano u životu menjaju mozak. Zbog toga, naš kognitivni aparat, kada odrastemo, nije toliko sposoban kao „normalan" mozak. Nije istina da je sposobnost prilagođavanja ovog mozga smanjena, jer se on menja da bi se prilagodio ranoj traumi, koja se sada nalazi u filogenetski starijim moždanim strukturama. Jaz koji nastaje između leve i desne moždane hemisfere – naglašavam – jeste, doslovno, loša konekcija u mozgu, koja je mera disharmonije u sistemu. Leva strana mozga nije u harmoniji sa desnom.

Ovaj prekid veze je podesan, jer štiti osobu od agonije izlaganja blokiranom bolu. Iako je bol blokiran, osoba mora da reaguje na pritisak njegove poruke. Poruka „nisi voljen", navodi osobu da zamišlja ljubav tamo gde ona ne postoji. Verovanje u „božanstvo

---

[20] Videti BELEŠKE pod – 2.
[21] Videti BELEŠKE pod – 3.

puno ljubavi" je jedan od primera. Leva moždana hemisfera će stvoriti sve moguće racionalizacije za svoje ponašanje. Ovo vidimo u studijama rascepa mozga. Na primer, smešna scena koja dopre do teško oštećene desne hemisfere, može izazvati smeh kod pacijenta. Kada upitamo pacijenta zašto se nasmejao (pri čemu on nije svestan smešnog materijala koji se nalazi u njegovoj desnoj hemisferi), on izjavljuje da doktor nosi smešan kaput. Ukratko, leva strana izmišlja racionalizacije za ono što je uneto, čega je osoba nesvesna. To je primer onoga što se dešava u neurozi. Podaci (input) iz nižih moždanih struktura idu naviše do desnog frontalnog korteksa; ali, oni ne mogu da pređu most – korpus kalozum. Zbog toga osoba izmišlja razlog za svoje ponašanje. Ona na bezazleno pitanje odgovara ljutitim – „ne bih se ljutio, da me to nisi pitao sto puta;" u stvari, ljutnju izazivaju dublja osećanja kojima osoba nema pristup. Neko koga su roditelji stalno terali da obavlja svoje dužnosti, neće kasnije reagovati blagonaklono na iste takve zahteve druge osobe. Leva hemisfera je uglavnom – tumač iskustva. Ako želimo istinitiju verziju iskustva, moramo se obratiti desnoj.

Opasan svet o kome dr Tejčer u svom delu govori, jeste svet utisnutih osećanja; osećanja, koja su utisnuta usled „toksičnog stresa" (kako on zove traumu). U svom radu, došao je do otkrića da je kod zlostavljanih pacijenata desna hemisfera bila potpuno razvijena, a da je leva zaostajala za njom. On se pita da li zlostavljana deca uskladištavaju uznemirujuća sećanja u desnu hemisferu. Prema našem kliničkom iskustvu, i skoro svim kasnijim istraživanjima, izgleda da je to tačno.

Teičerov rad je značajan, jer potvrđuje da rani stres ostavlja „neizbrisiv otisak" i izaziva „kaskadu molekularnih i neuroloških efekata koja nepovratno utiče na razvoj nervnog sistema." Kao što vidimo, otisak nije teorijska izmišljotina, već neurofiziološka činjenica. Otisak je važna činjenica. Promene u nervnoj strukturi i biohemiji su aspekti te činjenice; kontekst koji joj daje smisao. Neurolog dr Besel van der Kolk [22], je takođe pružio dokaze za postavku da potisnuta trauma podrazumeva specifična nervna kola u mozgu. Trauma je povezana sa događajem koji je „trenutno zamrznut" u neverbalnom nervnom toku. Jednom zamrznut, događaj luči hor-

---

[22] Videti BELEŠKE pod – 4.

mone stresa kao odgovor na unutrašnji užas. Naš cilj je da dovedemo sećanja iz neverbalnih u verbalne oblasti mozga, da ih povеžemo i integrišemo. Bespomoćnost je dobar primer za ovo; senzacija „ne mogu" – takođe. Jedan pacijent je imao osećaj da ne može da uspe na času dok nije osetio : „ne mogu" u njegovom originalnom kontekstu. Pacijent je tada bio sposoban da nađe reči za neopisivo osećanje. Te reči su objasnile osećanje na sva tri nivoa svesnosti.

PROBLEM SA PSIHOTERAPIJOM KOJA JE USREDSREĐENA NA LEVU MOŽDANU HEMISFERU

Nažalost, imamo tendenciju da glorifikujemo aktivnosti leve moždane hemisfere, a da zapostavljamo desnu. Očekujemo da leva hemisfera bije naše bitke, a naročito da se bori s unutrašnjim neprijateljima. Ovo radimo ne vodeći računa o tome da se leva moždаna hemisfera razvila mnogo kasnije u evolutivnoj istoriji (i našoj ličnoj) od desne, delimično i zato da bi nas razdvojila od nje (desne hemisfere). Međutim, jedna vrsta moždanog tkiva ne može raditi posao druge. Leva hemisfera je razvila različite sposobnosti da bi izbegla preklapanje u aktivnostima leve i desne strane. Aktivnosti leve hemisfere pomažu da se umirimo i opustimo. Ona nam je omogućavala (i omogućava nam) da se borimo protiv osećanja koja su bila previše bolna. Levu hemisferu koristimo da bismo racionalizovali povredu ili uvredu, kako nam one ne bi nanosile previše bola. U slučaju kada postoje potrebe kojih smo samo delimično svesni, leva hemisfera može pokušati da ove potrebe zadovolji kroz romantični objekat, pripisujući mu osobine koje ne poseduje (jer jedino tako može da zadovolji potrebu – *prim. prev.*) Leva hemisfera će, posle izvesnog vremena, biti razočarana, jer nije realno videla objekat. Nije slušala desnu hemisferu, jer je komunikacija bila smanjena ili nije postojala. Kada je opažanje odvojeno od potreba i osećanja, mi pogrešno opažamo. Na primer, ako nam je potreban snažan zaštitnik, zanemarićemo slabosti osobe (za koju mislimo da odgovara našoj potrebi – *prim. prev.*) i ignorisati njene mane. „Vidimo" zaštitu tamo gde možda ne postoji ili dobijamo „zaštitu" koju prati potpuna dominacija druge osobe nad nama.

*Teško je znati šta je realnost drugih ljudi, ako su nam reči jedini poka-
zatelj realnosti.*

Leva frontalna oblast je i mesto gde se prisećamo ili gde usva-
jamo verovanja. Uvidi terapeuta su, u krajnjoj liniji, verovanja –
čija je funkcija da ublaže i smire bol. Zaista, reči terapeuta, bez
obzira da li su ispravne ili pogrešne, mogu delovati umirujuće na
našu agoniju. Nije bitan samo sadržaj terapeutovih reči, već je
važan i smirujući ton kojim on nešto saopštava. Neobično je što
ton terapeuta utiče na desnu hemisferu, a ne na levu. Sadržaj uvi-
da ostaje u levoj. Osećamo se bolje ne zbog sadržaja uvida, kako
možemo pogrešno misliti, već zbog smirujućeg tona kojim nam se
terapeut obraća. Ovaj smirujući ton ublažava bol desne strane, bol
zbog oca koga nikada nije bilo briga, koji nikada nije bio nežan i
čiji je ton bio užasno grub. Prisustvo terapeuta poručuje, „Ja sam
sada tu. Biće sve u redu." Dovoljno je da budemo u njegovoj kan-
celariji, da bismo se osetili bolje. Drugim rečima, leva hemisfera
nam omogućava delimičan zaborav u vezi sa nama samima. Ovo je
pre svega tačno u slučaju psihoterapije koja je tradicionalno foku-
sirana na levu moždanu hemisferu već više od sto godina.

Zahvaljujući obilju novih istraživanja, očigledno je da psihotera-
pija mora uzeti u obzir desnu moždanu hemisferu i razmotriti kako
da izvrši uticaj na veze između dve hemisfere – jer je to način na ko-
ji se osećanja integrišu u sistem. Psihoterapija mora nastojati da
poboljša ne samo naše mentalno stanje, već i naš ceo neuro-fiziološ-
ki sistem. Ovo je razlika između bavljenja rečima (leva hemisfera) i
korišćenja slika, prizora i osećanja (desna hemisfera). U psihotera-
piji „razmišljamo" o svojoj prošlosti, dok je za pravi emocionalni
povratak, koji je neophodan za integraciju i stvarno izlečenje, potre-
ban pristup strukturama za osećanje u desnoj hemisferi. Još jednom
vidimo da nije moguće koristiti ideje i misaone procese, koji su se
pojavili doslovno milionima godina kasnije u razvoju mozga, da
bismo uticali na ono što je filogenetski starije u mozgu, i nastalo
milionima godina ranije.

Različite funkcije leve i desne moždane hemisfere su očigledne
kada kažemo: „pokušavam da ubedim sebe da prestanem da

pušim." Koje sopstvo je ovo? Leva strana pokušava da ublaži potrebu na desnoj strani, ali nikada nije toliko jaka kao potreba ili desna hemisfera. Desna hemisfera poznaje samo svoj unutrašnji svet. Ona „govori" levoj hemisferi u kodiranoj poruci (koju leva ne može da dešifruje), da uzme cigaretu, a leva to radi. Ona komanduje levoj da veruje u reinkarnaciju, prošle živote i druge natprirodne događaje, i leva veruje. Desna komanduje iz svoje tvrđave, iz svog osećanja zanemarivanja u detinjstvu; komanduje iz užasne izolacije, samoće i straha. Ovde vidimo kako naša realnost stvara nerealnost, pri čemu je nerealnost srazmerna jačini skrivene realnosti. Tako, istovremeno u jednoj osobi mogu postojati i naučnik i pravi vernik, kao spoj dve polovine mozga, bez povezanosti, u kome je svaka polovina nesvesna one druge, ili bar indiferentna prema njoj. Ono što je dijabolično kod verovanja u prošle živote, jeste to što tu postoji nešto realno – realan dotadašnji život, koji nagoni korteks da izmišlja verovanja. Osoba je jednostavno preskočila realnost zbog toga što je ona previše teška. Svako od nas ima samo jedan život, ali kada smrtonosna osećanja zaprete, biramo „više živote". Moguće je da su naša osećanja i verovanja „zagađena", u kulturi koja nastoji da ograniči izbor verovanja. Sadržaj nije naročito važan, jer mozak ne vidi razliku između Alaha, Bude i Boga. Njemu je samo potrebno da veruje. Prefrontalni korteks stvara verovanja da bi udovoljio ovoj potrebi. Ono što je bitno jeste, osećanje unutar verovanja; nada u bolji život, usmeravanje i zaštitu.

Postoje bazični zakoni prirode koji se mogu primeniti na osećanja; naš posao je da ih otkrijemo. To će biti jako teško bez pristupa filogenetski starijem delu desne hemisfere. Biće još teže ako nismo svesni otisaka, ni toga kako i kada su bili utisnuti. Dvostruko je teže ako nismo svesni različitih funkcija dve hemisfere. Ne treba da izmišljamo intelektualne teorije o ljudskom ponašanju; treba da otkrijemo prirodni zakon. Naš posao bi trebalo da bude lakši kada ostavimo intelektualno za sobom. Teško je znati šta je realnost drugih ljudi, ako su nam reči jedini pokazatelj realnosti.

Kada životinja čuje signal za uzbunu svog mladunca, njena desna hemisfera kreće u akciju. Mnoge majke izveštavaju kako su osetile zatezanje bradavica ili nadiranje mleka kada su čule svoju bebu kako plače. Jako ran bol koji osetimo u materici, u velikoj meri će se registrovati u desnoj hemisferi. Tako, da bismo razume-li nečiju neiskrenost ili skriveno značenje njegovih reči (setimo se političara!), neophodan nam je pristup desnoj hemisferi, koja nam je neophodna i da bismo razumeli sarkazam ili šalu. Pre svega, ako želimo dobrog terapeuta, to mora biti neko ko razume šta ljudi potajno osećaju. Terapeut mora da vidi i ono je implicitno u ponašanju i izjavama ljudi. Desna hemisfera nam daje pregled našeg unutrašnjeg/emotivnog sveta; leva strana je u velikoj meri ograničena na kognitivni svet. Kognitivist ostaje na nivou pojavnog i očiglednog i zanemaruje nesvesno i njegove sile. U svetu Frojdovih sledbenika, nesvesno je priznato, ali ne postoji pravi put do njega. S obzirom na to da kognitivisti obično ne obraćaju pažnju na kontekst događaja i leče *trenutni* problem kao pravi, oni se zauvek lišavaju nalaženja uzroka. Ovo je u redu za savetodavnu terapiju gde nekom paru treba usmerenje – i ja često upućujem parove na savetovanje – ali nije odgovarajuće za lečenje dubokih problema.

Da bismo povezali nepovezane delove i shvatili smisao simptoma, potrebno nam je da leva i desna hemisfera rade zajedno. Jaki strahovi mogu stvarati fobije, recimo od zatvorenih prostora. Kada leva hemisfera postane svesna izvornog utisnutog sećanja, strah može da prestane sa svojim diverzijama u vidu fobija i da se poveže sa svesnošću/ svešću. Fobije su ovde diverzija, usputne stanice, skretanja, jer strah ne može da se usmeri i ode tamo gde treba (blokiran je – *prim. prev.*).

Postoje terapije tela, bioenergetski pristup, i takozvana terapija osećanja – geštalt škole, koja se na nekortikalni način koncentriše samo na osećanja. Uz ove terapeutske pristupe, postoje i kognitivisti koji se fokusiraju kortikalno – na ideje i verovanja. U uspešnoj psihoterapiji su obe moždane oblasti od *izuzetne važnosti*, jer smo stvoreni sa dve hemisfere, a ne sa jednom. Potrebni su nam i tekst i kontekst, prošlost i sadašnjost, osećanja i razumevanje. Zanemarivanje bilo čega od navedenog, ugroziće svaku terapiju koju primenimo.

Preciznom osobom obično dominira leva strana. Oni koji lako uče jezike kasnije u životu imaju pristup desnoj strani mozga, oni osećaju nijanse i razlike u tonu i više su okrenuti osećanjima. Oni osećaju kadencu i akcente jezika. To ne znači da su „normalniji". Osobe kojima dominira desna strana mogu biti u histeričnom haosu u bez kontrole leve strane. One mogu besneti, vrištati, odigravati i ponašati se nekontrolisano. Leva strana uči reči, ali malo toga drugog i obično nikada ne nauči akcente i melodiju jezika. Pa ipak, osobe kod kojih je dominantna leva hemisfera su prvoklasne po pitanju gramatike. Ponovo, bitne su nijanse u govoru i u ponašanju drugih. Sposobnost prepoznavanja nijansi čini nas osetljivim na osećanja drugih i njihove potrebe i želje. Ono što čini roditelja dobrim, nije priručnik o nezi dece, već su to osećanja, i osetljivost na potrebe deteta, ako je roditelj u dodiru sa sopstvenim potrebama. Neke osobe, kojima upravlja desna strana mozga, preopterećene su podacima koji dolaze sa nižih nivoa; tako, kada postoji previše ulaznih podataka iz spoljašnjosti, ove osobe bivaju preplavljene njima i često postaju histerične. Prva linija puca i oni su preplavljeni osećanjima. Ova spoljašnja stimulacija (previše ljudi na zabavi) može u kombinaciji sa unutrašnjom stimulacijom da postane previše za osobu – ona plače, eksplodira od besa i slično. Ovo čini deo osnove za socijalnu anksioznost – potreba da se smanji unos podataka iz spoljašnjosti da bi osoba zadržala svoju ravnotežu.

Ono što je važno jeste da osobe sa slabijom funkcijom desne hemisfere, ne mogu da se promene kada se promeni kontekst. One i u sadašnjosti nastavljaju da odigravaju prošlost i teško se prilagođavaju novim stvarima. Ove osobe zato (uopšteno) imaju rigidniji stav. Svaka promena je preteća. Postoje stručnjaci u neurološkim naukama koji ovo razumeju, i uprkos tome koriste varijantu kognitivne terapije kada pacijent govori o osećanjima. Fokus je još uvek na razgovoru, naglasak je na odnosu između pacijenta i lekara, a ne na odnosu pacijenta sa samim sobom. *Idemo na kognitivnu terapiju da bismo privukli armije sveta protiv samo jednog stroja osećanja.* Sa ovim znanjem o funkcionisanju hemisfera, jasna je uzaludnost korišćenja ideja u lečenju posledica duboko utisnutih trauma. Nisu samo ideje obuhvaćene ovom vrstom terapije. Pored toga što snabdeva pacijenta idejama, ona zadovoljava i pacijentove potrebe – simbolično – tako da mu samo simbolično i može biti bolje; terapija je samo još jedan oblik odigravanja. Ono što je stvarno, jeste pacijentova nerešena potreba iz detinjstva i šteta koju je ona davno izazvala. Nikakva sadašnja briga terapeuta ne može da poništi deprivaciju u detinjstvu.

Setite se, uvidi su skup sistema verovanja. Oni su različiti kod jungovaca i frojdovaca. Ono što terapeut kaže pacijentu često je deo sopstvenih verovanja terapeuta koji pacijent mora da usvoji. Uvidi nisu neutralni. Oni su višestruko determinisani. Oni su zasnovani na teorijskom referentnom okviru – sistemu verovanja – koji je usađen u pacijenta. Često, kognitivni terapeut koristi reči da bi kod pacijenta aktivirao levu prefrontalnu oblast – čime ojačava njegovu odbranu. Frojdove pristalice svoju terapiju ne zovu kognitivnom, ali se veoma oslanjaju na reči u ostvarivanju svojih ciljeva. Oni žele da se pacijent preorijentiše na racionalniji način mišljenja. Tako ovde imamo paradoks: terapeutove reči jačaju odbranu leve hemisfere, dok njegov ton smiruje desnu; izgleda da reči i ton zajedno pomažu. Nije bitan sadržaj uvida koji daje terapeut, već *činjenica* o uvidima; pružanje ideja kao melema, koji smiruje unutrašnje rane.

Kakav je podtekst uvida koje terapeut pruža pacijentu? „Meni je stalo; ja slušam; želim da pomognem; razgovaram sa tobom sa empatijom; vredi razgovarati s tobom." Sve ovo jeste „lekoviti" podtekst – i simboličan. Sve ovo jača naše odbrane, ima tendenciju da pomogne da se osećamo bolje. Uvidi pružaju idejno smirenje bola, da ga ne bismo osetili, suprotno onome što bi moralo da se uradi. Nema psihoterapije koja može da izmeni naše nezadovoljene potrebe iz detinjstva i odigravanje koje one pokreću čim su utisnute. Možemo se boriti protiv pušenja ili pića, ili prestati s njima uz pomoć zabrana, ali motivišuće snage ostaju. Ili, možemo ići na psihoterapiju kod terapeuta koji nas ohrabruje da razumemo svoje roditelje i da im oprostimo što su bili slabi, dok su naši sistemi u agoniji zbog lišavanja (nedostatka roditeljske ljubavi). Leva hemisfera oprašta, dok desna pati, a opraštanje nikada neće izmeniti tu patnju. Oproštaj je religiozni pojam, ne naučni. Njega je najbolje prepustiti crkvi.

Imamo tendenciju da mislimo kako naše ponašanje menjaju ideje, dok su to u stvari naša osećanja. Nije bitno da li su naša osećanja svesna ili ne; ona ipak utiču na sve naše biološke mehanizme, uključujući hormone, cirkulatorni sistem, mišiće i tako dalje. Uvidi leve strane, decenijama kasnije na terapiji, neće promeniti te fiziološke otiske – naša sećanja, našu kritičnu istoriju desne hemisfere, jer oni nisu direktno povezani sa tom istorijom. U stvari, između njih i te istorije postoji prekid.[23]

Pravi izazov u terapiji jeste – kako se obratiti desnoj hemisferi drugog ljudskog bića, bez korišćenja reči. Desna strana uvek govori istinu, jer joj otisak ne daje izbor; pa ipak, ta istina često tera levu hemisferu da laže, uglavnom nas same. U izdanju Britanskog Psihološkog Časopisa iz oktobra 2005., izašla je studija koja ukazuje da se sposobnost ili kapacitet za kompulsivno laganje nalazi, što ne čudi, u prefrontalnom korteksu, daleko od nivoa osećanja.

Izbor

Idemo na kognitivnu terapiju da bismo privukli armije sveta protiv samo jednog stroja osećanja.

Bez pristupa desnoj hemisferi, nećemo rešiti mnoge psihičke simptome, a da ne govorimo o mentalnim problemima koji potiču od ranih skrivenih osećanja. Svaki mentalni problem ima svoj somatski pandan, i obrnuto. Možemo ih odvojiti u cilju proučavanja i lečenja, ali svi mi smo, najzad, organska bića. Tako ćemo ići kod trojice različitih specijalista zbog tri različite reakcije na istu ranu traumu. Internista se bavi čirevima, kao što bi i trebalo; psiholog se bavi fobijom, kao što i treba, a psihijatar se bavi stanjima očaja nudeći sredstva za smirenje, koja su ponekad neophodna. Mi se u Primalnoj terapiji bavimo celovitom osobom, posmatrajući kako razrešena trauma tera simptome na svakom nivou javljanja. Ovo ne znači da ne moramo da lečimo svaki simptom. Moramo. Trajni simptomi uvek predstavljaju opasnost. Ali, ako želimo istinu koja je iza nečijeg ponašanja, treba samo da pristupimo nesvesnom, dubokim oblastima desnog limbičkog mozga/amigdale, i naći ćemo je.

Izbor

Mnogi naši pacijenti imali su niz misterioznih simptoma pre terapije, među kojima je bila i depresija. Kada su se jednom povezali, više nijedan od ovih simptoma nije bio misterija; štaviše, oni su prestali da postoje.

Da bismo ponovo uspostavili ravnotežu, moramo da se vratimo na događaje koji su prouzrokovali njen poremećaj. Na sreću, možemo vratiti osobu do trenutka kada su neka kola (u mozgu – *prim. prev.*) promenila svoj put i bila drugačije povezana. Desna

---

[23] Videti BELEŠKE pod – 5.

strana nam nudi šansu da ukratko ponovimo svoju prošlost, ponovo je proživimo i promenimo je; Herkulov zadatak, ali izvodljiv. Ne moramo da se oslanjamo na teorije o levoj hemisferi da bismo razumeli. Najzad možemo da teorije razvijemo iz usta pacijenata, ne moramo da im ih namećemo. Njihova osećanja objašnjavaju nam ono što treba da znamo. Vraćanje u rano detinjstvo i osećanje nevoljenosti od strane nečijih roditelja jeste lečenje. To je najbolja šansa koju imamo za ljubav, jer to znači da više nismo zatvoreni emocionalno; otvorili smo se svom bolu i emocijama, i nadamo se da će to ispraviti jedan deo štete.

Kada postoji jače povezivanje, naše veze će se poboljšati; možda će se smanjiti broj razvoda, jer će jedinke videti realnost i prestati da projektuju svoje potrebe na druge. Nećemo se venčavati iz pogrešnih razloga, jer ćemo biti svesniji svojih potreba. Opažati, znači integrisati osećanja, i biti u dodiru sa svojim intuitivnim sopstvom. Dobre veze sa desnom prefrontalnom oblašću, u kojoj su naša sećanja, pomažu nam da budemo dobro informisani o našem unutrašnjem životu tako da, kasnije, nećemo biti iznenađeni ako nam se pojavi čir koji krvari ili ako padnemo u depresiju. U stvari, ništa se od toga neće desiti, jer ćemo razumeti odakle dolaze naša raspoloženja, bićemo povezani sa njima i samim tim, moći ćemo da ih kontrolišemo. Pretpostavka je da više neće biti neobjašnjivih raspoloženja.

Da li smatram da nećemo imati te simptome ako smo povezani (kroz ponovno proživljavanje osećanja – *prim. prev.*)? Ne uvek i u svakom slučaju, ali u većini slučajeva – Da. Mnogi naši pacijenti imali su niz misterioznih simptoma pre terapije, među kojima je bila i depresija. Kada su se jednom povezali, više nijedan od ovih simptoma nije bio misterija; štaviše, oni su prestali da postoje. Ako smo povezani sa borbom na život i smrt sa rođenja koja utiče na ubrzane otkucaje našeg srca, i doživimo je u potpunosti u dobu od četrdeset godina, kroz potpuno ponovno proživljavanje (primal), ti simptomi će prestati da postoje.

Kada jednom razumemo da samo pacijent može sebe da promeni, prestajemo da pokušavamo da ga pretvorimo u nešto što on nije. Realnost leži unutar njega, ne u glavi terapeuta. Moramo pomoći pacijentu da pronađe tu realnost.

PRAKSA

Studija slučaja: *Nejtan*

U poslednje vreme sam na ivici. U stvari, gubim se, ali sa dobrim razlogom. Svi su se zaverili protiv mene, čak i terapeut. Otišao sam tako na svoju sesiju u utorak... „Dakle, mislite da opet pušim drogu, i to ste rekli ostalim terapeutima i svi me sada mrze"? Valeri (moj terapeut), je na ovo rekla samo: „Kako se zbog toga osećaš?" „Uvek me neko zezne; neko uvek pokušava da me sredi. Uvek me krive za nešto i svi me uvek na kraju mrze iz ovog ili onog razloga". Dok ovo govorim, počinjem da osećam čvor tenzije u stomaku i duboku tugu. Oči mi postaju zamagljene, i teško mi je da se pokrećem. Šta se dešava? Valeri kaže da osećam da nisam dovoljno dobar, da ne mogu dovoljno da uradim i da ništa što ikada budem uradio neće biti dovoljno; ne mogu svakog da zadovoljim; ne mogu da budem savršen. Počinjem da se raspadam i plačem...

Osećanje nastavlja da jača i moj plač postaje ozbiljan. Gubim svaki osećaj za vreme a onda, iznenada, naglo se pojavljuje sećanje u mojoj glavi. Nalazim se u srednjoj školi na času kompjutera, krijem svoje lice rukama i pravim se da spavam, dok su ostali zauzeti radeći svoje. U to vreme sam bio nesrećan i obično bih provodio vreme na času spavajući ili pretvarajući se da spavam. Nastavnica me je pozvala kod sebe i pomislio sam: „Sranje, opet sam u nevolji! Ali, možda će me pitati – Da li nešto nije u redu, Nejtane? U čemu je problem? Mogu li da ti pomognem? Možeš da razgovaraš sa mnom, slušaću te." Ali ne, pitala me je neko glupo pitanje o mom domaćem zadatku, ja sam odgovorio i vratio se do klupe da spavam.

Sada suze već liju jer niko ne vidi koliko patim, niko ne želi da mi pomogne, nikome nije stalo i ja se osećam bezvredno! Moji mišići počinju da se grče i počinjem da kašljem. Kašljem i kašljem i kašljem, do tačke povraćanja. Ali ne povraćam. Izgleda da pritisak popušta posle ovog napada kašlja i ja samo ležim tako, bez snage i preplavljen suzama. Malo sam mirniji, a Valeri kaže: „Traži pomoć." „Ne, ne želim". „Traži." „Ne, ne želim; trebalo je to sami da vide. Trebalo je da vide koliko sam patio, koliko sam bio povređen." „Traži." – „Pomozite mi! Molim vas pomozite mi! Potrebna mi je pomoć!" I ponovo sam u tome – jak plač, grčevi, grčenje mišića i kašalj. To se nastavlja dok se ne setim svog telefonskog poziva.

Samo pre nekoliko dana, na Dan Majki, sam, uglavnom iz osećaja krivice, pozvao svoju majku. „Srećan Dan Majki", rekao sam. Ali sve što sam od nje čuo bilo je kako dobro ide mom bratu. Upravo je kupio novi motor, pre par dana je kupio novog psa, upravo je uradio ovo, upravo je uradio ono. I osećam se kao govno, jer je moj život sranje i ne mogu da se sredim. Moja majka samo pojačava taj osećaj, čineći da se osećam bezvrednim. Ništa što uradim nije dovoljno dobro. Ništa ne mogu da uradim kako treba; ja sam takvo razočaranje! Evo opet suza. Shvatam da sadašnja osećanja potiču iz ovoga. Iz ovih sećanja o tome kako su me celog života zanemarivali i manipulisali sa mnom. I ne samo to, pri kraju sesije, moj terapeut mi kaže da nije mislila da pušim travu i da nije rekla drugim terapeutima ništa slično. Sve je bilo u mojoj glavi! Animozitet nije realan, ja se tako ponašam zbog svojih osećanja. A to mi je najteže da prihvatim. Teško mi je da prihvatim da moje osećanje izobličava stvarnost toliko da čak ne mogu ni da shvatim šta je stvarno, i da to radim celog života. Ovaj začarani krug se stalno ponavlja. Mislim na to koliko sam vremena protraćio jureći za lažnim idejama. Mislim na sve neistinite stvari u koje sam verovao zbog svojih osećanja, i kako je to napravilo potpuni haos od svog života.

Ali, osećam olakšanje pri kraju sesije, kao da je neki teret upravo podignut. A to čini ovu terapiju tako sjajnom. To čini ove terapeute izuzetnim. Oni mogu da izvuku iz vas stvari za koje niste čak ni znali da su tu i da vam pomognu da ih prepoznate i osetite; možete ih promeniti, da biste ponovo izgradili svoj život, realan život.

Poglavlje 6

KOGNITIVNA TERAPIJA:
ZAŠTO REČI NISU DOVOLJNE

Napisao sam dosta toga o svom viđenju kognitivne terapije. Da ne bismo bili nepravedni, trebalo bi da čujemo profesionalce koji je praktikuju.

Priručnik iz 1996. godine diskutuje o mnogim aspektima kognitivne terapije. Odeljak o održivosti oporavka koji su napisali doktori farmacije O'Konel i Henri O. Paterson, ukazuje da se – slično racionalno-emotivnom pristupu Alberta Elisa – „kod pacijenta identifikuje nekoliko disfunkcionalnih verovanja. Pacijentima ukazujemo na njihovo postojanje, i pomažemo im da ih zamene racionalnijim verovanjima. Neka od disfunkcionalnih verovanja su – „potrebno mi je odobravanje drugih kao potvrda moje vrednosti; nisam sposoban da dobijem ono što želim..." Autori dalje navode kako se ova verovanja mogu suzbiti pozitivnijim mislima koja dolaze na njihovo mesto. [24]

Zašto bi se iko tako osećao – nemoćno i bezvredno? Da li je to hir ili rezultat životnog iskustva? Osoba koja je bila zaista voljena ne oseća se nemoćnom (sem ako ima posla sa poreskom službom!), niti ima potrebu za odobravanjem drugih. Ali u terapiji ponovo imamo dobrog tatu ili mamu koji ohrabruju i brinu. Naravno, to čini da se osoba oseća bolje – izvesno vreme.

Autori navode da „osobe koje zloupotrebljavaju lekove često gaje ova (disfunkcionalna – *prim. prev.*) verovanja". Kada se jednom ovakva verovanja iznesu na površinu, terapeut „može da upotrebi čitav spektar kognitivnih intervencija da bi ih odbacio i istis-

---

[24] "Kognitivna terapija kod dece i odraslih: Priručnik za kliničku praksu", dr O'Konel, & Henri O. Paterson. U M.A. Reineke, F. M. Datilio, & A. Friman, (Njujork) Gildford, 1996.

nuo racionalnijim pretpostavkama." U osnovi, pod kognitivnim intervencijama, autori podrazumevaju preusmeravanje misli i ponašanja; oni zamenjuju stare misli novim, ali su to, ipak, samo – *misli*.

Nikada ne pretpostavljam da sam racionalniji od svojih pacijenata. Na sreću, i ne moram da budem. Njihova verovanja su racionalna i prate njihova osećanja, koja, podsećam čitaoca, jesu adaptibilna. Ona su iracionalna samo u sadašnjem kontekstu, jer su neurotične ideje definisane kao neurotične reakcije van konteksta. *Cherchez le context!*[25]. Paradoksalno, moždani centri za osećanja ostaju racionalni, dok je takozvani „racionalni", misleći, mozak često iracionalan. Nagon za racionalnošću je mehanizam preživljavanja – nužno je videti realnost i baviti se njome, onakvom kakva jeste.

Problem je što terapeut ne može poznavati značenje osećanja bez direktnog odlaska do njihovog porekla. Levi korteks terapeuta je podjednako aktivan kao i levi korteks pacijenta; oboje pokušavaju da shvate nešto što je sakriveno u desnoj limbičkoj strukturi ili strukturi moždanog stabla. To je igra pogađanja, sofisticirana, ali ipak igra pogađanja. Kognitivisti „istiskuju" loše ideje dobrim. Ali, „istiskuju" li i užasnu potrebu za ocem koji je umro kada je detetu bilo pet godina? Ili potrebu za majkom koja je napustila decu da bi pobegla sa drugim muškarcem? Da li „istiskuju" urođeni strah zbog prisustva pogibiji roditelja u saobraćajnoj nesreći? Ove ideje ne treba istiskivati. One dolaze iz celog sistema, ne samo iz neokorteksa.

Ovi autori nastavljaju: „Samo je sadašnjost realna, prošlost je završena, a budućnost još nije došla." To je to; ne postoji prošlost sa kojom se treba boriti. Pacijent je bez istorije. Ovo svakako čini zadatak terapeuta jednostavnijim. A to je ono što nova ego-psihologija, koja je omiljena kod osiguravajućih kompanija, jeste. Ono što je bitno jeste ovde i sada, o tome se mora diskutovati i do rezultata se mora doći za samo nekoliko sesija. Zaboravite incest, sirotišta, uništene domove i majke alkoholičarke – sve što se odražava u unutrašnjim stanjima i sećanjima koja se ne mogu direktno videti.

---

[25] Tražite kontekst – *prim. prev.*

Problem je što kognitivisti vide reakciju kao reakciju „uma", ne kao potpuni fiziološki odgovor. Tako, kada dobijamo batine od oca tiranina tokom celog detinjstva (a ja sada imam pacijenta alkoholičara koji je imao takav život), da li je jedino bitno kako to vidimo – ideje koje imamo o tome? A ne užasan bol zbog takvog života i realnost?

Zavisnici od droga, kako sam često viđao, imali su nezamislivo teško rano detinjstvo. Pomenuću jednog od mojih pacijenata rođenog u vojnoj bazi, kome se majka ubila odmah posle njegovog rođenja. Otac je dobio premeštaj, a dete je prve tri godine, imalo hladnu i indiferentnu dadilju. Dete tada u stvari i nije imalo roditelja. Otac, major, bio je potpuno bez osećanja za dete koje je, usled toga, užasno patilo. Kada je ovaj pacijent postao adolescent, kao i kasnije u životu, bile su mu neophodne droge da bi otklonile bol; to nije bio lak izbor. Njegov sistem ga je naveo da održi balans i proba da uspe u životu, da funkcioniše na poslu. Ubediti ovu osobu da joj nisu potrebne droge, znači dvostruko uticati na njen um. Ona će prestati da koristi droge, i patiće. Kakva vrlina leži u patnji? Ah, postavio sam pogrešno pitanje, jer religiozna načela vide vrlinu u samoodricanju i patnji. Teoretski, patnja izgrađuje karakter. Ali ona donosi i jad.

Ljudi kažu: „ali to je njegov izbor" ; „homoseksualac sam bira svoj životni stil..." Lečio sam preko stotinu homoseksualaca, muškaraca i žena; i to nikada nije bio jednostavan izbor sa njihove strane. U stvari, da su imali izbora, neki ne bi bili homoseksualci. Njihovi životi u ranom detinjstvu su to diktirali. Stav, da ne postoji realnost za koju nismo odgovorni, razvio se na razne načine. Verner Erhard i njegov „Est", promovišu istu ideju. Njihov pogled je postao toliko skučen, da više nije dozvoljavao nikakvu realnost. Dakle, Erhard i njegova organizacija skupili su novac da iskorene glad u svetu; u stvari, ne da zaista iskorene glad – već da *razmišljaju o tome i da zamisle kraj gladi*. Siromaštvo mora da je postojalo samo u umovima izgladnele dece, jer je novac na kraju „navodno" otišao u crni fond koji nije imao vezu sa borbom protiv gladi.

Prema ovakvim shvatanjima (kognitivisti, na primer – *prim. prev.*), mi biramo svoja osećanja i zato možemo „poništiti svoj izbor". Osećanja su, po proceni kognitivista, u osnovi kapriciozna.

To je slično stavu anti-darvinista koji veruju da ne postoji evolucija. Kognitivisti poriču evoluciju i njene efekte, kako filogenetske, tako i ontogenetske; samim tim, nema ni evolucije mozga. Misleći korteks je jedino što je bitno. Oni počinju od njega i završavaju s njim.

Terapeut i dalje funkcioniše kao ljubazan roditelj, nudeći sugestije i ideje. Podtekst jeste „meni je stalo do tebe; želim da uspeš." To je veoma lično. Terapeut je previše sofisticiran da bi rekao: „-Volim te" otvoreno, ali to čini njegov stav. Kada nas roditelj gleda s ljubavlju, pažljivo sluša i brine o nama, to zovemo ljubavlju. Isto je i sa terapeutom. Pretpostavljam da bi rezultat bio isti i ako bi pacijent dolazio svakog dana na terapiju, a terapeut pokazao samo brigu za njega, bez uvida. Potreba za uvidima nije ono što usmerava osobu ka terapiji zasnovanoj na uvidima; to je potreba za ljubavlju. Uvidi su cena koju ova osoba plaća.

Izbor

Izgleda da potiskivanje osećanja aktivira razmišljanje i verovanja, kao vrstu odbrambenog manevra.

Uvidi, valuta mnogih današnjih vrsta terapija, jesu oblik verovanja. Oni pomažu da se izazove lučenje inhibitornih neuro-sokova koji, obuzdavajući postojeći bol, čine da se osećamo bolje. Pošto niko zaista ne zna šta se nalazi u podsvesti neke osobe, uvidi treba da budu lične tvorevine – sistemi verovanja terapeuta. Jedan od bazičnih uvida kojeg kognitivni terapeuti podstiču, jeste da pacijenti identifikuju negativne rečenice koje „govore sebi". Ideja je da se odaberu negativne misli, a zatim da se njima parira pomoću racionalnijih misli. Na primer, u kognitivnoj terapiji, pacijent dobija pohvale za dobre stvari koje radi. Mislite dobre misli! Kako sam ranije naveo, koje to naše sopstvo ponavlja negativne fraze kojem našem sopstvu, i šta to znači? Ko koga ubeđuje i u šta ga ubeđuje? Leva hemisfera mora da reaguje na osećanja u desnoj i da pokuša da ubedi desnu da radi stvari pogrešno. Desna strana se trudi da prenese levoj svoja osećanja o tome kako je nikada nisu smatrali vrednom, kako su je uvek kritikovali i nipodaštavali, i govori:

„Ono što uradim ništa ne vredi." „Glupost", kaže leva. „Ti samo povlađuješ negativnom razmišljanju. Pomoći ću ti da promeniš te misli da bi uradila nešto pozitivnije." „Ne tako brzo", kaže desna strana, „ja nisam iracionalna, baš suprotno, ja realistično odgovaram na osećanja koja ti čak ne možeš ni da vidiš. Ti si iracionalna. Želiš da poreknem svoju unutrašnju istinu. To ne mogu da uradim čiste savesti. Kad smo već kod savesti, prepustiću tebi da obavljaš tu funkciju. Ja moram da se bavim impulsima."

Desna zatim nastavlja da se obraća levoj: „Vidiš, ja sam dosta starija od tebe i znam više o onome što se dešava unutra. Vezana sam našim osećanjima. Mislim, ona su naša, znaš... Nemam izbora. Stvorila sam veze i imam obaveze koje ne mogu da zanemarim. Ti misliš da imaš izbor zato što imaš više slobode da lutaš intelektualnim pejsažem, ali nemaš. Tvoja sloboda je iluzija; ja kontrolišem igru. Čak i ako ne umem da rešavam probleme kao ti, na kraju, ja ću prevladati. Ja upravljam tvojim životom. Ti si svesna svih stvari u spoljašnjem svetu ali nemaš predstavu o tome čime sve moram neprekidno da se bavim. Kada mi se budeš otvorila, možemo se obe opustiti. Moramo češće da budemo zajedno. Da li ćeš se složiti da ti kažem istinu, malo-pomalo?"

Eksperimentalno je dokazano da potisnuta osećanja ispuštaju svoju energiju u orbitofrontalni korteks, što izaziva razna verovanja i čudne ideje.[26] U eksperimentu gde su osećanja bila stimulisana, a zatim se od subjekta tražilo da zadrži osećanje, proizvodnja u amigdali je bila skoro potpuno zaustavljena, dok je aktivnost u levom orbitofrontalnom korteksu značajno porasla. Ukratko, izgleda da potiskivanje osećanja aktivira razmišljanje i verovanja, kao vrstu odbrambenog manevra. Skoro svaki odbrambeni manevar ima cilj da zaštiti svesnost. To znači da ne želimo da postanemo previše svesni dok bol vreba. Bola treba da budemo svesni samo u malom obimu; zato su ponovno rađanje ili korišćenje halucinogenih droga toliko opasni. Ne postoji nešto kao što je „vikend – prosvetljenje", gde se može postići nova vrsta svesti.

Sada nam je jasno kako neko može da se odrekne pića i droga i da nađe Boga. Osećanja počinju da nadolaze, a ideje preuzimaju vođstvo da bi pokrenule našu unutrašnju fabriku lekova. Ako je

---

[26] Videti beleške pod – 6.

zavisnik na predavanju o štetnosti droga, aktivnost u amigdali kreće naniže, dok istovremeno aktivnost u orbito-frontalnom korteksu kreće naviše, kao odgovor na reči i verovanja predavača. Tako ideje preuzimaju vlast od osećanja i pomažu u potiskivanju. Ako neko želi da prestane sa zavisnošću, on mora da usvoji set verovanja koji će stvoriti drugu zavisnost, isto tako upornu, i podstaći stvaranje unutrašnjih sredstava protiv bolova. Ne radi se o tome da se osoba odriče droge u zamenu za ideje; radi se o tome da se osoba odriče spoljašnje droge u ime iste takve unutrašnje.

Ono na šta ovaj eksperiment i naša klinička posmatranja ukazuju, jeste da energija sa nižih nivoa može doći do prefrontalne oblasti i izazvati opsesije, rad uma od „dvesta na sat", probleme sa spavanjem, stalnu brigu ili vatrena uverenja. Pritisak mora nekud da ode, i ako ga blokiramo u limbičkom sistemu, on će otići na sledeći nivo u evoluciji – prefrontalni korteks. To je kao reka čiji je tok blokiran na jednom mestu, i stoga je prinuđena da traži drugi tok. Odbrane formiraju hijerarhiju; bolove prve linije može blokirati limbički sistem svojim slikama, a zatim će ih na višim nivoima blokirati ideje, verovanja i koncepti. Svaki nivo ima svoj sistem kapija, a kada zataji sistem na jednom nivou, njegovu funkciju preuzima sistem kapija višeg nivoa.

ŠTA KOGNITIVISTI ZAISTA RADE?

Doktor Dejvid Berns je veoma poznat pisac i praktičar kognitivne terapije. U svom bestseleru, *Osećati se dobro: nova terapija raspoloženja*, i u drugim knjigama, on ukratko objašnjava lajtmotiv svog pristupa. Da parafraziramo: Broj 1: osećate kao što mislite; otkrićete da se negativna osećanja kao što su depresija, anksioznost i bes ne javljaju zbog loših stvari koje vam se dešavaju, već zbog načina na koji mislite o ovim događajima. Broj 2: Većina loših osećanja dolazi od nelogičnih misli. Broj 3: Možete promeniti način na koji osećate, menjajući način na koji razmišljate.[27]

---

[27] „Osećati se dobro: nova terapija raspoloženja", Berns Dejvid, dr Med. „Avon Books", 1999.

U osnovi, realnost ne postoji; postoji samo ono što mislite da je realnost. Realnost je ono što vi napravite od nje. Sve je stvar interpretacije. Promenite interpretaciju i, samim tim, sve će biti u redu. Ovo, najzad, jeste suština svih kognitivnih terapija, uključujući terapiju uvidom. Kognitivisti žele da pacijent reaguje na realnost, a on to već čini. To samo nije vidljivo (vidljiva realnost, već unutarnja realnost pacijenta – *prim. prev.*)·

Na koricama jedne Bernsove knjige (pozadi), naveden je njegov citat; „Možete uživati u većoj sreći, produktivnosti i intimnosti, bez lekova ili dugotrajne terapije." On ovo kaže, jer nikada nije video bol u njegovim ranim manifestacijama, uključujući incest. On ovo zove „negativnim osećanjima", a to su, u stvari, *realna osećanja...* Moramo prestati da koristimo pojam „negativna" osećanja. Naša osećanja odgovaraju ključnoj realnosti; ona nisu ni negativna ni pozitivna. Ona su to što jesu. Rešenje leži u tome da povežemo takozvane „negativne stavove" sa njihovim izvornim kontekstom, a ne da ih poričemo ili „mehanički" menjamo.

Izbor

Misliti, da se jednostavnom promenom ideja mogu izmeniti osećanja, podjednako je nelogično kao i pretpostavka da promenom ideja možemo izmeniti instinkte. Instinkti čine sistem preživljavanja, isto kao i sećanja.

Dete koje nije voljeno rano u životu imaće utisnuto osećanje: „Nešto nije u redu sa mnom." Ova tema se ponavlja kod mnogih mojih pacijenata. Osoba ne zna da nije voljena; pošto je nikad nisu grlili i ljubili, osoba i ne zna da nešto propušta. Nije njen izbor da se oseća ili misli na taj način; ona odražava realnost na jednom nesvesnom nivou osećanja. (U našoj terapiji, ovakvo stanje osobe ostaje misterija – sve dok jednog dana ona ne oseti „ne vole me.") Dok odrasta, osoba stalno ima osećanje da nešto nije u redu ili da nešto nije u redu *sa njom*. Ona ide na kognitivnu terapiju da bi njene ideje bile ponovo uređene; terapeut joj pomaže da sagleda pozitivnu stranu, dok ona veruje da je te „negativne" misli vuku nadole.

Terapeuti mogu ovo da lepo umotaju, ali to je još uvek „moć pozitivnog razmišljanja." To je savetodavna zapovest Hrišćanskog udruženja mladih ljudi, na naučnom jeziku. Ona glasi „Stavi osmeh na lice i osećaćeš se srećnije". „Koliko god jednostavno to zvučalo, u bihevioralnoj i kognitivnoj terapiji radi se upravo o tome; da se ponašanjem menjaju osećanja, a ne da osećanja pokreću ponašanje.

Da, kognitivisti mogu pokušati da pomognu pacijentima da razviju pozitivniji stav, ali pacijentov celokupan sistem može biti prilično pesimističan, izgraviran od samog rođenja – ugravirana fiziologija pesimizma. Najgore se *jeste* desilo u ranom dobu; očekivanje najgoreg jeste prirodan stav uzimajući u obzir istoriju. Pa ipak, čak i privremena pomoć i ohrabrenje kod postojanja katastrofalne bolesti, može biti od pomoći. Još bolje je ako se osobe koje pate nalaze jednom nedeljno da bi pomogle jedna drugoj. Pa ipak, pesimizam nije još samo jedan stav; to je fiziološko stanje koje pokreće naše stavove. Možemo probati da ga promenimo podrškom u sadašnjosti, ali taj napor mora da bude stalan. Ako dobijemo tu podršku, možemo bar funkcionisati. To je od pomoći, u opštehumanom smislu. Ali mi se borimo protiv događaja iz kritičnog perioda. Zato napori moraju da budu kontinuirani. Kada je jednom događaj zapečaćen tokom kritičnog perioda, a rezultat je otisak, promena je malo verovatna.

Setimo se, mi osećamo mnogo pre nego što posedujemo ideje. Osećanja prethode idejama u ljudskoj evoluciji i evoluciji strukture mozga. Misliti, da se jednostavnom promenom ideja mogu izmeniti osećanja, podjednako je nelogično kao i pretpostavka da promenom ideja možemo izmeniti instinkte. Instinkti čine sistem preživljavanja, isto kao i sećanja. Moramo da reagujemo automatski i odmah, da bismo mogli da se prilagodimo i izbegnemo opasnost. Da, moguće je privremeno prevazići osećanja, ali to ne može biti trajno stanje. A može biti i opasno, i pretiti opstanku. Možemo da zanemarimo učestale znake opomene na moguć srčani ili moždani udar, govoreći sebi da je sve u redu, ali to sigurno neće sprečiti katastrofu.

Postoji knjiga čiji je naziv „Čista ploča" autora Stivena Pinkera [28]. Doktor Pinker je dobro poznat pisac na polju neurologije. Njegova specijalnost su kognitivne neurološke nauke. (Termin – „kog-

---

[28] Videti BELEŠKE pod – 7.

nitivne neurološke nauke" izgleda kao još jedan oksimoron. Ako se nauka ograničava na proučavanje mislećeg mozga, ostatak centralnog nervnog sistema i njegove međusobne veze sa mislećom oblašću će najverovatnije biti zanemareni). Pinker u svom radu tvrdi da nega i okruženje nikada nisu ravne prirodi – onome što nasleđujemo. On ističe da kriminalci retko bivaju rehabilitovani; ovo je dokaz, po njemu, da se kriminalne tendencije nasleđuju. Pinker ne uzima u obzir sledeće : prvo – uticaj ranog života u oblikovanju budućih kriminalaca, i drugo – mogućnost da je naš tretman kriminalaca pogrešan, naročito kada taj tretman ima kognitivni pristup, koji je u slučaju kriminalaca osuđen na neuspeh. Logika ide dalje: pošto ne možemo izlečiti kriminalca, to mora da je zbog toga što je on svoje tendencije nasledio. Naravno, naše razmatranje ne dovodi Pinkerov pristup u sumnju. Samo nekoliko terapeuta je videlo dubine nesvesnog i posmatralo bol utisnut u njega. Zato, većina terapeuta ne može da zna šta je zaista nega i šta ona može da *nam* uradi. Većina terapeuta ignoriše period trudnoće i prve mesece posle rođenja. Ako nam je spoznaja fokus u terapiji, moramo ignorisati najvažniji period razvoja u našem životu, jer spoznaja u prve tri godine života jedva da postoji.

Ideje nastaju da bi nas štitile od osećanja kao što su – „moja majka nikada nije bila tu za mene." Kako smo videli u Evinom slučaju, osećanje može da se racionalizuje – „mama je bila jako zauzeta." Ali potreba/bol ostaje. Njen rezultat je stav – „ja nisam važna." Ovaj stav izražava Evino takozvano „samopoštovanje". Majka jeste imala puno posla, ali za dete, njeno odsustvo je poražavajuće. Kada se dete oseti poraženim, majčine ideje, utisnute u neokorteks deteta, nikada neće promeniti dečija osećanja ili potrebe. „Ona je morala toliko da radi", sada pokriva potrebu. Nikada nisam čuo da pacijent plače zbog „poštovanja". To je ideja nekog drugog o nama, a ne pravo osećanje. To je čudno: možemo se osećati nevažno (nevoljeno) ali ne i važno. Ako smo bili važni svojim roditeljima, osećamo se solidno, dobro i sposobno, ali ne i važno, jer to nije osećanje; to je ideja nekog drugog o tome ko smo i šta smo.

Ono što je Albert Elis u Racionalnoj emotivnoj terapiji rekao svojim pacijentima, bilo je u stvari: „Ko kaže da je važno da morate uvek biti voljeni? Vi stalno govorite sebi: „Treba mi ljubav, treba mi ljubav." Umesto toga, treba stalno da ponavljate sledeću frazu – „ne mogu svi da me stalno vole, meni zaista nije potrebna takva ljubav." On veruje da smo sada odrasli, ne deca, i da se još uvek ponašamo tako prema drugima da bismo ih naveli da nas vole. To i radimo. Ali nije to rečenica koju sebi govorimo; ponašamo se tako zbog ostatka potrebe iz detinjstva – očajničke, neispunjene potrebe za ljubavlju. Mi odigravamo tu potrebu svakoga dana na razne načine, i ona neće nestati dok ne osetimo koliko nam je ljubav bila potrebna. Možemo ostariti, ali naša osećanja nikada neće. Čak i kada poričemo da nam je potrebna ljubav, odigravanje će se nastaviti.

Problem u vezi sa naučnim podacima jeste kriterijum na kome su zasnovani. Ako prestanem da pijem šest meseci, a to je kriterijum napretka u terapiji zavisnosti od droga, da li sam ja dobro? Ovo može biti prvi korak, ali nije izlečenje. Iza tog ponašanja stoji ceo neurofiziološki sistem. Rezultati istraživanja mogu se menjati u zavisnosti od kriterijuma koji neko koristi. Čak i ako zavisnik ne koristi droge pet godina, da li je on dobro? Nije važno koliko dugo ne koristi droge ako nije razrešio ono što ga pokreće. Njega drži šablon koji traje, čekajući sledeći pad. On će se možda ponovo vratiti svojoj zavisnosti, zato što se njegova potreba nikada nije promenila i jer je nikada nije doživeo; potreba koja ga navodi da traži sredstva protiv bolova. Ljudima koji pate potrebna su sredstva protiv bolova, iako možemo misliti da se ovo podrazumeva. Teško je verovati da nas nešto, što se desilo na rođenju, može navesti da pijemo sa trideset godina, ali to je istina. To je najbolje čuvana tajna u pristupu dvanaest koraka (program u grupnoj terapiji alkoholičara – *prim. prev.*).To je uzajamno nesvestan sporazum – niko od nas ne može svedočiti o efektima rođenja, i zato je to ne-događaj. Ako priznamo postojanje otiska, znaćemo da je iskustvo smešteno u celom sistemu, i da rezultati svake terapije moraju biti izraženi u sistemskim terminima. Da, jako je važno prestati sa drogama, ali to ostavlja osobu preplavljenu bolom; tom se potrebom moramo baviti.

Kognitivna terapija je zabava za široke mase. Pacijent se nekada oseća bolje, čak i duže vreme, ali samoobmana nije terapija; to je ispiranje mozga. Poricanje je fini privremeni manevar; on čini život podnošljivijim, ali cena može biti previsoka – verovatno prevremena smrt, ili bolest u ranim godinama i povratak simptoma. Pa ipak, poricanje odgovara nekim osobama kada je bol prevelik. Postoje nivoi bola; oni u filogenetski najstarijim strukturama nervnog sistema imaju najviši intenzitet. Na primer, možemo dobiti temperaturu od 40 stepeni celzijusa upravo pre ulaska u osećanje. Sistem tretira otisak kao stranog zavojevača, baš kao što tretira i virus. Svi sistemi su angažovani u bici protiv osećanja. Oni se bore protiv ulaska osećanja u svesnost/svest, verovali ili ne. Jedan od načina na koji to znamo, jeste drastičan pad telesne temperature odmah nakon povezivanja osećanja.

Los Anđeles Tajms objavio je, u svojoj rubrici o zdravlju, izveštaj o kognitivnom psihologu Martinu Seligmanu[29]. Seligman tvrdi da ima plan koji će „učiniti da se osećamo srećnije". Da bismo u tome uspeli, on veruje da treba da znamo „kako da vodimo računa o svojim osećanjima u svakom trenutku, i kako da u potpunosti zaboravimo sebe." On predlaže da se suprotstavimo katastrofalnim mislima tako, što ćemo prvo uočiti svoju očajničku ideju, a onda je uporediti sa realnim dokazima. Očajničke misli se uzimaju kao nešto što je dato samo po sebi (odakle je dato, niko ne zna), a potom kognitivisti nude tehnike kojima se suprotstavljamo tim mislima. „Svađajući se sa sobom, možete odvojiti verovanja od činjenica; mnoge pesimističke pretpostavke će nestati, jer ćete ih urediti prema logici i realnom stanju stvari (dokazima)." Verujem da je ovde znak raspoznavanja za neurozu „zaboravljanje sebe u potpunosti." Seligman zatim navodi studije koje pokazuju da depresivne osobe koje nauče da prepoznaju i razoružaju ovu vrstu misaonog pesimizma, mogu da se oslobode osećanja bezvrednosti, umora i drugih simptoma. Oni više nisu u depresiji, tvrdi on. Izvukli su se iz njenih dubina. Suštinski, ideja je da se izvučemo iz pesimizma svađom, razmatrajući realno stanje stvari – dokaze. Ali mi razmatramo unutrašnje dokaze i neminovno smo pesimistični po pitanju naše istorije.

Izgleda kao da su kognitivisti modernog doba preuzeti od crkve; njihove opomene su iste. Jedina razlika je što se to zove terapija, a ne religija. Ali to je religija u ime terapije. U stvari, smisao prave terapije nije u tome da izvlači individue iz dubina, već da ih uroni u njih, gde osnove depresije leže. Kognitivisti nikada neće znati koliko dobar život može biti onog trenutka kada se osoba oslobodi svog dubokog bola.

---

[29] Videti BELEŠKE pod – 9.

Današnja terapija u suštini kaže „Gledajte pozitivnu stranu stvari. Ona kaže: „Samo prebolite to; (to je ono što su nam roditelji govorili kada smo bili deca – prestanite da gnjavite); nemojte uvek da gledate mračnu stranu; postoji pozitivna strana svega; zaglibljenost u pesimizam će vas odvesti u bolest; ne diraj lava dok spava." Kognitivna terapija je popularna, jer to u stvari nije terapija; to je gomila predavanja povezanih sofisticiranim jezikom. Savršeno odgovara duhu vremena.

Problem današnje psihoterapije jeste taj što je ona psihologija ponašanja, a ne osećanja. Ako je terapeut video da se neko ko je bio u koncentracionom logoru dobro prilagodio, to mu je bilo dovoljno; to je bio znak da je osoba dobro. Ako sada pretvorimo psihoterapiju u pravu neurobiološku nauku, što ona mora da bude, onda nećemo opet napraviti takvu grešku i pogrešnu procenu. Proverićemo nivo kortizola kod osobe, koliki su nivoi oksitocina, dopamina, noradrenalina itd; drugim rečima, gledaćemo celu osobu, a ne samo bestelesni um koji se ponaša i misli.

Ključna fraza je ovde, kao i kod svih terapija uvidom, da se postane „svestan osećanja." Onda bi osećanja trebalo da se promene. Videli smo da se ona ne menjaju i da ne treba da se menjaju. „Svestan" i „osećanja" leže na različitim moždanim planetama. Ali lajtmotiv svake intelektualne terapije jeste da svest pomaže da napredujemo. Složiću se da svest pomaže, ali postojanje svesnosti/svesti – leči.

Nije slučajno što je, u velikom broju naših istraživačkih studija, došlo do pomeranja kada je u pitanju lateralnost u mozgu naših pacijenata; mozak je bio više u harmoniji, deleći teret osećanja podjednako, na obe moždane hemisfere. U kognitivnoj terapiji imamo jednostrani mozak, kojim dominira leva hemisfera. Mi tražimo uravnotežen.

Izbor

Ideal kognitivne terapije jeste kontrola misli, da bi se postiglo to, neuhvatljivo, „stanje zdravlja".

Jedna od kognitivnih tehnika teži da pacijentu pomogne da razume svoje roditelje i da im oprosti. „Najzad, vaši roditelji su radili najbolje što su mogli. I oni su imali prilično teško detinjstvo." „O, da, razumem. I njima je bilo teško i ja im opraštam", kaže pacijent levom stranom. Desna strana, naravno, još uzvikuje svoje potrebe i vrišti o bolu, i nastaviće da tiho vrišti do kraja života. Nemoguće je zaobići potrebu. „Oproštaj" je ideja kojoj nije mesto na terapiji. Nismo tu da bismo oprostili roditeljima; tu smo da bismo obratili pažnju na potrebe pacijenata i na ono što je odsustvo ispunjenja učinilo tim potrebama.

Nažalost, moram da kažem da se u većem broju savremenih terapija, a naročito u kognitivnoj terapiji, radi o moralnom stavu; dobro skrivenom, prerušenom u psihološki žargon, ali u suštini moralizatorskom. Terapeut postaje arbitar ispravnog ponašanja. Najzad, terapeut, sa nekim unapred smišljenim ciljem, pokušava da promeni pacijentovo ponašanje. Taj cilj ima moralni stav zabrane – ne treba da koristiš droge, da vičeš na ženu, da jedeš previše, da se ljutiš na roditelje itd; pomoći ćemo ti da to promeniš". Kognitivna terapija u suštini znači kontrolu misli, nešto što povezujem sa fašističkim državama. Ovo može zvučati preterano, ali setimo se: našim mislima se ne može verovati. Drugi nam govore kako da mislimo. „Oni" bolje znaju. Mislim da se isto može primeniti na ljudsko stanje. Kontrola misli (koji god eufemizam da koristimo, ovo ostaje totalitarni pojam) jeste potiskivanje osnovne potrebe u korist ideje ili ideala. Ideal u kognitivnoj terapiji jeste kontrola misli kojom se postiže to neuhvatljivo „stanje zdravlja". Uvek kada se potreba izostavlja iz teorijske šeme, bilo da se radi o državi ili individui, odgovor mora biti reakcionaran. Osoba je prisiljena na kompenzatorno ponašanje, dok društvo mora da izgradi nove bolnice i zatvore da bi kontrolisala one čija se potreba otela kontroli. I terapija i fašistička država moraju pokušati da kontrolišu izliv potreba umesto da ih zadovolje. Uvek je opasno govoriti ljudima šta da misle. A nekorisno je govoriti im kako da (se) osećaju.

Kontrola misli deluje na suptilan način unutar porodice. Dečaku nedostaje i potreban mu je otac. Rečeno mu je da tata mora da radi i da će biti odsutan veći deo vremena. Dečak razume i dobija deliće „ljubavi", ili bar pohvalu što pokazuje razumevanje. Dobija ono što može da prođe kao ljubav – ideju, ali ne i stvarnu ljubav. Dečaku više „ne nedostaje i nije mu potreban" tata. Rečeno mu je kako da misli, mada vrlo suptilno. Kasnije, kada ga pitaju kao odraslog da li je bio voljen, on će reći „da". „Radili su najbolje što su mogli. Moj otac je morao da hrani svoju decu." Potreba je izgubljena, a sa njom i deo nečije ljudskosti. Zločin je još teži kada se, sada već odrasloj osobi, na terapiji opet daje racionalizacija – „radili su najbolje što su mogli." Ili još gore, u slučaju Alberta Elisa – „ko kaže da je vama uopšte potrebna ljubav?" Ovo u stvari znači – „digni ruke od ljubavi; ne treba ti." Kako bi neko ko je godinama lišavan roditeljske ljubavi to ikada mogao da uradi? Mi se ne možemo odreći svoje potrebe. Ona je duboko urezana i pitanje je opstanka. Uvek kada se potreba izostavlja iz teorijske šeme, bilo da se radi o državi ili individui, odgovor će nužno biti reakcionaran. Da, potreba se onda vraća u detinjstvo, ali nemojmo nikada zaboraviti da postoji otisak. Potreba, koja nije zadovoljena u kritičnom periodu, traje.

Izbor

Uvek kada se potreba izostavlja iz teorijske šeme, bilo da se radi o državi ili individui, odgovor će nužno biti reakcionaran.

Kontrola misli jeste način da se pacijent natera da živi život terapeuta. Kao kad mu se, na primer, kaže da mu nisu potrebne droge, a celo njegovo telo žudi za njima, zbog zabranjenog bola koji je neprepoznatljiv. Ili, možemo pokušati da ubedimo osobu da ne krade jer je to loša navika; pri tom ne uzimamo u obzir činjenicu da je ona uvek morala naporno da radi da bi dobila ljubav i odobravanje od roditelja, i da sada želi nešto bez ikakvog truda. „Voli me bez obzira na sve. Nemoj da me teraš da se borim za svaku trunku ljubavi." Naravno, to ne znači da odobravamo takvo ponašanje, ali moramo da poznajemo dinamiku koja stoji iza njega. Zašto ideje i ubeđivanje neće uspeti u slučaju krađe po radnjama, kada rezultat ovakvog ponašanja svaki put može biti odlazak u zatvor? Zato što znanje o riziku, svest o opasnosti, nikada nisu u istoj ravni sa starim potrebama.

Terapeuti ne mogu da nametnu istinu drugim ljudskim bićima. Postoje precizne istine za svakoga od nas. Samo pacijent može da otkrije svoju istinu. Ideja da samo simbol ima univerzalno značenje, kao u analizi snova, nije istina. Pacijenti mogu imati vrlo slične snove sa potpuno drugačijim značenjima u zavisnosti od njihovog životnog iskustva. Pacijenti moraju da komuniciraju sa svojom prošlošću, ne sa terapeutom, ili bar samo sekundarno sa terapeutom. Prvo se moraju suočiti sa sobom.

Primer – priča iz novina podseća na nekoga ko je imao „iskustvo koje ga je izmenilo". Izjavio je da se tokom noći probudio sa velikim pritiskom na grudima, i video malog čoveka kako mu sedi na grudima i davi ga, tako da nije mogao da dođe do vazduha. Stavio je ruke ispred sebe i spojio noge. Znao je u tom trenutku da ga je posetila vanzemaljska sila. Ako sve to sada stavimo u pravi kontekst, to će značiti da je, tokom rođenja, postojao nedostatak kiseonika i osećaj davljenja uz prateći pritisak na grudima. Ruke su bile spojene u fetalnoj poziciji, a noge su bile nepokretne kao da su u primalu rođenja. Doživljena senzacija je bila *otuđenje,*[30] koje se u kasnijem događaju projektovalo kao vanzemaljska snaga – *vanzemaljci.* Nijedan kognitivni terapeut ne može da interpretira to iskustvo (bez uzimanja u obzir istorije pacijenta – *prim. prev.*). Nikada ne bi znao odakle da počne.

Još jedno upozorenje. Skoro svaka kognitivna terapija/terapija uvidom koja koristi govor, ispunjava simbolički potrebe pacijenata. Primer – pacijentkinja se ponaša neurotično u nadi da će joj biti bolje. Ona je dobar, pametan pacijent, od pomoći u terapiji. Terapeut se fokusira samo na nju. Koliko je prošlo vremena od kada se neko fokusirao isključivo na nju? I to čak ceo sat! Da li je onda čudno što je ona zavisna od terapije? Uvidi su samo mali dodatak uz to. Najbitnija je pažnja. Ja svuda ukazujem na to da je izbor terapije samo još jedan oblik odigravanja. Pacijentkinja se vraća na terapiju da bi dobila još ljubavi, brige i odobravanja. Ona to dobija i to je još jedan simboličan akt. Zbog toga, njena neuroza postaje još jača. Terapeut nam daje upravo ono što nam je trebalo od roditelja; nažalost, dvadeset ili trideset godina prekasno. To je bezdan, koji niko ne može ispuniti.

Terapije uvidima su izdanak religije iz starih vremena, sa propovednikom koji nam govori o našem skrivenom đavolu i kako moramo da ga izbegavamo. Od terapeuta učimo kako da razmiš-

---

[30] Stran, vanzemaljac, otuđen, tuđ – alien, (engl.) – *prim. prev.*

ljamo, pokušavajući da razumemo sebe. Postajemo poslušni iskušenici. Opet imamo roditelja, ali sada punog dobre volje, koji govori nama deci šta s nama nije u redu i kako bi trebalo da se ponašamo. A mi slušamo zato što smo „dobra" deca i želimo da budemo voljeni. A oni su autoritet, ljubazan, nežan autoritet, ali je moć u njihovim rukama. Oni zaista žele da budemo dobra deca, da mislimo dobre misli.

Jad je stanje postojanja. Posao terapeuta ne treba da bude pronalaženje pravih reči da bismo se mi prijatno osećali, već nalaženje pravih osećanja koji nas navode da osećamo svoj jad – tako da možemo da prestanemo da ga osećamo. Terapija ne može uspeti kada njena moć živi izvan nas. Usmeravanje – da. Savetovanje – da. Ali dubinska terapija – ne. Cena koju plaćamo za prepuštanje unutrašnjih, dubinskih snaga drugima, jeste to što više pušimo, pijemo i uzimamo više sedativa, jer telo zna da bi trebalo da vodi sopstveni život, a ne tuđ. Dakle, da, možemo se „skinuti" sa lekova na izvesno vreme, ili čak za stalno, jer naš lekar na tome insistira, ali naša potreba se nije promenila.

IZOSTAVLJANJE BIOLOGIJE: BEKSTVO U PSIHOLOŠKU DIVLJINU

Sa stanovišta neurologije, problem sa kognitivnim terapijama jeste u tome što one vode pacijenta toliko daleko u levu frontalnu oblast, da on postaje hermetički izolovan od svojih istina i osećanja. Rezultat (kognitivne terapije) jeste da se pacijent udaljava od svoje istorije, da se povećava rascep i da se remeti harmonija u mozgu. Nije ni čudo, onda, što pacijenti izveštavaju da se bolje osećaju; nije čudno što klijent koji je na DROP terapiji (Desentizacija i reprocesiranje očnog pokreta) izveštava da se oseća bolje (on je udaljen od samoga sebe – *prim. prev.*).

DROP je terapija koja kombinuje malo vudua sa malo uvida, i sa vrlo razrađenim sistemom objašnjenja. Suštinski, ona obuhvata naizmeničan unos iz jedne strane mozga u drugu. Jedna od racionalizacija koju koriste terapeuti u DROP-u jeste da terapija stimuliše hemisfere osećanja i ideja i proizvodi neurološku ravnotežu.

Pacijenti kažu da je, posle sesije, bol samo daleko sećanje. To, implicitno, znači da su otuđeni od sebe, od sopstva u kome osećanja leže. DROP jača represiju. Ova terapija ne vodi mentalnom zdravlju. To je obmana u ime mentalnog zdravlja, gde leva hemisfera pravi mentalni salto da bi ubedila sebe da desne/limbičke snage ne postoje. Ako zanemarimo ličnu istoriju, svaki pristup je iluzija.

Terapija usmerenog sanjarenja ili terapija zamišljanja je još jedan pristup koji se oslanja na reči, sugestije i slike. Možete zamisliti da ste opušteni, da ceo dan lebdite na oblaku, ali će ispod toga još uvek postojati uzburkana anksioznost. Mi nismo na oblaku i nismo opušteni, sem u frontalnom korteksu. To nije realnost. Kako se možemo oporaviti na osnovu nečega što nije realnost? Naše telo nam kaže da smo u paklu, a um – da lebdimo na oblaku. To je svestan, voljni čin samoobmane, u tuđoj režiji pod maskom terapije. Umesto toga, naša glava bi trebalo da bude tamo gde su naša osećanja.

Pre nekog vremena, nastala je studija o usmerenom sanjarenju, čiji je tvorac Nikolas Hol iz Medicinskog centra na Univerzitetu „Džordž Vašington". On je koristio pozitivne slike da bi izazvao promene u pacijentovom imunom sistemu i uklonio simptome astme. Ponekad je slika sugerisala pacijentu da je on „mali čovek sa čekićima koji udaraju po ćelijama raka"... Broj limfocita je porastao nakratko, ali se onda vratio na prethodni nivo. Reči su bile od pomoći neko vreme, ali je sistem uzvratio udarac i vratio se svojoj neurozi uz opadanje broja limfocita. Problem je što, kada se prestane sa usmerenim sanjarenjem, broj belih krvnih zrnaca (i hormon timozin u ovom slučaju), obično naglo opada.

Ponekad opisujem rak kao izdaju – naše telo postaje naš neprijatelj. Čini mi se da osećanja mogu da nam postanu neprijatelj samo kada su otuđena od nas. Kada se to desi, ona nam škode – nenamerno. Iako ću se udaljiti od teme, dozvolite mi još jednu čistu spekulaciju. Izgubio sam nekoliko prijatelja tokom proteklih godina, većinom od moždanog udara, i primetio sam da su to uglavnom bile inhibirane osobe koje su kroz život išle glavom. Izgleda kao da je levi mozak preuzeo na sebe preveliki teret zadržavanja osećanja. U određenom trenutku, mozak je bio preplavljen i smrvljen. Najzad, ako desna hemisfera vrši na levu jake nalete i pritisak, verovatno je da će leva posrtati. Koliko je veliki taj pritisak? Kada bi neko mogao da vidi kako moji pacijenti (koji nisu mnogo bolesniji od prosečne populacije) plaču mesecima izuzetno snažno, iz nedelje u nedelju, samo bi donekle shvatio ogromnost pritiska koji postoji u mnogima od nas.

Terapija zamišljanja, bez obzira na naziv, jeste igra uma usmerena daleko od unutrašnje realnosti. To je DROP sa drugim imenom: ometanje. Usmereno sanjarenje, koje koristi frontalni korteks i limbičke slike, može privremeno da prevlada simptome kao što su opsesija i anksioznost, ali to neće biti trajno niti će nas odvesti do moždanog stabla gde se nalaze trauma rođenja i poreklo anksioznosti. Priča koju izmislimo u snu ili u seksualnom ritualu nije ništa drugo nego pokriće za stvarna osećanja; zato naši pacijenti imaju i grupnu terapiju, gde koriste svoj ritual da bi došli do sopstvenih osećanja. Značenje sna i/ili rituala je povezano sa *osećanjem*, kao i sa životom. San u kome smo zarobljeni u ograničenom prostoru može biti direktna slika zbog osećanja da smo zarobljeni (zaglavljeni) na rođenju; ili osećanja nastalog u porodičnom životu, gde se dete oseća uhvaćenim u zamku i „zarobljenim". Osobe mogu da odigravaju osećanje „zaglavljenosti" (u braku, vezi ili na poslu) pokušavajući da se oslobode. Ali, bez obzira na dešavanja i na to koliko često osoba napušta vezu, nikada neće postojati osećanje da je slobodna.

Potreba da se stalno bude u pokretu je dobar primer ove vrste odigravanja; to je ludačko bekstvo od osećanja, kao i očajnički pokušaj osobe koja se oseća promašeno da se oseća kao pobednik. Kao što sam naveo, definicija odigravanja (act-out) jeste *ponašanje koje nastaje zbog nezadovoljenih potreba...* Nezadovoljene potrebe pritiskaju papučicu za gas. Čak i u depresiji, koja izgleda kao potpuna letargija i pasivnost, postoji jako aktivan sistem.

Setimo se, kortikalni neuroni, koji su se razvili kasnije, nisu stvoreni da nam kažu istinu o našem unutrašnjem životu, istinu zakopanu sa našom istorijom. Ne sumnjam da je moguće zamisliti da lift nije zastrašujući prostor već mesto mira i spokoja, kao što je na primer plovidba po jezeru. Ali u međuvremenu, moždano stablo kaže: „Lift je užasavajući prostor, jer izaziva stari strah kada smo bili u inkubatoru." Ovakvom terapijom smo proširili jaz između mišljenja i osećanja, koji nikada ne može da bude lekovit.

Frojd je pripisivao Idu neku vrstu duboke, nepromenljive, možda genetske snage jer nikada nije video šta nam se može desiti rano u životu. Mislio je da „rano" znači rano detinjstvo, što i mnogi današnji terapeuti misle. Tako su Frojdove pristalice, kojima sam i ja pripadao pre nekoliko decenija, mislile da pacijent može da se seti svoje prošlosti, da plače povezano sa tim sećanjem, da dobije uvide od nas sveznajućih duša, i da će sve biti u redu. Prava opasnost se krila u onome čega se pacijent nije mogao setiti.

U Primalnoj terapiji međutim, pacijent bi se setio. Razlika je u tome što ne postoji verbalno sećanje na ranu traumu i lišavanje, već će se telo sećati svojim stavom, izrazom lica, hroničnim kašljem, stalnim strahom itd. Moramo da uskladimo sećanje sa celokupnim organskim stanjem. To ne možemo da uradimo kada pacijent sedi u dobro osvetljenoj sobi razgovarajući objektivno o stvarima. Mnogi pisci, uključujući Dena Goulmana iz Njujork Tajmsa, izjednačavaju podsećanje sa sećanjem. Postoje mnogi sistemi pamćenja, od kojih je jedan i naš imuni sistem, koji decenijama „pamti" vakcinacije.

Zato možemo videti, da sve terapije koje sebe zovu kognitivnim jesu, najblaže rečeno, ograničavajuće. Da ne bude zablude, ja smatram psihoanalizu kognitivnim pristupom, poprskanim s nekoliko suza da bi se razlikovao od drugih pristupa. U psihoanalizi se još uvek radi o uvidima i idejama. *Razgovor* o nečijoj prošlosti znači da koristimo nivo mozga pacijenta koji nije bio prisutan u tom trenutku da bismo otkrili šta se dešava. Taj nivo mozga jeste stranac. On može samo da pretpostavlja sadržaj nesvesnog, a bilo čija pretpostavka je podjednako validna. Pretpostavka terapeuta nastala iz neke prastare teorije je, u najboljem slučaju, nevažeća. Ali ona može imati zvuk, autentičnost dobro postavljene teorije, i zato se u nju može verovati.

U svojim danima psihoanalize, proveo sam dosta vremena analizirajući snove. To je bila lepa intelektualna igra, ali nikada nisam video da je to donelo napredak. Analiza snova postavlja evoluciju naglavačke. Ona koristi kasno razvijeni frontalni neokorteks da bi shvatila koja se osećanja kriju u limbičkom sistemu – sistemu koji proizvodi slike u snu. U Evinom slučaju, o kome smo ranije razgovarali, postojao je jako rano utisnut užas koji se mešao u njen život i njene snove. Evini snovi su često bili puni slika bola. U svojim snovima ona se osećala povređenom, usamljenom, izolovanom i bespomoćnom. Taj sloj bola je ležao odmah ispod nivoa misli. Nalaženje i osećanje izvora užasa dalo je značenje snu. Da bismo pratili evoluciju treba da govorimo limbički jezik, da utonemo u osećanja sna, koja su uvek tačna, i iz tih će osećanja proizaći značenje. Jezici verbalnog i jezici osećanja su dva potpuno odvojena univerzuma. Značenje slika iz sna je direktan izdanak samog osećanja, koje se može nalaziti jako duboko u mozgu. Snovi nemaju univerzalno značenje, samo lično. Jedina osoba koja zna šta san znači jeste sam sanjač.

Praktikovao sam frojdovsku terapiju uvidima u prvih sedamnaest godina prakse, i uvek sam morao da pogađam šta se nalazi u mozgu pacijenta. Pogađanje je uvek bilo zasnovano na stečenom znanju – zasnovano na teorijama koje su sada stare više od 100 godina. To više nije neophodno.

PRUŽANJE POMOĆI PACIJENTIMA
DA STIGNU TAMO GDE TREBA

Fobija od lifta pruža dobar primer toga kako sećanje radi – i kako je sećanje, konačno, ključ izlečenja. Počinjemo da ulazimo u zatvoreni prostor. Osećamo se anksiozno. Nemamo misli ni sećanja o tome zašto se tako osećamo, ali smo jako nervozni. Ali niži mozak se „seća" kako smo, na primer, stavljeni u inkubator odmah po rođenju. Inače, zašto bismo odjednom bili nervozni? Ovde je sve jasno, zato što je strah specifičan, osećamo se sputano i ograničeno. Uopšteno, kod anksioznosti, nemamo toliko sreće. Strah je široko rasprostranjen i nije fokusiran na jednu stvar. Ali sama okolnost, kao što je lift ili pećina, može pokrenuti sećanje i užas, bez ikakvog stvarnog sećanja. To je sećanje tela. Ako se pacijent prepusti, i uroni u strah, umesto da proba da rezonovanjem otkloni fobiju, ili da je uslovi bihejvioralnim pristupom, možemo otkriti poreklo straha. To je proces totalnog uranjanja. Ili, kod opšte anksioznosti, korišćenjem specifičnih tehnika, mi pomažemo pacijentu da dođe do fiziološkog straha, a onda do njegovog otiska. To je značenje prepuštanja senzaciji.

Mi se u našoj terapiji jako trudimo da pacijenta učinimo izvorom znanja. Posao primalnog terapeuta jeste da istraži istorijsku realnost pacijenta, gde god da ona vodi. Terapeut je katalizator koji prati pacijenta i pomaže mu da ode tamo gde treba. To znači da on nema unapred stvorene ideje o tome šta pacijent mora da oseća, niti unapred stvorene uvide.

Možda umanjujem ulogu terapeuta u našoj terapiji, jer njemu, najzad, treba šest godina da nauči tehnike koje koristimo. Čak i napredni primalni terapeuti prisustvuju obuci svake nedelje. A naša obuka je bazirana na nepromenljivoj jednačini: količina pristupa i empatije koju imamo za druge je direktan rezultat količine pristupa koji imamo ka sopstvenoj unutrašnjosti. Što smo bliži sebi, to smo bliži drugima i osećanjima za njih. Što više osećamo, to više možemo osetiti osećanja naših pacijenata. Ali u našoj terapiji, moć s pravom pripada pacijentu, a ne nekom sveznajućem, očinski nastrojenom terapeutu. Ne želimo da ukrademo pacijentu njegovu radoznalost i otkrića. Sve ono što on treba da otkrije već se nalazi unutra i čeka da bude oslobođeno.

Levi prefrontalni korteks može da razmišlja o tome šta nam se desilo u ranom detinjstvu, ali nema moć da izvuče osećanja. Štaviše, uvid uvek mora da dođe od pacijenta, a ne lekara, i mora pratiti razvoj mozga: počinje se od prve linije, zatim sledi druga, i najzad veze treće linije i uvidi. Uvidi moraju doći od strane desne hemisfere, a jedan od pokazatelja za to jeste neometan tok ideja posle javljanja osećanja kod pacijenta. Ovo nije očigledno u kognitivnoj terapiji. Na licu kognitivnog/analitičkog pacijenta možemo videti kako razmišlja dok pokušava da razvije određeni uvid iz leve hemisfere. Suprotno tome, izgleda da nema nikakvog misaonog procesa kod pacijenata koji su upravo izašli iz osećanja na primalnoj sesiji. Njihovi uvidi imaju jak prizvuk istine, a nakon njih će pacijent reći: „Zato sam uradio ovo ili ono." Kada smo vratili svoja osećanja, misleći korteks im može dodati deliće svoje briljantnosti i može pogledati unazad da vidi na koji način su ta nesvesna osećanja proizvela određeno neurotično ponašanje i određene simptome. Ponašanje osobe koje je trajalo celog života, je objašnjeno. Mislim da bi to mogao da bude još jedan od onih novih bioloških zakona; ako moramo da razmišljamo o nekom uvidu, to nije pravi uvid. Ako ne moramo, to jeste uvid. Uvid mora da nas udari odozdo. On mora da bude jedno „Aha!" iskustvo. Mislim da je osnovna razlika između našeg i kognitivnog pristupa u tome, što oni žele da se „pacijent sabere", a mi želimo da mu vratimo njegov život. A to znači, da mu vratimo osećanja, jer su ona suština života.

Izbor

Uvid uvek mora da dođe od pacijenta, a ne lekara, i mora pratiti razvoj mozga: počinje se od prve linije, zatim sledi druga, i najzad veze treće linije i uvidi.

Jedna naša pacijentkinja je osetila kako je na nju uticalo to što je njena majka svakodnevno vrištala na nju. Izašla je iz osećanja sa: „Neko ko tako vrišti, nikad ne bi mogao da vas voli." Onda je ponovo uronila u osećanje da nije voljena i u očajničke pokušaje da sve učini da ljudi ne bi vrištali na nju. Zaboravila je čak i da pokušava da dobije ljubav. Provela je svoj život izbegavajući vrištanje i bes. Odustajala bi pri bilo kakvom sukobu. Bila je tako „ubijena u pojam" da je prestala da se trudi čak i u školi. Jednostavno, ali duboko. Njeno ponašanje je bilo stidljivo, oklevajuće i slabo. Sve to, da bi izbegla roditeljsku vrisku. Ipak, to ponašanje i strahovi nastavili su se i kad je odrasla.

U kognitivnoj terapiji podstakli bi je da ima pozitivnije misli, da se trudi u školi, da bude posvećenija itd., ali to bi bila uzaludna bitka protiv moćnih snaga u njenoj istoriji. Očajnički je pokušavala da to vrištanje drži na distanci; ono se nalazilo u njoj. Tokom primala, pacijent ponovo čuje te besne tonove ili vrisku u svoj njenoj snazi i oštrini. Ovo se delimično dešava zato što je racionalizujući frontalni korteks, koji radi kao filter, privremeno van upotrebe. Istina je da je pacijentkinja, u stvari, sve vreme odgovarala na to vrištanje – svojom stidljivošću, odsustvom agresije i ustručavanjem. limbički sistem čuje ovo vrištanje neprekidno. Pacijentkinja spolja očekuje reakciju koja već postoji u njoj – vrištanje.

Ranije sam pomenuo značaj suza u terapiji. Kada nam se dese užasne stvari, treba da plačemo da bismo pokrenuli proces ozdravljenja. O ovome treba bolje razmisliti, jer suze, ogromne količine suza, uspevaju da podignu nivo ljudskog hormona rasta, kao što je pokazalo istraživanje neurobiologa Dejvida Gudmena i Mortona Sobela. Hormon rasta igra važnu ulogu u procesu ozdravljenja. Gudmen i Sobel su sproveli istraživanje u vezi sa našom terapijom pre nekih dvadeset pet godina, i našli korelacije između poboljšanja i jačine plača. Deca brzo ozdrave, jer plaču kad su povređena. Problem je što se, prečesto, taj plač zaustavlja, bilo zato što nema nikoga da ga čuje, bilo što on nervira roditelja. Ovo se takođe može desiti u odraslom dobu, kao kada blokiramo pacijentov refleks plača sedativima.

Na našoj terapiji smo svesni toga da terapeuti ne odlučuju o dubini plača. Nju diktira sećanje; mi samo puštamo da se to dogodi. Mi pružamo tihu, tapaciranu sobu i tehnike zahvaljujući kojima se to dešava. Pomažemo da sletanje bude što je moguće udobnije. Želim da ponovim da su plač koji se dešava u terapiji uvidima, i duboko uzdisanje i plač koji viđamo u Primalnoj terapiji, beskonačno udaljeni. Izgleda da plakanje u terapiji uvidom potiče iz levog prefrontalnog korteksa – sa nijansom desnog, dok je ono što se dešava u Primalnoj terapiji potpuni proces uranjanja u desni, prefrontalni korteks.

Suze iz filogenetski starijih moždanih struktura su mnogo drugačije i jače od suza kada pacijent „plače zbog" – to jest plače iz korteksa naniže, kao odrasla osoba koja posmatra svoje detinjstvo. To je kao da je neki stranac video tragediju i plače zbog nje. Taj stranac je levi prefrontalni korteks. Kada jednom prekinemo njegovu vezu, on bi mogao da pripada bilo kome. Taj neokorteks posmatra povređeno dete i oseća empatiju sa njim, ali ne oseća u potpunosti njegov bol. Levi frontalni korteks ne može u potpunosti da shvati ono što dete iznutra oseća, dok desna strana oseća ono što je dete *u tom trenutku* osećalo. Desna hemisfera zatim mora da informiše levu sa svojom strašću, strašću koja nedostaje levoj strani. To je jedan od mnogih pokazatelja da su otisci nižih nivoa još uvek netaknuti. Mnogo godina sam eksperimentisao sa pokušajima da udvostručimo petnaestominutno vikanje pacijenata na početnim sesijama. Oni to nikada nisu mogli postići. To je kao da se budite iz sna i pokušavate da se vratite u njega. To nije lako uraditi, jer su oni (buđenje i pokušaj da se vratimo u san) na različitim nivoima u mozgu.

DA LI POSTOJI MESTO ZA KOGNITIVNU TERAPIJU I DRUGE TERAPIJE UVIDOM?

Verujem da kognitivna terapija može pomoći osobama sa prolaznim problemima. Postoje mnogi ljudi koji su dezorijentisani, koji, na primer, ne znaju koji smer da odaberu u profesiji; njima sigurno mogu koristiti razgovor i usmeravanje. Naravno, i bračno savetovanje i savetovanje za decu, mogu biti od velike pomoći. Postoje osobe sa prolaznim depresijama kojima je potrebno samo da s nekim razgovaraju. Ali, ne smemo pomešati dubok problem s nečim što bi bilo podložno savetovanju. Haos se javlja kad mislimo da ideje postoje u nekom izolovanom, skučenom svetu. Kada kognitivni terapeuti leče depresiju kao nešto što ima veze sa pogrešnim idejama, oni ne vide duga vlakna koja se kreću iz dubine mozga do moždanog stabla da bi oblikovala trenutne stavove i raspoloženja. Oni ne vide sećanje na rani nedostatak ljubavi i traumu, uskladištene u čistom, kristalnom obliku, izolovane iza barijere neuroinhibitora, u užasnom strahu od napuštanja prostora omeđenog tom barijerom, strahu od izolacije i rizika u svetu svesti, koji ostaje isti uprkos svim našim kasnijim iskustvima. Kognitivni terapeuti ne vide očajničku potrebu koja vapi za zadovoljenjem i agoniju usled nedostatka tog zadovoljenja. Otisak je čudna stvar. On je gluv za iskustvo. Čak ni šok terapija ga ne može izbrisati. Nije čudno što je neko imao srčani udar dok je udobno živeo na planini. Njegovo iskustvo nije iskustvo mira. To je iskustvo unutrašnje anksioznosti koja mu ne dozvoljava da se opusti. Otisak je centralno iskustvo, na koje osoba stalno odgovara.

Nije svakom potrebna teška operacija, ali oni kojima je potrebna, moraju pripaziti da ne koriste hanzaplast tamo gde je potrebna ozbiljna terapija.

PRAKSA

Studija slučaja: *Deril – tri terapije ne-osećanjima*

U kognitivnoj bihejvioralnoj terapiji, terapeuti su se skoro isključivo fokusirali na to da mi traže da „promenim svoje negativne misli" u pozitivnije. Na primer, osećao sam se vrlo negativno u vezi sa samim sobom u vreme kada se odvijala ova terapija, i ja bih neko vreme ovako razgovarao sa sobom: „Ja sam promašaj u svom poslu." Terapeutkinja bi me pitala da „ponovo pronađem reči" za ovu izjavu, da bih rekao: „Ja ne uspevam u svojoj karijeri u ovom trenutku." Pa, ovo uopšte nije pomoglo. U stvari, terapija se pretvorila u mehaničko pokušavanje da se izborim sa unutrašnjim problemima, što se završilo frustracijom i obeshrabrenjem.

Još jedan ključni pristup ove kognitivne bihejvioralne terapeutkinje bio je da mi da listu sa dvanaest „trebalo bi" izjava koje su ljudi skloni da koriste. Zatim bi mi tražila da ponovim izjavu bez korišćenja reči „trebalo bi". Na primer, jedna od izvornih izjava je otprilike bila: „Trebalo bi da budem kompetentniji." Ona bi me pitala da ovu izjavu promenim i kažem: „Ja sam kompetentan." Naravno, ovo uopšte nije pomoglo jer ja nisam, u stvari, postao ništa kompetentniji prostim izgovaranjem te izjave. Velik deo njenog pristupa se vrteo oko toga da me ubedi u iracionalnost mog ponašanja korišćenjem izjava „trebalo bi". U velikoj meri, ona mi je dala listu pravila i tražila od mene da ih poštujem. Ovaj pristup je potpuno ignorisao osećanja ispod površine koja su me navodila da osećam to što sam osećao i da, stoga, kažem ono što bih kazao. Njen pristup nije uzeo u obzir princip potiskivanja.

Terapeutkinja je postala jako frustrirana zbog rada sa mnom. U stvari, ona je potpuno odbacila i poricala ulogu osećanja u terapeutskom procesu. Reagovao sam na njen pristup postajući frustriran, obeshrabren i razočaran, jer njen pristup nije uspevao kod mene.

U jungovskoj terapiji, terapeut mi je predstavio klasične koncepte Jungove psihologije: arhetipove, animu, animus, kolektivno nesvesno, personu, senku, aktivnu imaginaciju, vođenu simboliku, Samstvo i interpretaciju snova. Probao je da ostane u okviru klasičnog Jungovog psihološkog modela u svom terapeutskom pristupu. Bio je vrlo intelektualno nastrojen, i bilo mu je važno da shvatim ove primarne koncepte. Zbog toga je proveo mnogo vremena sa mnom, prosto mi pomažući da razumem sve ove Jungove termine i koncepte. On jeste priznao i prepoznao princip potiskivanja, i rekao je da su one stvari koje su potisnute sada u „tvojoj senci". Ceo njegov pristup bio je rezultat jednog preduslova za lečenje, koji je pacijent trebalo da ispuni – razumevanje ovih termina, koncepata i principa. Njegova premisa bila je jednostavna: kada jednom pacijent stekne razumevanje svog problema i ovih Jungovih koncepata, lečenje će se prirodno desiti. Tako, razumevanje automatski donosi ozdravljenje.

Ali, u mom slučaju, razumevanje problema nije dovelo do ozdravljenja. Razumevanje je donelo mentalnu gimnastiku. Proces sticanja intelektualnog razumevanja doneo je samo iluziju izlečenja. Često sam govorio sebi, „Sada kada imam intelektualno (inteligentno) razumevanje problema koji se nalaze unutar mene, biću izlečen. Stalno sam ponavljao ovo verovanje, ali ono nikada nije dovelo do pravog izlečenja. Umesto toga, ono je donelo privremeni, lažan osećaj samouverenosti „sada kada sam shvatio problem, biću u redu."

Jungovski pristup je pomogao samo privremeno, i vrlo slabo. Međutim, svaki put kada bih razumeo problem, zaista sam mislio da ću biti izlečen. To se nikada nije desilo. Rezultat ovoga je bio da sam postao obeshrabren i razočaran. U stvari, proces intelektualizacije je usporio proces izlečenja tako što je prekrio stvarna osećanja koja je trebalo doživeti.

U geštalt terapiji, terapeutkinja je na početku stvorila utisak da će osećanja biti primarna u mojoj terapiji. U stvari, nikada nisu bila. Geštalt terapija je, za mene, završila negde između kognitivne, bihevioralne i Jungovske terapije. Moja geštalt terapeutkinja je pokušavala da mi pomogne da steknem uvide o svom ponašanju pomoću igranja uloga. Ponekad bi rekla: „Želim da igraš ulogu svog oca i da koristiš ovaj scenario." U drugom trenutku, pitala bi me da igram ulogu šefa sa kojim sam tada imao probleme. U svim slučajevima, scenarija za igranje uloga nisu ništa učinila po pitanju izlečenja. Terapeutkinja je bila jako impresionirana svojim pristupom i onim što je mislila da se dešava, ali, što se tiče pravog napretka, ja nisam doživljavao ništa značajno. Zato, u periodu od šest meseci do godinu dana, postao sam obeshrabren i razočaran procesom. U stvari, izgubio sam poverenje u ovakav pristup kao i u terapeuta. Ona je osetila moju frustraciju i ovo je dovelo do trenja u našem odnosu. Na kraju, prestao sam da idem na ovu terapiju.

Za kraj, dozvolite mi komentar o onome što ja vidim kao potrebno – da pacijent razradi i pruži fidbek (povratnu informaciju) terapeutu. Bilo bi vrlo lako za terapeute svih psiholoških pristupa da naprave formular za evaluaciju/fidbek da bi i dobili fidbek o tome kako se odvija terapeutski proces. Ono što terapeut misli da se dešava ne mora se uopšte dešavati.

Poglavlje 7

PROTOTIP: ŠTA NAS ČINI ONIM
ŠTO JESMO

Ako znamo kako se mozak formirao tokom svoje evolucije, prime-
tićemo da se simpatički sistem, sistem za uzbunu, prvi razvio. Sim-
patički sistem je zaslužan za brz razvoj nervnog sistema (kojeg upo-
zorava na opasnost), tako da mora da funkcioniše na optimalnom
nivou jako rano. Parasimpatički inhibitorni sistem se razvio kasnije,
i on pomaže u kontroli razvoja mozga i naših osećanja. To je sistem
koji sporije deluje. Simpatički-parasimpatički sistem (simpat i para-
simpat kako ih zovem), uzajamni su kompenzatorski sistemi; oni su
u ravnoteži kada smo dobro povezani sa svojim osećanjima. Njima
upravlja hipotalamus, i to velikim delom desni hipotalamus. Para-
simpatičkom sistemu, koji je više letargičan i koji se sporije pobuđu-
je, treba više podataka da bi se pokrenuo. On pomaže da se ublaži
simpatička aktivacija tako da se naše disanje vraća u normalu, kao i
krvni pritisak, telesna temperatura, funkcija bešike i varenje.

Važnost ravnoteže između simpatičkog i parasimpatičkog sis-
tema je velika, jer kada je dominantiji jedan sistem, možemo biti
skoro sigurni da će se kasnije pojaviti neka ozbiljna bolest. Postoje
neke vrste raka – više simpatički dominantne, koje nastaju iz sim-
patički dominantnih sistema. Druge nastaju kao rezultat parasim-
patičke dominacije. Prema mom iskustvu, ljudi koji pate od migre-
na često su pod parasimpatičkom dominacijom. Gubitak kiseonika
tokom rođenja utiče na sistem cirkulacije krvi, čiji je kasniji rezul-
tat migrena. Anoksiju prati bespomoćnost u primalnom otisku,
tako da će se u trenutnoj situaciji, koja je beznadežna, kod osobe
javiti migrena; to jest, sadašnja bespomoćnost će rezonirati sa
onom sa rođenja, tako da će to, opet, uticati na sistem cirkulacije

krvi (jaka dilatacija a onda vazokonstrikcija). Sve ovo se dešava na nesvesnom nivou, čineći simptom i njegovu pojavu misterijom.

Da bi se spasao, bebin sistem se usporava i postaje gotovo beživotan. Fiziološka neophodnost (ovakvog delovanja sistema – *prim. prev.*) postaje urezana. Rezultat je da se osoba prepušta svojoj sudbini. Pasivnost postaje karakteristika prototipske ličnosti, koja tu ostaje celog našeg života. Prototip je bukvalno u „našim kostima", našem krvnom sistemu i mišićima.

Otisak može odrediti i naše seksualno funkcionisanje kada odrastemo. Parasimpatička individua nema biohemijsku opremu da bude seksualno sposobna, uporna, agresivna, prodorna, optimistički nastrojena ili orijentisana ka budućnosti. Razlog za ovo je što način rada nervnog sistema ima sveobuhvatan uticaj na ceo fiziološki sistem jedne osobe. U celom sistemu jedne osobe može se javiti manje testosterona, dopamina, glutamata i noradrenalina (i samim tim manje agresivnosti), manje serotonina i više kortizola.

Nešto slično se može desiti ako majka uzima sredstva protiv bolova tokom trudnoće. Lek ulazi u bebino telo i ima doživotni efekat potiskivanja. Majčin bol može takođe uticati na bebu (kada majka ne uzme lek), ali efekti su mnogo slabiji nego kod uzimanja pilula. Slično tome, majka koja puši tokom trudnoće utiskuje pasivan, usporen rad sistema svojoj bebi, jer duvan sadrži velik broj supstanci protiv bolova. Isto važi za majku na teškim drogama ili sedativima, ili, kako sam pomenuo, na sedativima kao što je „Haldol". Novorođenče će imati parasimpatičku dominaciju – plakaće ređe i ne mnogo jako, a njegove reakcije će biti slabije. Majčin lek je uklonio aktivacione neurohormone koji su fetusu/bebi potrebni da bi bila na oprezu i da bi bila aktivna. Beba se rađa pasivna i sa nedostatkom energije. Ona neće reagovati i biće spora. Beba je toliko dobra, da retko shvatamo da nešto nije u redu dok ne prođu meseci ili godine.

Iskustvo neadekvatne količine kiseonika na rođenju, može da pojača već postojeću tendenciju fetusa da ne koristi svu energiju zbog majčinog pušenja. Na rođenju, parasimpatički prototip se utiskuje još jače; rezultat je individua koja se ne trudi preterano ni oko čega. Ona je zarobljena u nefleksibilnom stanju (koje je posledica nemogućnosti pokretanja na rođenju – *prim. prev.*), koje usmerava njene životne izbore i interese. Ona neće biti prodavačica ili bolničarka. Možda će izabrati profesiju koja je misaona, kao pisac ili pesnik. Njen fokus je ka „unutra", a ne ka „spolja".

Kada majka koja je trudna pati od dubokog potiskivanja zbog velike traume (muž ju je ostavio), ovo može da se prenese na fetus, koji može da se prebaci na parasimpatički način funkcionisanja i da ima životnu tendenciju ka pasivnosti. U tridesetoj godini života on može biti impotentan i bez sposobnosti da održi erekciju. Njegovo telo govori jezik parasimpatičkog prototipa: „Ja sam bespomoćan i slab. Ništa ne mogu da uradim da sebi pomognem." Gubitak erekcije nešto govori; treba da razumemo šta to znači. Da bismo to uradili, moramo da se klonimo reči i da govorimo jezik emocija i senzacija u našoj terapiji. Treba da „govorimo" isti jezik kojim pacijent govori kroz svoje simptome. Trebalo bi da bude jasno da to telo govori. Najzad, u kriminalističkoj praksi, stavljamo elektrode na ruku osumnjičenog za zločin[31] (galvanska reakcija kože) da vidimo da li njegovo telo govori istinu.

Postoji velik broj istraživanja koji ukazuje da majčin nivo stresa tokom trudnoće može doživotno da utiče na polne hormone kod deteta. Ovo je vreme, kada se javlja sistem polnih hormona kod fetusa i razvijaju glavne karakteristike ovog sistema. Produžena trauma kod majke (napuštanje od strane muža, na primer), može utisnuti drugačije karakteristike – preterano ili nedovoljno lučenje hormona – dok se sistem prilagođava majčinom osećanju poraza i rezignacije. Tako se, decenijama kasnije, javlja impotencija kod muškarca. Nije čudno što smo, u nekontrolisanoj studiji naših muških pacijenata, koji su imali parasimpatički prototip, našli niže bazične nivoe testosterona. Planiramo savremeniju, kontrolisanu studiju o ovome, koja će uključiti i žene. Takođe, postojala je studija o *Biološkoj abecedi*[32] – koja je ukazala da je nemogućnost postizanja orgazma kod trideset četiri posto ženskih ispitanika, imalo genetski uzrok. U ovoj studiji su, najverovatnije, zanemarili devet meseci trudnoće.

Suprotno parasimpatičkom poraženom i pasivnom otisku, simpatičko: „dajem sve od sebe", javlja se, takođe, u ličnosti mnogih

---

[31] Detektor laži.
[32] Jun, 2005.

osoba. Na rođenju postoji borba da se izađe napolje kada postane opasno, očajnička borba i korišćenje svakog delića energije da bi se preživelo. Simpatička dominacija, sa svim sistemima u punom zamahu, postaje prototip – borba znači život ili smrt. Osoba će se zbog ovoga preterano truditi i u drugim situacijama u životu i neće znati kada da prestane. Prijatelji će reći simpatičkom prototipu: „-Hajde, prestani da se forsiraš!" Ali osoba to ne može. Kako sam istakao, odustajanje od aktivnosti za parasimpatički prototip predstavlja istinsku borbu na život i smrt, koja je utisnuta na rođenju. Odustajanje od aktivnosti isto je što i smrt za simpatički prototip; ići dalje, biti pokretan, znači život. To je dobra osobina za uspeh, ali ne tako dobra za dužinu života.

Izbor

Iz dana u dan, mi reagujemo (na osnovu prototipa koji dominira) nastojeći da zadovoljimo svoje potrebe (simpatički) ili odustajanjem bez gotovo imalo truda (parasimpatički).

Na primer, čovek sa simpatički dominantnom ličnošću radi projekat koji mu je prenaporan. Ne može da se povuče. Niti može da zamoli za pomoć zato što je deo izvornog otiska bio – „nema pomoći; moram ovo sam da uradim." On u kognitivnoj terapiji može naučiti da treba da pusti i da ne treba toliko da se trudi, ali duboko u njegovom mozgu, ostaje utisnuto sećanje o potrebi da se pokušava iz sve snage i da se nikada ne treba predati. On živi prema inicijalnom šablonu – načinu rada nervnog sistema – prototipu, i može dovesti sebe do prerane smrti.

Logično je tražiti i raditi ono što je ranije funkcionisalo. Zato, u situacijama opasnim po život, ceo naš život prolazi nam pred očima dok mozak skenira našu životnu istoriju u cilju opstanka. Neki od nas postaju užurbani; drugi se zalede. Tako, iz dana u dan, mi reagujemo (na osnovu prototipa koji dominira) nastojeći da zadovoljimo svoje potrebe (simpatički) ili odustajanjem bez gotovo imalo truda (parasimpatički). Igla je celog života zaglavljena na jednoj ploči ili na drugoj. A to je doslovno ploča koja svira beskonačno. To je ploča o našim životima; muzika u pozadini je ta na koju igramo sve vreme, čak i kada ne možemo čuti ritam. Možemo igrati brzo, jer je muzika brza, prisiljavajući naš metabolizam da se ubrza, naše misli da budu pod pritiskom, i naše ponašanje da postane impulsivno. Igramo na spor valcer ako smo parasimpatički prototip, a više uz „brzu" muziku ako nismo. Čak i ako „mi" ne možemo čuti muziku, telo još uvek igra uz nju. Srce igra na „rok" muziku, dok mi možemo želeti da igramo valcer. Ili se muzika vuče po parasimpatičkom ritmu i mi jedva da imamo dovoljno energije da igramo. U Primalnoj terapiji mi se trudimo da shvatimo i dovedemo muziku do svesti, tako da možemo igrati prema sopstvenom ritmu.

Ako bebu Džejn u prvim nedeljama života nisu dovoljno dodirivali, emocionalna otuđenost može postati njeno karakteristično ponašanje. Ovaj otisak bi pojačao tendenciju već utisnutu kod nje. Sada dolazi do pojave spoja. To nije neophodno novi otisak, već složeniji oblik starog. Tako ovde postoji dilema: više moždane funkcije, kao što su misli i koncentracija, može pokretati primitivni mozak, nešto čemu mi uopšteno nemamo pristup i ne možemo zamisliti mogućim. Moždano stablo održava tonus i čvrstinu frontalnog korteksa. neokorteksu je potrebna optimalna količina ulaznih podataka i energije da bi pravilno funkcionisao, ali kada je previše ulaznih podataka, frontalni korteks se slama; on više ne funkcioniše kako treba. Javljaju se konfuzija i nedostatak koncentracije, kao i blag gubitak pažnje. Taj slom je rezultat unetih podataka iz istorije pre rođenja i sa rođenja. Sve dok zanemarujemo tu istoriju, ne možemo razumeti slom.

Veteran iz Vijetnama se setio kako gleda preko polja punog ranjenika koji zapomažu, dok u njemu odjekuje: „Ne mogu da vas spasem." U terapiji mu je omogućeno da ide dublje, do trenutka kada se njegova majka predozirala u njegovom ranom detinjstvu; osetio je, ali nije artikulisao svoj doživljaj „ja ne mogu da te spasem, mama!" Taj sklop iz prošlosti, doveo je do sloma odrasle osobe. Da smo samo posmatrali situaciju borbe u Vijetnamu, mogli smo da zaključimo da je to bio jedini razlog njegovog nervnog sloma. To je svakako izgledalo očigledno. Ali postojali su otežavajući faktori, koji zahtevaju širu perspektivu.

Primalni bol je rana koja ne boli; potiskivanje se stara za to. Ne može-mo je iskusiti upravo zato što prejako boli.

Ako je na rođenju utisnut parasimpatički prototip, on može izazvati potrebu za razdvajanjem i distanciranjem sopstva od bola. Odnosno, izvorno je bilo neophodno potpuno potiskivanje, budu-ći da tada nije bilo mogućnosti za drugačije ponašanje.

Ovo se takođe dešava ako je razdvajanje jedini princip, jedina moguća odbrana od gušenja pupčanom vrpcom na rođenju. Ako se ovo iskustvo spojilo sa nedostatkom bliskosti sa majkom odmah po rođenju, to može dovesti do udaljavanja od sebe i naše emocional-ne rezervisanosti, čak i pre nego što vidimo svetlo dana. Impuls da se izvučemo iz bolnog iskustva postaje prototip. Postajemo udalje-ni, apstraktni; udaljeni prvo od sebe, a zatim i od drugih.

Nasuprot tome, ako želimo da postanemo društveniji, prvo tre-ba da se približimo sebi. Ovo pomaže da budemo bliži drugima. Parasimpatička osoba će, verovatnije, da se ponaša stidljivo i povu-čeno i da se drži u pozadini. Ona će više razmišljati i biti manje impulsivna od simpatičke osobe čiji je način ponašanja „sve napolje". Kad odraste, a neko joj se previše približi, parasimpatička osoba će se stidljivo udaljiti jer, kada ne bi, to bi moglo da vrati bol što nika-da nije imala bliskost koja joj je bila potrebna. Njena stidljivost je zaš-tita od primalnog bola, bola koga se čak ne može ni setiti, ali koji je zabeležen u svakom njenom delu: stavu, izrazu lica, hodu, ritmu govora (spor i metodičan). Sve ovo su aspekti sećanja. Ona je izgu-bila pristup svojim sećanjima; ali prototip ostaje, dok sećanje na pro-šlost prolazi. Mi smo otelotvorenje našeg sećanja.

Osoba sa simpatičkim prototipom se fokusira na spoljašnje (-jedna od ključnih funkcija levog prefrontalnog mozga), dok je parasimpatički pogled usmeren ka unutra, više introspektivan i filo-zofski. Osoba sa simpatičkim prototipom je orijentisana ka akciji, i to od rođenja, jer je akcija isto što i preživljavanje. Nasuprot njoj, osoba sa parasimpatičkim prototipom ne može da reaguje sponta-no, i stalno razmišlja o svom životu. Ona je u biološki usporenom načinu rada. Njeni pokazatelji vitalnih funkcija su jednolično niski. Osoba je depresivna, oseća se beznadežno i bespomoćno. Ali ponekad joj je teško da zaplače, jer to potiskivanje sprečava. Suviše se sporo uzbuđuje, u seksu, kao i u emocijama uopšte.

Osoba sa simpatičkim prototipom retko je, možda nikada, u depresiji. Njena fiziologija se ne kreće u tom pravcu. Ona je ambiciozna i stalno gleda unapred, jer je to bilo utisnuto na rođenju. Sve u vezi ove osobe je prebrzo – oseća potrebu da žuri, nestrpljiva je, želi da što pre završi ono što radi. Mora stalno da bude u pokretu: planovi, projekti, putovanja. Osoba sa parasimpatičkim prototipom je retko tako manična kao simpatička. Ona je usporena na početku života, to je utisnuto, i ona tako nastavlja. Oprezna je i zatvorena, nije mnogo radoznala i avanturistički nastrojena; ne traži novo i prijatno joj je u njenoj staroj rutini.

Osoba sa simpatičkim prototipom je uporna. Ona insistira na stvarima na kojima ne bi trebalo da insistira, jer je upornost, izvorno, značila opstanak. Nesvesna formula za ovu osobu je da odsustvo borbe, odsustvo prodora, znači smrt. Jedan pacijent je imao prototip borbe za život na rođenju. Isto se nastavilo kroz odnos sa majkom u detinjstvu, koja mu je život učinila nepodnošljivim. Rekao mi je da je uvek tražio razlog za život, neki znak ohrabrenja koji bi mu omogućio da nastavi. Dao je „sve od sebe" ali to je bilo beskorisno. Bio je previše agresivan u svojoj potrazi za razlogom, primoran potrebom sa rođenja da se bori da bi živeo. Previše se trudio oko žena, što ih je odbijalo. Uvek su mu bili potrebni komplimenti, nadajući se da će tako lakše naći razlog za život. Rekao mi je: „Mogli su da me kupe jednim malim komplimentom."

Čak i glas se prilagođava neravnoteži. Osoba sa simpatičkim prototipom može imati visok vrištav glas, a osoba sa parasimpatičkim – nizak, usporen, milozvučan. Da li trauma na rođenju određuje način na koji govorimo? Da, često. Ona određuje i ritam. Parasimpatička osoba ne žuri da se izjasni. Njen govor se neće daleko prostirati; njene reči neće ispuniti sobu; one će, zbog njenog niskog energetskog nivoa, jedva izlaziti iz njenih usta. Suprotno tome, reči simpatičke osobe samo naviru, jedna za drugom.

Što se tiče leve-desne hemisfere, osoba sa parasimpatičkim prototipom je uronjena u svoja osećanja desne hemisfere. Simpatička osoba se može izdići iz toga, uronjena u svoju levu hemisferu i skoro isključivo fokusirana ka spoljašnjem. Ona ne može gledati unutra, i nije čudno što je ona manje sklona da dođe na terapiju osećanjima. Lečimo više osoba sa parasimpatičkim prototipom nego osoba sa simpatičkim.

PROTOTIP I NAŠI FIZIOLOŠKI PROCESI

Kao što sam rekao, prototip generalno „iskrivljuje" naše fiziološke procese u svim sistemima. Za simpatički prototip, izgleda da postoji višak izlučevina, dok je parasimpatički u „slabijem" načinu rada. Mnogi od najvažnijih hormona su kod ovog poslednjeg ispod normalnog nivoa. Dok kod parasimpatičke osobe postoji nizak nivo testosterona, kod simpatičke je slučaj obrnut. Kao rezultat ovih prototipa i njihovih sistemskih efekata, kod parasimpatičkog se može javiti impotencija, a kod simpatičkog problem sa preuranjenom ejakulacijom, koja je više spoljna agresivna reakcija.

Kod fetusa i malog deteta, trauma izaziva trenutnu reakciju simpatičkog sistema koji povećava proizvodnju adrenalina, dopamina, kortizola i noradrenalina. Ovde se javlja sledeća opasnost – odsustvo ispunjenja. Tu opasnost prati ogromno lučenje hormona stresa. Ceo sistem je u stanju uzbune i hiperaktivnosti, i ostaje hiperaktivan sve dok je otisak fiksiran u sistemu, a potrebe nisu zadovoljene. Ako potreba ostane nezadovoljena, mi se aktiviramo. Biti oprezan je pitanje opstanka. Naše reakcije na nezadovoljene potrebe posle nekog vremena postaju utisnut bol, što održava simpatički sistem stalno aktivnim. Kada stimulišući hormoni stresa postanu preterano aktivni, kao u slučaju hroničnog bola, oni mogu da utiču na moždane ćelije i da izazovu njihovo odumiranje, možda ne odmah, ali kasnije svakako.

Mi ne reagujemo delimično; naš sistem reaguje kao organska celina. Migrena kod osobe sa parasimpatičkim prototipom jedan je primer za to. Odsustvo napora na rođenju nam je spaslo život zbog manje potrošnje relativno male količine kiseonika, ali sada bilo kakav stres može aktivirati ovaj simptom (odsustvo napora). Osoba ostaje u načinu rada „čuvanje energije" zbog otiska nedostatka kiseonika. Setite se, prototip je prvi veliki manevar očuvanja života u našim životima. Svaka sadašnja pretnja može pokrenuti staro sećanje na manjak kiseonika i, s tim, i migrenu – baš kao što svaka situacija u kojoj smo sami, pokreće primalnu usamljenost iz perioda po rođenju ili iz ranog detinjstva.

Nije pasivnost ta koja vodi migrenama; nedostatak kiseonika na rođenju može dovesti do stezanja krvnih sudova i potrebe da se plitko diše. Sve što je novorođenče moglo da uradi je da se ne pokreće i da uopšte ne koristi energiju; potpuno potiskivanje je bilo neophodno i autentično, jer nije bilo mogućnosti za drugačije ponašanje. Ovo postaje tendencija ličnosti, na koju se talože sve kasnije traume. Osoba postaje čuvar energije, pasivna osoba, često depresivna; ona ne vidi alternativna rešenja za svoje probleme, jer ih izvorno nije ni bilo. Ona se zatvorila u svoja osećanja; preplavljena je svojim otiskom. To zovemo depresijom, dok ne stignemo u dubine otiska. Tada to postaje ono što je i bilo. Zašto migrena? Zato što se svaki novi nivo svesti razvija iz onog koji već postoji. Užasna nedaća u sadašnjosti može uticati na to da emocionalna povreda otputuje niz nervna kola koja su postavljena na rođenju. Kada stigne tamo, može doći do migrene, jer je emocionalna povreda sišla do moždanog stabla/limbičke oblasti, koja je registrovala i obradila vazokonstrikciju (sužavanje krvnih sudova, preteču migrene). Onog trenutka kada osećanje dodirne prvu liniju, javiće se glavobolja. Ukratko, prva linija sadrži tendenciju ka glavoboljama koja samo čeka da bude aktivirana.

Na veče uoči Svih Svetih, koje se organizuje u Centru za Primalnu terapiju, pacijenti dolaze prerušeni u svoje „tajno ja" da bi stigli do osećanja. Oni dolaze u pelenama, u oklopu, u kostimima klovna, čak i kao registar-kase. Jedan pacijent je došao potpuno uvijen, jer je bio „nevidljivi čovek." Njegovi roditelji ga nikada nisu primećivali. Ovi kostimi predstavljaju odigravanje u sažetoj formi. Na primer, čovek koji je došao kao registar-kasa, bio je mašina za pravljenje novca, da bi zadovoljio roditelje koji su uvek govorili o novcu. On je želeo njihovu ljubav. Mislio je da je zarađivanje novca način da do nje dođe. To je bilo njegovo odigravanje. U grupi, odigravanje se odvija u bezbednoj atmosferi. Osobu, koja ima opsesiju gledanja uzbudljivih žena u porno časopisima, podstaći ćemo da donese takav časopis u grupu. Potreba, do koje je jedan pacijent došao, bila je „budi srećna što me vidiš, mama." U ovom slučaju, dečak je imao hronično depresivnu majku. Ona se nije radovala nikome, ali on se osećao kao da nešto nije sa njim u redu – nikad se nije radovala kad ga vidi. Video je veliku radost – na licima porno zvezda u časopisima. Nijedno dete nije dovoljno objektivno da vidi da je neko ponašanje problem roditelja. Kada smo mali, oni su naš ceo svet. Njihova raspoloženja postaju naša osećanja; njihovi kaprici – naš život.

ŽIVOT FETUSA I LEKOVI

Svi psihijatrijski lekovi prolaze kroz placentu i ulaze u krvotok fetusa. Onog trenutka kada lek uđe u krvotok fetusa, on ima lak pristup mozgu. Lekovi takođe mogu stići do bebe kroz majčino mleko. Beba je, manje nego odrasla osoba, sposobna da metaboliše bilo koju količinu leka koji je unesen u njeno telo. Neki lekovi koje unosi majka koja doji, kao što je litijum, mogu da dovedu do toga da beba ima slabu energiju, da bude flegmatična i pasivna. Drugi sedativi, opet, mogu dete da učine razdražljivim. U jednom slučaju[33], žena koja je bila zavisnik od metamfetamina, ubila je svoju bebu prevelikom dozom tih lekova, samo dojenjem. Dešavanja tokom života u materici mogu pripremiti pozornicu za zavisnost koja će se pojaviti dve decenije kasnije. U kritičnom periodu stvaraju se ključne moždane sinapse; to se dešava kada fetus ima šest meseci, i nastavlja posle rođenja, do dve ili tri godine deteta. Ako majka uzima lekove u ovom periodu, oni mogu stvoriti otisak; to menja nivoe hormona i fizioloških hemijskih supstanci, tako da kasnije imamo nedostatak serotonina ili tiroksina, na primer.

Studija finskih naučnika M. Hutunena i P. Niskanena proučavala je decu čiji su očevi umrli ili dok je majka bila trudna ili u prvoj godini detetovog života. Naučnici su vršili ispitivanje ovih osoba u periodu od trideset pet godina, uz korišćenje dokumentovanih dokaza. Samo osobe koje su izgubile oca dok su bile u materici, imale su povećan rizik od mentalnih bolesti, alkoholizma/zavisnosti, ili kriminogenog ponašanja. Očigledno, emocionalno stanje majke je bilo poremećeno, i to je verovatno imalo doživotan

---

[33] Oktobar, 2003.

štetni uticaj na dete. Rezultati ove studije ukazuju na to da emocionalno stanje trudne majke ima trajniji efekat na dete, nego njeno emocionalno stanje u godinama posle porođaja. Dakle, kada istražujemo zavisnost, moramo obratiti pažnju na život u materici.

Iz eksperimenata na životinjama znamo da one životinje, koje nisu imale dodir i ljubav odmah posle rođenja, imaju tendenciju da konzumiraju alkohol kasnije, nasuprot onim normalnim, voljenim, koje su ga odbijale. Postoji jako dobra studija, urađena na majmunima, koja ovo dokazuje. Majmuni koji su pod većim stresom u ranom dobu, skloniji su da piju alkohol. Istraživanje je vršeno na osamdeset rezus majmuna; polovina je odvojena od majke po rođenju. Ova grupa je kasnije reagovala na svaki stres izlučivanjem 25 procenata hormona stresa više (od grupe koja nije bila odvojena od majke po rođenju – *prim. prev.*). Kasnije, naučnici su ponudili alkoholno piće obema grupama. Jedna petina nije ništa pila. Od onih koji su konzumirali alkohol, jedinke koje su pre eksperimenta imale viši nivo kortizola, pile su mnogo. Ovi majmuni nisu sebi govorili ništa iracionalno, kako bi to mogli reći kognitivisti. Oni su reagovali sa polazišta svoje istorije. Možemo pripisati nešto alkoholizma genetici, ali ova studija jasno pokazuje da su se oni, koji nisu bili voljeni rano u detinjstvu, okrenuli alkoholu.

Izbor

Iz eksperimenata na životinjama znamo da one životinje, koje nisu imale dodir i ljubav odmah posle rođenja, imaju tendenciju da konzumiraju alkohol kasnije, nasuprot onim normalnim, voljenim, koje su ga odbijale.

Mi smo još uvek primati, ali uz dodatak korteksa; stavili smo kapu za razmišljanje za sva vremena. Ako majmuni mogu da budu neurotični bez reči, možemo i mi. Ako oni mogu da budu zavisnici, možemo i mi. Budući da su majmuni (iz eksperimenta – *prim. prev.*) bili rano lišeni ljubavi, kasnije su osetili potrebu da ublaže svoj bol i to su uradili uz pomoć alkohola. Osnovni bol i fiziologija dve vrste primata, ljudi i majmuna, prilično su slični. Mi patimo na isti način, sa bazično istom fiziološkom opremom. Iz velikog broja sličnih eksperimenata na životinjama, kojih je bukvalno na hiljade – od ranih radova Herija Harloua do sada – jasno je da reči nisu bitne i da ne mogu trajno da ublaže bol.

Skorašnje istraživanje A.R. Holenbeka, još jednog specijaliste za fetalni život, dokumentuje kako će svaki lek, koji koristi trudna majka, izmeniti sistem neurotransmitera njenog deteta, naročito u kritičnom periodu, kada se ovi sistemi formiraju u materici. On navodi da je davanje lokalnih anestetika, kao što je lidokain (da bi se potpomogao proces rađanja), tokom osetljivih (kritičnih) perioda u trudnoći, sposobno da izazove trajne promene u ponašanju deteta. Količina hemijskih supstanci u mozgu, kao što su serotonin i dopamin, mogu se promeniti trajno čak i u slučaju kada se životinja rađa samo uz lokalnu anesteziju. A ovo utiče na sistem kapija.

Što više sredstava protiv bolova žena uzme tokom porođaja, to je verovatnije da će kasnije njeno dete koristiti droge ili alkohol. Karin Niberg sa Univerziteta Gotenburg, Švedska, posmatrala je kakav su uticaj imali lekovi koji su davani majkama zavisnika od droga na njihovu zavisnost (njih 69), i kakav su uticaj ti lekovi imali na potomke ovih zavisnika koji nisu uzimali droge (njih 33). Dvadeset tri posto uživalaca droga bilo je izloženo višestrukim dozama barbiturata ili opijata u satima upravo pre rođenja. Samo tri procenta njihovih potomaka bilo je izloženo istim nivoima droga u materici. Ako je majka dobila tri ili više doza droge, bilo je pet puta verovatnije da će njeno dete kasnije koristiti droge.[34] Urađeno je dovoljno studija na životinjama da bi se ovaj nalaz potvrdio – izlaganje drogama, u materici, menja sklonost individue ka drogama kasnije u životu.

Postoje dokazi da će majka koja uzima sredstva za smirenje tokom trudnoće, imati porod koji će kasnije biti zavisan od amfetamina, koji su poznati kao „podizači" (spid – *speed*), dok će majka koja uzima sredstva za „podizanje" tokom trudnoće (kafu, kokain, koka kolu i slično), imati potomke koji će kasnije biti zavisni od sredstava za smirenje – „Kvejluds", na primer. Osoba može da uzme velike doze kofeina (dve šolje kafe pred spavanje), a da ipak bude sposobna da lako zaspi i dobro spava; razlog za to je – ogroman nedostatak stimulišućih hormona (kateholamina) u njenom

---

[34] „Epidemiologija", K. Niberg, tom 11, str. 715.

organizmu. Ukratko, izvorne ključne tačke za aktivaciju, ili potiskivanje, izmenjene su tokom života u materici i tako izmenjene ostaju celog života.

Lečio sam pacijente koji su uzeli ogromne doze spida i pokazali vrlo malo maničnog ponašanja kao rezultat toga. Imali smo druge pacijente, koji su uzeli smrtonosnu dozu sredstava protiv bolova (u ranijem pokušaju samoubistva) – dozu koja bi svakog drugog ubila. Oni su, satima kasnije, još uvek ležali budni, osećajući se samo blago omamljeno. Jaka aktivacija mozga zbog utisnutog bola, pruža otpor bilo kakvom pokušaju da se sistem obuzda.

Izbor

Što više sredstava protiv bolova žena uzme tokom porođaja, to je verovatnije da će kasnije njeno dete koristiti droge ili alkohol.

Psihoterapeut mora postaviti pitanje, „Zašto sredstva za smirenje ili protiv bolova koja utiču na niže moždane centre, smiruju pacijenta i menjaju njegove (njene) ideje?" To se često dešava. Znamo da neko ko pati od akutnog srčanog udara može da se oseća užasno, pa ipak, kada dobije injekciju sredstva protiv bolova, to menja njegove ideje i stavove o iskustvu. Ova činjenica bi trebalo da bude dovoljna da nas uveri da osećanja pokreću ideje, a ne obrnuto.

Kada su postojali složeno zanemarivanje i emocionalni bol u ranom detinjstvu, amigdala/hipokampus limbičkog sistema poneli su težak teret. Oni osećaju opasnost i upozoravaju nas na nju. To je upozorenje na jedinom jeziku koji oni poseduju – uznemirenost i moblizacija. U čemu je opasnost? Nedostatak ljubavi ili iskustvo bliske smrti na rođenju. Na dijaboličan, dijalektički način, iste traume i rani nedostatak ljubavi koje oslabljuju strukturu frontalnog korteksa – redukujući njegove sinapse – jačaju limbičke snage, koje, zauzvrat, prete integritetu korteksa. Žozef Ledu, priznati autoritet na polju istraživanja amigdale, veruje da osoba postaje anksiozna i depresivna kada se „emocionalno sećanje" ponovo aktivira kroz sistem amigdale. Njegovo istraživanje precizno određuje nervne strukture koje učestvuju u ponovnom aktiviranju emocionalnog sećanja.

Šta u osnovi radi kognitivni terapeut? Podržava kontrolu leve hemisfere kod pacijenta, uranjajući ga u ideje. U Primalnoj terapiji, mi radimo na donjem kraju evolucije mozga – smanjujući snagu duboko utisnutih sila – tako da one prestaju da utiču na prefrontalni korteks da pokreće ideje. Jedna studija, iz Naučnih novina[35], testirala je subjekte od kojih je traženo da potisnu neželjena sećanja, a onda im je izvršeno skeniranje mozga. Prefrontalni korteks je smanjio aktivnost u hipokampusu ovih subjekata, čime je ometao vraćanje sećanja. Ukratko, potiskivanje, kapije, smanjen pristup osobi i njenoj istoriji.

Sedativi su u stvari sredstva protiv bolova, a neki sedativi, čak, u većim dozama, izazivaju hiruršku anesteziju. Ovde ponovo vidimo razmenu između emocionalnog i fizičkog bola. Na primer, kada neko ima problem sa leđima i mesecima uzima sredstva protiv bolova, a onda nastavi da ih uzima i pošto su mu leđa dobro, on se smatra zavisnikom. Ali ista pilula koja smiruje njegov bol u leđima, smiruje i njegovu istoriju – njegov otisak – odatle potiče i nastavak njegove potrebe za lekom. Jedan francuski hirurg koristio je lek koji je izvorno bio „antipsihotik"[36]. Ovaj hirurg je primetio da je lek uticao na pacijente koji su operisani, čineći ih ravnodušnim ili apatičnim u vezi bola koji su osećali. Jedan autor je zabeležio da naučni dokazi podržavaju teoriju da većina psihijatrijskih lekova „deluje" stvaranjem jedne vrste anestezije uma, duha ili osećanja.

R. Gonta je vršio istraživanja na pacovima. Stavljao je pacove u stresnu situaciju (vezivanje za dasku), a onda im je davao sedative. Oni su izgledali ravnodušno u vezi svog problema. Ali njihova tela nisu bila. Bilo je visokih očitavanja hormona stresa. Ovo treba da imamo na umu kada uzimamo sedative; jer trošenje organizma se nastavlja čak i ako mi nismo toga svesni.

Mi smo skoro svi zatvorenici svog prototipa – našeg dominantnog načina funkcionisanja. Kognitivna terapija pretpostavlja da posedujemo neograničenu količinu slobodne volje. Nisam tako

---

[35] „Nervni put ka potiskivanju." 10. jan. 2004., tom 165, str.21.
[36] Koristio se za lečenje psihoza – *prim. prev.*

siguran. Možemo praviti izbore u okviru svog prototipa, ali to nam ne daje previše mogućnosti. Ono što možemo da uradimo, jeste da se vratimo i otkrijemo kako je sve počelo. Kada otkrijemo kako je sve počelo, to će proširiti našu mogućnost izbora u životu. Usled toga, parasimpatička osoba će proširiti svoje horizonte i više će rizikovati. To će dozvoliti simpatičkoj osobi da prestane sa neprestanom borbom zbog koje nikada ne može da se opusti. Najzad, to vraća naš sistem u ravnotežu. Uravnoteženje sistema čini suvišnom potrebu za lekovima ili drogama. Uravnotežen sistem znači normalizaciju, inače hronično niskog nivoa testosterona kod parasimpatičkog muškarca; to smo otkrili nakon jedne godine terapije. To znači da je pacijent sada agresivniji i manje depresivan. Uravnotežen sistem se ogleda kroz to, da ne moramo da pijemo pet šolja kafe dnevno, ili da budemo „navučeni" na koka-kolu. To znači da ne moramo da pušimo, što bi skratilo naš životni vek. To je pravo značenje izraza „biti slobodan".

PRAKSA

Istorija slučaja: *Katerina – anoreksija, bulimija i seksualna trauma*

(Napomena: PC je savetodavac iz Primalnog centra. K je Katerina, pacijent.)

PC: I, zašto ste došli kod nas?
K: Došla sam zato što sam u dobu od jedanaest i dvanaest godina patila od anoreksije, a kada sam imala četrnaest, patila sam od bulimije. Niko nije znao za to; stigla sam do tačke na kojoj sam se osećala kao da sebe uništavam, trebala mi je pomoć, nisam znala šta da radim i kuda da idem, i trebalo mi je da to kažem nekome, i znala sam šta sledi. Trebala mi je pomoć.
PC: Opišite tačno šta anoreksija znači za Vas.
K: Anoreksija? Kada sam imala jedanaest, prestala sam da jedem. Bila sam u državnoj školi, mama mi se ponovo udala i mnogo teških stvari se dešavalo u mom životu. Bilo mi je potrebno da moja majka vidi da umirem, da nisam sposobna da se nosim sa stvarima koje su mi se dešavale. Bilo mi je potrebno da ona vidi da patim i da mi treba pomoć. Nisam bila u stanju da tražim pomoć od nje, i nisam bila spo-

sobna da to priznam sebi, nisam čak ni znala da mi treba pomoć; htela sam da budem mršava kao skelet. Htela sam da joj pokažem da umirem. Htela sam svima da pokažem da patim. To je bio poziv u pomoć... Ja to nisam znala; mislila sam da to ima veze samo s tim što hoću da budem mršava, jer su neke moje drugarice bile mršavije od mene, ili da to ima veze sa hranom.

Htela sam da moja mama vidi da nisam srećna zbog njenog novog braka, i da imam mnogo problema. Potpuno sam uništila prirodnu potrebu za jelom. Bila sam toliko izolovana od sebe da nisam bila gladna. Mislili biste da je čovek gladan ako ne jede; ja nisam bila gladna; nisam mogla da jedem; to mi je bilo nemoguće. Htela sam samo da umrem. To je bilo veoma snažno i osećala sam se beznadežno. Moja jedina nada bila je da ću uspeti da doprem do majke.

PC: Imali ste i bulimiju?

K: Kasnije, prolazila bih kroz periode u kojima ne bih jela, i onda bih bila užasno gladna pa bih jela mnogo, a onda poludela zbog toga i povratila – otarasila bih se hrane. To je postalo jednostavno. Bilo je lakše raditi to, nego izgladnjivati se ili vežbati. Ako bih imala test, ili se dešavalo nešto jako stresno, jela bih i povratila, pa bih onda ponovo jela i povratila. To je bilo kao masturbacija. To je bio način da smanjim napetost. Sa hranom su odlazile i sva moja napetost i anksioznost. Nisam imala nikog s kim bih pričala, tako da je to bio moj način da se nosim sa napetošću i da je smanjim. Odnosno, nosila sam se sa napetošću tako što bih je na ovaj način ostavljala po strani, da bih mogla da nastavim dan, i da bih mogla da funkcionišem u školi. U školi sam dobijala samo petice. Svi su mislili da sam mala gospođica „Savršenstvo"; imala sam tu fasadu savršenstva. Niko nikada zaista nije znao da sam iza te fasade ubijala sebe. Ovo strašno odigravanje iza scene mi je, u stvari, pomagalo da spolja izgledam tako savršeno.

PC: Koji deo bulimije je služio smanjenju napetosti?

K: Povraćanje. Hrana takođe smanjuje napetost, ali ona je i izaziva. Jer, onda ste zabrinuti u stilu „a onda, ako postanem debela, svi će misliti da sam dobro i mama neće videti da imam probleme, moram da se otarasim ove hrane". Hrana može učiniti da osetite zadovoljstvo; ona, kao, čini da se osetite voljeno, kao da ste potpuni, da imate nešto. Ako je hrana ostajala predugo u stomaku, morala bih da je se otarasim ili bi to izazvalo povećanje napetosti. Tako bi, u stvari, povraćanje bilo u stilu... otarasila sam se hrane i ne moram da brinem da ću se ugojiti. To je bio najbolji način smanjivanja napetosti, dok se osećanja ne bi ponovo pojavila; tada sam morala to ponovo da uradim. I to je postalo moja svakodnevica, nešto što se dešavalo stalno.

PC: Koja osećanja su postojala u tom periodu?

K: Opšta osećanja da me ne podržavaju, ne vole, ne slušaju; ja sam bila jedina koja je znala šta se dešava sa mnom. Bila sam u tinejdžerskoj fazi, i osećala sam da nije bezbedno da pričam sa bilo kim. To su bila osećanja kroz koja sam prolazila u tom trenutku. Bila sam zlostavljana između pet i po i osam godina. Ono što me je stvarno dovelo na terapiju bilo je što sam to otkrila. Uvek bih se sećala da sam bila zlostavljana, to nije bilo nešto usađeno u moju glavu, bilo je uvek tu; ali, blokirala sam činjenicu da je kasnije isti čovek zlostavljao ne samo mene, već i moju drugaricu tokom te tri godine. Ona se toga sećala. Međutim, kada sam imala petnaest godina i kad mi je ona to rekla, moj ceo svet se srušio; više nisam mogla da se sredim. Povraćala sam toliko da sam se gubila, i tu je bilo to otkriće o tome šta se desilo mojoj najboljoj prijateljici koja mi je bila kao sestra, i mnoštvo sećanja se pojavilo, i trebala mi je pomoć. To me je dovelo ovamo; imala sam nervni slom. Imam veoma specifično sećanje na zlostavljanje, na način na koji sam bila zlostavljana. Da li želite da pričam o specifičnim sećanjima?

PC: Šta mislite pod tim da ste imali nervni slom?

K: Setila sam se da sam bila zlostavljana. Uvek sam znala. Uvek sam se sećala prvog puta. Dok se radilo samo o meni, mislila sam da mogu s tim da se nosim. Znate, ja mogu da budem jaka; niko to ne razume, neću od toga da pravim problem. Moja drugarica je bila mlađa od mene, i kada sam otkrila šta joj je uradio, to je uništilo moj svet. Ne samo da sam imala sve te podatke od nje o tome šta se desilo, što je dovelo do poplave mojih izgubljenih sećanja, već je to bila osoba iz mog života, meni draga, kao da mi je sestra, a desila joj se tako užasna stvar, koju nikome ne bih poželela. Mrzela sam sebe, jer nisam mogla da je zaštitim. Ja sam bila starija i nisam mogla ništa da uradim. Uradila bih sve da sam mogla da sprečim da joj se to desi, da sam mogla da je zaštitim. Ždrala sam noć posle toga i probudila mamu, i osećala sam da, ako samo još jednom povratim, nikada više neću moći da prestanem. Dodirnula sam neku tačku i plakala sam i probudila mamu. Rekla sam, „Mama, molim te spreči me da povraćam, ne mogu da prestanem." Ona nije imala pojma o čemu govorim. Plakala sam i rekla joj, „Mama, ostani uz mene, ne daj da povraćam."

Krenula sam u samodestruktivni pohod; ubijala sam se. Ona je ostala sa mnom, a ja sam plakala i plakala. U to vreme sam išla kod psihoterapeuta zbog svojih problema. Na terapiji sam se bavila sećanjima koja su se pojavila zbog onog što mi je ispričala drugarica. Mrzela sam to. Zaista mi se sviđala moja terapeutkinja, bila je zaista dobra osoba, ali... došla bih tamo i počela da plačem. Bila bih na ivici toga da se setim ili bih upravo imala osećanje, a ona bi rekla, „Hajde da napravimo listu." Zaustavila bi me. „A ovo je zbog toga što..." rekla bi, i onda bi počela da mi govori sve te stvari. To nikako nije uspevalo; znala sam da moram više da uradim; znala sam, čim bi zaustavila moj plač, da ću se samo osećati užasno i osećala bih se užasno ostatak dana. Nije bilo olakšanja. Moralo je da se ide dalje.

Rekla sam: „Treba mi pomoć, mama, ne znam šta da radim. Ne mogu. Terapija ne uspeva. Treba da odem kod nekog drugog." Imala sam uvek neku vrstu znanja o Primalnoj terapiji, pitala sam je da li još uvek ima tu knjigu, pročitala sam je i to je bilo baš ono što mi je potrebno. Znala sam da moram da se vratim tim sećanjima, i znala sam da moram da se bavim njima zbog sebe, ne samo zbog mojih prijatelja, da bih mogla da prestanem da povređujem sebe i da počnem da živim svoj život iz početka. Odlagala sam svoj život tako dugo.

PC: Šta je izazvalo anoreksiju i bulimiju?

K: Pre svega, svako ko je bio zlostavljan zna da ti to oduzima moć. Ti nemaš moć. Ne razumeš šta se dešava; osećaš se prljavo, osećaš se debelo, ružno, bezvredno, glupo. To te uništava. A, na tako ranom uzrastu, nemaš racionalizaciju za to što ti se dešava. Tvoja racionalizacija je: „mora da sam loša ili mi se ovo ne bi dešavalo. Mogu da se promenim. Moram biti sposobna da ovo promenim." Celog života bila sam gospođica „čisto pet"; bila sam savršena mala devojčica, bila sam dobra u školi, i imala sam tu stalnu potrebu da budem bolja osoba. Ako nisam bila savršena, bila sam povređivana. A, ako to što se dešavalo nije bila moja krivica, onda je bila mamina ili je bila njegova, a ja to ne mogu da promenim. Ako mogu sebe da promenim, ima nade. Racionalizacija je za petogodišnjaka – „problem mora da leži u meni; sigurno sam ja kriva jer, ako to nije slučaj, onda je sve beznadežno, na to ne mogu da utičem; ako je krivica u meni, mogu da budem bolja, mogu da budem bolja u školi, mogu da se promenim i budem mršavija, mogu da budem lepša, mogu da budem ovo, mogu da budem ono", itd. itd. Tako, kada vam se dešava nešto što je ludo i užasno i zastrašujuće, vi težite da budete bolji.

Bila sam zlostavljana svako jutro pre nego što bi me odveli u školu. Moja majka je živela sa tom osobom; bio je to njen mladić. Živele smo sa njim. Ona bi otišla na fakultet. Morala je da ide pre mene; moja škola je počinjala tek u devet. Probudila bih se, i on bi me zlostavljao. To je bilo jako zbunjujuće. Uopšte, imam ozbiljan problem sa jutrom; mrzim ga. Mislim, ne više. Sada na neki način uživam u sunčevom svetlu ujutru, ali imala sam običaj da se probudim i da se satima osećam užasno i depresivno.

Situacija je u stvari bila ovakva: išla sam, posle strašnog zlostavljanja, u školu, gde sam morala da budem srećna, da radim stvari, i da budem sa svim tim ljudima, a kod kuće sam prolazila kroz pakao. On bi me uzeo i zlostavljao, i to bi me probudilo, a onda bi sledilo – hajde da se obučemo i da doručkujemo. Sećam se da moja majka nije dozvoljavala da jedem šećer. Jednom prilikom, dobili smo žitarice sa šećerom. Normalno dete je u fazonu „šećer!", i ono je srećno. Sećam se sebe kako sedim iznad te činije sa nekim bobicama i samo želim da povratim. Trebalo je da nastavim sa dnevnom rutinom posle onoga što se upravo dogodilo; sedela sam nad tom činijom i deo mojih osećanja je bio u vezi želje da povratim, a deo je bio „kakva je korist od jela?" Sve je beznadežno. „Kakva je svrha življenja? Kakva je svrha nastavljanja?"

Posle onoga što se upravo desilo, nisam imala želju da jedem i bilo mi je muka, i bilo je ono kao „fuj", dok sam jela; bilo je kao da jedem šmirgl-papir. Kao da više nikada neću osetiti ukus hrane. Postajem takva kada se prežderavam. Ne osećam šta jedem. Jedem sve iz frižidera, ogromne količine. Na taj način ponovo proživljavam to osećanje, kad vas teraju da jedete, a vama se ne jede. Ne osećate ukus hrane. Ubacivala bih je niz grlo i onda bi mi bilo muka. Jela bih toliko da bih se osećala loše. U tom trenutku, i jedan zalogaj mi je bio mnogo, jer nisam bila gladna i bilo mi je muka. To je zaista veoma jako sećanje i morala sam da prođem kroz njega. Morala sam da prođem kroz razornost toga što se upravo desilo (zlostavljanje – prim. prev.) i nikada više ne bih bila ista, a imala sam i tugu, gubitak, haos i želju da pobegnem iz kuće i da vrištim i zovem svoju mamu i plačem i bacam hranu.

Najjače od svega bila je bulimija, kao prisilni oralni seks, koji bi svakoga naterao da povrati. To je bilo sećanje koje sam kasnije imala. Došla sam na sesiju i upravo sam jela. Sedela sam na sesiji. U to vreme sam mnogo povraćala, a upravo sam jela. Mogla sam da osetim hranu u stomaku i govorila sam terapeutu, „Moram da povratim. Umreću. Moram ovo da izbacim iz sebe. Umreću. Žao mi je." Prekidala sam sesiju: „Moram da se otarasim ovoga, poludeću od toga." Ne mogu da se izborim s tim. Moram da povratim. Pritisak je ogroman." Rekao mi je: „Prati to osećanje, ostani ovde." I ja sam počela da se gušim i povraćam, i odjednom sam se setila te ruke na svom vratu i osetila je. Povraćanje nije imalo nikakve veze sa hranom. Terali su me da gutam nešto užasno. To me je teralo da povraćam.

Kada zadržavam hranu, sva ova osećanja nadolaze, sva ta sećanja i senzacije, i imam potrebu da se otarasim te hrane da ne bih morala da se nosim sa osećanjima. Kada se otarasim hrane, ne moram da se sećam. Ne moram da se bavim sećanjem. Sećanje se čak i ne pojavljuje. Ponovo stvaram situaciju, samo sada mogu toga da se otarasim.

Povraćam. Zadržavajući tu hranu u sebi, jednog dana sam se setila strašne scene; to mi je promenilo život. Sve što je terapeut trebalo da kaže bilo je: „Prati osećanje." Moje telo je već bilo tamo; već je proživljavalo, reagovalo na ovu hranu i osećanje koje imam dok jedem, kao da mi je pet godina.

Moje telo je još uvek bilo zatočeno u tom periodu u kome nisam osetila sve te emocije; imale su očajnu potrebu da se oslobode. To je bila reakcija mog tela i zato je postojao toliki pritisak. Jer kada jedem, ako bih pojela previše ili ako sam bila u određenom stanju i jela, opet sam se vraćala tamo. Ljudi su mi govorili: „Kako to možeš sebi da radiš, to je odvratno, škodiš sebi." Ne razmišljaš tako kada to radiš. Ne razmišljaš o svom telu, ne razmišljaš o svojim zubima, razmišljaš: „Umreću ako ne uradim ovo. Spasavam svoj život." To je sprečavalo pojavu bola.

Moje razmišljanje nije bilo racionalno; to je bilo razmišljanje tog petogodišnjeg deteta. Tvoje emocije preuzimaju kontrolu i ti ne kažeš: „ovo je loše za moje zube." To je prisilno ponašanje. Nema mesta za racionalzaciju, sem u pravcu: „mogu da povraćam jer jedem mnogo sira, a to ionako nije dobro za mene." Možeš tako da racionalizuješ. Sada sam ponovo proživela neke od mojih patnji iz detinjstva, i više sam u kontaktu sa svojim telom. Znam kada sam gladna, a kada nisam, i uhvatiću sebe kako jedem i reći sebi, „K. nisi gladna, ne moraš sada da jedeš; uzemirena si jer si se upravo posvađala sa tatom", ili bilo šta drugo. Ali ranije nisam mogla da budem u kontaktu sa tim. Nisam mogla da budem u kontaktu, jer nisam jasno razmišljala; nisam koristila svoje znanje. Bila sam žrtva sopstvenih osećanja.

PC: Kako ti ponovno proživljavanje pomaže?

K: Pomaže mi jer prolazim kroz ove stvari u mom životu, ove događaje koji nisu dovršeni, i stvarno proživljavam te događaje u bezbednom okruženju i reagujem na način na koji nikada ne bih reagovala. To nije bilo bezbedno. Bilo je nemoguće. Radeći to, uspela sam da shvatim da to nije moja greška, da nisam imala kontrolu nad situacijom; to su dve važne stvari koje sam shvatila. Kao dete, mislila sam da je to moja krivica i bila sam u potpunom haosu. Ponovnim proživljavanjem, mogla sam da shvatim svoje ponašanje, jer posle ponovnog proživljavanja na sesiji, sela bih i bila bih u fazonu: „zato sam to uradila, zato", to je bilo zbog incidenta, kada sam sedela iznad žitarica, i pet i po mi je godina, i užasnuta sam, i imam to osećanje. Zato jedem kada nisam gladna; zato osećam opustošenost. Ranije je to bilo nesvesno ponašanje; sada je svesno.

PC: Kakav je bio uzrok tih osećanja?

K: Osećanje beznadežnosti, osećanje da me mrze, to što sam zlostavljana, to što nemam s kim da pričam, što nisam sposobna da reagujem, što moram da se nosim sa onim što se u meni dešava. Morala sam da prihvatim sve što se dešavalo i da se time bavim, a ti čak u tom dobu nemaš ni mentalni kapacitet da shvatiš šta se dešava; nemaš pojma. A posledica ovoga je bila ta da nikada nisam potražila pomoć u životu, jer nikada nisam mogla. Nikada nisam tražila da mi pomognu oko testa, nikada nisam tražila pomoć u vezi bilo čega. Tako sam celog života imala tu tajnu stranu koja me uništava, a ovo nesvesno ponašanje su pokretala ona vremena kada mi je trebala pomoć, a nije bilo nikoga i nisam mogla da je tražim, čak nisam ni znala da mi je potrebna pomoć. Nisam znala šta se dešavalo. Nisam znala šta nije u redu.

Bila sam bulimičar, misleći da je to zato što želim da budem mršava. A sada se to osećanje javlja samo kada vidim neku scenu silovanja na filmu ili sam u situaciji koja ima veze sa seksom i postaje mi neprijatno i ne radim ništa u vezi s tim; ne zaustavljam to. Moram da ponovo proživim nasilan oralni seks, onda nagon nestaje. Sve što služi kao okidač za to staro sećanje, čini da želim da jedem i da povraćam; ja ne mislim više kako: „želim da budem mršava." Znam da ovo radim zbog ovog ili onog sećanja koje se javlja; znajući da ima još sećanja unutra.

Imala sam toliko potisnutih sećanja, da bi moj mozak samo stvarao racionalizacije da bi potisnuo taj bol. To je uvek bilo kroz hranu i izgladnjivanje i prežderavanje. Tako me je ponovno proživljavanje povezalo sa onim što ti problemi zaista jesu. Ako me sada neko ne poštuje, znam. Znam da oni to rade i mogu da kažem: „Ovo mi se stvarno ne sviđa, to nije fer prema meni. Ne osećam se prijatno u vezi toga. Potrebno mi je da to prestane." Mogu da se razljutim.

Povezivanje prošlosti sa sadašnjošću – ponovnim proživljavanjem ovih sećanja – dalo mi je moć, vratilo mi je moć i omogućilo mi da znam šta osećam, zašto radim stvari, zašto imam nagone da radim stvari koje radim i na šta se one odnose, zašto su se one javljale u prošlosti, i kako sada mogu da ih zaustavim. To mi pomaže da komuniciram i da znam kako se osećam, da budem u skladu sa svojim telom, znajući kad sam gladna, a kada nisam. Sve u svemu znam više o sebi i svom telu. To je zaista važno.

Poglavlje 8

DISKONEKCIJA I DISOCIJACIJA:
MOŽDANI SISTEM KAPIJA NA DELU

Ljudi često govore za nekoga ko je dobro prilagođen da je „čvrsto na zemlji" ili „fokusiran" ili kažu da je ona ili on „svoj." Možda bi tačniji opis bio kada bismo rekli da je takva osoba „povezana", jer je mozak u kome postoje dobre konekcije ono što neko zaista ima kada je „svoj;" ovo je apsolutno neophodno ako osoba hoće da iskusi pravu svesnost/svest. Povezivanje znači da postoji potpuno operativan tok između nižih moždanih nivoa naviše, i od desnog prefrontalnog korteksa do levog.

Neuroza, s druge strane, jeste stanje nepovezanosti; sistemi, koji bi trebalo da se povezuju, to jednostavno ne rade. To je još tačnije u slučaju psihoze, gde se bol pojavio mnogo ranije i mnogo dublje nego što je to slučaj kod neuroze. U psihozi postoji radikalna promena razmeštaja nervnih ćelija, tako da su neki neuroni postavljeni naopako u limbičkim strukturama. Trauma prekida vezu na sličan način na koji se statički elektricitet meša u jasnu telefonsku vezu: što je više statičkog elektriciteta, teže je čuti. Kod mozga, što je veća trauma, veća je i buka. Mozak će se odvojiti i ostaviti po strani bol od bilo koje rane traume koji je prevelik da bi ga podneo, stvarajući otisak koji dovodi do pojave hiljada fizičkih i mentalnih zdravstvenih problema.

Ako je mozak pretrpeo traumu tokom kritičnog perioda razvoja, to će teže i bolnije biti za individuu da ponovo uspostavi konekciju; ona će morati da ponovo proživi traumu i oseti bol usled traume u njegovom izvornom intenzitetu. Nisam rekao „ponovno oseti", jer taj deo osećanja nije bio izvorno u potpunosti proživljen. Na početku ove knjige, naveo sam da samo mali deo vrlo ranih trauma mogu da se iskuse (osete). Ostatak se stavlja u skladište do trenutka kada možemo ponovo da osećamo, u vođenom terapeut-skom okruženju. Ono što se nije osetilo jeste bolna komponenta koja je uskladištena zajedno sa sećanjem na traumu. Patnja je deo sećanja, deo koji oseća, potisnut sistemom kapija.

Nije moguće istinski ozdraviti putem nekog jednostavnog „osećajte se dobro" procesa, što poručuju meditacija, hipnoza, aku-punktura i sve kognitivne terapije. One nude privremeno ublažava-nje pacijentove patnje, i pacijent će se privremeno osećati bolje. Međutim, posle decenija rada na polju kliničke psihologije, mogu vam reći da, ukoliko pacijent ne pati na terapiji, nema poboljšanja. Bez muke nema nauke. To naši pacijenti opisuju kao bol koji ne boli; onog momenta kada se on oseti, pretvara se u osećanje. A osećanja su prirodna.

Diskonekcija je odvojenost od jakog osećanja : doslovno, to je presecanje veza nižih moždanih struktura sa prefrontalnim korteks-som, i presecanje veze između leve i desne hemisfere. Ova disko-nekcija je posledica sistema kapija, sistema koji, unutar mozga, sprečava da se bol probije. Ovo svakoga dana vidimo u Primalnoj terapiji, jer pacijenti koji se približe konekciji zaista osećaju inten-zivan bol, zbog susreta otisaka iz nižeg nivoa sa svesnošću/svešću. Kada utisnuto sećanje počinje da se vezuje za svesnost/svest, osoba ima iskustvo patnje, iste količine patnje koja je postojala kod izvor-nog iskustva – kao i iste šablone vitalnih znakova, na primer. Odgovor pacijenta je isti; ni veći ni manji. Kada se osoba, na rođe-nju, približi smrti usled nedostatka kiseonika, patnja je neopisiva. Odmah možemo primetiti početak funkcionisanja sistema kapija i diskonekcije. To vidimo po veoma visokom krvnom pritisku, bro-ju srčanih otkucaja i telesnoj temperaturi.

Kada pacijenti priđu izvornom osećanju, oni pate; stvarna ose-ćanja stavljaju tačku na bol, iako iskustvo osećanja obuhvata bol. „Skoro osećati", tj. biti na pragu potpunog doživljavanja osećanja, znači da komponenta patnje ulazi u svesnost/svest ali još nije napra-vila vezu. Povezani bol nije više bol; to je osećanje i to je potreba. (Tako, u dijalektičkom procesu, osećati izvorni bol znači da se on pretvara u svoju suprotnost. Ne osećati ga, znači da bol ostaje nedir-nut). Dok osećanje kreće svojim putem od moždanog stabla naviše, kroz desnu hemisferu, do orbitalno-frontalne oblasti, ono skuplja snagu, i „oslobađa" se kontrole leve strane. Nakon ovoga, osećanje juri prema svojoj kopiji u levoj hemisferi da bi se povezalo. Skupljanje snage je moguće zahvaljujući spoju – prototipskog događaja sa slojevima trauma posle rođenja, u ranom detinjstvu, i u detinjstvu. Kako neurobiolog Dejvid Gudman kaže: „Primalna terapija izvlači iz ruku prošlosti uzde bola, kojima upravlja nama." Postoji nova, jedinstvena komanda. Ispod površine nema više nemira (hipokampus/amigdala) koji čini da se osećamo jadno.

Osećanja treba da prate evoluciju, krećući se ka prefrontalnoj kortikalnoj konekciji i integraciji. Izgleda da osećanja uvek pokušavaju da izbegnu zamku nesvesnog, kao da sistem vidi tu podsvest kao opasnu, a ne kao prirodnu. Osećanja su sistem adaptacije; ona nam pomažu da izaberemo ono što je važno i ono na šta treba da obratimo pažnju iz lavirinta ulaznih podataka. Osećanja nam govore šta je značajno i bitno, a šta treba da zanemarimo. Opsesivna ličnost ne može da „zanemari." Ona mora da se stara o stvarima o kojima ne bi trebalo da se stara. Kada opsesivna osoba stigne do dubokih osećanja, opsesivnost prestaje. Le Du veruje da su emocionalni sistemi očuvani u evoluciji da bi nam pomogli u adaptaciji. Dobra i loša osećanja nas vode ili od stimulusa ili ka njemu. Često biramo terapiju koja čini da se osećamo dobro, a izbegavamo onu koja pobuđuje bol. Našu terapiju biraju oni koji već trpe bol i osećaju ga neprestano.

Izbor

Nije moguće istinski ozdraviti putem nekog jednostavnog „osećajte se dobro" procesa, što poručuju meditacija, hipnoza, akupunktura i sve kognitivne terapije.

Svaki sistem nastoji da bude svestan, jer svesnost znači opstanak. Ovde se pojavljuju dve dinamike. Jedna je tendencija prema svesnosti, a druga je tendencija ka diskonekciji/nesvesnom – *kada svesnost o bolu preti da nas preplavi...* U tom slučaju, treba da budemo svesni, ali ne toliko svesni da sistem, naročito misleći/navigacioni sistem, bude u opasnosti; moramo biti svesni kako unutarnje, tako i spoljne opasnosti.

EVOLUCIJA OSEĆANJA

Limbički sistem je već prilično dobro razvijen do treće godine, kada počinje da funkcioniše orbito-frontalni korteks, da bi izrazio osećanja na višem nivou. To je vreme kada počinjemo da koristimo jezik da bismo opisali svoja osećanja. Do tog uzrasta, ceo život emocionalnih iskustava je zapečaćen u našem sistemu. Ovo je doba kada počinjemo da postavljamo pozornicu za život u našim glavama, a ne pomoću naših osećanja; gubimo dodir sa našim instinktima i našim telom. Naša fizička tela nisu dobro koordinirana i postajemo nespretni. Nismo dobri u sportu, ali smo dobri u intelektualnim i apstraktnim stvarima. Nismo dobri u koordinaciji pokreta, ali smo dobri u filozofiji. To je početak bekstva iz našeg unutrašnjeg sveta u spoljašnji. Jasno je zašto toliko mnogo intelektualaca nema koordinaciju u sportu. I, kako sam već naveo (iz studije Instituta za psihijatriju u Londonu), osnovne osobine koje razvijemo u trećoj godini prate nas celog života.

Traumatizovan mozak ima drugačije kognitivne sposobnosti (od normalnog – netraumatizovanog). Mozak ne ugrožava trauma; to čini akumulirani nedostatak ljubavi. Kada uzmemo u obzir da se desni emocionalni/limbički mozak naglo razvija u prvim godinama – kada su dodir i ljubav apsolutno presudni – jasno je da će njihov nedostatak imati doživotne posledice na naše emocije. Ovo je istina, pre svega zato što desna hemisfera ima vezu sa levom, intelektualnom stranom i prenosi joj informacije. Pred kraj druge godine života, dolazi do naglog razvoja leve strane frontalne moždane oblasti.

Izbor

Nivo potiskivanja srazmeran je nivou traume, i drži sistem pod velikim pritiskom sve vreme.

Kada je otisak sa nižeg nivoa, sprečen da šalje informacije višim nivoima, komunikacija je slaba i konekcija postaje teška. Na prilično figurativan i često bukvalan način, neuroni koji bi trebalo da se pružaju naviše, tražeći kontakt, to ne čine. Postoji manje sinaptičke konekcije, manje dendrita, što dovodi do povlačenja ili slabljenja neurona (zbog traume). Mozak, koji „zna" da je konekcija za njega preveliki napor, izgleda da se smanjuje, povlačeći svoja nervna vlakna dalje od konekcije. Rastojanje između iskustva i svesti postaje sve veće i dobijamo tzv. „Džanovljev jaz".

Odsustvo konekcije i/ili integracije, znači, konačno, dezintegraciju mentalnog i fizičkih sistema. Ako je energija rane traume dovoljno moćna, ona se ubrzano širi i simptomi postaju ozbiljniji. Kada se bol pojavio rano i užasan je, postoje šanse da će on izazvati simptome koji su podjednako katastrofalni. Razlog je taj što je nivo represije u srazmeri sa nivoom traume, i to drži sistem pod jakim pritiskom sve vreme. Tako, ako je trauma bila opasna po život, to može dovesti do oštećenja koja će biti opasna po život. Jasno je da je potrebna konekcija da bismo ovo zaustavili.

Razume se da svaki preterani unos smeta, bilo da se radi o hladnoći, vetru ili vrućini. Kada smo osetili osećanje, njemu je otrgnuta komponenta agonije i ono postaje samo sećanje. Zato je ono, što je proživljeno po prvi put u terapiji, samo *agonija* vezana uz osećanje. Osećanje je sada integrisano u sistem. Najteže agonije leže na prvoj liniji. Kada ne proživimo bol u punoj snazi, moramo da prilagodimo kompenzatorne mere (poznate kao odigravanje) da bismo ga držali na udaljenosti, možda pomoću lekova. To je cena koju plaćamo zato što ne osećamo. Paradoksalno je, što u nekim slučajevima, koristimo lekove da bismo stigli do bola, a ne da ga izbegnemo – da bismo smanjili moć patnje i pretvorili je u male deliće osećanja koje možemo da svarimo. Zato ne može biti žurbe u našoj terapiji; sistem će dozvoliti samo određenu količinu integracije u jednom navratu. Lek se koristi da bi se dopustio pristup, nc da bi se on sprečio. Da pojasnim: kada je osećanje preplavljujuće, kao što je osećanje totalnog napuštanja ili osećanje užasa zbog detinjstva sa nasilnim ocem pijancem, samo mali deo osećanja se može iskusiti. Koristimo sredstva za smirenje kao što su „prozak", „zoloft" ili druga (sredstva koja povećavaju nivo serotonina), da bismo ublažili bol, tako da ga možemo osetiti. Problem je što svaka sadašnja situacija, kao što je postojanje šefa – tiranina, može da ponovo probudi sav užas iz ranog doba; rezultat je užasna anksioznost. Ta anksioznost je tako katastrofalan, čisti užas, da se može osetiti samo globalno – u celom sistemu – više kao anksioznost nego kao specifičan užas iz ranog doba (kao što je na primer, trauma rođenja).

Jedna pacijentkinja trebalo je da govori u razredu. Ona je bila strašno anksiozna, mucala je i zamuckivala. Ona je „znala" da to neće dobro izvesti. Upotrebili smo ovu situaciju sa držanjem govora i osećanjima koja su se tada javila, i to joj je pomoglo da se vrati u prošlost gde ju je stalno kritikovala majka. Njena majka je činila da se ona oseća krivom, čak i kada bi njena sestra bila neposlušna. Odatle je stigla do karličnog porođaja gde je izgledalo kao da je sve krenulo naopako. Ovde je bila ugravirana senzacija, ili predosećanje, da je sve pogrešno. To je kasnije dobilo značenje – „stvari neće ići kako treba".

Ništa u ljudskom sistemu nije kapriciozno; do skraćivanja nervnih ćelija dolazi jer to ima biološku funkciju. Kada postoji rana trauma, dolazi do skraćivanja neurona (radikalna eliminacija) u amigdali i orbito-frontalnom korteksu, tako da veze između njih postaju slabije, što je opet deo odbrambenog sistema. Ono što „potkresivanje" zaista znači u našoj šemi, jeste da bol zbog manjka ljubavi i/ili trauma, dovode do toga da mozak nagomilava svoju snagu tamo gde je potrebno, a potkresuje je tamo gde je manje potrebno. Struktura mozga se menja! Rezultat je mozak koji je van ravnoteže, sa manje kortikalne kontrole nad impulsima; takav mozak isporučuje manju količinu informacija odozdo – naviše. Trauma takođe ima tendenciju da istanjuje desna-leva kola u korpus kalozumu, tako da je konekcija bukvalno teža. To je slično kao kada autoput sa četiri trake pretvorimo u autoput sa jednom trakom; rezultat će biti smanjen protok informacija.

Konekcija normalizuje svaki aspekt našeg bića. Sistem je u harmoniji. U kognitivnoj terapiji može se javiti veliki nesklad između onoga što osećamo i onoga što mislimo; prečesto se ovde pokušava „preuređivanje" nečijih misli u vezi sa osećanjima, što rezultira nedostatkom harmonije, naročito zbog toga što niko ne zna šta ta osećanja predstavljaju. Konekcija je tok između osećanja koja potiču iz nižih delova mozga, i frontalnog korteksa, gde se dešavaju misli; još preciznije, iz desne frontalne oblasti do leve. Nisam primetio da se o pojmu konekcije diskutuje u kognitivnoj ili u terapijama uvidima; pa ipak, to je nužni uslov lečenja. Sa približavanjem dubokim osećanjima na sesiji, broj srčanih otkucaja pacijenta se

povećava do opasnog nivoa. Ovi nivoi naglo opadaju posle pove-
zivanja. Pitanje na koje mora odgovoriti svaka psihoterapija jeste –
„Zašto se ovo događa?" Ovo, opet, ukazuje i na činjenicu da utis-
nuta osećanja mogu biti opasna, i da će mobilisani moždani sistem
da se suoči sa pretnjom, baš kao da se radi o virusu.

DESNI ORBITO-FRONTALNI KORTEKS: ČUVAR VEZE SA NAŠOM ISTORIJOM

Pa gde je onda centar, cilj koji treba da dostignu niži moždani cen-
tri da bi se desila prava konekcija? To je desni *orbito-frontalni kor-
teks* (OBFK), ključna struktura koja omogućava osobi da iskusi
svesnost/svest; to jest, da ima svesnost/svest o osećanjima bola ko-
ja su bila previše snažna da se osete. OBFK, deo neokorteksa koji
se nalazi odmah iza očnih duplji, dostiže svoju zrelost između
osamnaestog i dvadeset četvrtog meseca života. Desni OBFK dobi-
ja informacije o osećanjima u desnoj moždanoj hemisferi i pomaže
da se ta poruka kodira, a njegov najvažniji zadatak jeste prikuplja-
nje informacija o osećanjima i integrisanje tih informacija sa levim
OBFK-om. To je veliki posao. Zahvaljujući desnom OBFK-u, mi
možemo znati šta osećamo i osećati ono što znamo – kada bi samo
još uspeo da informiše levi prefrontalni korteks o onome što zna i
oseća... Ali, tu i leži problem. Leva prefrontalna oblast filtrira i
reguliše senzorni unos iz spoljašnjosti kao i unose iznutra. Ona
često neće dozvoliti „emigraciju" informacija i osećanja iz desne
oblasti, tretirajući ih kao „nepoželjnog doseljenika iz inostranstva".

Izbor

*Ako želimo da vratimo svesnost-svest-punu svesnost, treba da koristimo
mapu orbito-frontalnog korteksa da bismo skenirali neverbalni mozak,
desne limbičke oblasti i moždano stablo, i povratili najudaljenija,
veoma stara sećanja.*

Orbito-frontalni korteks daje mapu našeg unutrašnjeg-istorij-
skog života i registruje informacije sa nižih nivoa, iz preverbalnih

sećanja, a onda koristi sistem kodiranja visokog nivoa da bi označio osećanje. To je kao GPS – globalni sistem za pozicioniranje, koji nas stalno informiše o tome ko smo, gde smo i kuda idemo. Ta mapa će biti na neuro-biohemijskom jeziku. I učestalost javljanja informacija će takođe biti zabeležena. Jedan od ključnih načina na koji skladištimo informacije jeste putem određenih frekvencija, koje zatim rezoniraju u višim centrima pomažući da se stvori konekcija. (Utisnuta osećanja kao da znaju da u „višim krugovima" imaju prijatelje sa kojima treba da se upoznaju.) Ono što je bitno za OBFK jeste da on sadrži predstave koje potiču iz filogenetski starijih moždanih struktura. Na ovaj način, mi smo svesni svog unutrašnjeg života, života koji nema nikakve veze sa rečima. Kada kažem da smo svesni, pod tim podrazumevam da se informacija iz desnog OBFK-a upućuje ka levom, gde postajemo svesni.

Budući da desni OBFK pruža mapu našeg unutrašnjeg okruženja, u njemu se može naći, kodirano, najranije zlostavljanje i nedostatak ljubavi. Pošto se desna strana razvija pre leve, u njoj su zabeležena mnoga naša iskustva, života i smrti, u materici i na rođenju. To čini povratak do iskustava – putem terapije koja je orijentisana na levu hemisferu – kognitivna – skoro nemogućim. Ako želimo da vratimo svesnost/svest/punu svesnost, treba da koristimo mapu orbito-frontalnog korteksa da bismo skenirali neverbalni mozak, desne limbičke oblasti i moždano stablo, i vratili najudaljenija, jako stara sećanja. Potiskivanje i/ili sistem kapija sprečavaju vraćanje tih sećanja; taj proces potiskivanja stalno troši energiju. To vidimo kod depresije kod koje se javljaju utučenost, teškoće u disanju, i otežali, nespretni pokreti. To su sve pokazatelji da depresija obuhvata i jako potiskivanje; energija se troši da bi se osećanja, vezana za sećanja, držala na udaljenosti.

Uglavnom, „svest" je leva hemisfera, ali to ne znači obavezno i jezik. Svesnost/svest postoji kada desna i leva hemisfera deluju u harmoniji. Tako je studija, koju su sprovela dva psihologa sa Los Anđeles univerziteta u Kaliforniji, Ajzenberger i Liberman, otkrila da su ljudi, koji su doživljavali manje neugodnosti, imali veću aktivnost prefrontalnog korteksa. [37]

---

[37] „Povrđena osećanja", N.I. Ajzenberger i Metju D. Liberman, L.A. „Tajms", 11.okt. 2002., str. A16.

Ponovo, viši centri su sposobni da potisnu i smire niže. Oni su takođe otkrili da i fizički i emocionalni bol koriste iste putanje u mozgu. Ukratko, bol je bol, bez obzira na izvor – emocionalni bol je fizički. On ne postoji samo u našem umu; on nije samo psihološki i ne može se lečiti samo na psihološkom nivou.

Znamo kada, tokom sesije, postoji svest bez povezanosti – poznata kao „abreagovanje". Pokazatelji vitalnih funkcija se pojačavaju i opadaju sporadično, retko ispod osnovnog nivoa. To se često dešava u pseudoprimalnim terapijama gde se pacijentima govori šta da osećaju i kako da se osećaju. Ovde se pokazatelji vitalnih funkcija pacijenta ne menjaju. To je razlog zbog koga na našoj terapiji merimo pokazatelje vitalnih funkcija – pre i posle svake sesije. Merili smo ove pokazatelje kod novog pacijenta, koji je imao lažnu primalnu terapiju. On je prošao kroz rana osećanja koja su izgledala stvarna. Njegovi pokazatelji vitalnih funkcija se nisu promenili, ukazujući na oslobađanje energije ali bez konekcije. Sve dok ne postoji konekcija i dok se ne desi premeštanje obrade iz desne u levu moždanu hemisferu, neće biti ni odgovarajuće promene u fiziologiji. (Ovo ne treba mešati sa odgovarajućim emocijama kojima osoba izražava bes zbog nepravde ili tugu zbog gubitka voljene osobe. Ovo su odgovarajuća osećanja, a ne neurotična.)

Moždano stablo/desni limbički mozak, odgovorni su za veliki deo našeg uzbuđenja, dok nas leva hemisfera smiruje. Kada u moždanom stablu/limbičkom sistemu postoji ogromno uzbuđenje zbog nezadovoljenih potreba i sećanja, levi orbito-frontalni korteks može da smanji to uzbuđenje i izazove lažni osećaj mira. Ovo je ključni element u kognitivnoj terapiji. Kako sam već naveo, jedan od razloga za razvoj leve hemisfere bio je – pomoć u procesima potiskivanja; ona drži dovoljno bola daleko od svesti, da bi nam omogućila da funkcionišemo u svakodnevnom životu.

Orbito-frontalni korteks može takođe da inhibira ili ublaži uzbuđenje, koje inače izaziva preterano lučenje hormona stresa usled naredbe hipotalamusa. OBFK, kada je pravilno razvijen i povezan, može da blokira impulse agresije i da kontroliše užas. Pokazalo se da ubice, kada im se daju određeni zadaci, imaju manje prefrontalne aktivacije OBFK-a, a samim tim imaju i manje kontrole. Ovo se takođe događa kod osoba koje pate od hiper-kinetskog sindroma (HKS – sindrom poremećaja pažnje). Hiper-Kinetski Sindrom uopšteno ukazuje na levo-desno prefrontalno oštećenje. Svi otisci osećanja, koji su zakopani duboko, pokušavaju da, u hordama, pređu rov (korpus kalozum) da bi stigli kući; ali, preko noći, neko je vršio radove na autoputu i značajno suzio vozne trake. Sada postoji „zagušenje", i postaje teško usmeriti dovoljno pažnje na domaći zadatak dok postoji sva ta „buka", sav taj rani bol koji se bori za pažnju. Sva ta osećanja su nagomilana, pokušavajući da se probiju. Ova buka će biti prisutna sve dok ne dođe do konekcije, jer buka predstavlja ova osećanja, nepovezana.

Uporedio sam orbito-frontalni korteks sa bagerom, koji spušta svoju viljušku da bi uklonio krš odozdo. Ono što se iznese na površinu često nije prijatno – zaboravljen incest, osećanje beznadežnosti da ćemo ikada dobiti ljubav od roditelja... traume koje svakodnevno viđamo kod naših pacijenata. Kada vratimo stara sećanja, počevši od desnog OBFK-a, cela desna strana – koja silazi do amigdale/moždanog stabla – „osvetljava" se i aktivira.

Posle konekcije, osećanja su se vratila kući, i sistem može da se odmori. Osoba više ne mora da se bavi kompulsivnim pranjem ruku jer se podsvesno oseća „prljavom". Setite se da viši prefrontalni regulatorni sistemi imaju vezu sa moždanim stablom/limbičkim oblastima, tako da se informacija prenosi u oba pravca. Možemo doživeti naša osećanja, ili ih možemo blokirati kada su previše bolna. Ako prefrontalni korteks slabije funkcioniše, pri unosu podataka će osećanja DIREKTNO uticati na naše više centre, što će kod nas rezultirati neprestanom mentalnom aktivnošću. Kada bi postojala „univerzalna povreda", to bi upravo bila ta neprestana aktivnost. Ljudi ne mogu da sede mirno i da se opuste. Kretanje, kao otisak, moglo je, na porođaju, značiti život a to isto znači i sada – ali kao sećanje.

Prema mom iskustvu, što je veći jaz između dubokih osećanja i svesti, to je veća i nerealnost sistema verovanja; što je osećanje udaljenije, to je sistem verovanja čudniji, i intenzivnije utiče na nas. Imali smo pacijentkinju koja je bila opsednuta idejom da vanzemaljci dolaze da je napadnu. Posle niza slabijih osećanja, ona je najzad osetila šta vanzemaljci predstavljaju – njena otuđena osećanja[38];

---

[38] *Alien* – vanzemaljac; *alienation* – otuđenje; (engl.) – *prim. prev.*

nepoznate strahove je pretvorila u vanzemaljce koji napadaju. Bilo joj je potrebno da opravda ili racionalizuje svoje strahove. Usled toga što su strahovi bili ogromni, njena verovanja su se vinula do krajnje bizarnih predela.

DISLOKACIJA UMA

Kada su jednom osećanja blokirana, tako da ostaju izvan svesnosti/svesti, svaki sistem verovanja može biti dobar. Bez obzira na to koliko je verovanje čudnovato, ono će biti usvojeno – ukoliko služi simboličnom zadovoljenju starih potreba. Putanja sistema verovanja počinje duboko u moždanom stablu i drevnim delovima limbičkog sistema gde su razarajući otisci uskladišteni. Pritisak/energija se kreće naviše, do kortikalnih centara, a zatim napred, do orbito-frontalnog korteksa.

Desni OBFK čini sve da zadrži pritisak, ali deo tog pritiska uspeva da pobegne stižući do svog krajnjeg sudbinskog ishodišta – leve prefrontalne oblasti. Međutim, usled toga što je par „potreba/osećanje" delimično blokiran, stvarni kontekst bola ne može se povezati s njim. Javlja se samo neodređeni pritisak, usled osećanja na levoj strani. Leva strana zatim izmišlja ideje vezane za „potrebe/bol" : „Bog će paziti na mene i štititi me". Ove ideje su „ambalaža" bola, koja pruža simboličko ispunjenje. Zato prava priroda potrebe/bola ne stiže do svesti. Ali, ako strgnemo tu ambalažu, bol odmah izlazi na površinu. Simbolizam se ubacuje pre nego što bol ima priliku da bude osvešćen. Funkcija simbolizma je odbrana, i on zato može biti „čudan". Jer, simbolizam se bavi misterioznom unutrašnjom realnošću, bez ikakvog znanja o tome šta je stvarno ta unutrašnja realnost. Što je dublje smešten par „bol/potreba" i što je intenzivniji, to je formiranje ideja i verovanja apstraktnije i nejasnije. Ideje mogu biti lude, ali osećanja nisu. Ako se neko suprotstavi takvim idejama, osoba će nastaviti da ih brani jednom racionalizacijom za drugom – da bi realnost ostala na „sigurnoj" udaljenosti.

Studija izašla u časopisu „Nauka", koju su izveli istraživači sa Los Anđeles univerziteta iz Kalifornije, Prinstona i Univerzitetskog koledža u Londonu, otkrila je da je verovanje u placebo efekat[3939] Placebo – davanje neutralne pilule umesto pravog leka, bez znanja pacijenta (*prim. prev.*), promenilo kola u mozgu, naročito ona kola koja obrađuju bol i smanjuju njegov intenzitet.[40] Studija iz *Naučnih novosti*[41], otkrila je da je već i puko verovanje da dobijamo lečenje, dovoljno da se bolje osećamo. Kada su subjektima date pilule koje su bile neutralne, ali im je rečeno da su to sredstva protiv bolova, došlo je do istih promena u mozgu kao da su to zaista bila sredstva protiv bolova. Došlo je do značajnog porasta u lučenju endorfina – hemijskih supstanci koje se luče u mozgu da bi ublažile bol. Zato se pacijenti u konvencionalnoj terapiji uvidom osećaju bolje i zamišljaju da su učinili napredak. Činjenica je da se oni osećaju bolje. Iz ovog razloga, skoro svaka terapija stvara zavisnost. To je isto kao da idemo kod lekara na injekciju morfijuma (endorfin je zamena za morfijum). Divna stvar u vezi terapije jeste da je „injekcija" bezbolna i da se sve radi bez korišćenja igle. Ljubazan pogled terapeuta, pun pažnje, dovodi do trenutnog izlučivanja mlazeva morfijuma u mozak. Podrazumeva se da će doktor učiniti sve da bi se pacijent osećao bolje, i naravno, to se i dešava. Mislimo da je to uspeh terapije, dok je u stvari – za to zaslužna *misao* o poboljšanju usled terapije. Nasuprot tome, mi u terapiji nudimo bol, ne kao njen krajnji cilj, već kao neophodnost da bi osoba ozdravila.

„Naučne novine" su objavile studiju[42] u kojoj se raspravlja o efektima pozitivnog razmišljanja. Ovi nalazi su ukazali da mnoge moždane oblasti koje reaguju na bol, reaguju i na samo očekivanje bola.[43] Studija je pokazala da očekivanje smanjenja bola (očekivanje da će terapija pomoći) pruža olakšanje i smanjuje bol. Drugim rečima, naša reakcija na bol zavisiće u velikoj meri od naših verovanja. Placebo efekat deluje na iste oblasti koje obrađuju i bol. Tako će u kognitivnoj terapiji (koja menja način na koji osoba opaža bol), reakcija na bol neizbežno biti blaža. Na ovaj način, osoba može da uguši bol iz detinjstva usvajajući drugačiju perspektivu.

Placebo reakcije su dobar primer poricanja. Koristeći tuđe ideje, mi se možemo udaljiti od sebe do te mere, da potpuno

---

[40] Časopis „Nauka", februar 2004.
[41] „Sopstvena sredstva mozga za ublažavanje bola kod placebo efekta", 24. avg. 2005.
[42] „Otklanjanje bola razmišljanjem", 10. sept.2005., tom 168, str. 164.
[43] „Zbornik Nacionalne Akademije Nauka", 6.sept.2005

poreknemo tegobno iskustvo. To nije slučaj samo sa kognitivnom terapijom; ovakvo ponašanje je bilo karakteristično za naše odrastanje – neka vrsta kognitivnog miljea. Poricali smo bol i nastavljali sa životom. Poricati agoniju ne znači isto što i izaći iz nje. Postoji verovanje... verovanje u izlečenje... i postoji pravo izlečenje.

Nove studije iznova potvrđuju uticaj verovanja na smanjeno doživljavanje bola. Kada neko prestane da koristi droge ili alkohol i usvoji nova verovanja, njegov mozak se prilagođava tim verovanjima i efekat je isti kao da je ta osoba još uvek na drogama.

Prema Galupovoj anketi iz 1990., kojom je bilo obuhvaćeno 1200 odraslih Amerikanaca, svaka četvrta osoba verovala je u duhove. Svaka šesta je komunicirala sa nekom preminulom osobom, a svaka četvrta je rekla da može da komunicira telepatski (svojim umom). Jedna desetina tvrdila je da je videla duha ili bila u prisustvu nekog od njih. Svaka sedma osoba rekla je da je videla NLO. Svaka četvrta verovala je u astrologiju, a pedeset procenata je verovalo u ekstrasenzornu percepciju[44]. U drugoj anketi, koju je sproveo Heris[45], samo dvadeset dva procenta Amerikanaca verovalo je da smo evoluirali od ranijih vrsta. Četrdeset osam procenata verovalo je da Darvinova teorija evolucije nije tačna. Dve trećine ispitanika verovalo je da je ljudska bića stvorio Bog.

Broj i vrste sistema verovanja su neograničeni. Sve dok se verovanja zaista ne „usidre" u biću i osećanjima, ona mogu da uzlete i obuhvate razne vrste varljivih predstava. Kada se prefrontalni korteks odvoji od drugih aspekata sećanja (diskonekcija), može se vinuti u varljivu stratosferu koja nema granice. Ovo se odnosi i na najinteligentnije od nas. To obuhvata i naučnike koji (iako disciplinovani u svom poslu), ako su u diskonekciji sa svojim osećanjima, mogu verovati u najiracionalnije filozofije i psihoterapije – pristupe u čiju korist ne govori ni jedan jedini dokaz. Kada smo u diskonekciji sa osećanjima, sve je moguće, a inteligencija nema nikakve veze s tim. Sadašnji ministar zdravlja, doktor medicine, daje sve od sebe da spreči istraživanje ćelija moždanog stabla, iako zna da to može staviti tačku na ogroman broj bolesti. Njega pokreću verovanja – i vode ga daleko od realnosti. Uobičajeno je da leva hemisfera ima kritične sposob-

---

[44] Galup, 9.mart 1991., str. 159 .
[45] Jul, 2005.

nosti procene verovanja i provere njihove osnovanosti. Ali, kada postoji diskonekcija, leva hemisfera je toliko zauzeta obuzdavanjem snaga desne hemisfere, da ne može da upotrebi svoje glavne sposobnosti, to jest procenu i proveru osnovanosti verovanja.

Doktor Martin Tejčer, specijalista za moždanu oblast, sa Univerziteta Harvard, potvrđuje jaku povezanost između traume i oštećenja mozga: „Veruje se da teško kažnjavanje, ponižavanje i zanemarivanje dovode do jakog lučenja hemijskih supstanci, koje imaju trajne efekte na signale koje moždane ćelije šalju jedne drugima." Kada postoji manje dendrita, zbog nedostatka ljubavi u ranom dobu, oslabljena je komunikacija između nižih moždanih centara i viših kontrolnih oblasti. Kasnije ćemo detaljno diskutovati o diskonekciji između dubokih osećanja osobe s jedne strane, i njene „svesne" realnosti misli, verovanja i ponašanja s druge (pri čemu duboka osećanja utiču na misli, verovanja i ponašanja osobe, a da ona toga nije svesna).

Lako je upasti u zamku misli koje nas obuzimaju, što je veći lavirint, to bolje – ovo čini terapiju uvidom privlačnijom. Osoba je sada zatvorenik ovih verovanja, i ona dobrovoljno ulazi u svoje „ropstvo", jer to ropstvo predstavlja i važnu odbranu. Da je fašizam ikada došao u Ameriku, on bi bez sumnje bio rezultat glasanja naroda, a ne autokratskog ukaza. Rado bismo se obavezali na potpunu poslušnost vođi, jer bi nam to omogućilo da ne razmišljamo mnogo. Vođa bi nas zaštitio od zla koje postoji „tamo negde". To je slično roniocima, koji proučavaju ajkule, smešteni u čeličnim kavezima. Oni nemaju slobodu kretanja, ali činjenica je da im ajkula ne može naškoditi. Čelični kavez je istovremeno i njihova odbrana i njihov zatvor. Naši „hemijski zatvori" su isto tako jaki kao i čelični. Oni dozvoljavaju samo nekoliko alternativa u ponašanju. Verovanja su psihički ekvivalent potiskivanja. Mi možemo drugačije kanalisati tok, ali nećemo promeniti vulkansku aktivnost. Možemo erupciju prekriti idejama, ali uvek će postojati opasnost nove erupcije; ponekad je ona u formi napada, drugi put se ispoljava kao iznenadno shvatanje da smo pronašli Boga i doživeli novo rođenje.

Jedan pacijent je tokom sesije počeo da ulazi u scenu incesta. Kada je napola prošao užasan bol, seo je i vrisnuo: „Spasen sam!" Video je Božiju ruku kako se spušta da bi ga zaštitila. Od čega? Od njega samog. Njegovog iskustva i osećanja. Spasla ga je *ideja o Bogu* (osim ako verujemo da je neko gore zaista slušao i pružio ruku). Ideja se iznenada pojavila u njegovoj svesti, da bi zaustavila agoniju. Postao je svestan da bi izbegao punu svesnost. Ideja je zauzela mesto bola. Nije morao da nastavi do svoje arhive patnje. Naglo je izašao iz osećanja. Izašao je iz svoje prošlosti i ušao u svoju sadašnjost; ta sadašnjost ga je odbranila od njegove istorije. Došlo je do naglog premeštanja iz njegove desne hemisfere u levu, i do premeštanja unutrašnjeg fokusa ka spoljašnjem. A bol je sve učinio sam; nikakva snaga volje nije postojala. Umesto da kaže: „Postoji automatski vladar u mom sistemu koji neće dopustiti da osetim previše bola", on je poverovao da ga je Božanska intervencija sprečila da pati. Bog je postao zamena za serotonin.

Ovo nam daje pravu ideju o evoluciji, kako o evoluciji ličnosti, tako i o evoluciji vrsta. Prvo postoje senzacije – gušenje, davljenje; zatim osećanja – nesrećan, tužan, plašljiv; i na kraju – ideje. Jedno se „uliva" u drugo – kako u razvoju vrsta, tako i tokom našeg ličnog razvoja. Ideje su naše poslednje pribežište. Rastežemo ih do apsurda sve dok se ne pojavi psihoza, gde se gubi svako uzemljenje u spoljnjoj realnosti. Ako možemo da držimo bol na odstojanju pomoću migrena i visokog krvnog pritiska, neka tako bude. Ako ne možemo, tražićemo verovanja. I jedno i drugo je evolutivno. Povinujemo se bezdušnim komandama evolucije mozga.

Izbor

Putanja osećanja je kružna i prati evoluciju polazeći od moždanog stabla preko desnog limbičkog sistema i desnog prefrontalnog korteksa, da bi najzad stigla do levog prefrontalnog korteksa.

Čak i mala deca mogu da uzmu lek da bi se smirila, mnogo pre nego što mogu da organizuju svoj sistem verovanja. Pri kraju tinejdžerskog doba, oni mogu da zamene anksioznost verovanjima, da ostave droge i alkohol i pobegnu u carstvo ideja. Kada shvatimo da su verovanja deo evolutivnog moždanog procesa, sve počinje da dobija smisao. To je razlog zbog koga opsesivne misli jesu usputne stanice za, mnogo bizarnije, probleme psihoze. Sve je to deo kontinuuma korišćenja ideja da bi se ugušio bol. Psihoza je poslednja stanica na tom putu. Ponekad je teško uočiti razliku: „Ako stavim ovu amajliju oko vrata, ništa mi se loše ne može desiti." Da li je to opsesija ili psihotična ideja?

Putanja osećanja je kružna i prati evoluciju polazeći od moždanog stabla preko desnog limbičkog sistema i desnog prefrontalnog korteksa, da bi najzad stigla do levog prefrontalnog korteksa. Sve zavisi od intenziteta bola; što je on jači, to je veći pritisak na ideacioni korteks da proizvede pojmove i verovanja. Ako opsesivno verovanje može da zaustavi nalet psihoze, utoliko bolje; u mojim frojdovskim danima, mislili smo da je psihoza rezultat dekompenzatornih opsesivnih verovanja. Kod opsesivnih verovanja frontalni korteks ostaje skoro netaknut. U psihozi, prva i druga linija zamenjuju treću, tako da istorija postaje naš sadašnji život. Prošlost potpuno okupira sadašnjost i osoba više ne može da ih razlikuje.

Telo mora da nađe način da prevede preplavljujući teret traume u nešto drugo; zato ono mobiliše primitivne odbrane, što potiskuje bol. Na svaku vrstu bola, odgovara se potiskivanjem, čime mozak zataškava emociju. Kasnije u životu, opremljena kortičkom sposobnošću da zameni ideje osećanjima, „traumatizovana beba" će pozvati Boga da je spase od unutrašnjeg bola, čak i ako ne zna za postojanje i poreklo ovog bola. Osoba priziva Boga da pazi na nju, da se postara da dobije pravdu – zove nekoga ko je neće izneveriti, a iznad svega, nekoga ko će joj pomoći da _živi_ (kako izvorno, na rođenju, tako i u sadašnjosti, u figurativnom smislu). Pomoću vere, ideja, misticizma i magije, kanališemo otiske koji su snažno utisnuti traumatičnim dešavanjem koje često potiče iz preverbalnog perioda. Setite se da otisci, budući da su često rezultat borbe na život i smrt, čine _smrt_ konstantom u umu osobe. Iz tog razloga, verovanjem se, na određen način, mora savladati smrt.

PONOVNO POVEZIVANJE MOZGA

Postoji sve više dokaza da je moždano tkivo prednjeg dela prefrontalnog korteksa odgovorno za integraciju emotivnih stanja. Skorašnji rad stručnjaka sa Jejl Univerziteta – Patriše Goldman-Rakić i

Paška Rakića – stavio je akcenat na korpus kalozum (most između desne i leve hemisfere), koji im je poslužio kao model moždane simetrije. Oni navode da se ćelije u korpus kalozumu spajaju sa svojim kopijama – ćelijama u obe hemisfere. Da bi jedna strana „prepoznala" drugu, treba da postoji ili određena rezonancijska frekvencija, ili hemijski afinitet (koji omogućava ćelijama na jednoj strani da se povežu sa ćelijama na drugoj). Kao što sam pomenuo, sećanje je povezano kada otisci sa nižih nivoa (filogenetski starije strukture) rezoniraju istom frekvencijom na višim nivoima (u filogenetski novijim strukturama). Čini se da pri susretu prefrontalnog korteksa i subkorteksa postoji obrazac prepoznavanja; to je kao nalaženje srodnih duša. Još je verovatnije da se otisci nižeg nivoa penju da bi našli svoju drugu polovinu u višim delovima nervnog sistema. Kada su jednom udruženi, oni čine integrisano, objedinjeno kolo.

Dejvid Darling u svojoj knjizi[46] diskutuje o tome kako se ponašaju nervne ćelije, tačnije, aksoni (nervni nastavci): „Različite grupe nervnih nastavaka moraju biti sposobne da prepoznaju različita obeležja, inače bi najveći broj nervnih nastavaka rastao na istom mestu. Evolucija je smestila mnogo različitih receptorskih molekula na površinu nervne ćelije; ipak, svaki od njih će se pričvrstiti za samo jedan odgovarajući specifični molekul."[47] Tako nervne ćelije dobijaju vodiča, koji ih upućuje ka konekciji sa drugim ćelijama. Sve što je potrebno za konekciju jeste da druge nervne ćelije imaju odgovarajuće receptorske molekule. Ćelije će ignorisati sve druge nervne ćelije koje nisu odgovarajuće.

Darling naglašava da ove ćelije, zatim, uspostavljaju „nervni sistem skeleta iz koga će se, kasnije, razvijati sva vlakna." Na ovaj način, svaki novi nivo svesti nastaje iz prethodnog nivoa. Tako nervni nastavci izrastaju iz tkiva nižih moždanih nivoa i idu ka svom pravom cilju. Darling navodi da ćelije „znaju" kada su stigle do veze, jer se receptori za nervne nastavke nalaze samo na pravoj, ciljnoj nervnoj ćeliji. On nastavlja: „Mozak se organizuje i povezuje kroz različite faze."[48]. Čak i u materici, veruje Darling, mozak se

---

[46] „Jednačine večnosti", Darling Dejvid, Hiperion Pres, 1993.
[47] Isto, strana 24.
[48] Isto, strana 25.

priprema za trenutak kada će „izaći na svetlo dana". Nastaviću da ga citiram, jer to što on navodi na neuro-filozofski način, odgovara našim kliničkim opservacijama; „individua je, tokom boravka u materici, već ukratko prošla kroz fizičku evoluciju života na zemlji (ontogeneza – *prim. prev.*). Sada ona brzo prolazi kroz etape razvoja ljudskog uma." Etape se nižu „od besmisla, do maglovite budnosti, do svesnosti o (spoljnom) svetu, do svesnosti o sopstvu (sebi)[49]." Svaki novi nivo je elaboracija prethodnog, dok ne stignemo do pune svesnosti. Ovde je presudan koncept konekcije, spajanja povezanih neuralnih mreža.

Bez povezivanja nižih nivoa sa višim nivoima, mi razmatramo samo kortikalni mozak koji se kasnije razvio, a ne mozak kao celinu. Darling ukazuje da mozak, u našoj ličnoj evoluciji, ubrzano prolazi kroz etape cele ljudske istorije (evolucije – *prim. prev.*). U Primalnoj terapiji mi ubrzano prolazimo kroz te etape – unazad. Samo, to nije trka; to je više puzanje. Niko ne može da napravi konekciju (uvid) umesto nas; ona mora proizaći iz osećanja, i to mora da se uradi polako i postupno. Kada pacijent ima konekciju, znamo da je vreme. Kada je uvid nametnut od strane terapeuta, obično nije trenutak – „organski gledano"; to poriče evoluciju, jer ideje nastaju posle osećanja, a ne pre njih. Darling ukazuje na to da je istina „neprekinuta realnost". Neuroza uspeva da izdeli i rasparča tu realnost (diskonekcija). Terapija osećanja ponovo uspostavlja tu celovitu realnost. Do jedinstva prirode dolazi samo kroz konekciju. Neuropsihološki zakoni postoje. Na nama je da ih nađemo.

Da rezimiramo. Rani događaji, čak i pre rođenja, utisnuti su u ceo sistem – pretežno u desnu hemosferu. Ovi događaji se mogu desiti pre nastanka levog prefrontalnog korteksa (koji bi im dao smisao). Do trenutka kada nastane taj deo cerebralnog korteksa, bol u desnoj hemisferi (koji je jak jer uključuje borbu na život i smrt na rođenju i pre njega) je već potisnut, što dovodi do prekida između dve strane, kao i između nižih i viših moždanih centara. Štaviše, konekcijske spone još uvek nisu ni sazrele. Ovaj proces se naziva potiskivanje ili „postavljanje kapija" ili, u naučnoj literaturi – disocijacija. Desna hemisfera, zatim, postaje skladište nesvesnog. Postati svestan znači ponovno povezati bol sa svesnošću/svešću.

---

[49] „Jednačine večnosti", Darling Dejvid, str. 27.

Konekcija znači *svest*, čak i kada događaj nema reči ili prizore. Možemo imati svest o odsustvu kiseonika tokom rođenja ili o agoniji izvrtanja zbog karličnog položaja. Ta svest, bez obzira na nedostatak reči kojima bismo je objasnili, isto je tako presudna kao i svest o događajima koji su se desili u šestoj godini. *Osećanje bola jeste svest.* Ovde reči nisu potrebne.

Konekcija se ne može postići kada je kabl za vezu (korpus kalozum) oštećen ili istanjen zbog rane traume. Kada je jednom traumatski događaj odvojen, niže oblasti desne hemisfere imaće „sopstveni um“. To znači da energija bola utiče na srce i druge ključne organe (isključujući više moždane funkcije), počinjući da nanosi suptilnu štetu; tako se, godinama kasnije, neočekivano pojavljuje ozbiljna bolest, čije je poreklo nama nepoznato. Kod osobe se, preko noći, javlja visok krvni pritisak ili povećava broj srčanih otkucaja, ili, u najgorem slučaju, dolazi do moždanog udara. Budući da je poreklo tako udaljeno, osoba ne može ni da pretpostavi da je razlog tome trauma na rođenju. Lekar koji leči ovo stanje kaže: „Da li ste skoro imali neki stres?“. „Ne, koliko ja znam“, uzvraća pacijent.

Prototip određuje ton i pozornicu za ono što dolazi kasnije. Blizanac koga sam lečio, ostao je u materici nakon što je njegova sestra bliznakinja izvučena. Nisu znali da je ostao unutra. Ovo se, inače, desilo pre više decenija. Čekao je dugo, i smrt je pretila. Kasnije, roditelji mu nikad nisu pružili ljubav i dodir. Čekao je i na to, ali bez rezultata. Nužnost tog čekanja u njegovom kasnijem životu, proizašla je iz borbe na život i smrt u materici. Kasniji događaji su dali traumi njenu snagu: poslali su ga u internat kada je imao šest godina, i godinama je čekao da dođe kući, svojoj porodici. Porodica ga je veoma retko posećivala u internatu. Kada je odrastao, svako je čekanje bilo jako bolno. Jedne noći se upravo spremao da vodi ljubav sa devojkom, ali je ona morala da ode u toalet. Dugo čekanje vratilo mu je stara osećanja (bukvalno je čekao ljubav!), izgubio je erekciju i nije mogao da je vrati. Čekanje je poslužilo kao okidač (u obrnutom smeru) – prvo – za čekanje da njegovi roditelji dođu i odvedu ga iz internata, a zatim, za prototip čekanja da bude rođen.

Izvorna reakcija tokom prototipa, bila je nemogućnost da pomogne sebi (slabost i bespomoćnost = impotencija). Od tada je bio utisnut niži sloj bespomoćnosti i beznadežnosti. Kada je rani bol bio isprovociran (u sadašnjosti – *prim. prev.*), pokrenula se ista rana reakcija. Kada nešto posluži kao okidač za bol, to ne podstiče samo spuštanje bola do izvornog osećanja, već pokreće i ceo spektar reakcija u vezi s tim. Bol i reakcije su integrisana celina.

U seksu, ovog pacijenta (blizanca – *prim. prev.*) napustila je sva snaga – kao što je to izvorno bio slučaj zbog prinudnog čekanja. Možemo li lečiti tu impotenciju kognitivnom terapijom znajući da trauma nema veze sa rečima niti sa seksom? Možemo lečiti pacijenta samo ako govorimo jezik desne hemisfere, što nam ostavlja vrlo mali broj reči. Ako trauma nije sadržala reči, ne bi trebalo da postoje ni u terapiji. To se zove „susret sa pacijentom na mestu gde se on nalazi". U terapiji, tokom koje pacijent pati zbog svog ranog detinjstva (u svom preverbalnom, neverbalnom mozgu), govor znači susret sa pacijentom na mestu gde se on *ne* nalazi. Kako možemo da razgovaramo sa mozgom koji još uvek ne poseduje reči, ni razumevanje? Komponenta patnje iz ranog detinjstva ima direktnu vezu sa ključnim organima kojima upravlja desna hemisfera. Leva hemisfera insistira da je sve u redu, a desna šalje poruke – plućima, imunom sistemu, cirkulatornom sistemu i srcu – da su stvari užasne. Sve se radi „sotto voce"[50]. Najzad, desna hemisfera i ne želi da je leva slučajno čuje. Ako tajna izađe na videlo njome se neko mora pozabaviti, a leva hemisfera to ne može da uradi (pre nego što u terapijskom procesu ne dođe do povezivanja – *prim. prev.*). Istina o bolu je već tu, samo što se otkriva indirektno, kroz organe. Javlja se kroz bol u stomaku ili u srcu (angina). Ovo su somatski aspekti (delovi sećanja!) preovlađujućeg otiska bola, koji još uvek nije osvešćen. A nije osvešćen, zato što je izuzetno jak. Setite se da postoje nervna vlakna koja idu odozdo, utičući na prefrontalnu moždanu oblast; ona mogu da promene (i menjaju) njenu strukturu i funkciju – naročito u desnoj frontalnoj oblasti.

U neurozi, postoji drugačiji mozak. Neuropsiholog Alan Šor sa Los Anđeles Univerziteta iz Kalifornije, veruje da rana trauma nadjačava genetiku u našem ličnom razvoju i ja se s tim slažem.

---

[50] *Sotto voce* – tihim glasom – italijanski jezik – *prim. prev.*

Silazak niz lanac osećanja mora biti postupan i metodičan jer, dok silazimo, intenzitet bola raste. Tako je na rođenju, gde je smrt bila blizu, bol užasan. To bi trebalo da se doživi tek pošto se iskusi manji, kasnije doživljen bol. Ako probamo da do bola stignemo uz pomoć halucinogenih droga, na primer, kako neki terapeuti rade, rezultat će često biti divlji simbolizam jer se neokorteks upinje da bol ograniči i zadrži. Ako terapeut ovo smatra normalnim, čak zdravim, onda je sve izgubljeno, jer je pacijent – izgubljen. On sada živi u lavirintu zbrkanih ideja koje nemaju veze sa unutrašnjom realnošću. Umesto da oseća tu realnost, on je njome ograđen i nadjačan.

Kod neuroze, dolazi do gubitka povezanosti između delova mozga, usled čega se sećanje ne može spojiti sa unutrašnjim senzacijama i spoljašnjom realnošću. Gubimo celovitost, tako da se prošlost i sadašnjost ne mogu razlikovati. Setimo se eksperimenta u kojima su mereni moždani talasi životinjama pri postojanju i odsustvu traume. U eksperimentu su prvo životinje bile traumatizovane, a zatim stavljene u sličnu situaciju (kao u prvom delu eksperimenta), ali bez postojanja traume. U oba slučaja, moždani talasi su bili skoro identični. U ovakvoj situaciji, mozak ne može da razlikuje prošlost i sadašnjost, i tera nas da reagujemo onako kako smo reagovali u prošlosti, čak i kada takva reakcije nije potrebna. U neurozi, mi živimo u prošlosti, a da toga nismo svesni. Stidljivi smo u kontaktu sa drugima, jer nas je ljutit otac naterao da odustanemo i da se predamo bez pogovora. Ovakav otac, uklanja detetovo „ne", tako da kasnije osoba stalno udovoljava željama drugih. Ono reaguje u sadašnjosti kao da je to prošlost.

Izbor

Ne možemo ići u dubinu ako prvo nismo bili na površini – ne možemo posetiti prošlost, ako se pre toga nismo bavili sadašnjošću.

Neki od nas mogu da izgube koordinaciju i usled toga što unutrašnji signali (od proprioceptora), ne uspevaju da stignu do vrha na integraciju. Posledica je da postajemo nezgrapni, nespretni, bez koordinacije, jer postoji diskonekcija između tela, mišićne funkcije i viših moždanih centara kontrole. Osoba nije „svoja".

Rana trauma oštećuje pravilan razvoje desne hemisfere, tako da kasnije pogrešno opažamo, ne možemo da osetimo nijanse, i reagujemo prejako ili preslabo. Nijanse ne možemo osetiti, jer je to zadatak desne hemisfere, a mi smo (svojom levom hemisferom), odvojeni od nje. Ovo izaziva tendenciju da budemo bukvalisti i da ne vidimo implikacije određenih situacija. Oštećenje desne hemisfere može takođe dovesti do gubitka naše sposobnosti empatije, jer je to takođe zadatak ove hemsfere. Sve što je povezano sa osećanjima, ukratko, nedostaje zbog diskonekcije. Neophodno je da terapeut ima pristup desnoj hemisferi, a još je važnije da postoji integracija leve i desne hemisfere. Terapeut mora videti „iza" pacijentovih reči. U primeru pacijenta koji je čekao (koji je ranije naveden), jasno je da nećemo imati potpuno razrešenje i promenu, ako se ne spustimo u potpunosti niz lanac bola. Kada bismo ponovo proživeli samo čekanje u detinjstvu (potreba da se ode kući posle internata), rešili bismo samo deo traume. Još uvek bi sa čekanjem bila povezana neizbežnost ali ne tako očajnička kao ranije. Ono što čekanju daje težinu borbe na život i smrt, jeste trauma sa rođenja, koja je zaista bila pitanje života i smrti. Ovo je opšte pravilo u vezi svakog problema ili odigravanja. Kompulsivno-opsesivni aspekt problema uglavnom pokreću preverbalne traume, koje su, najčešće, čisti impulsi. Zbog toga se seksualno odigravanje tako teško leči. Pored toga, ako terapija ne dođe do prototipa, problem neće biti u potpunosti iskorenjen. Teškoća je u tome, što je trauma prve linije, koja izaziva odigravanje, već povezana sa neizbežnošću/hitnošću. Đavolski aspekt ovoga jeste da ne možemo ići u dubinu, ako prvo nismo bili na površini – ne možemo posetiti prošlost, ako se pre toga nismo bavili sadašnjošću. Moramo slušati evoluciju, čak i ako se radi o evoluciji koja ide unazad.

U „ponovnom rađanju" ili LSD terapiji[51], pacijent je uronjen u rani daleki bol; rezultat je, prečesto, početna ili prolazna psihoza. Jedan od naših pacijenata je otišao, preko vikenda, u meditacijsku grupu koja je praktikovala duboko disanje. (Ovo se desilo bez našeg znanja. To je zabranjeno u našoj terapiji, iz očiglednih razlo-

---

[51] Terapija u kojoj se koriste halucinogene droge (LSD).

ga.) Vratio nam se razoren, izražavajući se putem simbola – o kosmičkim snagama i prošlim životima. To duboko disanje je oslabilo njegove odbrane i otvorilo kapije na veštački način. Preopterećenje ga je gurnulo u simbolizam dok se frontalni korteks borio da dâ smisao oslobođenom bolu, kojeg nije bio spreman da oseti i integriše.

U psihoterapiji moramo verovati evoluciji i devoluciji (nayadovanju vrste); ne treba da preskačemo faze. Ako u terapiji odmah krenemo na traume sa rođenja, mi prkosimo evoluciji. Ali, ako se zadržimo u sadašnjoj situaciji čekanja u doktorovoj ordinaciji (kao kod pacijenta koji nije mogao da čeka), osećanje će se pojaviti. Mi samo treba da držimo pacijenta u trenutnom osećanju, i ono će ga samo odvesti naniže, tamo gde pacijent treba da ode. Silazićemo samo metodičnim koracima da ne bismo bili preplavljeni. Osećanje je vozilo koje nas prevozi niz nervne puteve do porekla bola. Ako ne pratimo pacijenta, terajući ga da ide brže od svojih mogućnosti, doći će do isključivanja kada bol postane prejak. Kada bol postane prejak, naš automatski vodič nas ponovo isključuje. Ta činjenica bi trebalo da nam kaže da se naše odbrane javljaju automatski usled bola. To, što je osoba u defanzivi, nije loše. To je neophodan korak u preživljavanju.

Pitamo se: ako ljudska evolucija ima toliko smisla, zašto nam prirodno ne daje pristup sebi dok rastemo? Pa, evolucija je stigla do potiskivanja i stala. Da bismo pobegli spoljnjim neprijateljima, razvili smo sposobnost da pobegnemo od unutrašnje opasnosti – osećanja. Nažalost, treba nam pomoć da bismo imali pristup. U međuvremenu, u svakodnevnom životu koristimo samo funkciju „preživljavanje" (potiskivanju).

Izbor

Ne može se verovati nijednom terapeutu kojim upravlja leva hemisfera, jer njega ograničavaju njegove ideje i uvidi.

Trebalo bi da bude jasno da disocijacija ograničava svesnost, ne svest, a nama je, da bismo postigli promenu, potrebna svesnost, umesto svesti. U terapiji, možemo pacijenta koji je jako nestrpljiv, učiniti svesnim (leva frontalna oblast) toga da je užasno impulsivan i da ne može da podnese čekanje. Međutim, to neće dovesti do povezanosti nižih delova sa višim, tako da neće doći do promene (vezu između filogenetski starijih delova desne hemisfere i leve prefrontalne hemisfere). Čak i pri punoj svesti, desni niži moždani delovi šalju impulse koji nagrizaju različite organe u telu. Rezultat može biti čir (čije je poreklo često na prvoj liniji), ili čirevi koji krvare, čije se krvarenje ne može zaustaviti bez pristupa prvoj liniji. Svesna osoba može biti potpuno nesvesna ovoga. Podsvest nikako ne može postati svesnost kod neurotičara. Neuroza znači – promenjeno stanje svesti. To uključuje postojanje defektnog ili oštećenog kola između nižih i viših moždanih nivoa. Ukratko, mozak je naknadno povezan. Kod odrasle osobe, umesto osećanja potrebe za ljubavlju i maženjem, javiće se trenutni seksualni impulsi ili nagon za jelom. Što su ta kola devijantnija i što duže rade na specifičan način, to će takva vrsta veze postati jača.

Ako želimo da otklonimo devijaciju, treba da se vratimo i ponovo proživimo vreme njenog nastanka. Vraćamo se da bismo ponovo postavili ključne tačke u normalno stanje (kao što bi bile postavljene da nije bilo traume – *prim. prev.*). Zbog toga se posle godinu dana terapije, *prirodno* lučenje inhibitora (supstance bitne u potiskivanju) – serotonina je pojačano. Ključne tačke su ponovo postavljene. Ponekad je moguće da se izazove olakšanje kod pacijenta samo bavljenjem traumama iz kasnijeg detinjstva, ostavljajući prototip na mestu. Ako ovaj pristup podiže prag za simptome, utoliko bolje. Neće biti očiglednih simptoma, ali tendencija je još uvek tu. Tako, alkoholičar možda neće biti prisiljen da pije kada je ponovo proživeo deo ovog bola, ali će uvek biti u opasnosti od vraćanja alkoholu. Ako tražimo potpunu promenu ličnosti, to neće biti moguće bez bavljenja otiskom. Ako je neko srećan što nema simptome, neka mu bude. To je pacijentov život, a ne naš.

Trauma iz ranog detinjstva, sa rođenja ili iz perioda pre rođenja, ometaće pravilan razvoj desne hemisfere i njene povezanosti sa levom. Trauma ostaje u pobuđenom stanju, tako da je mogu pokrenuti čak i neutralni događaji. Da li nam je potrebna pomoć terapeuta da bismo videli spoljašnu realnost? Ne. Pomoć terapeuta nam je potrebna da bismo našli unutrašnju realnost; ostalo se dešava samo po sebi. Da budemo precizni: treba da pristupimo desnoj hemisferi jer taj deo mozga (naročito orbito-frontalni korteks) sadrži mapu naše emocionalne istorije i našeg unutrašnjeg stanja. Pristupajući desnoj hemisferi, ne moramo da nagađamo šta nam se desilo sa dve godine – možemo to ponovo iskusiti i znati. Zato je podsećanje toliko drugačije od ponovnog proživljavanja. Frontalni cerebralni korteks obrađuje podsećanje. Podsećanje izveštava ali ne proživljava ponovo. Tako, možemo se podsetiti toga da nas je neko zlostavljao kada nam je bilo četiri godine, ali to ne mora biti tačno (može čak biti i izmišljeno). Nasuprot tome, ponovno proživljavanje je sistemsko i sveobuhvatno. U ponovnom proživljavanju, kod osobe se mogu ponovo pojaviti modrice sa rođenja (otisci doktorovih prstiju na koži novorođenčeta), ili se mogu javiti gušenje i davljenje dok osoba ponovo proživljava nedostatak kiseonika na rođenju. To je događaj koji se *desio* i ne treba ga mešati sa podsećanjem. Ponovno proživljavanje uključuje i reakciju pluća u tom trenutku i količinu izlučene sluzi tokom porođaja – jer tokom ponovnog proživljavanja rađanja, sluz se ponovo izlučuje. Podsećanje nema veze sa tim.

Izbor

U ponovnom proživljavanju, kod osobe se mogu ponovo pojaviti modrice sa rođenja (otisci doktorovih prstiju na koži novorođenčeta), ili se mogu javiti gušenje i davljenje dok osoba ponovo proživljava nedostatak kiseonika na rođenju.

Kada govorimo o kontroli desne moždane hemisfere, orbito-frontalni korteks ima direktnu vezu sa amigdalom/limbičkim sistemom. Ako desna hemisfera dobro funkcioniše, imaćemo sposobnost promene svog emocionalnog izlaza (output). Ali nama je takođe potrebna konekcija između leve i desne hemisfere koja se ostvaruje, u velikoj meri, kroz korpus kalozum. Neophodno je postojanje veze nižih delova desne strane sa njenim višim delovima; veza viših delova desne strane sa višim delovima leve strane; i nižih delova desne strane sa višim delovima leve strane – da bi postojala potpuna integracija. Ovo može da zvuči komplikovano, ali za zdrav mozak to i nije neki problem.

Kodiran utisak se registruje u celom sistemu. Podsećanje tretira levi frontalni deo kao poseban entitet – pogrešno poistovećujući mozak sa celom individuom, tako da, kad se kod osobe javi razumevanje, mislimo da joj je bolje. U stvari, samo njena leva hemisfera je bolje. Ostatak ostaje bolestan. Leva hemisfera, ekspert za čudne izmišljotine, može zaista verovati da je sve u redu dok se odvojeni aspekt sećanja – komponenta patnje – grči uz tiho vrištanje. Desna strana nam daje pregled naših života i toga kako se snalazimo u njemu. Leva secira; ona je analitička, ali ne vidi širu sliku. Ona može da kritikuje, ali ne može da stvara. Sada znamo na kakvu terapiju idu kritičari. Osobe na konvencionalnoj terapiji uvidom, razgovaraju sa mozgom koji ne poseduje reči i pitaju se zašto terapija nema efekta. To je dijalog između gluvih i slepih.

Osobe kojima upravlja treća linija traže osobe pod istom „upravom" da bi s njima imale vezu, i biraju kognitivne terapeute treće linije da im ojačaju intelekt kako bi držali osećanja na distanci. Oni ostaju u carstvu ideja, dok im je upravo suprotno potrebno. Našu terapiju biraju oni koji pate, koji često imaju previše lak pristup i premalo kontrole. Terapeutu je potreban pristup desnoj hemisferi da bi imao sposobnost empatije sa pacijentom, da bi mogao da oseti ono što on oseća, i da bi znao kada treba nakratko izbeći bol. Terapeut će zaslužiti pacijentovo poverenje onog trenutka kad pacijent oseti da terapeut: – zna šta se sa njim, pacijentom, dešava; – ne čini pogrešne poteze; – omogućava slobodan protok osećanja. Ne može se verovati terapeutu (pod „upravom" leve hemisfere) koji prekida pacijentova osećanja i ne može da vidi njegovu spremnost da oseti samo određen nivo bola. Takva vrsta senzibilnosti ne može se naučiti. Ne možemo „naučiti" osećanje. Ne možemo naučiti vezu sa desnom hemisferom; možemo je samo omogućiti.

Zbog toga što moždano stablo i limbičke strukture na levoj strani u velikoj meri sačinjavaju podsvest, naš zadatak je da desnu hemisferu dovedemo u simetriju sa levom. Setimo se, događaji su nesvesni, jer rana trauma utiče na desnu hemisferu mnogo više nego na levu – pri čemu desna gubi dodir sa svesnošću/svešću.

KAKO SE FORMIRA SEĆANJE

O pojmu signalne frekvencije se, na jedinstven način, raspravlja u delu „Polje: Potraga za tajnim snagama univerzuma", autora Lin MekTagert. Usred duge diskusije o komunikaciji među molekulima, MekTagert kaže: „Prema Benvenisteovoj Teoriji, dva molekula se zatim usaglašavaju, čak i na velikom rastojanju, i rezoniraju istom frekvencijom."[52] Izgleda da svaki molekul ima svoju specifičnu frekvenciju.

Poznati neurolog Karl Pribram otkrio je da kada prvi put nešto primetimo, neke frekvencije odjekuju među neuronima čak i ispod naše svesnosti/svesti. Ovi neuroni šalju informacije drugim zainteresovanim delovima mozga da bi se formiralo sećanje. Ono što je važno u ovoj prilično ezoteričnoj diskusiji, jeste da mozak obrađuje informacije „stenografijom obrazaca frekvencije moždanih talasa; ovi obrasci rasipaju se svuda po mozgu distributivnom mrežom." Na ovaj način se sećanja uskladištavaju i vraćaju. U osnovi, mozak je analitičar frekvencija. Ali kada rezonirajuća informacija znači nepodnošljiv bol, kontakt je isečen/prekinut. Leva hemisfera kaže „ja ne želim ništa da imam sa nekim ko me povređuje." Desna moli „Hej, doktore sleva, imam užasan teret; tražim samo da mi malo pomognete." Ali, inhibitorni neurotransmiteri sprečavaju direktnu komunikaciju sa desnom hemisferom. Sve se ovo dešava više na subkortikalnom nivou, nego na kortikalno-kognitivnom. Čak i kada imamo reči, još uvek postoje ti naglašeni biohemijski procesi i ove jako važne frekvencije. Zašto zovemo levu hemisferu – „doktor?" Zato što je taj „doktor" pobegao na levu stranu – u intelekt, i neprestano učio, da bi izbegao osećanja.

Izbor

Ne možemo biti zdravi i mentalno jaki sve dok postoji diskonekcija; sve dok postoji rat između dve polovine mozga, mentalno zdravlje nije moguće.

Različiti ključni neuroni mogu biti hemijski privlačni za svoje kopije i stopiti se kada se sretnu. Ovo je za sada pretpostavka, ali činjenica je, da kada jednom postoji potisnuto osećanje ili potreba,

---

[52] "Polje: Potraga za tajnim snagama univerzuma", Lin MekTagert, „Harper Kolins", Njujork, 2002.

sistem trenutno prelazi na usklađivanje nervnog sistema da bi postigao balans. To je test konekcije: ravnoteža nervnog sistema kod koje su pokazatelji vitalnih funkcija ispod donje granice.

Uradili smo četiri različite studije o moždanim talasima kod naših pacijenata. Na početku terapije, naši pacijenti imaju veću energiju (amplitudu hemisfere) u desnoj hemisferi, ali posle jedne godine terapije, javlja se pomeranje energije ka levoj. Ovo za nas znači uravnoteženiji mozak. Postojala je jaka korelacija između toga kako se pacijent osećao i pomeranja energije u mozgu. Završili smo dvogodišnju studiju, u kojoj smo pratili četrnaest pacijenata.

S vremenom, snaga u mozgu se kreće ne samo sdesna nalevo, već i iz zadnjeg dela mozga ka prednjem (više alfa frekvencije), gde ima više kontrole. U frontalnoj oblasti postoje više frekvencije, što može značiti bolju integraciju i kontrolu osećanja. Anksiozni pacijent, kod koga potiskivanje nije sasvim uspešno, može doći sa višom voltažom u mozgu, od 50-150 mikrovolti sa 10-13 ciklusa u sekundi. Trenutak pre ponovnog proživljavanja (primala), alfa amplitude mogu dostići dvostruki ili trostruki nivo u odnosu na stanje mirovanja (300 mikrovolti). Ovo nam govori koliko je sećanje/osećanje blizu svesnosti/svesti. Ovo nam daje dijagnostički alat da izmerimo pristup koji pacijent ima (sećanju/osećanju – *prim. prev.*)·

Konekcija je oslobađanje desnog prefrontalnog korteksa osećanja, od kontrole leve strane. Leva strana sada može da obavlja svoje važne funkcije integracije umesto potiskivanja. Naravno, dokaz za to su i opuštenost pacijenta i njegovo osećanje olakšanja. Najvažnije od svega je da, kada postoje potisnuta osećanja, uvid postaje gejzir. Posle proživljavanja osećanja, jedan pacijent je otkrio zašto nikada nije mogao da večera unutra u restoranu (a ne u bašti); nije želeo ništa iznad glave (što je na primalu rođenja u stvari bio udarac u pubični svod). Nikada nije mogao da podnese ništa iznad sebe, čak ni simbolično – šefa. Naravno, njegov otac je bio tiranin; pacijent je izbegavao autoritet kao kugu. Ovde su postojale komponente prve i druge linije osećanja.

Prethodno navedeni rad Martina Tejčera[53], ukazuje da rana trauma oslabljuje komunikacioni kanal – korpus kalozum – izme-

---

[53] Videti i dva pionirska rada o rascepu mozga autora – Majka Gacaniga i Džozefa Bogena.

đu leve i desne strane, što je još jedan dokaz neurološke osnove diskonekcije/rascepa i njenih efekata. Dakle, leva strana izjavljuje: „opuštena sam i smirena", dok se desna strana previja u bolovima.

Ne možemo biti zdravi i emocionalno jaki sve dok postoji prekid; sve dok postoji rat između dve moždane hemisfere, mentalno zdravlje nije moguće. Neuroza znači da postoji diskonekcija. Nije moguće oporaviti se kroz još veći prekid, što se dešava u hipnozi i svim kognitivnim terapijama, gde se leva strana tera sve dalje od svog pandana.

Konekcija ima neurološke korene. Švedski neurolog, Dejvid Ingvar, koristeći snimke mozga načinjene kompjuterskom tomografijom[54], otkrio je da opažanje bola uključuje obe strane prefrontalne oblasti, koje rade u tandemu. Kada je emocionalni bol potisnut, pretpostavio bih da je desna strana više uključena; desna amigdala postaje jača. Kako sam ranije ukazao, desna amigdala ima tendenciju da natekne kada postoji osećanje. Tako, nepovezan bol je aktivniji na desnoj nego na levoj strani.

To je kao da postoji tajno podzemlje u mozgu u kome se poruke prenose napred – nazad, ali strana koja bi trebalo da bude svesna ne prepoznaje te poruke. Tako desna strana „govori" levoj, tihim glasom: „Slušaj, ne mogu više da podnesem kritiku. To znači da nisam voljena." A leva strana kaže: „U redu. Braniću te da se ne bi osećala tako loše. Samo nemoj previše da mi saopštavaš. U svakom slučaju, izmeniću kritičnost prema drugima, tako da oni ispadnu loši." Leva strana se tada automatski pokreće, čim se javi i nagoveštaj kritike. „Nemoj da brineš, moja prijateljice sa desnog krila, držaću osećanja nevoljenja i kritike pod kontrolom, iako mi nisi rekla šta ona predstavljaju." Tako leva strana počinje da odigrava osećanja; odigravanje nije svesno svojih korena, jer osećanje desne strane nije povezano. Leva strana još uvek nije svesno/svesna.

Ovo jasno vidimo u hirurškoj resekciji[55] (hirurški prekid veza leve i desne hemisfere), pri kojoj će hirurg uneti podatke u desnu hemisferu, ali će zbog odsustva konekcije među hemisferama, leva

---

[54] CAT scan – Computed Axial Tomography – Kompjuterska tomografija – Korišćenje kompjutera za generisanje trodimenzionalnih rentgenskih slika.

[55] Presecanje komisura i korpus kalozuma, čime se onemogućava veza između hemisfera – *prim. prev.*

biti prisiljena da racionalizuje osećanje koje čak i ne prepoznaje. Doktor će reći nešto smešno desnoj strani, dok će se leva nasmejati i smišljati čudno objašnjenje za svoj smeh: „Taj beli kaput koji nosite je jako smešan." Činjenica da leva frontalna oblast ne prepoznaje osećanje, ne sprečava je da izmišlja brojne racionalizacije. Ukratko, unos iz desne strane je tera da stvara racionalizacije, kao što to radi i u meditaciji i u neurozi gde je diskonekcija pojačana. Postoji studija u „Novom naučniku"[56], koja pokazuje da ljudi koji duže vežbaju meditaciju, dobijaju zadebljanje nervnog tkiva u prefrontalnom korteksu. To po meni znači, da meditacija suštinski angažuje misleću/intelektualnu oblast da bi pomogla potiskivanje. Osoba se subjektivno može osećati opušteno, ali u stvarnosti je to osećanje rezultat uspešnog potiskivanja. Drugim rečima, meditacija je odbrambena operacija kojom se osećanja drže podalje. Zato nije uvek najbolje uzimati pacijentovu reč kao meru napretka u psihoterapiji.

Kada neko kaže: „Niste u pravu u vezi s ovim", ili „pogrešili ste ovde", leva hemisfera brzo odgovara, „da, ali razlog zbog koga sam to uradila je bio..." Osećanje iza ovoga je „ako nisam u pravu, neće me voleti roditelji; moram da se branim." To je odbrana od osećanja na desnoj strani. „Ako grešim, osećaću se beskorisno, kao nula, kao da ništa ne zaslužujem. Kao da ne zaslužujem da me vole." Moram da naglasim da je osećanje nevoljenosti već tu! Okidač u sadašnjosti ga pokreće i opet izvrće osećanja. Osoba vrši racionalizaciju, jer ne može više da podnese ni trunku kritike i užasna osećanja koja ona pokreće. Leva se prilagođava i vrši odbranu, a da čak i ne zna zašto.

Neuroza, po mnogo čemu, jeste stanje moždanog rascepa. Suština neuroze je, izgleda, u smišljanju racionalizacije za naše ponašanje, koje pokreću nepoznate sile. Zato ne možemo da prodremo u razrađene racionalizacije i objašnjenja za tuđe ponašanje. „Zašto bih se odrekao pića, kada mi ono pomaže da se uvek osećam toplo i udobno?" rekao je jedan moj poznanik. Nije bio svestan stalne tenzije pod kojom je bio. Sve dok su osećanja skrivena i potisnuta, odbrane moraju ostati nedirnute. Kada terapeut uvidom/kognitiv-

---

[56] „Kako život oblikuje moždani pejzaž", „Novi naučnik", 26.nov.2005., str 12.

ni terapeut napadne ovu odbranu, pokušavajući da osobu navede da promeni svoje ideje, to će biti uzalud; zanemario je efekat moždanog rascepa, koji stvara tendenciju da se sve shvata doslovno. Raš Limbo, radio-komentator, priznaje da je više godina uzimao jaka sredstva protiv bolova. Njegov centar za ideje i prilično čudna filozofija, povezani su sa osećanjima kojih nije svestan. Nema svrhe razgovarati s njim o ovim osećanjima, kao što ne bi imali svrhe pokušaji da promenimo njegovu celu istoriju. Ne radi se samo o tome da on ima „nerealne ideje", već i o tome da ga njegov sistem (u diskonekciji), tera da ublažava bol na fizičkom nivou pomoću lekova; da smanjuje svoj bol zbog nepovezanosti, filozofijom koja odgovara njegovim osećanjima.

U svakoj uspešnoj terapiji, veza između duboke desne limbičke oblasti sa orbito-frontalnom oblašću rešava mnoge naše probleme: od anksioznosti – koja je oticanje bola kroz pokvaren sistem kapija, do depresije – koja je bol koji se bori sa rigidnim, nepopustljivim kapijama. Zašto? Zato što mnogo naših kasnijih problema potiče iz iskustva u nižim desnim oblastima koja nikada ne uspeju da stignu do konekcija na višim nivoima. Umesto toga, one stalno čine štetu na nižim nivoima; hronično visok krvni pritisak je jedan od mnogih primera. Osećanja beznadežnosti u depresiji „značajno podižu verovatnoću javljanja moždanog udara (*Naučne novine*).''[57] U ovom izveštaju, navodi se da je depresija ekvivalent patnji od visokog krvnog pritiska i rizika od moždanog udara. Otkrio sam da depresiju često prate devijacije u krvnom pritisku. Oni zajedno čine ansambl.

Preverbalni bolovi su izdvojeni kao nepoželjni gost koga držimo u garaži, u kojoj skladištimo nepoželjne stvari koje radije ne bismo gledali. Ono što izbija na površinu jeste neodređena senzacija neprijatnosti i nelagode – deo koji pati. Ono što je nepoželjno, udara na kapije (skoro doslovce) govoreći, „Zar ne mogu da vam se pridružim i sklonim od hladnoće?" Sistem, međutim, drži kapije visoko, implicirajući: „Izvinjavam se, ali ne mogu da podnesem ono što imaš da kažeš. Hajde da sačekamo bolji dan."

---

[57] „Depresija može igrati ulogu u riziku od moždanog udara", izveštaj, Naučne novine, 12. avg. 2000, str.102.

Taj bolji dan dolazi kada smo stariji, kada se kritičan period odavno završio, a mi smo sposobni da podnesemo ono što je prethodno bilo neprihvatljivo. Pošto smo sada odrasla osoba, imamo stabilno okruženje, nismo više zavisni od neurotičnih roditelja, verovatno imamo i ljubav – neophodne elemente za suočavanje sa svojim detinjstvom. U međuvremenu, mozak je, najbolje što je mogao, blokirao osećanja, omogućujući obilazak informacionog „auto-puta" desnog limbičkog sistema koji se proteže naviše i ulevo. Ipak, blokada nije kompletna, jer osećanje pokreće odigravanje: „Niko me ne želi", koje se pretvara u pokušaj te osobe da učini sve što može da bi je želeli (da bude od pomoći, da bude ljubazna, da ne smeta itd). Osećanje, umesto da se ispolji, preobražava se u fizičku manifestaciju. Energija, kojoj je potrebna konekcija, usled njenog nepostojanja otišla je u naš stomak i stvorila kolitis; otišla je u naš srčani i vaskularni sistem izazivajući palpitacije i migrene, i otišla je u naše mišiće, čineći nas napetim. To može izazvati da se osoba ponaša pokorno i stidljivo, jer će se osećati kao da je niko ne želi u svojoj blizini. Odlazak ove energije u naše organe, prouzrokovaće nesposobnost kod muškarca da ima erekciju. Na Primalnoj terapiji pokušavamo da omogućimo osećanjima da idu pravo „auto-putem" osećanja do desnog OBFK-a, a onda da skrenu levo kako bi stigla do svog odredišta.

Konekcija je uvek najvažnije odredište mozga. Ako skrećemo samo levo, a nikada desno, nikada nećemo uspostaviti konekciju. Verujem da se mozak stalno trudi da uspostavi vezu, ali ga sistem kapija blokira. Usled stalnog nastojanja da se povežu, osećanja ometaju i prekidaju naše razmišljanje – izazivajući nesposobnost da se koncentrišemo ili fokusiramo. Kada dođe do povezivanja osećanja, ova ometanja više neće trošiti energiju. Energija se uvek kreće ka najslabijoj karici. „Najslabija" znači najosetljivija oblast ili organ – zbog naslednog faktora ili štete koja je učinjena ranije u životu – (udarac u glavu tokom ranog detinjstva može dovesti do epilepsije). Istorija alergija u porodici može, kasnije, dovesti do astme.

Videćemo sada šta je Sten, pacijent, napisao o svojim epileptičnim napadima. Ja ne tvrdim da mogu da izlečim epileptične napade. Postoje sklonosti (osetljivost mozga, na primer) koje se, kada se kasnije dese trauma i odsustvo ljubavi (koje su, podsećam čitaoca, *trauma*), spajaju sa traumom i manifestuju kao nešto što podseća na napade. Isti je slučaj i kod osoba koje imaju genetsku sklonost ka migrenama ili visokom krvnom pritisku. Trauma može izazvati pojavu ovih simptoma.

PRAKSA

Studija slučaja: *Sten – jaki napadi*

Otprilike godinu dana pre terapije imao sam jake epi-napade. Imao bih manje napade sve vreme, čak i kad bih spavao. Pregrizao bih svoj jezik. Kada bih se probudio posle napada, mišići bi me boleli toliko da ne bih mogao da stojim, a stomak bi mi goreo. Celo telo bi me bolelo i bio bih potpuno iscrpljen. Period oporavka bi trajao otprilike nedelju dana. Nisam mogao da govorim, jer bi mi jezik bio natečen zbog ugriza. Imao bih osećanje u glavi koje čak ne mogu ni da opišem. Osećao sam se kao da mi je glava pod vodom i ne bih mogao jasno da mislim, tako da bih obično spavao prvih dana posle napada. Bar nedelju dana posle toga, osećao bih poriv da se ubijem. Iako sam bio sklon samoubistvu (jer sam trpeo ogroman bol), ono što me je održavalo na životu i sprečavalo da se ubijem, jeste rečenica koju sam stalno ponavljao u sebi: „Nisam se osećao ovako loše juče i ako sačekam dovoljno dugo, proći će."

Teško je setiti se detalja jer je sve bilo kao u magli, i bilo je teško misliti jasno. Odmah nakon napada, trebalo bi mi oko dvadeset minuta da bih se setio koji je dan u nedelji, ali setio bih se svog imena i znao bih gde sam. Obično, izgubio bih dva do tri dana od posla. Posle napada, moje oči nisu mogle da podnesu svetlost. To je bilo kao da sam u zaista mračnoj sobi i jedino svetlo koje bih mogao da vidim bilo je svetlo direktno ispred mene, kao da se nalazite u mračnom tunelu, a voz ide na vas. Bilo je još toga, kao kad sam se odjednom našao u redu u supermarketu, a nisam znao kako sam tu dospeo. Doktor mi je rekao da je to verovatno bio slabiji oblik napada.

Nisam bio svestan toga koliko sam osećanja nosio u sebi. Nisam plakao godinu i po dana od početka Primalne terapije. Znao bih da osećanja dolaze, jer sam se osećao loše, dok pre terapije nisam osećao ništa. Najvažniji događaj u mojoj terapiji bio je početak korišćenja „klonipina". Moj rani bol, čiji je deo poticao sa rođenja, nastojao je da izađe, dok ga je moj um gurao nazad. Moja osećanja kao da su se „lomila". „Klonipin" mi je omogućio dovoljno pristupa da bih počeo da osećam; bez njega, bio bih preopterećen (i sklon napadima).

Na sesiji, počeo bih da plačem nakratko, a onda bih počeo da kašljem i da tresem i nisam mogao da se vratim osećanju. „Klonipin" je opustio moje telo dovoljno da bih mogao da plačem duže i da bih mogao da se spustim, od stvari koje su mi smetale u sadašnjosti, do istih tih stvari (koje su mi smetale) u prošlosti. Plakao sam jedan do dva sata, dvaput nedeljno, tokom tri godine. Najjače osećanje bilo je osećanje beznadežnosti. Ovo osećanje se javilo jer me majka nikada neće voleti, jer me otac nikada neće voleti i jer sam bio u svetu koji je sranje; nikada neće biti bolje. Imao sam osećanje da mi je život zatvorska kazna koju moram da odslužim. Stalno sam mislio na samoubistvo, jer je ono izgledalo kao jedini izlaz iz tog zatvora. Na primer, na terapiji sam se vratio u situaciju koja se odvijala u kući gde sam odrastao. Bio sam na dnu stepenica, gledajući majku koja je stajala na vrhu stepenica, i plakao sam jer sam želeo da siđe dole i razgovara sa mnom. Nikada nije pričala sa mnom. Plakao bih zbog želje da me moja majka uzme u naručje, i drži, i priča sa mnom.

Tokom ovog perioda bilo je vrlo malo osećanja sa rođenja. Pojavilo se osećanje (koje sam ranije imao) da ne mogu da se pomerim, a majka mi ne pomaže da se rodim. Iako nisam potpuno siguran, ipak sumnjam da je napad (eksplozija!) nastao da bi me „oslobodio" i da bih se rodio.

Najzad, stigao sam do osećanja „molim te voli me, molim te pričaj sa mnom i prestani da me ignorišeš." Ovo su osećanja koja su promenila epilepsiju. Morao sam da držim toliko toga u sebi. Nikada mi nije bilo dozvoljeno da pokažem emocije, i uvek sam morao da se ponašam kao da je sve u redu. Tako, usled toga što sam dvadeset godina morao sve to da držim u sebi, osećao sam se kao pretis-lonac; moje telo više to nije moglo da podnese – i pojavili su se napadi. Svako osećanje koje imam u Primalnoj terapiji, pomalo smanjuje taj pritisak.

Posle terapije, koja mi je omogućila da slobodno ispoljavam osećanja, taj pritisak je smanjen dovoljno da više nemam napade. Danas više ne koristim lekove, i češće se osećam dobro nego loše. Ranije sam se dvadeset četiri sata osećao loše, sedam dana nedeljno, a sada, samo nekoliko dana mesečno.

Evo priče još jednog našeg pacijenta epileptičara. Mislim da je jako poučno videti kako pristup osećanjima ima tendenciju da smanji napade.

PRAKSA

Studija slučaja: *Soni – epilepsija*

Tokom poslednje dve nedelje, desio se pomak u mojoj borbi protiv epilepsije. Pošto se jačina mojih napada postepeno smanjila kao rezultat pristupa osećanju, sada ponekad imam vrlo slab napad koji počinje sa aurom (prema neurološkoj nomenklaturi). Auru prate vrisak-plač-drhtanje slabog intenziteta, koji dolaze iz dubine mog stomaka. Okidač ovog fenomena su obično emotivne okolnosti sa kojima ne mogu da se izborim. Dovoljno sam svestan da bih mogao da opišem događaj i kasnije pričam o njemu. Napad traje 10-20 sekundi. Pre dva dana, kada sam imao napad, mogao sam da pređem iz slabog napada u jak plač. Kakvo olakšanje! To sam čekao mesecima, godinama.

Imao sam jake napade četrdeset godina, bez ikakve pomoći. Odbacujući lekove, odlazeći pravo u napade, menjajući ih direktno u primalno osećanje, postepeno sam otkrio korene moje epilepsije koji su sada samo deo onoga što su izvorno bili. Sada znam šta znači imati pun pristup svojim osećanjima, uz veliku spontanost i sposobnost da se „upija" život i uživa u njemu.

U grupnoj terapiji sam prisustvovao početku napada kod epileptičnog pacijenta. Uz našu pomoć, pacijent je napad pretvorio u osećanja (obično osećanja prve linije, koja stoje iza napada). Na ovaj način, pacijent je imao primal umesto napada. Ponoviću – ovo se ne dešava u svakom slučaju – ali se dešava. Ranije sam mislio da su psihogeni napadi rezultat neispravnih kapija. Sada verujem da su oni rezultat potpunog potiskivanja, usled čega mozak ne može da ispolji ponašanje na drugi način. Ovo se često dešava u veoma disciplinovanom domaćinstvu, gde se dete drži pod jakom kontrolom. Čak i detetovu seksualnost kontrolišu religiozni roditelji – upozoravajući ga na štetnu masturbaciju (iako nova istraživanja ukazuju da česta masturbacija može otkloniti pojavu mnogih problema). Jasno, oslobađanje (od pritiska – *prim. prev.*) je važno, a napadi su, na neki način, faktor oslobađanja. Sredstva protiv bolova i sedativi mogu da uspore prenos poruke bola, i tako pomognu da se napad ublaži ili izbegne. Zato ne čudi što je jedno novo istraživanje došlo do otkrića da – isti lek koji se koristi za kontrolu epilepsije, može da se koristi za kontrolu i otklanjanje migrena. Izgleda da su migrene, u jednom smislu, napad, koji se ispoljava u trenutnom skupljanju i širenju krvnih sudova. U svakom slučaju, rezultati sve većeg broja istraživanja ukazuju na to da se, iza vrlo različitih simptoma, nalazi bol. Kod nekih epilepsija, postoji fenomen „oslobađanja"; ovde dolazi do kratkotrajnog slabljenja potiskivanja, usled čega dolazi do intenzivnog, nasumičnog ispuštanja nervne energije. Logično je, zato, da sredstva za smirenje koja pomažu sistemu kapija, pomažu i kod epilepsije i migrene.

LIMBIČKI SISTEM I NJEGOVE VEZE

Desna amigdala formira senzorni put koji se proteže od senzacija i osećanja u nižoj moždanoj oblasti, i ide naviše – do OBFK-a. Amigdala takođe šalje informacije o emocijama OBFK-u, koji preuzima jedan deo sećanja i kodira ga. Amigdala reguliše formaciju sećanja i nivo emocionalne snage. Kada je količina informacija prevelika, poruka ne putuje sve do OBFK-a da bi se konektovala. Ona može biti blokirana na nivou talamusa i poslata nazad, čime se nastavlja diskonekcija. Tada imamo bezglavo čudovište koje, bez vođstva, pretura po nižim nivoima nervnog sistema.

Ljudi koji se osećaju nelagodno u svojoj koži osećaju to čudovište, ali ne znaju šta je to. Jedino što osećaju jeste da hoće da „iskoče iz svoje kože". Nije teško razumeti nekoga ko ima „vantelesno" iskustvo. Osobe sa užasnim bolom prve linije zaista ponekad imaju „vantelesno" iskustvo, u kome „ostavljaju" telo iza sebe i putuju u drugu dimenziju. Ovo je jedan od načina na koji sistem odbrane deluje; to je bekstvo od bola u desnoj hemisferi, odlaskom u levu, putem zamišljenih moći. Osoba je napravila skok van sebe – van jedinog sopstva koje oseća – skok u zamišljeno stanje. Na našim sesijama doslovno „vidimo" upad/ometanje od strane ovog „čudovišta", dok pacijent ponovo proživljava nešto iz ranog detinjstva; on iznenada dobije napad kašlja, a njegove noge i ruke menjaju položaj u fetalni. Ovde smo dodirnuli bolest iz detinjstva koja ima koren u filogenetski starijim moždanim strukturama. Ponekad se ometanje (upad) nastavlja, u vidu gubitka vazduha, i ometa ponovno proživljavanje događaja iz detinjstva u celosti. Ako pacijent nije spreman za dublje iskustvo, možemo preporučiti sredstva za blokiranje prve linije kao što su „klonidin" ili „zenaks". Ako je pacijent spreman za iskustvo prve linije, možemo nastaviti (to se retko radi u prvim mesecima terapije). Pravilo je – postupati nežno : prvo skoriji bol, koji je manji; otvaranje sistema je postepeno, u malim delovima tako da svaki bol može da bude integrisan.

U nekim slučajevima, kada amigdala nosi previše bola, hipokampus može da podesi svoju snagu. Ali kada uz to postoji i rana trauma, hipokampus ne može da uradi svoj posao. Nažalost, ova struktura (hipokampus) je vrlo osetljiva na dugotrajno lučenje hormona stresa. Stres (čak i pre rođenja), koji povećava broj vezujućih tačaka hormona stresa, može uticati na hipokampus koji je još u razvoju. Možda nećemo videti efekte toga u sledećih pedeset godina, sve do trenutka kada pamćenje počne da slabi i nestane u velikoj meri. Treba istaći značaj povećanja broja vezujućih tačaka hormona stresa. Ono znači da će otisak celog života izazivati jače lučenje kortizola od normalnog; ovo će imati različite fiziološke posledice. S vremenom, može doći do oštećenja mozga, jer su neke strukture – kao što je hipokampus – vrlo osetljive na visok nivo kortizola. Kasnije u životu ovo može dovesti do ozbiljnih bolesti, od kojih su neke – Alchajmerova i Parkinsonova.

Još jedan dokaz za moj stav nalazi se u izveštaju B. Bauera u „Naučnim novinama".[58] On kaže da vrlo rani stres kod životinja može „izmeniti mozak i oslabiti pamćenje." Implikacija je da rana trauma može, kasnije, dovesti do ozbiljnog gubitka pamćenja, u čemu učestvuje i hipokampus. Prema našim kliničkim eksperimentima kod ljudi, moguće je primeniti Bauerove nalaze i na ljudska bića. Bauer i istraživači ukazuju da je neadekvatna briga i uskraćivanje ljubavi mladim životinjama „isto što i udarac u mozak sa odloženim efektima".

Druga studija[59] otkriva da je jedno od dejstava sedativa na mozak – slabije funkcionisanje struktura koje obrađuju bol (hipokampus i amigdala). Drugim rečima, iako porast adrenalina smanjuje našu sposobnost da kontrolišemo osećanja, lekovi koji sma-

---

[58] „Rani stres kod pacova nagriza pamćenje u kasnijem dobu", Brus Bauer, 22.okt. 2005.
[59] „Amigdala i emocionalno pamćenje," „Američki naučnik", maj 2005.

njuju njegovo lučenje (sedativi) otežavaju sećanja na stare traume. Što su stare traume (odsustvo ljubavi) bliže svesti, to više patimo.

Desna hemisfera, koja „oseća", prevashodno je odgovorna za lučenje endorfina i serotonina. Rani otisci mogu, za ceo život, promeniti broj ovih vezujućih tačaka.

ZABLUDA O „PRILAGOĐAVANJU"

Često primećujemo slabije funkcionisanje OBFK-a kod naših ometenih pacijenata, jer oni počinju da ponovo proživljavaju događaje prve linije odmah na početku terapije. Ovo nam ukazuje na moguće postojanje trauma pre rođenja i na rođenju. Institucionalizovana deca (koju su smestili u neku instituciju odmah po rođenju) ponovo proživljavaju ove traume veoma brzo u terapiji. Direktan uticaj amigdale na prefrontalnu oblast može izmeniti naše opažanje realnosti jer će druga, veoma nametljiva unutrašnja realnost, uticati na naše opažanje. Kognitivisti mogu pokušati da se bave ovim opažanjima ali, ukoliko zanemare dublje snage, oni zanemaruju uticaj tih snaga na opažanje.

Inhibitorni neurotransmiteri, uz ostale funkcije, mogu sprečavati protok informacija preko korpus kalozuma do leve prefrontalne oblasti. Tako možemo imati svest o ranoj traumi tipa: „moja majka je poklonila sve moje lutke", ili „poslala me je u internat", ali deo koji pati je potisnut : „Treba mi moja mama!" Komponenta patnje ostaje potisnuta u desnoj hemisferi; desna hemisfera želi da informiše levu frontalnu oblast, ali bezuspešno. Imamo paradoksalnu potrebu: da osetimo bol, i da ne osetimo bol; da budemo zaštićeni od jakog bola, ali i da se s njim povežemo i završimo s tim.

„Mentalno oboljenje" jeste ispoljavanje nižih snaga u našim mentalnim, racionalnim, logičkim procesima. Mozak toliko dobro skriva svoj bol da većina nas ne zna za njegovo postojanje; čak i kada znamo, ne znamo šta je to ni odakle dolazi. Još gore, ne znamo kako da ga se otarasimo. Ovo je đavolska stvar, jer može izgledati kao da smo dobro prilagođeni – smejemo se, naš posao ide dobro, imamo srećan brak, itd. Pa ipak, ispod površine ključa primalni pakao, čekajući svoju šansu da nas učini bolesnim i uništi

naše živote. Sve do trenutka kad se razbolimo, ne znamo za posto-
janje našeg primalnog bola. Da li je bitno to što tvrdimo da smo
dobro prilagođeni? Samo ako znamo posledice; to je onda pitanje
izbora. Možda smo imali čir koji krvari, ali je on pod kontrolom
lekova, te pretpostavljamo da nema razloga za dalju brigu. Taj čir
može biti rezultat energije bola čija je usputna stanica u utrobi, baš
kao što je „mentalno oboljenje" znak da je ta energija otišla naviše.
Lek za čir može stišati bol. Ali, pošto se izvor bola može kriti unu-
tar simptoma – čira – sredstva protiv bolova mogu potisnuti oba
bola istovremeno. Ova sredstva ne izazivaju potpuni nestanak bo-
la; ona ga samo maskiraju. Isti lekovi pomažu mentalnim bolesti-
ma i psihosomatskim simptomima. Zašto? Zato što je moguće da
– mentalno i psihosomatsko – imaju isto poreklo. Mentalne boles-
ti i psihosomatski simptomi su samo različit način na koji manifes-
tujemo isti bol. Kognitivni terapeuti i terapeuti uvidom su u loši-
jem položaju, jer ne priznaju da imaju posla sa oštećenim mozgom
koji neće odgovoriti na obično rasuđivanje. Traumatizovan mozak
ima drugačiji kognitivni kapacitet.

Istinsko značenje optimalnog mentalnog zdravlja je postojanje
harmonije i balansa. To je i značenje emocionalne inteligencije,
koja omogućava da nas osećanja vode zdravom, inteligentnom
životu, a ne prema životu koji nosi – neuspešne ljubavi, drogu,
duvan, alkohol i ezoterične intelektualne sklonosti. Harmonija i
ravnoteža nam omogućavaju da vodimo ne samo intelektualan
život, već i zdrav i pametan život, iza koga ne stoje prisila i nemo-
gućnost da se opustimo.

TANGO DVEJU HEMISFERA

Potrebno je dvoje za tango: aspekt osećanja nekog iskustva, i nje-
govo shvatanje. To je znak integrisanog osećanja. Pri pojavi „spo-
ja" sa osećanjem, sistem odmah prelazi na usklađivanje nervnog si-
stema, da bi postigao ravnotežu. Znak postojanja konekcije je –
ravnoteža nervnog sistema, sa pokazateljima vitalnih funkcija ispod
granične linije. To znači da se desni prefrontalni korteks (osećanja)
oslobađa kontrole leve hemisfere. Rezultat – leva hemisfera sada

može da obavlja svoju važnu funkciju integracije umesto potiskivanja. Još jedna potvrda (da je osećanje integrisano u sistem – *prim. prev.*) jeste, naravno, i opuštenost pacijenta i njegov osećaj olakšanja. To nije samo uravnotežen mozak; to je uravnoteženo ljudsko biće. Ta ravnoteža će se odraziti i na zdravstveno stanje, i uticaće na dužinu života. Bez prave konekcije, pravog povezivanja, nema značajne promene u simpatičkom-parasimpatičkom, levom i desnom moždanom sistemu.

Postoji način da se izmeri konekcija osećanja; jer, jedino konekcija omogućava kvalitativno poboljšanje kod pacijenta. Konekcija znači: povezivanje istorije sa sadašnjošću; povezivanje procesa u filogenetski starijim strukturama desne hemisfere sa procesima u filogenetski mlađim strukturama u levoj, i oslobađanje od uticaja našeg nesvesnog. To, u stvari, znači pronalaženje smisla života, jer smisao i jeste u osećanju. Da bismo „dobili nešto od života" prvo treba da osetimo život u nama. Radost nije „tamo negde", ona je „unutra".

Neurolozi sa Rutgers Univerziteta, Leonid Goldstajn i Erik Hofman (ovo je već pomenuto u knjizi), u studiji o pacijentima Primalnog centra uočili su da je, nakon konekcije, bilo manje uticaja leve hemisfere. Leva nije više funkcionisala „sama" zanemarujući osećanja desne hemisfere. Sada je bila „u spoju" – postojala je ravnoteža moći u obe strane. To znači da je, po uklanjanju blokova sa osećanja, leva prefrontalna oblast počela da radi svoj pravi posao. Nervna vlakna nižeg nivoa talamusa, limbičkog sistema i moždanog stabla, povezala su se sa prefrontalnim oblastima. Poruka bola/osećanja proširila se tada na obe hemisfere.

Jedan od razloga za evoluciju levog frontalnog korteksa bio je stvaranje moždanog sistema koji bi mogao da se distancira od drugih oblasti nervnog sistema u kojima se nalaze bolna osećanja. Na taj način nas ne bi preplavilo ono što se nalazi „ispod", mogli bismo da živimo i da se bavimo svakodnevnim problemima. Ovaj moždani sistem može da pojača odbranu i zaštiti nas od prevelikog bola. Još jedan važan razlog za evoluciju leve hemisfere jeste evolucija levog frontalnog korteksa kada je čovek počeo da koristi alat. Leva frontalna oblast zadužena je za korišćenje preciznih alata, kao što je, na primer, ukucavanje eksera. Preciznost je postala domen leve frontalne oblasti. Ako tražimo dobrog hirurga, to će biti onaj kome je leva hemisfera dominantna. Možemo biti sigurni da će on biti precizan. Ako želimo terapeuta koji može da oseća i oseti stvari, možemo izabrati individuu sa dominantnom desnom hemisferom; međutim, osoba kod koje postoji „uravnotežen" mozak (hemisfere) – uvek je najbolji izbor.

PUT KA MENTALNOM ZDRAVLJU

U psihoterapiji ne smemo poricati važnost osećanja i njihove dostupnosti i povezanosti. Takođe, ne smemo odmah poverovati u to da je osoba (koja je naizgled dobro prilagođena) zadovoljna. Prečesto smo ograničeni levom hemisferom koja je orijentisana ka spolja, što nas navodi da se fokusiramo na očigledno i pojavno. Moramo gledati dalje od statistika, činjenica i „dokaza" i fokusirati se na podtekst – osećanja koja daju smisao svim tim činjenicama. Postoje istine (desna hemisfera) iza činjenica (leva hemisfera), koje uključuju drugačiju vrstu jezika. Ali moramo imati poverenje i u jezik desne hemisfere. U suprotnom, leva hemisfera će nas ograničavati; videćemo note, ali nećemo čuti muziku, i nećemo moći da osetimo istinu nivoa koji ima sopstveni skriveni jezik. Prečesto, istraživanja ispituju ponašanje koje je vidljivo, a zanemaruju osećanja; stručnjaci za levu hemisferu nestručni su za desnu.

Sa približavanjem konekciji[60], pokazatelji vitalnih funkcija pacijenta radikalno rastu. To je znak rastućeg bola. Jedino što može da zaustavi taj bol jeste konekcija. U suprotnom, dolazi samo do oslobađanja energije. Oslobađanje energije donosi trenutno olakšanje i zato se može pomešati sa konekcijom. Bol o kome govorim se skoro nikada ne viđa na konvencionalnoj terapiji. Njihova teorija i terapija neće mu dopustiti da se pojavi. Primalni bol se naziva „bol koji ne boli". Kako sam istakao, on boli samo kada pokušavamo da ga blokiramo. Shvatam zašto profesija okleva da ovo prihvati. Dok nisam pokrenuo Primalnu terapiju, nikada nisam video takav bol u svojoj profesionalnoj praksi. Intelektualci mogu sumnjati u važnost

---

[60] Na Primalnoj terapiji.

osećanja u psihoterapiji uopšte, i osporavati je. Jedan istaknuti psiholog kaže da je otisak nevažan ili čak nepostojeći, jer on poznaje ljude koji su bili u koncentracionom logoru, a kasnije u životu su se jako dobro prilagodili. Ovi stručnjaci ne govore desnim (doslovnim) jezikom. Oni su ograničeni mozgom koji je očigledan i koji se može posmatrati, koji se uzima kao jevanđelje. Kognitivisti žele da statistički podaci potvrde njihove stavove. Ali kada se nude istine koje postoje izvan statističkih činjenica, istine koje uključuju drugačiju vrstu jezika, kognitivisti ih odbacuju jer im fali preciznost i „objektivnost". Osobe „leve hemisfere" žele statističke istine i vezuju se za njih, dok mi nudimo <u>biološke</u> istine.

Ne smemo se plašiti da odemo duboko u nesvesno sa svojim pacijentima ukoliko znamo šta „duboko" znači i kako da do njega stignemo. Odlaženje do nesvesnog znači dobijanje našeg sopstva nazad, sopstva koje je sakriveno od svesnosti/svesti, duboko u donjim registrima mozga. Sopstvo nam tada daje empatiju i saosećanje, sposobnost da osetimo patnju drugih, jer smo osetili sopstvenu. Bilo je potrebno nekih trideset godina da bi se rafinirale tehnike ovog podzemnog putovanja, ali verujem da smo postigli svoj cilj.

PRAKSA

Studija slučaja: *Frenk – diskonekcija i verovanja*

Rođen sam u fundamentalističkoj porodici u malom gradu u Oklahomi. Mnogo toga je u mojoj porodici smatrano grešnim: filmovi, televizija, sve vulgarne reči, ples, šminka, nakit, piće... Terali su me da idem u crkvu tri puta nedeljno, uz užasnu pretnju da ću odrasti kao kriminalac i da će me poslati na električnu stolicu ako ne slušam roditelje.

Nikad se nisam osećao kao da negde pripadam, a druga deca su me ismejavala i mučila, uključujući i moje rođake. Moje sećanje na detinjstvo je skoro uvek bolno.

Ispunio sam prazninu u svom životu opsesijom u vezi nauke i hemije. Kada mi je bilo dvanaest, otkrio sam teoriju o evoluciji i pokušao da je objasnim svojim roditeljima i drugim rođacima. Oni su bili užasnuti onim što sam im govorio, i poricali su svaku verodostojnost te teorije. Osećao sam se zbunjeno i odbačeno. Ali naučni ateizam mi je dao nekakvu utehu, zbog nerazumevanja religije mojih roditelja i mog bolnog života.

Opsesija naukom me je vodila kroz život, dok moja žena nije umrla; moja kula od karata počela je da se ruši i postala noćna mora alkoholičarskog pakla. Pokušao sam da pobegnem u studije psihologije. Održavajući svoj ateizam, postao sam terapeut sa dvadeset tri godine. Do tada sam već postao zavisan od droga (uključujući osam LSD tripova), alkohola, cigareta, hrane, i loših veza. Razvio sam i zavisnost od novog sistema verovanja, koji je naizgled davao smisao mom životu punom agonije i olakšavao moju patnju.

Godine 1973., ugledan amater-vidovnjak rekao mi je da bih mogao da uradim nešto što nikada ranije nisam. To bi pomoglo mnogim ljudima, ali da bih to uradio morao sam da „oslobodim mali i pustim stari". To je bila skrivena poruka, ali moj ego je bio zadovoljan. Osećao sam se kao da ću postati „ neko".

Iako sam još uvek suštinski bio naučni ateista, podlegao sam ideji uzimanja malih doza LSD-a i odlasku sa najboljim prijateljima kod Baba Ram Dasa (koji je ranije bio psiholog na Harvardu, a kasnije postao jogin koji ide na turneje i obraća se javnosti). Pošto sam bio veteran u korišćenju LSD-a, jedna trećina (cele) doze koju sam uzeo nije izazvala halucinacije. Primetio sam samo da jedan deo belog zida izgleda malo svetliji od ostatka. Ipak, bio sam prijatno naduvan. Posle sviranja neke lepe muzike, malo pevanja i mističnog govora, Ram Das je počeo da priča priču o tome kako je išao da vidi gurua u Indiji. Guru je držao svoju ruku iznad Ram Dasove glave tako da je kružna plavkasta svetlost igrala na njegovom dlanu. Svetlo se onda pretvorilo u plastičan medaljon ručne izrade, sa guruovom slikom na njemu.

U tom trenutku sam pomislio: „Pa, verujem da se to desilo tebi, ili bar da ti veruješ da ti se to desilo, ali takve stvari se meni ne dešavaju." Odjednom, ispod mog levog dlana (kojim sam se podupirao jer sam sedeo na podu), osetio sam neki predmet. Začuđen, uzeo sam ga. To je bila bisernoplava kuglica, očigledno ručne izrade, bez rupe, tako da je bilo jasno da nije deo ogrlice. Pomislio sam, „Mora da se tek pojavila. Ne, mora da ju je neko ispustio." Podigao sam je. Ljudi oko mene su gledali u nju i smešili se. Niko je nije zatražio. Pomislio sam: „Možda ju je Ram Das ispustio. Možda ju je stavio na pod, jer je to trebalo da se desi; to je deo predstave." Onda sam shvatio da nisam zaista znao šta se desilo, i nisam mogao da to racionalno shvatim.

Na pauzi sam pokazao lopticu Ram Dasu. Rekao je, „To je plavi biser. Svami Muktananda napisao je knjigu Guru, o učenju plavog bisera. Voli ga, ali nemoj da budeš fasciniran njim.

Posle pauze, želeći da se osetim važnim, seo sam pored Ram Dasa na pozornicu sa drugima. Uz posao u savetovalištu na klinici, predavao sam i psihologiju na univerzitetu. Među prisutnima sam mogao videti neke od mojih studenata i pacijenata. Ovo im je moralo izgledati ludo. Ram Das je napravio pokret pokazujući iznad moje glave, kao da je hteo da kaže: „Ovaj ovde." Kasnije, kada sam nešto pitao Ram Dasa, obojica smo rekli iste reči u isto vreme. Izgledalo je kao da smo ista osoba.

Sledećeg dana sam osetio da moram da ga vidim u radio stanici (gde je učestvovao u emisiji). Rekao sam: „Blagoslovi me, Baba." Držao me je na svojim grudima i potpisao svoju knjigu za mene. Osetio sam se zbunjeno i razmišljao o svemu što se desilo – onome što se stvarno desilo, i šta je to značilo.

Pročitao sam knjigu, Guru, koju je Ram Das pomenuo. Ona nije bila izuzetna. Ali ja sam odlučio da kažem zbogom studentima i pacijentima, i da se preselim u Los Anđeles. Postojao je jedan čovek u grupi, kome nisam mogao da kažem doviđenja, jer sam osećao da ću ga ponovo videti.

Par meseci kasnije, video sam znake duž reklama na Santa Monika Bulevaru, „Budite sa Svami Muktanandom." Iako njegova knjiga nije mnogo uticala na mene, interesovalo me je da vidim još jednog gurua. Otišao sam da vidim Muktanandu i pitao sam ga šta mi se desilo sa LSD-om, Ram Dasom i plavom kuglicom. Rekao je: „Samo nastavi da meditiraš i razumećeš." Dodirnuo sam njegovu ruku i hodao sa njim i ostalima. Pevao sam. Izgledalo je kao da njegova slika na razglednici koju sam dobio, postaje svesna. Mislio sam da je on u stanju da ljudima omogući trip bez LSD-a.

Posle nekoliko meseci, otišao sam da posetim svoju porodicu u Oklahomi. Posle nekoliko nedelja, bilo je vreme da se vratim u Los Anđeles. Ali, iz nekog razloga, nisam sebe mogao da nateram da krenem. Mislio sam da će opraštanje od mog univerziteta pomoći. Odvezao sam se tamo i parkirao na jedino parking mesto koje je ostalo u jednom od blokova. Tu, ispred mene, nalazio se poster koji je objavljivao dolazak Svami Muktanande sledećeg dana. Pomislio sam: „Dakle, ovo je razlog što nisam mogao da odem." Nisam imao svesno znanje da će on biti tamo. Kada sam otišao da ga vidim, među mnogima u publici bio je i čovek kome nisam mogao da kažem doviđenja. Smejali smo se zajedno i uzviknuli: „Znali smo, znali smo." Mislio sam da je sve to veoma značajno, ne samo niz slučajnosti.

Kasnije tog leta, vrativši se u Los Anđeles, kao i uvek, bio sam preplavljen dubokom usamljenošću. Ali, pošto mi se više nisu sviđali barovi, otišao sam na lokalni sastanak joge. Tamo sam rekao svom prijatelju da bih voleo da ponovo vidim Svami Muktanandu. On je rekao: „Pa on dolazi!" Pomislio sam: „O da, to tako funkcioniše. Kud god da krenem, on se pojavljuje." Tako je izgledalo.

Otišao sam da ga vidim na Festivalu američkih Indijanaca na kojem je učestvovao. Amerikanci koji nisu pripadali ovoj grupi, pozvani su da se pridruže u velikom plesu oko dva sveta ratna koplja pobodena u zemlju. Rekli su nam da igramo između koplja. Primetio sam da je to nekoliko ljudi učinilo, što me je uznemirilo. Sećam se da sam plakao zbog nečega što je Muktananda rekao, i da sam uzeo bocu dr Pepera kao suvenir.

Nekoliko dana kasnije, čuo sam da je Muktananda u bolnici, da je imao moždani udar. Nekoliko dana posle toga, naleteo sam na poznanicu sa fakulteta koja je bila na indijanskom festivalu. Rekao sam joj o Muktanandinom moždanom udaru. Iznenađena, rekla mi je da je čula za neke američke Indijance koji su hteli da kazne Muktanandine sledbenike zbog toga što su igrali između ratnih koplja. Rekla je da su se dočepali nekih niti sa njegove odeće, i da su ih „uvračali". Nisu hteli da ubiju Muktanandu, samo da ga povrede da bi kaznili njegove sledbenike zbog nepoštovanja svetih koplja. Verovao sam da smo ona i ja jedini ljudi koji poseduju ovu informaciju. Nešto zastrašujuće i čudno se dešavalo. Moglo bi se desiti nešto užasno. Tako sam se osećao.

Umesto da se vratim u Los Anđeles, odleteo sam u Oukland i ostao nekih deset dana u ašramu gde se nalazio Muktananda. Bio sam preplavljen anksioznošću i bolom. Veći deo vremena, osećao sam se kao da sam na LSD tripu, iako već dve godine nisam prišao LSD-u. Osećao sam se izuzetno krivim što sam ostavio svog sina, i što sam loš sin jer sam napustio roditelje. Osećao sam da treba da se vratim kod njih. Bilo mi je skoro nemoguće da zaspim. Na smenu sam plakao i zapevao. Plašio sam se da će mi se desiti nešto gore od smrti, ako ikome kažem šta radim i šta se desilo. Nisam hteo da verujem u pakao.

Vratio sam se u Los Anđeles i pitao sina da li želi da ide u Oklahomu sa mnom. Pošao je. Otišli smo u Oklahomu, da živimo blizu mojih roditelja. Radio sam u popravnom domu. Meditirao sam i pokušavao da osećam. Probao sam da budem vegetarijanac. Probao sam da živim u celibatu. Ništa nije pomoglo. Uzimao sam „Meprobamat", jer nisam mogao da spavam. Bio sam sam, a iznutra sam ludeo.

Jedne večeri, uzeo sam „robaksin", otišao u striptiz klub, i popio nekoliko piva. Sledećeg jutra, probudio sam se plačući, obuzet jakom opsesijom da ću morati da se ubijem.

Baba Ram Das se vratio u Oklahomu. Bacio sam mu se pred noge, očajnički se nadajući da ću čuti neke reči od kojih ću se osećati bolje. On je bio jedina osoba kojoj sam dovoljno verovao da bih joj poverio sumnju koju smo samo ja i moja poznanica sa fakulteta imali. Ali, Ram Das mi je rekao da sredim svoju ekonomsku situaciju i da imam što je moguće više ljubavi prema sinu i roditeljima. Pretpostavljam da je pokušavao da mi da neku vrstu praktičnog vođstva.

Naglo sam propadao. Naš porodični doktor me je poslao kod psihijatra, koji mi je prepisao „sinekvan". Uzevši jedan, osećao sam se još gore. Osećao sam se kao da izlazim iz svoje kože. Moji roditelji su hteli da pričam sa njihovim sveštenikom. Probao sam da ih uverim da sam zaista bolestan i da mi treba pomoć. Tog popodneva, sveštenik je pokušavao da me spase svojim propovedanjem. Te noći sam uzeo još jedan „sinekvan", ali nisam mogao da spavam. Glava mi je bila puna Dalijevih slika sa Hristom na njima. Pet dana i noći skoro uopšte nisam spavao.

Sada shvatam da sam se osećao kao da izlazim iz sopstvene kože, usled toga što je pilula umirila snažan nalet mojih osećanja dovoljno dugo, da bi im omogućila da postanu još jača. Doslovno sam izlazio iz svoje kože. Izluđivale su me sve moje potrebe. Umesto da ih osetim, ja sam bežao od njih što je dalje moguće. Odlučio sam da ih osetim, i čim sam to učinio, ta suluda verovanja su se brzo rasula.

Poglavlje 9

SVEST PROTIV SVESNOSTI

Lajtmotiv svake intelektualne terapije jeste da nam svest pomaže da napredujemo. Dopustiću da svest pomaže, ali svesnost – leči. Ako u psihoterapiji ne postignemo svesnost, najviše što možemo da uradimo jeste da se održavamo na površini, imajući iluziju napretka, a ne suštinski napredak.

Kada merimo napredak u psihoterapiji, bitno je da li se meri ceo sistem ili samo aspekti moždane funkcije. Svest odgovara ovom drugom. Ona ima specifično sedište u mozgu – uglavnom u levoj frontalnoj oblasti mozga. Osoba ne može imati svest bez zdravog prefrontalnog korteksa. Nasuprot tome, nema sedišta za svesnost. Koliko god banalno to zvučalo, svesnost odražava naš ceo sistem; ceo mozak – koji je u interakciji sa telom.

Izbor

Ono za čime tragamo jeste svest o svesnosti i svesnost o svesti.

Prema neurofiziolozima Rudolfu Linasu i E. Roj Džonu, svesnost može da se posmatra kao široko energetsko polje koje povezuje sve delove mozga i centralni nervni sistem. Svesnost označava harmonično funkcionisanje moždanih nivoa među kojima postoji neometan pristup; svesnost je ukupna suma svih sistema, koja se odražava u moždanim procesima. To je trajno organsko stanje; svest nije. Svest je specifičan sadržaj koga smo sporadično svesni, od trenutka do trenutka, a broj tih trenutaka je beskonačan. Svesnost je, međutim, jedinstvena. Postoji samo jedna svesnost sa puno svesti, ali ne i obrnuto. Svesnost nema specifičan sadržaj, pa ipak nijedan sadržaj joj nije nedostupan. Svesnost traje čak i tokom sna, dok svest, tokom sna, nestaje.

Svest i svesnost su dve različite životinje. „Svest" i osećanja leže na različitim nivoima. Svest najčešće koristimo da bismo sakrili nesvesno, kao odbranu. Svest bez osećanja je neprijatelj svesnosti. Ono za čime tragamo jeste svest o svesnosti i svesnost o svesti. Ne svest o svesti. Kada se pacijent oseća neprijatno tokom sesije, terapeuti obično imaju stav „potrebno nam je više uvida; pacijent nije dovoljno svestan." Međutim, nije sadržaj uvida ono što pomaže; to je sama činjenica o uvidu (sistemu verovanja koji pomaže odbrambenim mehanizmima da rade svoj posao). Pa ipak, ono što postoji u filogenetski starijim moždanim strukturama, imuno je na svaku ideju. Osoba može da bude anksiozna ako poseduje „svest", ali ne i ako poseduje „svesnost".

Svesnost je kraj anksioznosti. Svesnost znači povezanost sa onim što nas pokreće. Nepovezana osećanja nas neprekidno pokreću da budemo aktivni. Njihova energija postoji u obliku čira ili osetljivih creva, u fobijama i nesposobnosti da se fokusiramo ili koncentrišemo. Nepovezana osećanja su skrivena opasnost, koja oblikuje paralelno sopstvo – odbrambenu ličnost čiji je cilj izbegavanje bola; sopstvo koje je zauvek zarobljeno u istoriji. U stvari, postoje paralelno sopstvo (nestvaran front) i pravo sopstvo, ono koje oseća i pati. Tako, paralelni svetovi čine ljudsko stanje; jedno stanje koje oseća i pati, drugo, koje ima dobru „fasadu"... Fasada je ono čime se bavi kognitivna psihoterapija: psihologija pojavnog nasuprot suštini. To je navigacija kroz pogrešan univerzum.

Svest znači bavljenje samo poslednjim evolutivnim neuronskim razvojem: prefrontalnim korteksom. Svest se bavi samo jednim nivoom, a svesnost obuhvata sva tri. Kada postanemo svesni, možemo koristiti reči da bismo objasnili svoja osećanja, ali ne i da bismo ih iskorenili; reči objašnjavaju. Bili smo duboko povređeni mnogo pre nego što su se reči pojavile u našem mozgu. Reči nisu ni problem ni rešenje. One su poslednji evolutivni korak u obradi osećanja ili senzacija. One su družbenik osećanja.

Postoje tipovi svesti koji su važni za naš opstanak. Biti svestan važnosti zdrave ishrane je ključno čak i u odsustvu svesnosti. Ali postoji bitna razlika u opštem uticaju između terapije svesti i terapije svesnosti. U nauci tragamo za univerzalnim, da bismo mogli da primenimo svoje znanje i na drugim pacijentima. Terapija potreba može se primeniti na mnoge individue (svi imamo slične potrebe); terapija ideja obično se može primeniti samo na određenog pacijenta. Kada probamo da sugerišemo drugačije ideje pacijentu (npr. „ljudima se stvarno sviđaš"), ne generišemo nikakav univerzalni zakon. Sve je ideosinkratički (usmereno ka pojedinačnom, ka jednoj osobi u ovom slučaju – *prim. prev.*). Ali ako se obratimo osećanjima koja su ispod površine, možemo da generišemo stavove koji se mogu primeniti generalno: na primer, kada se bol oslobodi, on može proizvesti paranoidne ideje ili kompulsivno ponašanje. Ili, frontalni korteks može da promeni jednostavne potrebe i osećanja u složene fantazme, menjajući te potrebe i ideje u njihovu suprotnost.

Setimo se Evine odbrane „niko mi nije potreban; uspeću sama." Zaista postoje dve svesti. Jedna je leva prefrontalna – svest o našem spoljnjem okruženju. Druga je desna prefrontalna, unutrašnja – svest o našem unutrašnjem miljeu. Kada se sjedine, unutrašnja svest postaje deo svesnosti. Kada se udruže, mi smo najzad svesni. Tada dolazi do kvalitativnog skoka iz jednog stanja u drugo, u sveobuhvatnije stanje. Ovo poslednje je bitno za radikalnu neurofiziološku i psihološku promenu.

Izbor

Svesnost znači misliti o onome što osećamo i osećati ono o čemu mislimo; to je kraj rascepa, kraj licemerne egzistencije.

Osoba se plaši da će je drugi povrediti, jer su je jako povredili bezosećajni roditelji: u Denovom slučaju, to je bila okrutna majka. On je projektovao svoj strah na druge osobe za koje je mislio da žele da ga povrede. Den je bio blago paranoičan na početku terapije, proveravajući čak i lepe stvari koje bi čuo. „Jeste li to stvarno mislili? Mislio sam da me zafrkavate." Njegova sumnja se premestila od lične i idiosinkratične – sa njegove majke u prošlosti, do uopštavanja – svih u sadašnjosti. „Oni" pokušavaju da me povrede. Kada smo Dena vratili sa univerzalnog „oni" i pretvorili ga u lično

„ja", paranoidne ideje su smanjene ili eliminisane. Opšte je postalo posebno, a ovo je proizvelo opšti zakon.

Potrebe su univerzalne; ponašanje je idiosinkratsko. U našoj terapiji stavljamo ponašanje u univerzalni kontekst. Pacijent koji oseća gušenje ili davljenje veći deo vremena, možda izražava otisak sa rođenja. Zaista, jedna od najvažnijih karakteristika tog otiska jeste osećaj gušenja u sadašnjosti. Taj osećaj, iako specifičan, ukazuje na univerzalni problem; nedostatak kiseonika tokom traume rođenja. Ovo se može primeniti generalno.

Postoji nekoliko studija koje povezuju traumu sa rođenja sa kasnijom psihozom[61]. Nedostatak kiseonika, kojeg prati trauma rođenja, predstavljaju takav teret bola na početku života, da ova preopterećenost oslabljuje misleći korteks. On tera osobu da smišlja čudne ideje u pokušaju da zataška bol. Ovo je još jedan način da se kaže da psihoza često potiče sa prve linije. „Kortikalna brana" je oslabljena, a zatim, kasnije, doba bez roditeljske ljubavi dovršava posao. Da li su psihoza i depresija različite bolesti? Jesu, u smislu da ogroman bol rano u životu transformiše toliko različitih fizioloških procesa, da se čini kao da su to različite bolesti. Naravno, mnogi faktori igraju ulogu u njihovom nastanku, uključujući i genetiku, ali ja verujem da rana trauma igra veliku ulogu u tome.

Psihoterapija je predugo uključena u „posao" sa svešću. Od Frojdovih dana postoji glorifikacija uvida. Obraćamo se svemoćnom frontalnom korteksu (strukturi koja je od nas napravila napredna ljudska bića), do te mere, da zaboravljamo naše drage pretke (filogenetski starije moždane strukture – *prim. prev.*), njihove instinkte i osećanja. Možemo naglašavati kako je naš neokorteks mnogo drugačiji nego kod drugih životinjskih oblika, a zanemarivati naš zajednički aparat osećanja. Ali, nama treba terapija svesnosti, a ne svesti. Ako verujemo da u nama ključa Id, nema pravilne terapije jer je uzrok privid – fantom koji ne postoji. Ili još gore, možemo misliti da je to genetska snaga koja je nepromenljiva, i zato se ne može lečiti. U svakom slučaju, mi smo gubitnici.

Ne postoji takva nemoć kao što je biti nesvestan; trčati okolo zbunjen, bez znanja o tome šta da se uradi sa ovim ili onim, sa sek-

---

[61] „Nedostatak kiseonika na rođenju povezan je sa šizofrenijom." K. Demos, Zdravstveni izveštaj Rojters, 12. jun 2001.

sualnim problemima, visokim krvnim pritiskom, depresijom i izlivima besa. Sve izgleda kao velika misterija. Osobi koja ima „svest" ili koja traži „svest" mora sve da se kaže. Ona sluša druge, povinuje se i – pati. Svest nas ne čini senzitivnim, empatičnim ili punim ljubavi. Ona nas čini svesnim onoga što ne možemo da budemo. To je kao svest o virusu. Dobro je znati šta je problem, ali to ništa ne menja. Najbolje što svest može da uradi jeste da stvori ideje koje negiraju potrebu i bol.

Svest nije lečenje; svesnost jeste. Prava svesnost/svest znači osećanja, a samim tim ljudskost. Osobi koja poseduje svesnost ne moraju se saopštiti njene tajne motivacije. Ona ih oseća i one više nisu tajna. Svesnost znači misliti o onome što osećamo i osećati ono o čemu mislimo; kraj rascepa, kraj licemerne egzistencije. Svest za to nije sposobna, jer je prisiljena da se menja sa svakom novom situacijom. Zato je konvencionalna kognitivna terapija/terapija uvidom toliko složena. Mora da prati svaki zavoj na putu. Mora da se bori sa potrebom za drogama, zatim da se bori sa nesposobnošću zadržavanja posla, a onda da razume zašto se veze raspadaju. Ovo takođe objašnjava zašto konvencionalna terapija traje toliko dugo; svaka avenija mora da se pređe odvojeno. Svesnost je globalna; ona važi u svim situacijama, obuhvata sve probleme odjednom. Prava moć svesnosti je vođenje svesnog života uz sve što on podrazumeva: ne biti podložan nekontrolisanom ponašanju, imati sposobnost za koncentraciju i učenje, sposobnost da mirno sedimo i da se opustimo, sposobnost da pravimo zdrave izbore, da biramo partnere koji su zdravi, i iznad svega, da budemo sposobni da volimo.

Izbor

Svesna osoba može biti tužna, ali ne može biti depresivna, jer to znači potiskivanje.

Svest može povećati Džanovljev jaz; ona će nas prevariti i udaljiti od unutrašnje realnosti dok nas realnost ne obogalji, kako mentalno, tako i fizički. Svesnost premošćuje jaz i to može značiti duži, zdraviji život. Svesna osoba, sada u kontaktu sa unutrašnjim životom, ima poštovanje za sve oblike života. Nema boljeg oslobođenja od svesnosti. Ona znači da, usled toga što smo osetili dubine svoje tuge, imamo sposobnost da iskusimo radost u svoj njenoj punoći. Nije moguće biti svestan i depresivan; to su dva suprotna stanja. Svesna osoba može biti tužna, ali ne i depresivna, jer to znači potiskivanje. Svesna osoba može imati lažnu vrstu slobode uz nameštení osmeh ili radost, ali to je prazno. Možemo imati svest i biti depresivni u isto vreme. U stvari, svest prečesto pomaže u potiskivanju. Sa svešću, možemo misliti da smo otkrili nirvanu, ali avaj, okruženi smo obmanom. Otkrili smo ideju – svest – o nirvani, ali to je stanje koje su izmislili proizvođači – serotonin/GABA/endorfin, koji drže bol pod kontrolom i dozvoljavaju rasplamsavanje lažnih ideja.

Hipnoza je odličan primer toga kako je lako blokirati bol idejama. Hipnotizer kaže par magičnih reči i vi gledate u svoju ruku koju bodu iglom, ne osećate ništa, niti znate da vam to rade. U retkim prilikama sam imao običaj da primenjujem hipnozu. Kada sam jednom prilikom ubo prst subjekta i pitao gde ga boli, bio je zbunjen, a onda je pokazao svoje koleno. Odvojio sam ga od njegovog fizičkog iskustva. Do toga može dovesti život u paralelnom univerzumu, zasnovan na poricanju; može stvoriti ljudsko biće odvojeno od sebe samog, koje ne oseća bol. Osoba koja ne oseća, nema sposobnost empatije, niti može da voli. To je cena poricanja.

U hipnozi ili sugestiji, moguće je „uljuljkati" kritičku svest i zameniti je novim setom ideja, da bi se proizvela pseudosvesnost. Osoba može biti kraljica u prošlom životu. Ili važnije, ona oseća da je život divan; sav bol je uklonjen. To je paradigma za neurozu, vrsta hipnoze. Hipnoza, zato, može biti mini neuroza. Ne možemo ozdraviti pomoću hipnoze, jer zdravlje znači svesnost. Zamišljajući da smo dobro, živimo u stanju lažne svesnosti, imaginarnom stanju. Biti normalan i biti nesvestan su dva suprotna pojma.

Hipnoza izgleda da utiče na levu stranu tako, da ona više ne može da razluči šta je realno. Ona blokira integraciju osećanja, koja je neophodna za poboljšanje. Hipnoza pomaže da se suzbiju osećanja u amigdali, terajući levu frontalnu oblast da razvije nove ideje koje nisu u saglasju sa onim što je ugravirano (u filogenetski starijim strukturama – *prim. prev.*). Zatim, kao u svakoj igri uma, osoba može da prestane sa određenim ponašanjem, kao što je pušenje, ali kakvu će cenu platiti zbog ovog poricanja potrebe? Eliminacija pušenja ne menja istinsku potrebu. Ne brinemo mnogo zbog toga; samo želimo da prestanemo sa kompulsivnim ponašanjem. Ono što ne znamo, jeste da nametljiva kompulsivna *potreba* pokreće kompulsivno ponašanje. Ponoviću: potreba da se puši je derivat realne potrebe. Menjanje ponašanja ne menja potrebu. Prestanak određenog ponašanja ostavlja sve te potrebe bez odredišta. Pacijenti mi često kažu u kasnijim etapama terapije: „Gde sam ja to bio? Mora da sam bio u nekoj vrsti kome celog života." To je, u velikoj meri, tačno.

Evo prilično banalnog primera: jedan od mojih pacijenata došao je na sesiju u ponedeljak. Rekao je da se prethodnog dana neprestano (u nedelju) osećao loše, a nije znao zašto. Od tog trenutka, pomagali smo mu da siđe putem do sledeće izjave: „Da, celog života sam mrzeo nedelju. Nemam pojma zašto. Svake nedelje, moja majka je išla da se vidi sa prijateljima i ostavljala me ispred televizora. Sećam se šta sam gledao. Gledao sam Lesi. Mrzeo sam tog psa! Bože, kako mrzim tog psa!" (Pacijent je sada ljut i ponovo se vratio u sećanje. Sada je dete ispred televizora). „Pas je tako dobar, radi sve kako treba, uvek svakoga spasava. Tako pametan. Svi su ga voleli." (Pauza – suze) „To je to. Dobijao je ljubav od svih". (uzdišući) „Osećao sam se kao pas... ali niko me nije hteo." (plače) „Mama, molim te, voli me." (detinji glas) „Ja sam isto toliko dobar kao Lesi! Nemoj da me ostavljaš samog svake nedelje. Potrebna si mi!" Postajao je svestan. Ta mržnja prema Lesi je izgledala potpuno iracionalno. Ali zamislite da pokušate da ga uverite da je ta mržnja pogrešna dok su sva ta osećanja ispod površine! Mrzeo je tog psa jer je želeo da bude voljen. Izgledalo je kao iracionalna mržnja, ali osećanja koja su je izazivala bila su potpuno racionalna: „Voli me!" To je obrazac neuroze; premeštanje putanje osećanja u simboličke kanale.

Svešću se može manipulisati, kao u hipnozi; ona se može okrenuti protiv osećanja i protiv sopstva, dovodeći do manjka harmonije, držeći nas nesvesnim. U tom slučaju, ona može biti štetna. Svest sama po sebi, bez svesnosti/svesti, može biti fatalna. Možemo biti na ivici moždanog udara, a da to ostane misterija. U kognitivnoj terapiji/terapiji uvidom, što smo „svesniji" postali kroz uvide, to postajemo nesvesniji, i veći je jaz između osećanja i sa njima povezanih misli. Svaka svest koja ne proizilazi iz osećanja, stvara nesvesnost. Svesnošću se ne može manipulisati, niti je moguće okrenuti je protiv sopstva, jer ona potiče iz sopstva. To je suština unutrašnje harmonije.

Setite se – analitički, kognitivni i frojdovski uvidi potekli su iz leve hemisfere. Pravi uvidi proističu iz osećanja u desnoj hemisferi. Uvidi desne hemisfere koji su povezani sa levom, izazivaju promenu. Uvidi desne hemisfere potiču iz nesvesnog. Uvidi leve ne potiču; njih je proizvela svest. Svako osećanje koje se pojavi u svesti, stvara svesnost – stanje kada svi delovi mozga rade u neometanoj harmoniji.

Svesnost znači prilagodljivost. To je stanje bića koje nema ograničenja. Svest može izgledati psihološki prilagodljiva („znam koje greške da izbegavam"), ali ona nije biološki prilagodljiva. Istorija fiksira obim svesti; ona ne ide dalje od levog frontalnog kapaciteta. To je mentalna adaptacija, zamišljeno stanje; stanje uma otuđeno od našeg najdubljeg bića – osoba u posedu svesnosti je seksualna, što nije obavezno slučaj kod „svesti". Svest ne oslobađa telo.

Sva postojeća svest u zatvorskim grupama za suočavanje, neće promeniti nagon za silovanjem ili nagon ka egzibicionizmu kod zatvorenika. Niti će zaustaviti potrebu za drogama (upotreba i rasturanje droge su glavni razlog za lišavanje slobode kod većine današnjih zatvorenika). Kriminalci uzimaju droge jer ista stvar koja proizvodi bol u njima – odrastanje bez ljubavi – može dovesti i do kriminalnog ponašanja. Svest ne stavlja tačku na potrebu za drogama. Ona može da ubedi osobu da joj droga više nije potrebna: to je sasvim različita stvar. Svest nikada ne može da promeni unutrašnju realnost. Ona je milionima godina evolucije daleko od te realnosti. Ta realnost nas podseća na naše potrebe i naše strategije preživljavanja.

Nesvesnost nije odsustvo svesnosti; to je aktivan proces potiskivanja i držanja svesnosti podalje. To je ključna odbrana, koja čini suštinu svih drugih odbrana. Kada postajemo nesvesni, to je mehanizam preživljavanja. Zato, kada postajemo svesni, to nije samo akt volje. Moć volje nas sprečava da siđemo u nesvesno. Volja je deo odbrambenog aparata leve frontalne oblasti. Možemo voljom učiniti da neko ima svest, ali ne možemo nikada da mu, voljom, podarimo svesnost.

Možemo postati svesni naših impulsa, ali ostati nesvesni njihovog razloga, njihovog „zašto". To „zašto" je ono što treba da otkrijemo. „Zašto" je ono što nas oslobađa; to je razlog zbog koga neprestano ponavljam – čuvajte se svake terapije koja nema „zašto" u sebi! Da je bilo lako, svi bismo imali svesnost. Mnogo je lakše imati svest o nečemu, mnogo brže, ali mnogo površnije. Cela naša istorija, naša evolucija, i istorija psihoterapije, zagovaraju svest, mešajući je sa svesnošću. Naša istorija pokreće naša osećanja ka gornjem frontalnom nivou; potiskivanje interveniše, tako da se konekcija ne uspostavlja. Osećanja koja ostaju u pozadini mogu učiniti da nam bude bolje; moramo da odemo unazad i vratimo ih. Ali ne možemo *pokušati* da budemo svesni. Svesnost se dešava kada ne pokušavamo; kada pustimo da se osećanja pojave, kada živimo na nižem nivou svesnosti neko vreme. Što duže živimo na nižem nivou svesnosti, to više postajemo zaista svesni; to se više podižemo do nivoa svesnost/svest. Da budem precizan, što se više povežemo sa svojim nesvesnim, to postajemo svesniji. Da bismo postali svesni, delovi mozga koji imaju svest – prefrontalni korteks – moraju da se povuku. Kognitivna terapija čini suprotno, stimulišući misli i dajući im dominaciju.

EVOLUCIJA OSEĆANJA

U uvodu sam objasnio da stav, prema kome je misao prva, a mozak drugi, i koji odvaja intelektualnu terapiju od terapije osećanjima, seže sve do stare rasprave između logičkih pozitivista devetnaestog veka s jedne strane – koji su videli um kao primaran, i empiričara – koji su primat dali iskustvu. Materija (mozak) je očigledno prethodila umu. Pre nego što se pojavio misleći um koji je mogao da stvara ideje, već milijardama godina je postojao organski život. Kognitivisti veruju da je jedino interpretacija iskustva pravo iskustvo, da životno iskustvo i spoljašnje okolnosti ne izazivaju promenu u nama. Pretpostavljam, zato, da se naši primitivni preci nisu promenili zbog menjanja njihove životne sredine; uzrok je verovatno bila njihova interpretacija ili svest o tome. Evolucija je za kognitiviste, implicitno, himera. Ovi terapeuti su se nesvesno pridružili kreacionistima. Oni negiraju istorijske snage i evoluciju. Može biti da su oni koji nemaju pristup svojoj istoriji, i ne vide kako ih je život oblikovao, prisiljene da usvoje verovanja da bi pratili ostale.

Šta se dešava kada životinja ne može da interpretira svoje iskustvo, ali se ipak menja? Kada životinje koje nisu dodirivane u ranom dobu imaju manje dendrita i sinapsi, manje serotonina i oksitocina? Kada su manje radoznale i ustežu se da istraže svoje okruženje? Da li je to njihova interpretacija ili njihovo iskustvo? Zar ne delimo slične moždane strukture sa ovim životinjama, i zar ne reagujemo na sličan način? Intelektualne terapije veruju da možemo promeniti iskustvo svojim stavom. Nije tako. Možemo promeniti svoje misli o iskustvu, ali samo iskustvo ostaje nepromenjeno. Uvidi, ideje ili kognicija mogu da zamagle, učine nejasnim i da potisnu rane otiske, i da nas, sa vremenom ubede da smo bolji, da smo napredovali u psihoterapiji, da više ne patimo – što često nije tačno. Ta prevara može se izvesti i izvodi se u svakoj postojećoj racionalnoj terapiji, terapiji uvidom i kognitivnoj terapiji. Od levog frontalnog korteksa, koji je u diskonekciji, tražimo da nas učini svesnim – i u ime svesnosti postajemo nesvesni. Teško je ikoga ubediti da mu nije dobro samo zato što više nema pristup svom bolu. Ne bih to pokušavao. Nismo sveštenici, koji pokušavaju da propovedaju o izvornom grehu, ili, u ovom slučaju, izvornom bolu. Ali kada su ljudi stalno bolesni, trenutak je da se dobro osmotri nesvesno. Sada je moguće osmotriti ga izbliza.

Ono što predlažem jeste merenje mentalne patologije, ne pomoću mentalnih indikatora, ideja i opažanja, već neurofiziološki : putem biohemijskih supstanci koje su uključene u svest i nesvesno, kao i aktivacijom moždanih talasa i šablonima amplitude. Možemo videti visok nivo kortizola kod onih koji pate od Post traumatskog stresnog sindroma. U stvari, većina nas sa traumom na rođenju (ovaj broj je ogroman) ima ovaj sindrom – PTSS. Taj stres je u našim kostima, mišićima, krvotoku i mozgu. Nijedan naš deo nije imun, uključujući i imuni sistem. Ako kasnije patimo od bolesti bilo kog od ovih sistema, to odražava utisnut stres i pokazuje gde je on verovatno otišao. Ja kažem da možemo meriti taj stres, da je možda moguće razviti lestvicu bola ili potiskivanja, kojom bismo mogli proveriti sve efekte potiskivanja na razne sisteme. Da li je nivo hormona stresa visok? Da li je amplituda moždanih talasa niska? Da li su pokazatelji vitalnih funkcija niski? Sve ovo nam govori o svesti i daje meru dubine nesvesnog, kao što čine i naše kliničke opservacije. Ovo treba da znamo da bismo, na primer, mogli da odlučimo koju vrstu sedativa i koju dozu da koristimo kod osoba sa previše pristupa, onih koje je preplavio rastući bol.

Lečio sam pacijenta koji je došao kod nas posle pokušaja samoubistva, pri čemu je koristio veliku dozu sredstava protiv bolova. Doza koja bi ubila svakog drugog, njega je samo uspavala na petnaest sati. Razlog: ogromna količina aktiviranog bola u mozgu je galvanizovala sistem. Lek je našao ravnog sebi i nije bio dovoljno jak da prekrije električnu aktivnost i ugasi njena svetla. Osobe koje su imale jako bolan rak, na primer, i bile na jakim sredstvima protiv bolova duže vreme, skoro nikada neće moći da izvrše samoubistvo korišćenjem sredstava protiv bolova. Kada je taj bol nesvestan, oni koji koriste sredstva protiv bolova mogu postati zavisnici od droga/lekova, samo zato što ne možemo da vidimo njihovu patnju, kao ni oni sami. A što je dublja rana deprivacija i/ili jača trauma rođenja (ovo ne bi trebalo da zanemarimo), to nam kasnije može trebati više lekova. Osoba koja uzima lek (drogu), osećaće se prijatno tek tada kada lek bude dostigao nivo bola. Jedna od mojih terapeutkinja ranije je duvala lepak, što je posle terapije nezamislivo. Pretpostavljam da bi količina lepka koju je ranije udisala, mogla da bude smrtonosna kada bi je sada udahnula.

PRIRODA ZAVISNOSTI

Moramo da budemo oprezni kada koristimo termin „zavisnik". Ako polomimo ruku i uzimamo sredstva protiv bolova nedelju dana, svi razumeju koliko je to bolno, koliko nam je loše, i shvataju neophodnost uzimanja ovih sredstava. Ovu osobu ne zovemo zavisnikom. Ali šta se dešava ako nam srce ne funkcioniše? Šta ako imamo bol koga niko nije svestan, čak ni mi sami? Bol koji se desio pre nego što smo imali verbalno pamćenje? Bol koji je usađen samo u terminima neurohemije, bez reči? Bol koji je nastupio usled napuštanja neposredno po rođenju, zbog bolesti majke? Ovde su urezani ogromna usamljenost i užas; osećanja bespomoćnosti i beznadežnosti koja se ne mogu artikulisati. Ako sada uzmemo sredstva protiv bolova, mogu za nas reći da smo zavisnici, jer pokušavamo da ubijemo bol koji niko ne prepoznaje. Paradoksalno je što su ti preverbalni bolovi najstrašniji, i oni će najverovatnije izazvati zavisnost.

Izbor

Činjenica je da doživljavanje bola često uklanja potrebu za sredstvima protiv bolova.

Lekovi se bave bolom na njegovom sopstvenom nivou, u terminima biohemije. Hemijski bol – hemijsko olakšanje. Zavisnici su ugušili bol iz situacije života i smrti, zbog toga je za njih često pitanje života i smrti doći do lekova. Naravno, osoba će lagati ili falsifikovati recept. Situacija je hitna. Nedavno sam lečio pacijentkinju koja je ponovo proživela užasnu usamljenost, iz perioda neposredno po rođenju. Posle ponovnog proživljavanja shvatila je da se, budući da ima svoje dete, nikada neće osećati usamljeno. Nije uspela da se poveže sa svojim osećanjima; usled toga, postala je zavisna od svog deteta (mnogo više nego što je dete bilo od majke).

U principu, svesnost stavlja tačku na potrebu za drogama. Ne kažemo da možemo da izlečimo svakog zavisnika od droge. Postoje oni koji su bili u toj meri lišavani (zadovoljenja svojih potreba – *prim. prev.*), da je izlečenje nemoguće. Ali činjenica je da bol koji se doživi/oseti, često uklanja potrebu za sredstvima protiv bolova. Nikakva svest na svetu ne može ukloniti tu zavisnost. Svesnost može. Svest čini ono u čemu je dobra – samoobmana. Naravno da treba da budemo svesni svog okruženja – kakvu hranu treba da jedemo, šta je otrovno za naš sistem. Ali ja pominjem svest u drugačijem kontekstu – kao odbranu.

Nikada ne možemo prevariti potrebu – nikada. Osoba koja poseduje svesnost, može gledati na sebe kao objekat i samim tim biti objektivna. Osoba koja poseduje svest može biti potpuno uronjena u nesvesna osećanja i samim tim ne može biti objektivna. Ne možemo biti objektivni u vezi onoga što ne možemo videti.

Neuroza predstavlja, u jednom smislu, prekid funkcije komisura[62] (vezivna vlakna nervnog tkiva) – rascep vezivnih vlakana između desne i leve hemisfere; kada se ovo desi, možemo imati svest i biti potpuno nesvesni. Mehanizam integracije dve hemisfere je oštećen. Jedan od razloga za to je rana trauma koja izaziva to oštećenje. Nesvesno predstavlja slom sposobnosti integracije mozga. Do sloma dolazi zbog preopterećenja – postoji previše ulaznih podataka da bi se integrisali bez problema. Ovo preopterećenje patnjom je ono što ostaje u nesvesnom. Impulsi koji normalno imaju specifične frontalne kortikalne veze da bi nas učinili svesnim, mogu, zbog preopterećenja, da odu do nižih centara da bi nas učinili nesvesnim. Mnogi simptomi nastaju zbog preopterećenja, bilo psihološkim podacima bilo fizičkim.

Da bismo ilustrovali ključnu razliku između svesnosti i svesti, uzećemo primer dobro poznatog eksperimenta u stomatologiji. Stomatolog je dao svojim pacijentima placebo pilulu (neutralnu), i rekao im da su dobili sredstvo protiv bolova. Nakon toga im je bušen zub, što je trebalo da bude bolno, ali nije bilo. Pacijenti su reagovali na ideju o sredstvu protiv bolova, umesto na bol usled bušenja. Imali su svest o bušenju (događaj), ali su bili nesvesni bola.

Ovaj primer u najkraćem obuhvata razliku između svesnosti i svesti. Možemo pogledati u zubarevo ogledalce i videti bušilicu kako dodiruje zub, pa ipak nećemo osetiti ništa; to je primer oštrog bola koji je uklonjen iz svesnosti/svesti. Ideja ili verovanje u snagu pilule, izazvali su lučenje unutrašnjih sredstava protiv bolova, baš kao da ih je zubar ubrizgao. Ta ideja može biti jača od bušilice u korenu zuba. Ideje-svest imaju sjajan uticaj na nas čineći nas nesvesnim, na veliku radost kognitivne terpije. Kognitivna terapija nas može ubediti da smo svesni, dok ostajemo nesvesni. Ona nam pomaže da mešamo svest sa svesnošću. Kako sam naglasio, nema akta volje koji nas može privesti svesnosti; to nije slučaj sa svešću.

---

[62] Komisure, zajedno sa strukturom korpus kalozum, povezuju levu i moždanu hemisferu – *prim. prev.*

Izbor

Za trajnije izlečenje, treba da stignemo do otiska koji je prouzrokovao neravnotežu, tako da možemo da normalizujemo sistem na prirodan način.

Kada osoba prestane da koristi droge ili alkohol i usvoji nova verovanja, njen mozak se prilagođava tim verovanjima i funkcioniše kao da ta osoba i dalje koristi droge. Lečenje je kolektivna snaga koja, na izvestan način, zavisi od sećanja na stanje zdravlja -vraćanje u nečije prirodno stanje. Đavolski aspekt kognitivnog pristupa je taj da se osoba može osetiti izlečenom, jer se ona zaista – privremeno – oseća bolje. Uobičajeni odgovor ovih pacijenata je: „Važno je samo da se osećam bolje!" To je u redu, svako je tvorac svoje sudbine. Ako osoba želi da se oseća bolje neko vreme, znajući da će platiti cenu kasnije, neka bude. Trebalo bi bar da budemo svesni cene i obmane. Posle toga, svako bira sam. (Pravi izbor jeste onaj koji smo napravili imajući u vidu sve informacije.) Kada su ideje dominantan način rada u terapiji, naša unutrašnja fabrika lekova počinje proizvodnju. Kako bismo ikoga mogli da ubedimo da terapija nije uspešna, kada u stvari ona to jeste? Učinila je da se osoba oseća bolje. Koje druge kriterijume ima pacijent? Svi želimo da se bolje osećamo, i to očekujemo od terapije. To je isto kao uzimanje sedativa, čiji je efekat prikrivanje pravih osećanja. Postoji cena za to, i očigledno da je većina ljudi spremna da je plati. Želim samo da naglasim razliku između cene koju plaćamo za svest, i nagrade koju nam pruža svesnost.

Uzimanje lekova protiv bolova je složeno pitanje, jer rani bol može trajno da destabilizuje proizvodnju neuroinhibitera (endorfina i serotonina). Međutim, uzimanje leka koji nadoknađuje deficit, može zaista učiniti da se osoba oseti bolje. Da bi efekti bili trajniji, treba da stignemo do otiska koji je izazvao neravnotežu, da bismo mogli da sistem vratimo u normalu na prirodan način. Tada sistem neće morati da se oslanja na neprirodna, veštačka sredstva, i moguće doživotno korišćenje sedativa. U našem dosadašnjem istraživanju, otkrili smo povezanost jačine plakanja sa izlečenjem. Sedativi mogu da blokiraju plač i tako odlože izlečenje.

Da bismo promenili neurozu, moramo da postignemo svesnost ili bar da je omogućimo. Ovo je presudno, jer se ne radi o promeni ideja ili kognitivnih koncepata, radi se o promeni načina postojanja. Ideje su efemerne i lako promenljive. Setimo se: neuroza je izmenjeno stanje svesnosti, deformisana svesnost, ako želite. Realnost je zakopana duboko u mozgu, a nova lažna svesnost zauzela je njeno mesto. Lažnu svesnost možemo nazvati „svest", jer kognitivni terapeuti/terapeuti uvidom imaju običaj da je mešaju sa pravom svesnošću. To je pseudosvesnost, koja je podložna svim vrstama verovanja, iracionalnih misli, i lažnih percepcija. Na mesto svake potisnute istine, mora doći lažna istina. To je poreklo pseudouvida, prividno realističnog pogleda unutar nas, koji je samo još jedna izmišljena i površna racionalizacija.

Racionalizacija može izgledati realistično, jer ju je smislila leva hemisfera koja je u diskonekciji, usled čega nema emocionalni referentni okvir. Racionalizacija izgleda razumno levoj hemisferi, jer ju je ona izmislila, a svako voli svoje čedo. Frontalni korteks se u svom funkcionisanju užasava vakuuma, praznog vremena i prostora. Ako predugo funkcioniše u vakuumu, mogao bi ući bol. Frontalnom korteksu su potrebne ideje kao odbrana. One moraju postojati u njemu, sve dok bol ključa ispod. Pseudouvidi obavljaju taj zadatak (odbranu –*prim. prev.*). U terapiji, oni pomažu da se otkloni bol, obmanom pacijenta da mu je bolje.

Šta bi drugo bilo nesvesno, nego bolna sećanja? Biti svestan (svesnost) znači imati pristup sećanjima i biti sposoban za uklanjanje pokretačke snage nesvesnog; postajući svesni – učinićemo nesvesno svesnim. Ako iznutra imamo očajničku potrebu, ali je poričemo, pravu svesnost smo zamenili lažnom. Kada moji pacijenti ponovo mole za ljubav kao deca, oni postaju svesni, svesni svoje potrebe, bez obzira koliko to jednostavno zvučalo. Svesnost, zato, nije neki misteriozan entitet kome je potrebna pomoć intelektualnih filozofa; svesnost je proživljavanje potrebe. U kognitivnoj terapiji, osobi se može pomoći da ima svest o potrebi, ali nikada da bude svesna; svesnost znači patnju. Tu nema pomoći. Kognitivna terapija je navigacija kroz svet lažne svesnosti.

Imao sam pacijenta koji je stalno viđao sjajna svetla na nebu i bio ubeđen da je to NLO. Mesecima kasnije imao je primal rođenja na kome je, pravo iz materice, stigao u porođajnu salu sa izuzetno jakim svetlima koja su ga traumatizovala. To je ostalo kao otisak. Postao je fiksiran na NLO sa velikim blještećim svetlima. Video je svoju istoriju, iako je toga bio potpuno nesvestan.

Naši pacijenti na početku terapije imaju stalno visok nivo kortizola (on često prati anksioznost). Kada neko ima jaku epizodu anksioznosti, možemo je nazvati napadom panike; u stvarnosti, to je napad svesnosti/svesti. Skoro svaki bol je ta vrsta napada. Bol pokreće zvona za uzbunu. Reagujemo panično, jer su duboka osećanja na putu ka svesnosti/svesti. Ona kažu: „Obratite pažnju. Moramo nešto da uradimo." Želeli bismo da uradimo nešto, ali ne znamo šta. Da bi se smanjila anksioznost, napori su obično usmereni na odbacivanje signala upozorenja, umesto na pokušaj da se otkrije na šta nas taj signal upozorava. Još jedan pokušaj smanjenja anksioznosti i panike je odlazak na terapiju uvidom, gde pokušavamo da „razumemo" šta ih izaziva. Ili se povezujemo sa bolom, ili bežimo od njega. Ne postoji treća mogućnost. Kada uklonimo upozorenje, mi eliminišemo svest o opasnosti, ne samu opasnost – a to će nas još više ugroziti.

O POJAVNOM I SUŠTINSKOM

Još jedan način posmatranja razlike između svesti i svesnosti je razlika između pojavnog i suštine – fenotip (izgled, pojavno) nasuprot genotipu (generišući izvor). Pojavni pristup je uvek individualan, dok je suštinski univerzalan, jer generiše univerzalne zakone. Suština je stabilna, dok je pojavno promenljivo. Suština je istorijska; pojavno je neistorijsko. Suštinskog ima malo; pojavnog ima mnogo – što znači beskrajnu terapijsku potragu kroz najsloženije lavirinte ponašanja. Suština vodi do svesnosti, do ušća nižih centara u frontalne kortikalne strukture. Pojavno vodi do svesti bez svesnosti. Razumeti suštinski problem neuroze, znači uočiti konkretne protivrečnosti između snage bola i snage potiskivanja. Baviti se suštinom, znači baviti se kvantitetom bola koji menja kvalitet bića. To je holističko i sistemsko bavljenje. Pojavno znači podelu pacijenta, otuđenje njegovog simptoma od njega; lečenje vidljivog.

Napredak u većini psihoterapija je formulisan u terminima pojavnog umesto suštinskog; tu leži problem.

Frojdovi istomišljenici i drugi teoretičari uvida ne generišu univerzalne zakone, usled toga što im je fokus na pojavnom umesto na suštinskom, na fragmentima umesto na sistemima. Trebalo bi da pomenem da ponekada postavljaju uopštene hipoteze, ali po pravilu, one se ne mogu testirati i proveriti jer nemaju naučnu osnovu. Vrlo je teško napraviti univerzalni psihološki zakon od individualnog, idiosinkratičnog ponašanja koje važi za samo jednu osobu, ili od Ida, ili od mračnih sila koje niko ne može videti ni proveriti. Izgleda da kognitivni pristup nameće psihološke zakone ljudima – o (njihovoj) prirodi. Suprotno tome, mi verujemo da, pažljivim posmatranjem, možemo otkriti prirodne zakone i primeniti ih na ljude; najzad, oni potiču od ljudi. Biološke istine su od suštinskog značaja.

U Primalnoj terapiji, činimo sve da bismo povezali naše opservacije i naša istraživanja sa savremenim neuro-biološkim istraživanjima. Ovo postižemo tako što se trudimo da nemamo predrasude o pacijentu, i da zadržimo empirijski stav. Ne lečimo svaki simptom kao izolovan entitet koji treba da se odstrani. Umesto toga, znamo da postoji skup simptoma koje povezuje „nešto" – zajednički uzrok. To „nešto" je ono do čega treba da dođemo na terpiji; to je ono suštinsko. Tako, treba da obratimo pažnju na celokupno ponašanje, ne samo na njegove delove. Da bismo videli celinu, treba da istražimo istoriju koja je kontekst za razumevanje celine. Treba da tražimo dalje od fobije od liftova i da sagledamo istorijske događaje (stavljanje u inkubator po rođenju, možda) koje su tu fobiju izazvale. Istog trenutka kada smo lišeni istorije, ostajemo bez generišućih uzroka, a samim tim i suštine. Ostajemo u mraku.

Frojdovi sledbenici tvrde da imaju duboku dinamsku terapiju, ali se zaustavljaju kod uranjanja pacijenta u stari, infantilni mozak, gde leži rešenje. Oni se takođe oslanjaju na „ovde i sada", na trenutne ideje o prošlosti. Nije isto ponovo proživeti prošlost, i imati ideju o prošlosti. Jedno je lekovito – drugo nije. Jedno uključuje svesnost, drugo svest. Čak su i suze u psihoanalizi izvedene. Plač je vezan za nešto određeno u terapiji: odrasla osoba se osvrće na svoj život i plače. Ali to nije plač bebe (sa rođenja), to nisu potrebe te bebe, koje su toliko duboke da ih je nemoguće opisati, i to ne traje jedan sat i više. U plakanju „zbog" (nečega) nikada ne čujemo plač deteta, što često čujemo kod naših pacijenata; to je znak da funkcionište drugačiji mozak, drugačiji moždani sistem, koji rešava probleme na sopstveni uski način. Kod psihoanalize, pacijent se nalazi ovde i sada, ego-orijentisana terapija izbegava njegovu istoriju, a terapeut je fokusiran na sadašnjost. Pacijent može biti fizički prisutan, njegove su emocije, međutim, u prošlosti.

Ono što otkrivamo o kognitivnim terapeutima/terapeutima uvidom, a naročito o TV jevanđelistima-psiholozima, jeste da oni prisvajaju stare propovedi, etiku i religiozne ideale koji odgovaraju duhu vremena, uvijaju ih u neku vrstu psihološkog žargona i isporučuju ih uz „ortački" stav – „znam šta ti je potrebno." Prečesto, to se svodi na „preboli to!" I svi vičemo: „Da!" Jer i mi mislimo da bi drugi trebalo da prestanu da kukaju i počnu nešto da rade. To je sindrom Džordža S. Patona. Razvijte pozitivan stav i nećete se osećati kao gubitnik. Ali teško je osetiti da ste sposobni i da možete da uspete, ako su vas roditelji celog života podsećali na to da ste gubitnik.

Svaka terapija uvidom kreće od implicitne pretpostavke da svest dovodi do poboljšanja. Ovaj stav je zasnovan na saznanju da, onog trenutka kada imamo svest, možemo da napravimo neophodne promene u svom ponašanju. Svest može da učini da imamo svest, i to je pozitivan korak. Ali ona ne može da promeni ličnost, koja je i organska, i nikada nas ne može učiniti zaista svesnim (svesnost). Možemo imati svest da smo previše kritički nastrojeni prema svom bračnom partneru. Možda, uz napor, možemo prestati sa takvim ponašanjem. Ali ako razumemo koncept otiska, onda znamo da ono, što ne „napadne" direktno utisnuto sećanje, ne može izazvati stalnu promenu. Možemo imati svest o tome da radimo previše i da zanemarujemo svoju porodicu, ali kada unutar nas postoji motor koji nas neprestano pokreće, ta svest je beskorisna. Ideje nikada nisu ravne snazi moždanog stabla/limbičkog sistema; te snage su, podsećam, povezane sa našim opstankom. Osoba će uvek racionalizovati svoje ponašanje: „Moram da idem na posao i vredno radim da bih izdržavao svoju porodicu." U našoj kulturi, aplaudiramo ovakvoj vrsti neuroze – neurozi koja „slavi" naporan rad, ambiciju, i stalnu aktivnost. Biti u stalnom pokretu je najrašireniji oblik neuroze. Kad bismo samo znali kako da završimo jednačinu : ono što pokreće = ... (Odgovor ...je : POTREBA)... U prevodu, ovo bi značilo: „Nisu me voleli kad sam bio beba i to me boli, a taj bol me stalno pokreće. I pored toga, ne mogu da stanem, jer je moj otisak na rođenju bio da ću umreti ako stanem. Moram da nastavim da radim, da se ne bih osećao bespomoćnim, da se ne bih osećao kao da ništa ne mogu da uradim." Ove istine nalazimo dok osećamo svoje otiske – istine koje će, kada ih osetimo, zaustaviti naš nagon i dozvoliti nam da se najzad opustimo.

Zašto je danas kognitivna terapija tako rasprostranjena? Najviše zbog toga što je lakše i brže (i jeftinije) promeniti ideju nego osećanje. Terapija uvidom i kognitivni pristupi sviđaju se onima koji su orijentisani na svoju „glavu" (to se odnosi i na pacijenta i na terapeuta). Ni pacijent ni terapeut neće shvatiti kakvu količinu istorije nosimo sa sobom i kako ona utiče na naše razmišljanje. Kako bismo inače mogli da zanemarimo užasne stvari koje su se desile našim pacijentima u detinjstvu? Nigde u kognitivnoj literaturi nisam video diskusiju o bazičnoj potrebi kao osnovi za razvoj ličnosti, niti o tome zašto osoba ne može da stavi kočnice na impulsivno ponašanje. Kako sam pomenuo, uzlazna vlakna sa nižih nivoa, koja kreću iz moždanog stabla i pridruženih limbičkih mreža, alarmiraju korteks zbog opasnosti; ova vlakna su brojnija i jača i brže deluju nego silazna inhibitorna vlakna, koja kako znamo, nastaju kasnije u evoluciji. Ovde vidimo, u čisto neurološkom smislu, da su osećanja jača od ideja.

Rani nedostatak ljubavi znači da postoji dodatna degradacija ovih silaznih inhibitornih sistema, ne samo zbog kortikalne slabosti, već i usled toga što su snage limbičkog sistema/amigdale, u kojima je uskladišten otisak, veoma jake i ometaju korteks u primanju poruke. Preopterećena amigdala, figurativno, „puca po šavovima" da bi otpustila svoj teret osećanja. Dominantan smer njenog delovanja je određen evolucijom – naviše ili ka napred, ka frontalnom korteksu. Postoji samo jedan smer u kome potiskivanje može da ide – a to je naniže, da bi se osećanja zaustavila. Ideje nam u tome mogu pomoći koliko i sredstva protiv bolova. Pretpostavljam da su terapeuti čija terapija poriče istoriju, otiske i biologiju, privučeni takvoj terapiji, ironično, usled sopstvene istorije. Sve dok je konekcija slaba, a pristup onemogućen, terapeut je otvoren za svaku ideju koja mu se sviđa intelektualno. A nesvesno upravo i diktira ono što ga intelektualno privlači. To znači da može izabrati da primenjuje terapiju koja se zasniva na poricanju (kao što je kognitivna terapija), jer je njegovo funkcionisanje zasnovano na poricanju. On pravi terapijske izbore prema zapovesti nesvesnog.

Ako terapeut, nesvesno, ima potrebu za moći, on je sklon da zapoveda pacijentu; to mogu biti uputstva za život, veze, izbore i, iznad svega, uvidi. On će nametnuti svoje ideje, svoju interpretaciju pacijentovog ponašanja. Ono što terapeut kaže, postaće u terapiji važnije od onog što pacijent oseća.

Ako terapeut ima potrebu da bude „od pomoći" i da dobije „ljubav" od pacijenta, on može da to odigrava u terapiji. Pamtim svoju potrebu da postanem terapeut i budem od pomoći, kao simboličan pokušaj da pomognem svojoj mentalno oboleloj majci da ozdravi i bude prava majka. Niko nije izuzet od simboličnog ponašanja. Pacijentu je sigurno prijatnije da se ponaša po diktatu svojih potreba, i da ih zadovolji (simbolički) na terapiji misleći da nešto postiže, nego da oseća bol usled nedostatka zadovoljenja tih potreba. Razumljivo je što se ideja o ležanju na tapaciranom podu, plakanju i vrištanju nekim osobama ne sviđa. Očekivanje bola nije uvek privlačno. Tako, kognitivni terapeut/terapeut uvidom, može podleći sličnoj obmani kao i njegov pacijent – oboje dobijaju ljubav zato što su pametni. To je nesvesni pakt uzajamne obmane.

Svakog trenutka kada nismo uzemljeni u svoja osećanja, na raspolaganju smo; svaka ideja će biti dovoljno dobra. Dobro je što je levi frontalni korteks savitljiv, ali je loše što je previše savitljiv. Postoji razlika između posedovanja otvorenog uma, i uma koji je toliko otvoren da je kao rešeto. Nije isto imati levi frontalni korteks otvoren ka desnom kao i imati um koji je previše otvoren ka drugim osobama i njihovim predlozima upravo zato što je zatvoren za svoju „bolju polovinu". Zato naučnik može razumeti mnogo toga u vezi sa neurologijom, a praktikovati terapiju koja nema dodira sa mozgom, što sam mnogo puta video; radi se o svojevrsnom račvanju svesti. Ono što on ili ona znaju naučno, ne dolazi do druge strane glave zbog diskonekcije ili disocijacije. On/ona mogu imati punu svest i biti potpuno nesvesni.

U ispoljavanju, terapija ostaje pretežno ista, bez obzira na problem. Frojdovi sledbenici imaju određeno mišljenje o razvoju i patologiji. Oni će slediti to mišljenje bez obzira na problem pacijenta, što će dovesti do uvida, i još uvida... Druge terapije se specijalizuju u analizi snova. One nastavljaju analizu, bez ikakvog dokaza o njenoj efikasnosti sem izveštaja pacijenata. Nema fizioloških merenja. Oni zanemaruju činjenicu da je iskustvo postavljeno neurofiziološki, da ono nije samo ideja; oni zanemaruju suštinu.

Još jedan primer suštine protiv pojavnog : uzmite sedativ – spavaćete bolje i izbeći probleme sa spavanjem, prestaćete sa odigravanjem, prestaćete da se osećate anksiozno, bićete manje agresivni, manje depresivni, prestaćete da mokrite u krevet i prestaćete sa preranom ejakulacijom, korišćenjem alkohola i droga. Jedna specifična pilula može da ispuni ovaj univerzalni zadatak. Zašto? Zato što je suština koja se nalazi iza svih ovih simptoma – bol.

Bol će uvek ostati bol, bez obzira kakvu mu oznaku stavili ili na koji način ga negirali. Bilo da se osećamo zanemareno, poniženo ili nevoljeno, bol je isti i obrađuju ga iste strukture. Frontalni korteks mu daje različite oznake i usled toga se ponašamo različito, ali centri za bol sve tretiraju na isti način. Zar nije čudno što koristimo isto sredstvo protiv bolova da bismo izazvali poboljšanje kod depresivne osobe i da bismo zaustavili mokrenje u krevet? Možda je to jedna ista bolest sa različitim manifestacijama, koje nakratko nestaju kada generišući izvor napadnemo lekovima. Treba da naučimo lekciju od „prozaka" – on blokira svaku pojavu simptoma. Zato, ako na terapiji osećanjima, napadnemo snage koje su uzročnik, možemo blokirati i iskoreniti sve te različite simptome. Primetićete takođe da neverbalni lek (ponovno proživljavanje – *prim. prev.*) usporava opsesivne ideje. Ovo nam govori o odnosu nižih centara (filogenetski starijih – *prim. prev.*) gde ne postoje ideje, sa procesom mišljenja na višim (filogenetski mlađim – *prim. prev.*) nivoima, koji se bave idejama.

U antidijalektičkom pristupu, koji je usmeren na pojavno, nema centralne motivišuće sile. Nema borbe suprotnih sila, koja nas pokreće i usmerava. Sve ostaje na površini – statično. Usled toga što pristup ne razmišlja o duboko konfliktnim snagama koje nas motivišu, nema razloga da se ulazi u pacijentovu istoriju. Ovo nije dinamički pristup. Tretman koji počiva na dijalektičkim principima ne bavi se „egom" ili mističnim snagama koje se pojavljuju niotkuda, i sadrže mehaničko, nasledno „dato". Kada se dinamika izbaci, terapija može biti samo mehanička.

Lečio sam pacijente koji su godinama pušili marihuanu. Oni često dolaze kod nas blago paranoični. Pušenje marihuane izaziva parcijalnu lobotomiju kod ovih pacijenata, jer marihuana aktivira osećanja desne strane, a slabi kontrolne mehanizme leve strane. Rezultat je oslobađanje osećanja, koja se uzdižu do prefrontalnog korteksa gde se izvrću u čudne, izuzetno sumnjive ideje. Ove ideje su pokušaj osobe da se nosi sa rastućim unutrašnjim silama. Šta predstavljaju ove sile? Sledeće: ako se neko oseća nevoljeno, rano u životu, marihuana će „otključati" ova osećanja. Ona rastu, ali ne direktno; ona su filtrirana. Osećanje „pored toga što me ne vole, oni hoće i da me povrede" postaje: „čovek koji prodaje sladoled kuje zaveru protiv mene. On želi da me povredi." Ili, u slabijoj formi: „Moj prijatelj danas nije bio baš mnogo prijatan; možda ima nešto protiv mene." Ili, kada prijatelj pokuša da pomogne, osoba to može doživeti kao znak da je slaba i bespomoćna.

Permutacije su beskrajne, ali se sve svodi na ograničen zbir potreba i bolova. Ako ne vidimo da su sumnjive ideje posledica naših sputanih osećanja, nikada nećemo moći da razumemo paranoju – u kojoj frontalni korteks može jednostavnu potrebu "voli me, mama! Osećam se tako nevoljeno", izokrenuti u: „zaista im se ne sviđam. Imaju nešto protiv mene." Ovo „oni" u pacijentovoj glavi je, u stvari, „njegova majka koja ga ne voli". To saznanje je toliko bolno da je generalizovano, kroz izraz „oni". „Pa", kognitivni terapeut može reći, „oni nisu zaista pokazali da te vole, zašto onda to ne preboliš?" Ili: „Da li moraš da se sviđaš svakome? Zar ne možeš da živiš bez odobravanja celog sveta?" Ili: „Slušaj, to stvarno nije istina. Zar te nije zvao juče da vidi kako si?" „Pretpostavljam", kaže pacijent. Ali osećanje unutar pacijenta kaže: „Još se osećam nevoljeno."

Postoji odeljak u knjizi „Poremećaj pažnje"[63] (Hiper-kinetski sindrom[64]) autora Ervina Benkerta i Di Pola. Oni počinju, što je i očekivano, navodom da je hiper-kinetski sindrom povezan sa kognitiv-

---

[63] „Poremećaj pažnje", Ervin Benkert, Di Pol.
[64] Attention Deficit Disorder – ADD – Poremećaj hiper-aktivnosti.

nim deficitom uključujući „odsustvo svesti osobe o njenom ponašanju." Oni su zagovornici postupka kojim se deca uče da obrate pažnju na aspekte svog ponašanja i da ih beleže. To nije loša ideja, ali ne kao terapija, već kao prvi korak u terapiji. Oni priznaju da je Poremećaj pažnje takođe rezultat slabe kontrole impulsa i slabe samoregulacije. Njihovo je rešenje – kontrola sopstvenog ponašanja kroz primenu društveno prihvaćenih verbalno-neverbalnih veza."[65] Oni predlažu jačanje kontrole kortikalnog sistema, čime deluju protiv evolucije, ne u njenu korist. Oni podrazumevaju da postoje impulsi koji se ne mogu kontrolisati; usled toga, počinju da drže predavanja o kontroli. Kada se zanemaruje evolucija, nema više uzročno-posledične veze. U ovom smislu, oni su bliski Frojdovoj poziciji, koja potiče iz religioznog stava: u nama žive demoni (Id: predstavlja negativne impulse ili snagu senke) i moramo ih kontrolisati da nas ne bi nadvladali. Kognitivisti nikada ne bi priznali da su Frojdovi sledbenici, ali oni to jesu, ako misle da su impulsi dati i nepromenljivi.

Religija posmatra naše skrivene, „zle" sile (impulse –*prim. prev.*) sa moralne tačke gledišta, ali to se svodi na isto. Psihologija postaje religija pod drugim imenom. Ako nije tako, šta su impulsi? Odakle dolaze? Da li su oni nepromenljive snage, koje ne podležu promeni? Ako nisu, kako ih menjamo? Lajtmotiv religije je da unutar nas žive demoni koji će ostati nepromenljivi i bezimeni, neka vrsta genetskog zla. Mi se rađamo sa tim, i to je to. Ovde se kognitivisti pridružuju Frojdovim sledbenicima, koji se pridružuju Jungovim sledbenicima, koji se pridružuju sveštenicima – u stavu da je naš osnovni posao da obuzdamo ove mračne, „zle" sile iz senke. Razlog što mnogi psiholozi smatraju ove negativne sile nepromenljivima je taj što nemaju dubinski pristup, te ni način za njihovu promenu – dakle, one su nepromenljive. Ovo je primer cirkularne logike.

U studiji iz gore navedenog rada, navodi se da je kognitivni tretman podjednako dobar kao i davanje kortikalnog stimulansa koji čini korteks efikasnijim. Drugim rečima, lekovi ili reči obavljaju isti posao. Međutim, impulsi, umesto da ostanu nepromenljivi, mogu se značajno promeniti kada razumemo zašto nastaju. Zbog detinjstva koje je traumatično i lišeno ljubavi, osoba ne može da zaustavi rad struktura amigdale ili moždanog stabla, jer sama ne poseduje neuro-

---

[65] Isto, str. 44.

lošku opremu za to; oštećen je prefrontalni korteks, koji je za to zadužen. Kognitivist utiče na frontalni korteks pacijenta, tako da njihove ideje, zavarene u spoj, pomažu kontrolu snaga koje leže ispod tih ideja. „Ti si jak. Možeš uspeti. Pomoći ću ti. Samo misliš da si gubitnik, ali nisi. Ti si dobra osoba, ne zla kako ti misliš.“ Ovo vidimo u eksperimentu izvršenom na pacovima, objavljenom u časopisu „Priroda“.[66] U tom eksperimentu, električna stimulacija prefrontalnog korteksa sprečila je pacove da reaguju na zvuk određenog tona (onog koji je dolazio u paru sa električnim šokom), na šta su bili prethodno uslovljeni. Kada pacijent i terapeut kombinuju svoje misli na sesiji uvidom, to se ne razlikuje mnogo od električne stimulacije te oblasti (prefrontalnog korteksa – *prim. prev.*). Ukratko, to blokira iskustvo užasa i bola. Kako se taj psihološki pojam razlikuje od religijskog? Razlika je u tome što psiholozi ne koriste reč „zao“; oni impulse nazivaju „negativnim silama“. Svedeni na pravu veličinu, oni ostaju ista stvar. I naravno, većina savremenih TV psihologa su, u stvari, TV jevanđelisti u psihološkoj odeći. Njihov rad je privlačan, jer kombinuje savremena religiozna pravila sa psihološkim pojmovima (setite se Vejna Dajera). Ipak, oni nikoga ne inspirišu; samo potvrđuju svoje predrasude. One su njihovo skrovište.

Zatim, postoje terapije lekovima. Pacijentu se daju razni lekovi za razna stanja. Razgovor sa pacijentom je sekundaran. Pacijenti su anksiozni – jedna vrsta leka. Depresivni su – druga vrsta. Često, lekovi imaju isti efekat na mozak – ubijaju bol. U slučaju da lekovi ne deluju, povećavamo dozu. Ako povećana doza ne deluje, menjamo lek. U međuvremenu, ne pokušavamo da otkrijemo i fokusiramo se na *uzrok* depresije. Iako očajnički pokušavamo da nađemo genetski uzrok, depresija nije neizbežan deo ljudskog stanja.

Nedavni članak u novinama navodi slučaj žene koja tuži muževljevog psihijatra. U tužbi je navela da je njen muž imao suicidalne tendencije, a da mu je psihijatar, uprkos tome, stalno menjao lekove, što je izazvalo pogoršanje. Doktori su se oslanjali na pojavno, ne na suštinu, i to ih je najverovatnije odvelo na pogrešnu stranu. Žena je tvrdila da niko nije *razgovarao* sa njenim mužem. Evo slučaja gde bi čak i malo razgovora i saosećanja pomoglo. Bilo je moguće. Možda lekovi nisu bili odgovor. Ovaj pristup (lekovima – *prim.*

---

[66] Časopis „Priroda“, 7. november 2002.

prev.) pomaže terapeutu da se ne muči pitanjima pacijentove istorije i njegovog ranog života. On omogućava da se izbegnu mučni razgovori sa pacijentom i saosećanje sa njegovom mukom. Ponekad je, međutim, postojanje saosećanja sa pacijentom dovoljno da izazove empatiju kod terapeuta i da ima terapeutski efekat.

Terapija, u kojoj je primarno davanje lekova, pacijenta smatra „slučajem". Nakon par površnih pitanja, nema više lične interakcije. „Govorite mi o svom simptomu, ali ne i o svom životu. Pričajte mi o njemu (simptomu – *prim. prev.*), ali ne i o sebi." Bio sam u poziciji pacijenta, koga su lekari tretirali kao „slučaj". To nije prijatno. Ali je ekonomično. Kada terapeut leči više pacijenata u jednom satu, to otežava pojavu empatije i sticanje šireg znanja o pacijentu. Nakon ispunjavanja dugog upitnika, lekar ulazi u ordinaciju brzo skenirajući dosije, nesposoban da zaista shvati suštinu problema pacijenta. Istorija je još jedna žrtva današnje terapije, kako medicinske tako i psihološke. Psihijatrija je danas produžena ruka farmaceutske industrije. Farmaceuti nam govore koji lekovi deluju, i mi ih koristimo. Osiguravajuće kompanije nam ne plaćaju da se udubljujemo u pacijentovu istoriju, da na miru otkrivamo stvari o njoj. Oni plaćaju za brze rezultate. Zaključak: razvijamo nove teorije u terapiji da bismo se klanjali pristupu – ovde-i-sada, intelektualnom pristupu, koji koristi lekove. Dali smo svoj integritet u zamenu za novac. To ne radimo svesno, ali nećemo moći da hranimo porodicu ukoliko ne prihvatimo novu realnost.

Naravno, kognitivni pristupi su „idealni". Pacijent u takvoj terapiji suštinski dobija: „prebolite to" i „hvala što ste došli"... U duhu novog vremena, cilj kognitivne terapije jeste da pomogne pacijentu da nešto preboli, ne da razume bazičnu dinamiku. Ono što je bazično u čoveku jesu njegov „rezervoar" bola i ponašanje koje bol izaziva. Ako zanemarimo bazičnu potrebu, gurnuti smo u „svest", jer je ona početak i kraj svesnosti. Ne možemo videti rezervoar bola kada se fokusiramo isključivo na svest. Na ovaj način, nećemo moći da vidimo ni razlog zbog koga ogroman broj ljudi uzima lekove/droge (legalne ili nelegalne). Pokušavamo da suzbijemo potrebu rečima, ali u tom ratu nećemo pobediti, jer je potreba jača od svega i svakoga. Ona neće ostati potisnuta. Niko nije jači ili pametniji od te pacijentove potrebe, jer je ona neodvojivo isprepletana sa opstankom, a opstanak je gazda! Ako želimo da zaustavimo potražnju za lekovima, moramo se postarati za bazične potrebe iz detinjstva, počevši od načina na koji je tekao porođaj.

VOZEĆI „VOZILO" OSEĆANJA

Treba da ideje shvatimo kao deo postavke „teža-protivteža". Idejama i verovanjima često pokušavamo da uravnotežimo dublja osećanja. Loše osećanje, utisnuto duboko, može navesti ideju, koja je uravnoteženje tog osećanja, da krene naviše. Beznadežnost, koja se nalazi u dubini, može na višem nivou izazvati pojavu religioznih ideja koje obuhvataju nadu. Ideje neke osobe često predstavljaju pokušaj, iako nesvestan, da se nađe rešenje – normalizacija. Osećanje apsolutne bespomoćnosti tera osobu da pronađe nadu bilo gde, da ne bi uronila u samodestruktivne misli.

Hajde da vidimo kako ovo može delovati fiziološki. Dete se oseća beznadežno, zbog nedovoljnog prisustva majčine ljubavi. Ono to ne zna, ali njegovo ponašanje to pokazuje. Da bi se blokiralo to bolno osećanje iz konekcije/svesti, dolazi do rasta proizvodnje serotonina. Serotonin može takođe kontrolisati lučenje dopamina, koji će naglasiti ideje koje sadrže nadu. Serotonin ulazi na scenu da bi blokirao beznadežnost, a dopamin se izlučuje da bi pomogao stvaranje verovanja koja uključuju optimizam i nadu. Postoje novi dokazi da zavisnici imaju manje receptora za dopamin (od proseka). Rana trauma može da destabilizuje glavne tačke za dopamin i da proizvede, između ostalog, anhedonizam – nesposobnost da se uživa u bilo čemu. To se može desiti čak i ako brižna majka uzima sedative.

Četrdesetih i pedesetih godina XX veka, pokušali smo da ubedimo pacijente da su njihove ideje bizarne, jer smo mislili da one ukazuju na mentalna bolest. U tom cilju smo koristili mentalne tehnike. Bili smo sigurni da je njihov problem – postojanje iracionalnih ideja. Jedini zadatak pacijenta bio je da postane racionalan. Nije se pominjalo telo u kome su te ideje živele. Sada znamo da te ideje imaju smisla samo kada su povezane sa generišućim izvorom koji im je dao život. Moram li reći ponovo? Reči nisu dovoljne! Pomenuo sam pacijenta Dena, koji je, budući da ga je povredila okrutna majka, zamišljao da i drugi žele da ga povrede. U sesiji na početku terapije, Den je ispričao priču o svom iskustvu sa venčanja. Bio je u kolima na putu ka crkvi, kada je ugledao prijateljicu kako tamo ide pešice. Samo mu je mahnula i nastavila. Naljutio se što ga nije sačekala da se parkira. Nije hteo da razgovara sa njom ni na venčanju, ni posle njega. Tokom sesije, dok su osećanja putovala niz svoj lanac ljutnje, pojavilo se sećanje na njegovu majku; preplavio ga je bes što ga je stalno povređivala. Onda se, duboko u njemu, između potoka suza, dečijim glasom pojavilo: „Gledaj me, mama! Nemoj više da me povređuješ. Molim te!" Svaki znak koji bi bio okidač tog osećanja, proizveo bi paranoičnu ideju – „ne vole me"... Roditelji su ga poslali u internat sa sedam godina, jer ga zaista nisu voleli. Osećao je da se nikome ne sviđa. Tražio je znake da bi potvrdio svoje podsvesno osećanje, i našao ih. Mogao bi da funkcioniše, samo do pojave prvog, makar i najmanjeg znaka ravnodušnosti, koji bi pokrenuo staro osećanje.

Izbor

Primalna terapija je putovanje do arhaičnih uporišta uma.

Pretpostavimo da smo probali da primenimo kognitivnu terapiju/terapiju uvidom kod Dena, i da smo mu rekli da je razlog njegove sumnjičavosti i preterane osetljivosti to što ga roditelji nisu voleli. „Oh", izjavio bi, „pretpostavljam da ste u pravu." Znao je da ga roditelji nisu mnogo voleli, i da su ga poslali u internat jer im je smetao. Bili su pred razvodom, i krivili su njega zbog toga. Da bi preboleo ovu paranoju i slagao se sa drugima, trebalo je da se u terapiji prvo oseti nevoljenim, da moli roditelje da ga ne šalju u internat, da im kaže koliko pati, da oseti agoniju tog bola, u kontekstu, a onda, i tek onda, paranoidne ideje bi počele da se povlače.

Zvuči čudno, znam, da odrastao čovek treba da, trideset godina kasnije, moli svoje roditelje da ga ne šalju od kuće, ali ta molba je još uvek ugravirana u njemu – zajedno sa bolom. Kada se pacijent u grupi spusti na kolena, skupljenih dlanova, i moli detinjim glasom, javlja se jecanje. Kada pacijenti mole svoje roditelje za pomoć, njihov glas postaje glas tog deteta, ne zato što im je tako rečeno, već zato što su pod stegom onog mozga koji se tada bavio emocijama. Sve suze koje nisu prolivene tada, moraće da budu pro-livene sada; suze teku jako dugo. Ako ostanu unutra, mi ćemo se verovatno na kraju razboleti. Suze su prirodan proces; blokiranje prirodnih procesa čini sistem neprirodnim. dr Gudman me podse-ća da, u Starom zavetu[67], Bog čuva Jezekiljeve suze u boci, a zatim mu produžava život. Neko je znao da su suze važne.

PACIJENT IMA MOĆ

Biti neurotičan znači služiti doživotnu kaznu. Možemo skratiti tu kaznu. Primalna terapija je putovanje do arhaičnih uporišta uma. Divna stvar u vezi istraživanja dubina svesnog u našoj terapiji je mogućnost da se priviri u najdublje moždane nivoe. To znači da više ne moramo da teoretišemo o prirodi čoveka; možemo je pos-matrati u njenom prvobitnom, skrivenom stanju. Problem je što ne znamo šta su bile potrebe i koliko su rano nastale. Sada znamo da bazične potrebe opstanka nastaju u materici – jer možemo videti kako majčina depresija utiče na fetus ili šta automobilska nesreća čini bebi u stomaku. Vidimo kako se utiskuje užas; znamo zato i otkuda dolazi anksioznost. Otkrili smo da je potreba za kiseoni-kom primarna. To je ključna rana potreba, jer ona uključuje borbu na život i smrt. Vidimo početak ličnosti kao i početak neuroze, nešto što ranije nije bilo moguće. Znamo šta izaziva emocionalni bol. Znamo koliko je bol jak, a samim tim i kako može izazvati fizičke bolesti. Koliko ja znam, ovo je prvi put da imamo tako dubok pogled na čovekovu prirodu. Ovo znanje nam pomaže da razumemo koliko nega može doprineti ljudskom stanju, i kakva je prava priroda čoveka. Da li je čovek suštinski nasilan? Izgleda da čovek, kada njegove potrebe nisu zadovoljene, ima ugrađenu spo-sobnost za nasilje. Kada su potrebe zadovoljene, izgleda da su lju-di puni empatije, ljubazni i puni ljubavi. Ono što smo otkrili u dubini svesti daje nam putokaz za pravilno odgajanje dece.

Sa svakim odblokiranim osećanjem na našoj terapiji, dolazi do velikog porasta u svesnosti usled konekcije sa levom prefrontalnom oblašću. Svaki aspekt osećanja mora se u potpunosti proživeti da bi

---

[67] Sveto pismo – Stari zavet – Psalmi Davidovi – *prim. prev.*

bio lekovit. Čak i naše senzacije moraju na kraju doći do naše svesti i svesnosti – otkrivajući nam razlog usled koga ne možemo da dođemo do daha ili zašto se osećamo kao da se gušimo. Kad se ove senzacije pojave na terapiji, pomažemo pacijentu (kada za to dođe vreme) da uđe u njih, tako da ih može staviti u kontekst. Mi gledamo i pomažemo. Zajedno sa širenjem svesnosti, produbljuje se svest i pojačava sposobnost da se oseća. Svesnost znači integraciju. Integracija znači ravnotežu, koja ima fiziološki pandan i merljiva je kroz našu biohemiju i šablon moždanih talasa. Ništa od ovoga nije moguće kroz „svest"... Ona ostaje na površini, u udobnosti svoje neprosvećenosti. Suviše često, svest je „teorijska mućka", nečija teorija ili predstava o tome šta nije u redu sa nama i šta je normalno.

Pacijent, ne terapeut, jeste sedište moći u našoj terapiji. On odlučuje kada da dođe, kada da ode sa sesije, i kada da prestane sa terapijom. Ako pacijent ima problem, pozivamo ga da prisustvuje sastanku osoblja, da bismo diskutovali o njegovom problemu kao sa sebi jednakim; ne tretiramo ga kao još jedan slučaj. Slušamo šta ima da kaže; otkrio sam da, kada imaju pristup, pacijenti mogu jako dobro prosuditi kakva im je vrsta terapije potrebna. Ne uvek, ali često. Ovo ne govorim da bih hvalio naš pristup, već za dobrobit pacijenata. To nam ne predstavlja teškoću. Terapija je povezana sa spasavanjem života. I, iznad svega, pacijent odlučuje o tome šta su *uvidi*. Sve što treba da nauči već je u njemu; on samo treba da to „izmami" napolje. Dok sve to izlazi napolje, on otkriva koja su ponašanja i ideje bile realne, a koje nisu. Pridruživanje ideja osećanjima dovodi sistem u harmoniju.

Izbor

Nakon terapije, trebalo bi da postoje predvidljive promene u ponašanju i fiziologiji, koje mogu biti izmerene posle izvesnog vremena; ovaj standard bi trebalo primeniti na sve oblike terapije.

Primalna terapija, rođena iz brojnih istraživačkih studija i decenija kliničkog iskustva, pokazuje da možemo, ponovnim proživljavanjem preplavljujuće scene, osećanja ili potrebe iz detinjstva, zaista preobratiti traumatičnu istoriju. Na taj način, možemo smanjiti nivo unutrašnjeg bola, a samim tim i zavisnost od sredstava protiv bolova.

Koristili smo EEG (elektroencefalogram) u našem istraživanju, da bismo odredili relativnu snagu i mesto električne aktivnosti u različitim moždanim regijama. Prateći promene u električnoj aktivnosti tokom terapije, možemo odrediti moždane oblasti i šablone aktivnosti koji ukazuju na zavisnost od droga – i povezane fenomene, kao što je žudnja za nečim. Primalna terapija menja i biohemijske supstance koje postoje u našem sistemu. Na primer, aktivacioni hormon noradrenalin teži ka upornosti i aktivaciji, dok serotonin stavlja kočnice. Nervna vlakna koja sadrže noradrenalin, izrastaju uglavnom iz lokus ceruleusa, koji je, na izvestan način, moždani centar za užas. Naše istraživanje aktivacionih hormona (neurohormona koji prate bol) adrenalina i noradrenalina, ukazuje na njihovo smanjenje za 66% nakon šest meseci Primalne terapije.[68] Na kraju dvadeset šeste nedelje Primalne terapije, došlo je do povećanja nivoa hormona rasta za preko dvesta procenata, kao i do tridesetprocentnog smanjenja nivoa adrenalina.

Nakon terapije, trebalo bi da postoje predvidljive promene u ponašanju i fiziologiji, koje mogu biti izmerene posle izvesnog vremena; ovaj standard bi trebalo primeniti na sve oblike terapije. Nije moguće razrešiti ili iskoreniti zavisnost, a da nismo uzeli u obzir promene neurofizioloških stanja. Trebalo bi da postoje karakteristične promene u nivou serotonina, na primer, tako da osobi više nisu potrebni sedativi. I naravno, nivo lučenja hormona stresa bi trebalo značajno da se smanji. (Kada normalizujemo nivoe serotonina, to očigledno otklanja potrebu za sedativima, čija je glavna svrha da obezbede sistemu serotonin).

Mi smo svi celoviti, organska celina. Tako, ne možemo da izdvojimo jedan faktor, kao što je lučenje serotonina, ili drugi, kao što je vreme od prestanka uzimanja droga, da bismo davali konačne izjave o zavisnosti ili oporavku. Mozak se više ne može smatrati izolovanim organom koji je smešten u lobanju, već se mora smatrati delom kompletnog fiziološkog sistema. Tako, kada je telo uznemireno, ovo uznemirenje se može uočiti u mozgu, u hormo-

---

[68] Istraživanje izvršeno u – Neurosajens centru -, dr Dejvid Gudman i dr Heri Sobel.

nima i u krvotoku. Primalna terapija je utvrdila da je zavisnost od droga uglavnom rezultat ranog bola, tj. nedostatka ljubavi; rani bol pokreće sebi suprotne snage, tačnije, potiskivanje. Kada potiskivanje postoji, ali ne funkcioniše ispravno ili slabi, kada sistemi serotonin-endorfin nisu dorasli zadatku upravljanja bolom, individua pati, i potrebna joj je spoljnja pomoć u obliku lekova da bi ublažila tu patnju. Često, lekovi/droge koji se u tu svrhu koriste, precizno imitiraju one biohemijske supstance koje bi trebalo da proizvodi organizam. Ozbiljni zavisnici koje sam lečio (uključujući i strasne pušače), bili su prožeti bolom prve linije.

Snagu otiska često možemo izmeriti pomoću njegovog suparnika – sistema potiskivanja. Ja verujem da psihoterapija ima obavezu da meri i bol i njegovo suzbijanje, isto kao i njegov efekat na neurotransmitere i sisteme neuro-hormona. Sve ovo čini mrežu koja formira indeks osetljivosti na zavisnost; ona uključuje (ali nije ograničena samo na njih) i faktore ponašanja – kao što je pacijentova sposobnost da nastavi sa apstinencijom od droga i alkohola. Ponašanje nam ne govori dovoljno, ali hemija tela uvek hoće.

PRAKSA

Studija slučaja: *Kerin*

Samo dva meseca pošto sam započela Primalnu terapiju, terapeut mi je predložio da uzmem sedative. Pobesnela sam. Nikada u životu ranije nisam uzela lek. Uvek sam pokušavala da prođem bez njih i radije sam patila od ogromnog fizičkog bola, nego što bih uzela čak i obično sredstvo protiv bolova.

Ono što nisam znala, a otkrila sam kasnije u terapiji, jeste da je moju fobiju od lekova pokrenuo isti lanac bolnih događaja iz ranog doba, zbog koga sam sada trpela bolove, koje je upravo lekovima trebalo ublažiti – moje drogirano rođenje. Ali posle dva meseca terapije, još uvek nije bilo nagoveštaja razrešenja.

Dva glavna osećanja su pokretala moju fobiju od lekova. Prvo je bilo da sam sposobna da sve sama uradim bez ikakve pomoći, a drugo, da mi niko i ništa nije potrebno. Kroz život sam išla sa ovim stavom, a on je bio samo kontrafobična reakcija na bespomoćnost koju sam iskusila kada je trebalo da se rodim. Moja majka je bila toliko drogirana lekovima da još uvek nema pojma kako sam izašla iz nje, a ja sam bila toliko drogirana, da sam svoje prve četiri nedelje života bila nesposobna da sisam ili čak da se probudim. Na fotografijama iz tog perioda izgledam drogirano, veoma bolesno i nesposobna da zadržim mleko u sebi. Ono bi samo protrčalo kroz mene i izašlo napolje. Drugo osećanje koje je pokretalo moju fobiju od lekova, bila je potpuna ubeđenost da će me sve što uđe u moje telo otrovati i odvojiti od mene same. I zaista, azot oksid koga je moja majka udisala tokom porođaja, zajedno sa poslednjom injekcijom anestezije koju je primila kada je trebalo da se rodim, učinili su upravo to. Otrovali su me, učinili su da iščeznem i odvojili me od mog sopstvenog tela. Ostavili su me bespomoćnu na ivici smrti. Loše, sa velikim L.

Ali, ni posle šest nedelja od početka Primalne terapije, ja o svemu ovome nisam imala pojma. Meni je bilo potpuno realno i prirodno da ću sve sama raditi i da nikada neću dopustiti da lek uđe u moje telo. Nastavila sam da besnim zbog lekova, a moj terapeut je nastavio da to predlaže još šest meseci. Tada je traumatičan događaj slomio moj otpor i ja sam otišla u Hitnu pomoć da bih dobila lek. Bio mi je potreban samo odmor od bola; htela sam samo da spavam.

Počela sam da uzimam „prozak" – 5mg dnevno prvih dana, a zatim povećanu dozu od 10mg dnevno. Indikacija je bila – depresija (nemogućnost spavanja, manjak energije i nesposobnost da iskusim išta pozitivno). Nisam uspela. Posle tri dana na 5mg „prozaka", i mog prvog dana na 10mg, postala sam gotovo psihotična. Probudila sam se usred noći, osećajući se kao mala lopta, odvojena od svega, kao da umirem. Posle tog iskustva, bila sam toliko šokirana, da sam prestala da uzimam lek. Tokom sledeća dva meseca, prepisali su mi dva druga, različita sedativa. Nijedan nisam nastavila da uzimam. Zbog njih sam se osećala kao da gubim razum. Najzad, prepisali su mi 0.6 mg „zajprekse" dnevno – izuzetno nisku dozu. Tražila sam isključivo ovaj lek, jer je pomogao mom prijatelju sa Primalne terapije koji je imao iste simptome kao ja. Posle prvog uzimanja, spavala sam celu noć, što mi se nije desilo skoro petnaest meseci. Nastavila sam da uzimam „zajpreksu".

Uzimanje „zajprekse" nastavilo je da mi pomaže da spavam, u šta moj doktor nije hteo da veruje. Indikacija za uzimanje „zajprekse" nije bila nesanica, već šizofrenija. On nije razumeo da je „zajpreksa" smirila moje moždano stablo prve linije, usled čega sam spavala noću i dobila priliku da se odmorim, što mi je bilo neophodno. Počela sam malo bolje da se osećam, ali sam i dalje neprestano bila preplavljena svim i svačim i nisam bila sposobna da iskusim išta pozitivno.

Posle četiri meseca, ponovo nisam mogla da spavam i bila sam u stalnoj borbi sa terapeutom koji mi je izgledao kao neko ko sve radi pogrešno. Pala sam u još jednu depresiju. Onda su mi prepisali dnevnu dozu „prozaka" od 5.24 mg uz moju 0.6 mg „zajpreksu". Indikacija je bila depresija – nedavnim istraživanjem bilo je otkriveno da je ova kombinovana terapija efikasna u lečenju depresije.

I učinila je čudo. Posle otprilike mesec dana, počela sam da se osećam drukčije, sa više energije, manje negativno. Moje sesije su počele da se menjaju. Iskusila bih samo jedno osećanje u jednom trenutku, ne deset istovremeno, kao ranije. Posle osećanja, trebalo bi mi pet, deset, ponekad trideset minuta, i onda bih osetila da sam stvarno van osećanja. Zatvorila sam se! To mi se nije nikada ranije desilo. To me je učinilo sposobnom da po prvi put, na trećoj liniji, razmišljam o svom doživljaju osećanja i da ih integrišem. Mnogo teže bi me nešto isprovociralo. I, odjednom, otkrila sam da mi je dosadno u životu, jer nisam stalno bila zauzeta borbom sa osećanjima koja su me, iznova, preplavljivala, tj. preživljavanjem do sledeće sesije. Prestala sam da patim neprestano i bila sam iznenađena, jer je patnja za mene bila normalan oblik postojanja. Mislila sam da tako treba da bude. Sada sam opet imala vremena u životu, i pošto na to nisam bila navikla, u početku nisam znala šta da radim! Ali onda sam zaista počela da dobijam više od života! To mi je dalo snage da uđem u loša osećanja kao nikada ranije, jer sam sad mogla da izađem iz njih, da se vratim boljem životu, i odmorim se pre pojavljivanja sledećeg osećanja.

Budući da su mi lekovi pomogli da se zatvorim posle osećanja i da im pristupim jasnije, odjednom sam mogla da doživim i shvatim kada sam zaista isprovocirana. Mogla sam to da kažem osobi koja me je isprovocirala, i da zatražim pauzu da bih otišla i osećala. Pre nego što sam počela da uzimam lekove, nešto je neprestano provociralo pojavu osećanja, bila sam stalno u besmislenoj, iscrpljujućoj borbi sa ljudima ili sam morala da se izolujem da se to ne bi dešavalo.

Najneverovatnija stvar koju mi je ova kombinovana medicinska terapija omogućila jeste razdvajanje linija pamćenja. Pre uzimanja lekova, toliko sam bila preplavljena svim što se dešavalo, da bih počela sesiju plakanjem van konteksta i onda odmah upala u reakcije prve linije prestajući da dišem, osećajući se slomljeno itd. Jedva sam mogla da osetim izdvojena osećanja u vezi dešavanja u mom detinjstvu (-druga linija). Sve bi se odmah pretvorilo u osećanja sa rođenja, ali ona jedva da su bila povezana sa emocijama u mom detinjstvu ili u sadašnjem životu. To znači da nisam stvarno bila sposobna da integrišem svoja osećanja, ili senzacije, i da sam imala samo nekoliko uvida na kojima bih mogla da baziram neke promene u životu. Patila sam još mesecima u ovom svom haotičnom životu. Doslovno nije bilo pomeranja, što me je onda iznova i iznova provociralo. Uz pomoć lekova, počela sam nekud da stižem u mojim sesijama, dobila sam pristup drugoj liniji i počela da je rešavam, i počela sam nekud da stižem u životu, uz promene bazirane na uvidima iz mojih sesija.

Jedan primer za to kako je Primalna terapija (uz pomoć lekova) promenila moj pristup osećanjima druge linije, jesu moja osećanja separacije. Kada me je prvi dečko ostavio, ili kada su mi javili da mi je otac umro, nisam mogla ništa da osetim, samo sam bila paralisana. Sve su to bile situacije kada sam, bez lekova, bila nesposobna da reagujem. Iskustvo odvajanja, iznenadnog odsecanja, uvek i trenutno je bilo okidač za moju prvu liniju i činilo da se zatvorim, i sve bi me to preplavilo. Jedino što sam znala, jeste šta sam osećala pri separaciji od mog dečka ili oca – iz trena u tren, skoro da više nisam mogla da dišem. Osećala sam jaku mučninu, kolena su mi toliko klecala da sam jedva stajala, i skoro sam izgubila svest. Osetila sam kako neko „maglovito" osećanje treperi u meni, koje bi me obuzelo na nekoliko sekundi, što se činilo kao večnost. Posle takvog napada, provela bih sate dezorijentisana, sedeći u uglu, nesposobna da se pokrenem. Sve senzacije koje sam opisala, sada proživljavam kao senzacije sa rođenja prve linije.

Zahvaljujući lekovima, sada mogu, u Primalnoj terapiji, ponovo da posetim situacije separacije posle rođenja (druge linije) bez simultane preplavljenosti tim „maglovitim" osećanjem (koje je u stvari senzacija iznenadnog prekida snabdevanja kiseonikom). Najzad, po prvi put, sposobna sam da osetim odgovarajuće osećanje druge linije: očaj konačnog gubitka osobe koja mi je još uvek bila potrebna – mog dečka, mog oca. Ovaj bih gubitak, i žalost, osetila još onda kada se to desilo, da nisam bila toliko preplavljena još od rođenja i da nije bilo tako lako isprovocirati sećanja u mom moždanom stablu. Lekovi su mi pomogli da ponovo uspostavim shvatanje o tome kakvo je – puno ljubavi, bez droga i sa puno kiseonika – trebalo da bude moje rođenje. Da je, tokom mog rođenja, bila očuvana dobra moždana hemija – na toj bazi bi se razvio zdrav mozak, što bi mi omogućilo da adekvatno t.j. pomoću osećanja, reagujem na gubitke kasnije u životu.

Sada u Primalnoj terapiji, uz pomoć lekova, ponovo posećujem sve te situacije razdvajanja. Najzad se odvajam od njih i od mojih tadašnjih osećanja, izražavajući ih i osećajući potpunu usamljenost i strah. Najzad mogu da ih pustim. Takođe, u mom sadašnjem životu, više ne akumuliram reakcije na separacije, reakcije koje nisam osetila, jer sada, kada se suočim sa separacijom, mogu to odmah da osetim.

Sada, posle otprilike godinu i po dana na lekovima, imam strukturiran pristup svojim blokiranim osećanjima iz detinjstva, i na putu sam da polako i postepeno prestanem sa lekovima. Sada sam našla svoj sopstveni, pravi život.

LEKOVI DOPRINOSE POSTOJANJU NEUROZE

Neuroza je bolest nesvesnog. Ako smo potpuno svesni, nismo neurotični. Ponovo, svesnost znači da sva tri nivoa moždane funkcije rade u neometanoj harmoniji. Najnovije terapije nesvesno rade na smanjenju svesti, čime pojačavaju neurozu. Neuroza čini da se osećamo prijatno. Ona ne znači da smo normalni, srećni ili čak zadovoljni, uprkos onome što mislimo. Lekovi, kao i kognitivna terapija, doprinose postojanju neuroze. I lekovi i kognitivna terapija to čine umanjujući svesnost. Lekovi doprinose postojanju neuroze kroz hemijsko potiskivanje; kognitivna terapija joj doprinosi putem uvida, novih ideja i mentalno-verbalne gimnastike, što na kraju ima isti efekat kao hemijsko potiskivanje. Ili pojačavamo odbranu, ili smanjujemo potrebu za njom. Ili dajemo nekome injekciju morfijuma i ublažavamo bol, ili pružamo uvide i novi način gledanja na stvari što se svodi na – dobijanje injekcije morfijuma (endorfina) – iznutra. Kod sticanja uvida, usvajanja novih, takozvanih „celovitih" ideja, frontalni korteks (zahvaljujući ovim idejama i racionalizacijama) „naručuje" još sredstava protiv bolova. Mislimo da se zbog ideja osećamo bolje, ali verovatnije je da je to efekat unutrašnjih lekova, koji svojim lučenjem izazivaju ideje. Ideje/uvidi su vozilo za izlučivanje lekova proizvedenih iznutra, naročito morfijuma koji proizvodi naše telo.

U Primalnoj terapiji dolazi do oslobađanja frontalnih režnjeva, tako da možemo da optimalizujemo svoj učinak u životu. terapija ovo postiže tako što pomaže osobi da dobije pristup svojim kolima osećanja. Rezultati su – dug i srećan život, oslobađanje od tenzije, anksioznosti i lekova/droga. To znači život pun ljubavi, život koji istinski duboko osećamo i koji ima smisla. *Primalna terapija pruža kraljevski put ka nesvesnom.* Ona pojačava samosvest i sposobnost da se otkriju tajne uma, do tada zaključane duboko u nama. Kada se to desi, nisu nam potrebni lekovi da bismo osećali i da bismo se opustili. Pristup najdubljim moždanim nivoima ojačava naše mentalno zdravlje i ispunjava nas osećajem potpunog blagostanja.

Planiramo proučavanje hormona ljubavi – oksitocina i vazopresina – da bismo videli promenu njihovih vrednosti usled terapije. Postavljamo pitanje – da li ljudi posle primalne terapije mogu biti sposobni da ponovo vole?

Poglavlje 10

ZAŠTO MORAMO PONOVO PROŽIVETI PROŠLOST DA BI NAM BILO BOLJE

U ponovnom proživljavanju (koje je deo Primalne terapije), počinjemo sesiju u sadašnjosti i krećemo od leve hemisfere ka desnoj – od trenutnih opažanja do prethodnog konteksta. Krećemo od neprijatnosti kao što je „moja devojka me je ostavila", niz lanac bola, do filogenetski starijih moždanih oblasti, koje nude kanale za pristup našem detinjstvu, gde osećamo, „moja majka me je ostavila zbog druge porodice." Krećemo se kroz istoriju kao da smo u vremeplovu, čime omogućavamo osećanjima da najzad krenu naviše da bi se povezala sa levim frontalnim korteksom.

U stvari, mozak jeste vremenska mašina, čak je i njegova struktura vremenska mašina, jer odražava eone evolucione istorije. U njemu se svaki bol kodira i označava prema datumu dešavanja i jačini bola. Sistem se prirodno vraća unazad, prvo do kasnijeg i manje intenzivnog bola, a zatim ide dublje, do mučnijeg, ranijeg bola. Ove usputne stanice je programirao mozak. Terapeut ovde ne mora da vodi pacijenta; sam sistem je precizan vodič.

U Primalnoj terapiji bezbedno uklanjanjamo blokadu bola, jer su osećanja sačuvana zajedno sa nepromenjenim ranim scenama. Zahvaljujući tome što svaki viši moždani nivo razrađuje istu senzaciju/osećanje na različit način, možemo ići naniže, od najviših nivoa do dna – porekla. Kada stignemo do porekla, sam sistem će automatski krenuti naviše, prema konekciji, prateći evolutivne puteve za konekciju. Tada se i mi ponovo krećemo naviše, prema desnom OBFK-u, a zatim do levog prefrontalnog korteksa zbog finalne konekcije. Kako ovo proveravamo? Primećujemo da se, skoro u svakom ponovnom proživljavanju, javlja značajan porast pokazatelja vitalnih funkcija; sa povezivanjem, ovi nivoi padaju na normalne, zdrave iznose. U osećanju van konteksta – kao što je abreakcija – nikada nema ove vrste organizovanih, koordiniranih kretanja pokazatelja vitalnih funkcija.

Izbor

U našoj terapiji, terapeut koristi vrlo malo reči, jer mi koristimo reči da blokiramo pacijentove odbrane.

Niko nam ne može narediti da osećamo. Osećanja imaju sopstvenu inteligenciju. Onog trenutka kada je fokus na spoljnom, na terapeutu, sve je izgubljeno. To znači da postoji manje fokusa na unutarnje. Sve naše tehnike su usmerene na jačanje unutarnjeg fokusa. Ako bi terapeut morao da bude centar pažnje, da mnogo govori i objašnjava stvari, to bi bilo vrlo loše za pacijenta, jer je fokus pomeren sa njega, i njegovih sopstvenih osećanja. Albert Elis, otac racionalno-emotivne terapije, u filmovima (snimljenim na njegovim sesijama), govori mnogo više od pacijenta tokom sesije. Njegove ideje su u centru. Pacijentova osećanja se gube u nejasnoj polusenci.

U našoj terapiji, terapeut koristi vrlo malo reči, jer mi koristimo reči da blokiramo pacijentove odbrane. Ovde se levi prefrontalni korteks povlači u korist osećanja. Naš posao je da dovedemo pacijenta na pravi put; posle toga, sve je na njemu. Pacijentov sistem to zna bolje od nas. Potrebno je obimno naučno znanje i samo malo vere u pacijenta da bismo dozvolili da njegove filogenetski starije moždane strukturame preuzmu stvar. Lanac osećanja je doslovno neuronski put, koji polako putuje ka udaljenoj prošlosti. U intelektualnim terapijama, terapeut želi da misleći korteks preuzme kontrolu. Neurologija se bori protiv toga, jer su konekcije koje dolaze od korteksa do centara osećanja slabije, i manje ih je nego kola koja putuju *ka* tom korteksu. Mnogo je lakše da osećanja dobiju kortikalni pristup, nego da pristup dobiju ideje da bi promenile osećanja. Zato je kontrola besa tako teška. Lakše je pustiti ga napolje i onda se povezati sa njegovim poreklom.

Pri ponovnom proživljavanju, imamo evoluciju koja ide unazad, zbog toga našu terapiju zovem „neuroza koja ide unazad". Da rekapituliramo: kolo ide od levog frontalnog korteksa do desnog frontalnog korteksa (OBFK), naniže do hipokampusa koji skenira istoriju da bi našao slična osećanja i dao uputstvo za reakciju na ta osećanja, što radi u svezi sa amigdalom, koja daje emocionalni smisao osećanjima. Zajedno sa drugim limbičkim strukturama, neuralno kolo zatim spaja različite delove pamćenja, i putuje do struktura moždanog stabla gde su disanje, srčani otkucaji i krvni pritisak jako intenzivirani. Najzad, napravljena je konekcija sa desnom stranom OBFK-a, a zatim sa njegovom kopijom na levoj strani. Oni su sada povezani. Levi frontalni korteks ulazi na scenu sa svojim uvidima. On razmišlja o tome koja su ponašanja bila pokrenuta osećanjima. Sastavlja deliće. On povezuje unutarnju realnost sa spoljnim ponašanjem i objašnjava koja se osećanja nalaze iza određenog ponašanja i odigravanja. Ovo bi trebalo da bude kamen temeljac za sve psihoterapije.

Kada prefrontalni korteks nije više zauzet vršenjem potiskivanja, kada je najzad u potpunosti povezan sa desnom frontalnom oblašću, on je slobodan da odblokira uvide. Studija, objavljena u „Monitoru"[69], izveštava da je hipokampus aktivniji u vraćanju sećanja, a manje aktivan kada pokušava da ih potisne. S druge strane, prefrontalni korteks je bio aktivniji u potiskivanju. Ovo nagoveštava da ljudi možda koriste prefrontalni korteks da bi prevazišli (emotivne) memorijske procese u hipokampusu[70]. To je upravo naš lajtmotiv – „intelektualni procesi, naročito u psihoterapiji, mogu da oštete pristup osećanjima", isti onaj pristup koji nam je neophodan da bismo se oporavili. U ime mentalnog zdravlja, činimo da se pacijenti osećaju gore. Čak i kada je terapija uvidom na dobrom putu, to je još uvek odbrambeni manevar. Prečesto, nakon što je taj manevar obavio svoj posao, osoba tvrdi da se oseća bolje; to svedoči o efikasnosti intelektualnih odbrana. Izjava „osećam se bolje" znači prečesto da „moje odbrane dobro funkcionišu".

Kada osećanje stigne do najnižeg nivoa otiska, ono menja osobu u istorijski entitet, potpuno istih pokazatelja vitalnih funkcija i fizičkih atributa kao kod ranog traumatičnog događaja. Potrebna je velika energija (i oslobađanje aktivacionih kateholamina) da

---

[69] Časopis „Monitor" – sept. 2005., tom. 36, br. 8, str. 52–53.
[70] Isto, str. 53.

bi se zapečatila izvorna trauma, i podjednako velika energija da bismo je ponovo proživeli i razrešili. To je vrlo slično zabavnom parku gde osoba čekićem udara po bazi i šalje lopticu naviše da bi zvono zazvonilo. Ako je udarac u bazu preslab, zvono nikada ne zvoni. To važi i za terapiju. Ne možemo varati svoju biologiju. Ako nema odgovarajućeg energetskog nivoa na sesiji, dublji nivoi u pacijentovom mozgu neće biti pokrenuti i nikada nećemo udariti u primalno zvono; neće biti razrešenja i integracije osećanja.

Usled toga (niskog nivoa energije), u konvencionalnoj ili kognitivnoj terapiji/terapiji uvidom nećemo videti ove bolove, naročito bol traume rođenja. Ove terapije ne mogu postići izlečenje, jer energetski nivo pristupa „sedi-i-pričaj" nije dovoljan da aktivira duboke traume iz moždanog stabla. Terapija zato ostaje ispod praga izlečenja. Ponovo – osećanje jeste izlečenje.

U ponovnom proživljavanju, sistem će reagovati istovetno kao kada je sećanje registrovano. Iz tog razloga smo u našem istraživanju otkrili prosečan pad od 24 poena u merenjima sistolnog pritiska kod pacijenata sa visokim krvnim pritiskom. Tokom sesije uočavamo veliko sniižavanje krvnog pritiska, u trenutku kada simpatički nervni sistem, koji je odgovoran za hipertenziju, ustupa mesto parasimatičkom, sniižavajući pritisak. Usled toga ćemo kod pacijenta sa parasimpatičkom dominacijom (depresija), čija je telesna temperatura na početku sesije radikalno snižena, videti njen porast za dva ili tri stepena posle sesije, nakon što osećanja normalizuju sistem. Normalizacija krvnog pritiska je vrlo važna ako želimo da izbegnemo kasniju pojavu moždanog udara. Možemo „normalizovati" krvni pritisak i pomoću lekova, ali snaga će ostati unutra, praveći štetu na drugom mestu.

Kako sam već naglasio, postoji ogromna razlika između normalizacije simptoma i normalizacije sistema. Normalizacija sistema ima veliku važnost za dužinu života. Ako vratimo u normalu jedan aspekt sistema, ostatak tela će morati da kompenzuje – u tome je opasnost primene lekova. Oni postižu očigledne rezultate, ali nemaju dubok efekat. Sve dok je generišući izvor problema aktivan, on je pretnja – moždani udar nije jedina posledica. Dakle, ako pokušamo da „izlečimo" visok krvni pritisak pomoću pilula, lišavamo pacijenta jednog aspekta sećanja, dok je njemu potrebna celovita reakcija na sećanje da bi ga potpuno iznova proživeo i da bi mu bilo bolje. Shodno tome, ako potisnemo deo sećanja, ponovno proživljavanje nikada neće biti mogućno, jer celokupno sećanje nije kompletno.

ULOGA UVIDA U PSIHOTERAPIJI

U svakoj terapiji gde je uvid važan – a to je slučaj sa skoro svim terapijama – uvid bi morao doći na kraju, kao što je to bio slučaj u evoluciji. U sesiji, on mora doći posle osećanja, nikada pre njih. Svaki uvid koji imamo pre osećanja će biti izolovan i odvojen, a ne organski. Ne smemo prkositi evoluciji. Uvidi, kako sam pomenuo, imaju jednostavan tok, koji nam govori da nije uključena samo leva hemisfera. Obe strane se udružuju da bi nas učinile svesno/svesnima. Ako stavimo evolucionu kočiju ispred konja i damo uvide pre osećanja, neće biti izlečenja. Da naglasimo: za nas je lek povezivanje sadašnjeg osećanja i simtpoma sa njegovim generišućim izvorom. Lek u kognitivističkoj terapiji/terapiji uvidom zavisi od toga šta pacijent misli o terapiji. Šta je lek za kognitivnu terapiju? Osećanje. Ovo ne kažemo na podrugljiv način. U kognitivnom pristupu nedostaje osećanje, ne pacijentov opis njegovog osećanja, već doživljavanje osećanja.

Lečenje je za nas proces, ne jedan trenutak, ne jedno ponašanje. Ne postoji jedna dominantna činjenica; tražimo istine o osećanjima iza činjenica. „Razlog što sam to i to uradio, brzo govorio, jeo prebrzo, nisam mogao da se koncentrišem, što sam morao da stalno radim, bio je taj...“ Neuroza ne počinje obavezno u jednom trenutku; to je, pre, krajnji rezultat mnogih iskustava. Izlečiti neurozu znači ponovo posetiti ta iskustva. Srećom, ne posećujemo ih jedno po jedno. Posećujemo osećanja, koja rezoniraju i sažimaju se u jedan entitet koji stoji iza iskustava. Osećanja zatim dolaze na svoje mesto. Da budemo jasni, čini se kao da jedno osećanje obuhvata čitav niz iskustava sa sličnim rezonantnim frekvencijama.

Kako sam ranije istakao, sećanje se utiskuje u mozak kada se sistem stimuliše u stanju jake energije, što se često dešava u situaciji života i smrti. Ovo ima smisla, jer su otisci, u stvari, oznake ili modeli koji nas usmeravaju u životu. To je dodatni razlog što se ne možemo otarasiti emocionalnih sećanja; on čini neophodnom pojavu iste aktivacije pri evociranju sećanja. Da bismo „izvadili" osećanje iz skladišta, potrebna nam je aktivacija jakog intenziteta, koja se može javiti samo ako reprodukujemo potpuno iste rane uslove kao što su izvorno postojali. Izgleda da postoji određena frekvencija aktivacije koja rezonuje sa otiskom i remeti ga. Usled toga pacijent mora da bude u „stisku" tog ranog mozga, koji je postojao kada se desio naboj i registrovao ga; pacijenti moraju da plaču i vrište istom snagom koju je naboj imao.

Odrasla osoba koja ponovo razmišlja o detinjstvu ne može stići do tog energetskog nivoa. Pamćenje je čvrsto zapečaćeno u amigdali/hipokampusu i drugim povezanim strukturama, uz pomoć inhibitornih neuro-hormona. U stvari, van terapije, postoji samo nekoliko situacija koje mogu da poremete sećanje. Seks može, na primer, kada postoji visok nivo uzbuđenja, pokrenuti staro sećanje, takođe visokog nivoa energije. Zato seks može da ponovo probudi toliko latentnih problema i potreba u nama; usled toga možemo postati jako nastrani u seksu. Sav naš stari bol izlazi napolje i tera nas na čudna ponašanja. Da pojasnimo. Osećanja se javljaju baš kao i u primalu, ali u primalu mi osećamo bol. U seksu, osećanja postaju iskrivljena ili se dislociraju u simbolične kanale. Treba da nas bičuju ili da dobijemo batine, na primer, da bismo osetili olakšanje i da bismo doživeli orgazam. U primalu, osoba može osetiti poniženje koje joj je zadala majka i bol usled toga; on ne odigrava ovo poniženje kroz seks. „Budi dobra prema meni, mama, nisam uradio ništa loše." To je krajnje, trajno olakšanje. Još jedna faustovska pogodba u seksualnom ponašanju: „možeš me prvo tući i ponižavati, a onda ću možda moći da uživam." Osoba prvo plaća cenu u seksu, što je njegova majka i očekivala (ona želi da on pati).

Seks i terapija deluju kao kuke, izvlačeći na površinu sve što smo sakrili. Nema takvog bagera u kognitivnoj terapiji/terapiji uvidom, jer se energetski nivo drži pod kontrolom. Diktat frojdovskog nasleđa je bio da emocije nikada ne bi trebalo osloboditi u potpunosti, jer bi to dovelo do uništenja pacijentovog mentalnog zdravlja. Zato se pacijentu uvid daje sa objektivnim stavom, lišenim osećanja. Terapeut saopštava svoje istine na miran, oprezan način, tonom u kome nema preterivanja. On ne može ni da zamisli da dozvoli pacijentu da se uvija na podu, vrišteći i plačući. Ovakav njegov stav je, naravno, u interesu naučne orijentacije i objektivnosti.

Na ovaj način, psihološka nauka i osećanja su postali suprotnost. Što smo više naučno orijentisani, to smo manje zainteresovani za osećanja; ovo je toliko uzelo maha, da se u današnjim psihoneurološkim naukama sve uglavnom svodi na pitanje uticaja neuralnih struktura na ličnost; vrši se detaljna analiza neurona, umesto ljudskih bića. Neurologija je u prvom planu, dok ljudsko biće nestaje u pozadini. Imamo celovito znanje o detaljima, umesto detaljnog znanja o celini. Zato današnji naučnici znaju toliko o funkciji mozga, ali ne znaju kako da to znanje primene u terapiji. Zanemaruje se celokupno ljudsko biće i uticaj *njegovog stanja* na neurone. Izgleda da današnja nauka stvari radi obrnutim redom – vodeći računa o uticaju neurona na ličnost (ovaj uticaj postoji), ali izostavlja istoriju, ljudskost i osećanje. Neuroni su postali posebni entiteti, odvojeni od ljudskog iskustva. Iz rada Alena Šora (sa Kalifornijskog Los Anđeles Univerziteta) i drugih, jasno je da rana iskustva utiču na rast, čak i na postojanje određenih nervnih ćelija. Tako imamo dve vrste naučnika, koji proučavaju dva razičita kraja ljudskog bića: neurolozi proučavaju nervne ćelije, a psiholozi proučavaju misleći um. Između njih postoji ceo univerzum – osećanja. Neurolozi prečesto misle da je njihov rad „čista nauka", nezagađena terapeutskim razmatranjima. Oni nikada ne smeju zaboraviti da bi naša nauka trebalo da služi ljudskoj vrsti. Zašto bismo inače vršili istraživanja, nego da pomognemo ljudima.

ZAŠTO MORAMO PONOVO PROŽIVETI
ISKUSTVO U POTPUNOSTI

Ponovno proživljavanje trenutaka pre rođenja i otisak sa rođenja izazvaće potpuno iste reakcije kao u trenutku izvorne traume. Ali, bez ponovnog proživljavanja delići sećanja ili reakcije (kao što je visok broj srčanih otkucaja ili visok krvni pritisak) će trajati. Kada ponovo proživimo kompletno rano sećanje na trenutke pre rođenja, čiji je sastavni deo bio visok krvni pritisak, onda će se, u potpunom ponovnom proživljavanju, taj deo sećanja (hipertenzija –

prim. prev.) takođe pojaviti. Nakon ovoga, kod pacijenta će se smanjiti intruzivni simptomi. Ako aspekti originalne reakcije nedostaju, ponovo proživljavanje nije kompletno, a samim tim ni lekovito. Ako lečimo visok pritisak lekovima i držimo jake reakcije pod kontrolom, kompletno ponovno proživljavanje nije moguće.

Osobi koja nije na terapiji, potrebni su sedativi iz istog razloga zbog koga će našem pacijentu možda biti potrebni, kada se približe osećanjima; potiskivanje je slabo, i potrebna je pomoć hemijskih sredstava da ga ojača. Lekovi pomažu da se normalizuje naša unutrašnja apoteka sredstava za ubijanje bola. Ne želimo da pacijenti sa slabom odbranom imaju slobodan pad u dalek, izuzetno jak, bol prve linije. Lekovi omogućavaju spor, metodičan silazak; oni drže pacijenta u primalnoj zoni. Iz tog razloga, ponekada opisujem našu terapiju kao „putovanje do zone unutrašnjosti". Kada pacijenti ponovo prožive svoju bolnu istoriju, njima više nisu potrebni alkohol, droge, cigarete ili sredstva protiv bolova. Manje bola, manje sredstava protiv bolova. Nije potrebna ni diskusija o navici. Nažalost, mnoge terapije koriste sedative kao dodatak terapiji, što blokira pristup osećanjima i sprečava ponovno proživljavanje u potpunosti. U stvari, ova sredstva blokiraju mogućnost izlečenja. Loša navika se pojavila kao reakcija na bol – ona nije bazični problem. Alkohol i droge liče na dobru majku; ona je uvek tu kada nam je potrebna, pouzdana, umirujuća i opuštajuća. Osoba ne mora da učini nikakav napor, sem da uzme flašu ili cigaretu, i olakšanje stiže. Ovo se zove „zloupotreba lekova. Glavni cilj lekova/droge trebalo bi da bude premošćavanje Džanovljevog jaza, unošenjem harmonije i olakšanja u sistem. Uzgred, tokom godina smo stekli dovoljno iskustva sa lekovima, da bismo znali da postoje uspešni blokatori prve linije, dok su određeni lekovi efikasniji na drugoj liniji. Mi ponekad želimo da prigušimo prvu liniju, da se ne bi stalno mešala u ponovo proživljavanje sa druge linije – događaja iz detinjstva. Ponekad, opet, želimo da ugušimo deo druge linije, jer je bol, koji preovlađuje, prejak da bi se integrisao.

Danas sam diskutovao o zavisnosti od droga sa centrom specijalizovanim za rehabilitaciju. Rekli su mi da koriste različita sredstva da bi uticali na izlečenje, uključujući hipnozu, akupunkturu, DROP[71], masažu i vežbe, u pokušaju da se stigne do realnosti.

Rezultat je, u stvari, nagomilavanje neefikasnih tehnika, koje udaljavaju pacijenta od te realnosti. U drugim granama medicine ne bismo razmatrali pokušaj korišćenja velikog broja starih odbačenih tehnika za lečenje fizičkog simptoma, nadajući se da bi neka od njih mogla pomoći. Ili postoji nauka, ili ne. Kad bismo ovo radili u medicini, javio bi se haos. Primetićete da nijedan od ovih pristupa nije istorijski; oni se ne bave generišućim uzrocima, već vrše spoljašnju manipulaciju pomoću raznih sredstava. Na osobi se „radi". Moć je izvan nje. Neki pacijenti više vole da se „na njima radi". Njima se sviđa hipnoza, jer se sve dešava dok su nesvesni. Takav nečiji stav mi ne možemo da pobedimo. Oni ne moraju da učestvuju i učine napor, a iznad svega, ne moraju da osete nikakav bol. Pa ipak, bol je tu; možemo ga ili poricati ili osetiti.

Zašto dižemo toliku galamu oko istorije? Dovoljno je da pogledamo istraživanje Čarlsa Nemerofa da bismo razumeli. On je istraživao bebe pacove koje su bile odvojene od majki. Kasnije je otkrio znake hipersekrecije koji se javljaju kod akutnog stresa. Ovo rano zlostavljanje izazvalo je doživotnu osetljivost na stres. Uradio je još jednu studiju, o odraslim ženama koje su bile zlostavljane (imale traumu) u ranom dobu i onima koje nisu. Kod prvih je postojalo lučenje tipično za akutni stres (iako nisu bile pod stresom – *prim. prev.*). Ova studija je pokazala da rana trauma (istorija) dovodi do „permanentno hiperaktivnog odgovora na stres."[72] Traume, iako stare dvadeset godina, još uvek su izazivale jake efekte. Ukratko, osobe su i dalje bile žrtve svoje istorije. Istorija ne iščezava. Da li možemo da zamislimo nedostatak istorijske perspektive u arheologiji, političkim naukama, astronomiji?

O VRAĆANJU SKRIVENE MEMORIJE

Postoji pokazatelj na osnovu koga možemo znati da je epizoda koja se ponovo proživljava tačna i da otisak postoji. Kada je osoba u potpunosti u sećanju, telom i dušom, i treba ponovo da proživi smanjeno snabdevanje kiseonikom na rođenju, sistem se ponaša

---

[71] DROP terapija – Desenzitizacija i reprocesiranje očnog pokreta.
[72] „Tajni život mozga", R. Restak, Džozef Henri, Pres. 2004, str.122.

kao da postoji ogromna potreba za kiseonikom i prihvata duboko, dugotrajno teško disanje kao normalnu reakciju. (Ovo zovem disanjem lokomotive). Nema simptoma hiperventilacije: nema vrtoglavice, stisnutih usana ili osećaja nesvestice. Moždani sistem vrišti za kiseonikom. Koji moždani sistem? Onaj koji je patio od nedostatka kiseonika (anoksije) na rođenju.

Evo suštine mog argumenta : kada taj moždani sistem nije angažovan, javlja se trenutni sindrom hiperventilacije. To smo probali na mnogim pacijentima i uvek se isto dešavalo. Ako osoba siđe do tog filogenetski starijeg moždanog sistema, sve je još uvek netaknuto kao što je izvorno bilo. Sećanje je prisutno i pacijent se „vratio tamo". On ponovo proživljava događaj moždanim sistemom koji je funkcionisao u tom trenutku, i tu leži rešenje. Krvni pritisak može da se kreće od 200/110 na početku, do 120/80 na kraju sesije. Sećanje je napustilo skladište i najzad se povezalo sa frontalnom oblašću. Sada reagujemo kao što je trebalo tada da reagujemo (iako sada, u terapijskoj prostoriji, očigledno ima dovoljno kiseonika).

Reakcija je od izuzetnog značaja, jer smo sve vreme reagovali na našu prošlost visokom krvnim pritiskom i pojačanim otkucajima srca. Ovo su fiziološki fragmenti sećanja koji se ne mogu sakriti, koji su pobegli kroz probušeno „sito" sistema kapija. I niska telesna temperatura je jedan od primera za ovo. Sada lečimo pacijentkinju sa vaginizmom, bolnim zatvaranjem vaginalnih zidova da bi se sprečila penetracija; nakon više meseci terapije, otkrila je da je bila žrtva incesta u vrlo ranom dobu. U seksu, njeno telo je reagovalo na to sećanje svojom anatomijom. Osećanja su svuda u sistemu. U traumi, osećanje je počelo u vagini i ostalo tamo, kodirano i uskladišteno. Ta zgrčena, bolna vagina govorila je o traumi koja je ležala zakopana u nesvesnom. Na prethodnoj terapiji joj je rečeno (u šta je ona poverovala) da verovatno ima homoseksualne sklonosti, budući da joj se muškarci, očigledno, ne sviđaju. U stvari, ona je, nesvesno i fiziološki, sebe štitila od sećanja! I to onim mozgom, koji je imao malo zajedničkog sa levom prefrontalnom oblašću; ideje nikada ne bi uticale na to sećanje.

Fragmenti često postaju problem: krvni pritisak, otkucaji srca, hroničan umor, slabije lučenje tireoidne žlezde, itd. Ovo je deo skupa reakcija zamrznutih usled centralnog osećanja/senzacije, baš kao stegnuta vagina. Kako sam pomenuo, neurofiziološka promena ključne fragmentirane senzacije u osećanje jeste Primal. Menjamo otisak nižeg reda u neuralni događaj višeg reda. Tako pretvaramo tahikardiju i aritmiju u osećanje/senzaciju u kontekstu, a zatim u kortikalni zapis.

Naglašavamo da se izražavanje bola kreće uz evolucionu lestvicu, što je neophodan uslov za razrešenje. Biološki, uvek pokušavamo da izbacimo ono što boli. Eto još jednog (novog) biološkog zakona! Teramo sebe da izdahnemo škodljiva isparenja i povraćamo, izbacujući otrovne supstance iz stomaka. Bolna osećanja se vladaju prema tom zakonu. Pokušavamo da izbrišemo bolna osećanja putem frontalne konekcije, ali sistem kapija to sprečava. Kapije drže senzaciju podalje od njenog konteksta, jer kontekst nosi prevelik bol. Kada sistem kapija oslabi, bol raste. Sada ne treba da nas čudi kada kažem da moji pacijenti, koji su (pre dolaska na primalnu terapiju – *prim. prev.*) prošli terapiju elektrošokovima, treba da je ponovo prožive da bi je izbacili iz svog sistema. Ono što ulazi, a pritom je preplavljujuće i/ili bolno, mora i da izađe.

Niska telesna temperatura ili nizak krvni pritisak, mogu biti deo ukupnog sećanja na užasnu borbu na rođenju ili na traumu pre rođenja, u kojoj bi napuštanje borbe značilo kraj. Taj krajnji scenario je utisnut kao parasimpatički prototip i od tog trenutka postaje tendencija. Svaki od simptoma – nizak krvni pritisak, slab rad Tiroidne žlezde, astma, migrene i najzad, depresija – mogu biti tihi podsetnici na borbu i oni su nepromenljivi aspekti otiska. Kada terapeuti ili lekari izoluju ove simptome u tretmanu, oni uklanjaju istorijski kontekst. U tom slučaju, možemo samo da ublažimo simptome. Otkrili smo da migrene često odražavaju odsustvo kiseonika na rođenju, što uključuje i skupljanje krvnih sudova, a zatim njihovo širenje. (Trenutno, jedna od terapija za migrenu jeste korišćenje kiseonika).

Ne možemo posmatrati traumu na rođenju bez odgovarajućih tehnika, uključujući i okruženje koje nije vremenski ograničeno, koje je tiho, izolovano od zvuka i zamračeno. Pacijent mora da leži. Tek tada možemo da postignemo dubok pristup. Pacijent koji sedi i priča sa terapeutom neće stići do ovakve vrste pristupa. On je previše u sadašnjosti, sa previše fokusa ka spoljnom. On mora da se fokusira ka unutra: razgovor sa terapeutom ili slušanje njegovih naredbi to sprečavaju.

Kada pacijent ponovo proživi rani užas, a onda prestane da kompulsivno proverava brave na svojim vratima dvadeset puta na dan, rešio je jednu važnu misteriju. I to bez ikakve dalje diskusije o opsesiji. Osećao se ugroženo, jako ugroženo u ranom dobu; opsesija je kontrolisala užas za čije postojanje nije znao. Levi frontalni korteks je govorio „bolje da proverim brave, tako se osećam prijatnije." Pošto je užas tu, pacijent se nikada ne može dugo osećati bezbednim; opsesija se nastavlja. Osećanje da je ugrožen, curilo je u malim količinama iz desne hemisfere. To je trenutno zaustavljano opsesijom na levoj strani. „Biću bezbedan ako je kuća zaključana" je podsvesna formula (kao i kod žene, pomenute ranije, koja je podsvesno osećala „biću sigurna, ako niko ne uđe u mene"). Ako krenemo da sprečimo opsesiju, pojaviće se užas, a to je upravo ono što i radimo na našoj terapiji. Ali to mora da se uradi u bezbednoj, kontrolisanoj atmosferi. Da bi se osetila potpuno ugroženom, osoba mora da se oseća potpuno bezbednom u sadašnjosti. Ta se bezbednost, dijalektički, pretvara u svoju suprotnost.

Jedna od mojih pacijentkinja, koja se rodila carskim rezom, žalila se: „Moram da stignem do cilja." Nikada se nije osećala dovršeno, nikada. Uvek je bilo još nešto da se uradi, i uvek je bila nezadovoljna. Stalno ju je nešto teralo dalje. Mogli smo da joj pomognemo da razvije „zdravije" ideje, da je naučimo da se opusti i da se ne iscrpljuje, ali u tome ne bismo uspeli, jer su njene ideje neuronski bile povezane sa rođenjem. Ona je najzad osetila užasan efekat toga što nikada nije „završila" svoje rođenje. Njen nagon je u velikoj meri nastao zbog toga. Ne bih pravio toliki psihološki skok, i povezao njen trenutni problem sa rođenjem, da to nije ona uradila. Kako psihijatrija ovo leči? Prečesto lekovima, kojima blokira užas i bol. Njihova teorija postaje prepreka, koja ih sprečava da razmotre sećanja sa dubokog moždanog nivoa. Teorije koje nastaju iz potiskivanja i intelektualizma sigurno će uključiti stalno potiskivanje u svoje tehnike. Odnosno, teorije koje nastaju iz intelekta leve strane, prinuđene su da zanemare osećanja desne strane. Zato, one teže da se nametnu ljudskom ponašanju umesto da evoluiraju iz njega. Ovo nije neko cepidlačenje, to je suštinska stvar. Kad god se radi „za pacijenta", male su šanse za osećanje.

Isti otisak carskog reza o kome sam govorio ranije, može, u zavisnosti od kasnijeg iskustva, da dovede do potpuno drugačijih simptoma. Ne postoji univerzalna primena jedne traume, koja će važiti za sve. Jednu pacijentkinju, takođe rođenu pomoću carskog reza, naizgled nije nikada i ništa zabrinjavalo. Imala je (lažan) osećaj sigurnosti da će se desiti „nešto što će rešiti problem umesto nje". Pojaviće se neki magičan entitet, deus ex machina, i postarati se za sve. Nije imala briga i bila je okupirana magijskim razmišljanjem. Njen kredo je bio: „Nešto će se sigurno desiti i popraviti stvari." A to se na rođenju stvarno i desilo. Neko ju je izvukao iz materice i rešio problem. Nije morala više da se trudi. Pored ovoga, tu je bila i činjenica da su joj u svemu povlađivali dok je bila dete. Pa ipak, drugi pacijent, rođen na isti način, misli: „Nikada nisam spreman. Uvek se detaljno spremam, kako bih sprečio neko iznenađenje." Opsesivne pripreme za put su primer kako osoba pokušava da bude spremna za iznenađenje, ali se ipak oseća nepripremljenom zbog sećanja. Iako vodi računa o svakom detalju, osoba se i dalje ne oseća spremnom. Nijedna kognitivna ideja u sadašnjosti neće to promeniti, jer je, u situaciji borbe na život i smrt, osećanje bilo : „nisam spreman." Možemo probati da promenimo tu ideju, ali ako ne promenimo otisak, sve je beskorisno.

Kognitivisti mogu lečiti prisilno ponašanje tako, što će pacijentu ukazati na to kako nema razloga da kompulsivno pokušava da sve uradi savršeno. „Opustite se", moli terapeut. „Previše ste kompulsivni." „Da, znam", izjavljuje pacijent, i to ostaje u spoznajnoj oblasti mozga. Jedna moja pacijentkinja je uvek osećala da mora da opere ruke bar deset puta, da bi se osećala čisto i završila svoj zadatak. To je imalo jasne implikacije. „Osećam se prljavo; osećam se loše."

Trenutno imamo dvoje pacijenata, koji imaju dve različite vrste prisilnog ponašanja. Prvi pacijent je žena koja mora da obesi sve svoje košulje u istom pravcu. Postaje vrlo nervozna ako neka od košulja nije pravilno obešena. Uvid u njeno osećanje je bio, „nikada nisam mogla da uradim nešto kako treba. Šta god bih uradila, moji roditelji nikada ne bi rekli da sam to dobro uradila. Pored košulja, morala je i ostalo da proverava iznova, jer nikada nije osećala da je nešto uradila kako treba. Simbolično je odigravala u smislu: „sve što uradim je pogrešno. Šta god da uradim, neću dobiti njihovo odobravanje i njihovu ljubav." Drugi pacijent je zavisan od video igara. To nije obična razbibriga; on je zavisan od ovih igara, jer *mora* da ih igra. Zašto? Da bi se osećao kao pobednik. Bez obzira koliko puta pobedio, i dalje se osećao kao gubitnik, kako ga je otac konstantno zvao. Pokušavao je da „otrese" sa sebe to osećanje, ali nije mogao. U životu se osećao kao gubitnik; nije znao šta da uradi da bi se otarasio tog osećanja. Izabrao je, kao u svakoj neurozi, simboličan kanal. Sve dok, na sesiji, nije osetio iznova i iznova: „nisam neuspeh, tata. Kaži da sam dobar – samo jednom!" To osećanje zaustavilo je odigravanje; morao je da ga oseti mnogo puta.

U Primalnoj terapiji ne razgovaramo o prisilnom ponašanju kao takvom. Osećanje je vraćeno u svoj kontekst. Ono se više ne meša u sadašnji život neke osobe. U slučaju pranja ruku, koji smo ranije naveli, otkrili smo postojanje incesta od strane ujaka, omiljenog ujaka, koji je učinio da se ona oseća prljavo. Pranje ruku je bilo sve što je mogla da uradi sa nepoznatim sećanjem, koje je bilo van dometa. To je simbolički ritual, o čijem poreklu osoba ništa ne zna. Čim sazna, ritual gubi svrhu.

O SAMODESTRUKTIVNOM PONAŠANJU

Žena koja je nezasita u seksu možda samo pokušava da se oseti voljenom, što je trauma koja je možda počela u ranom detinjstvu. Da li bi trebalo da je ubedimo, pomoću kognitivne terapije, da je njeno ponašanje destruktivno? Ranije, baveći se terapijom uvidima, radio sam upravo to. A pacijent se uvek slagao s tim. Ne kažem da kognitivisti svesno prave greške. Kažem da se ovakve greške, dok nema ispravne teorije i terapije, ne mogu izbeći, i ja sam ih godinama pravio. Pokušavam da ukažem na put, i nadam se da će i drugi terapeuti to tako shvatiti. Najzad, kada imamo godinu dana nisu nam neophodni uvidi, ali svejedno možemo osetiti nedostatak ljubavi i patiti zbog toga. Uvidi neće rešiti taj nedostatak. Kako to izražavamo? Patimo. Neopisivo smo ranjeni. Nikakav uvid tada, ni sada, ne bi mogao da promeni problem. Reči nikada ne mogu promeniti iskrivljenu strukturu korpus kalozuma i učiniti da se osećanja povežu.

Izbor

Pokušavajući da ubijemo bol, ponekad smo prisiljeni na ponašanja koja uništavaju naš život.

Seksualno hiperaktivna žena može reći: „Da, znam da je to destruktivno." Ali taj uvid neće promeniti njeno ponašanje, jer to nije samo ponašanje. Iza njega postoji osoba i istorija. Previše je lako izreći omiljenu frazu: „Vi ste samodestruktivni." Opet smo u carstvu teologije. Hajde da vidimo koje to sopstvo uništava koje sopstvo putem nezasitog seksa, ili putem pića. Svako dete ima potrebu za ljubavlju i toplinom svojih roditelja. Ne dobija ih. Njemu je to očajnički potrebno. Dete odrasta sa bolom zbog te nezadovoljene potrebe. Počinje da pije i ima promiskuitetni seks da bi olakšalo svoju patnju/potrebu. Ovo uništava život te osobe. Ona gubi posao i muža. Traži pomoć za svoje „samodestruktivno ponašanje". Pokušavala je samo da ublaži bol malog sopstva koje ima potrebu, a ne da to sopstvo uništi. Imala je seks sa svakom osobom koja je to htela. U stvari, pošto se nikada nije osećala željenom od strane roditelja, bila je laka meta za svakog ko bi je pogledao kao da je želi. Ponekad bi bol bio toliki, da bi probala da se ubije, ne bi li ubila bol. Problem je bio što je ubijala i svoje fizičko ja – što je poslednje u samodestrukciji – sopstvo koje traži ljubav i oseća se beznadežno jer je nema. Njeno ponašanje je bilo nezasito, kao i potreba.

Pokušavajući da ubijemo bol, ponekad smo prisiljeni na ponašanja koja uništavaju naš život. Toliko nam je potrebno da nas neko zagrli, da varamo svoje žene i muževe. Da li je to samodestruktivno? To je pokušaj zadovoljenja, ali pošto je simboličko, ono može imati destruktivni smer (kao što je alkoholizam). Cilj je da se otkrije istorijski kontekst; samo pacijent može to da uradi. Pokušaj ubeđivanja pacijenta da prestane s nekim ponašanjem, jeste moralisanje koje paradira kao terapija. Pacijentovo ponašanje se tretira kao da je to njegov izbor. Ako se fokusiramo samo na sadašnjost, neizbežno je da tretiramo ponašanje kao svestan izbor; kako drukčije da ga objasnimo?

Kompulsivno ponašanje nije samo „izbor" koji pravimo, već logičan rasplet istorijskih događanja. Na primer, osoba može uzimati sredstva protiv bolova svakog dana, iako izgleda da ne postoji racionalan razlog u sadašnjosti za to. Radi se o tome da lekovi čine da se ona oseća normalnom. Da li je korišćenje kokaina samo-destruktivno? Jeste. Da li on normalizuje sistem, naročito dopa-minski sistem? Da, normalizuje. Da li je taj efekat važniji od ranog srčanog udara? Svako od nas treba sam da odluči. Ako neko želi da živi bez bola i zna da će patiti od srčanih problema rano u životu, da li je na nama terapeutima da odlučimo kako će on/ona živeti? Korišćenje kokaina je doslovno samodestruktivno, jer često izaziva eventualne srčane udare, ali, kada treba da ubijemo svoju potre-bu/bol, kokain može biti neophodan za život.

U Anonimnim alkoholičarima (AA), član grupe se može odreći svoje zavisnosti jer je okružen „ljubavlju, zaštitom i toplinom." On sada u grupi dobija, simbolično, ono što mu je bilo potrebno ranije. Njemu je to potrebno stalno. Možda će grupa privremeno pomoći njegovoj zavisnosti. „Ne pijem već dve godine", reći će. Dobija aplauz, grljenje i mnogo odobravanja. Tačno je da može da nastavi sa svojim životom. Prestao je da pokušava da utopi svoj bol u alko-holu i zadovoljio se drugačijim sredstvom protiv bolova – simbolič-nim ispunjenjem u sadašnjosti. Ko može reći da je ovo loše? Najzad, osoba funkcioniše. Ali to znači zaboravljanje kritičnog perioda, kada je ljubav bila neophodna. On može da dobije svakodnevno grljenje od članova grupe, pri čemu će se i dalje duboko u sebi osećati nevo-ljenim; možda će se vratiti alkoholu. Tako, može da ide u AA zau-vek. To je bolje od pića. Ipak, još je bolje otarasiti se bola! Setite se, „nevoljenost" je sada deo neurofiziologije i tu ostaje.

KAKO NEUROZA I PONOVNO PROŽIVLJAVANJE UTIČU NA MOZAK

Kao rezultat odvojenih studija o moždanim talasima, posle godinu dana terapije otkrili smo moždani sistem sa bolje uravnoteženom levom i desnom hemisferom. Dobijanje pristupa najdubljim nivoi-ma moždane funkcije omogućava da vidimo, po prvi put u istoriji, šta postoji na svakom nivou i svrhu toga u psihičkoj ekonomiji. Možemo tačno videti kakvu vrstu porođaja je osoba imala, i kakva je trauma postojala. Možemo videti da li je bilo dodira i držanja upravo po porođaju ili ne. Ne moramo da pogađamo ili da teoretišemo. To nam je pred očima.

Po ponovnom proživljavanju i nestajanju simptoma, možemo videti povezanost između simptoma kao što je migrena i traume rođenja (naročito traume usled nedostatka kiseonika). Ne treba da mešamo poruku sa oznakom. Terapeut može reći pacijentu: „Ponašaš se kao da ti je devojka majka. Tražiš previše od nje." Pacijent će: „Da, to je tačno." Zvuči briljantno, i bez sumnje je istina, ali to ne menja ništa. Reči nisu dovoljne; one neće promeniti potrebu deteta da bude maženo i da majka vodi računa o njemu tokom kritičnog perioda. On mora osetiti izvornu potrebu, a ne poricati tu potrebu jer su mu govorili da je „nezreo." Njegova potreba je danas nezrela, ali ona je bila pitanje opstanka. On će odigravati tu potrebu sa svakim kome se približi.

Poglavlje 11

PREMA TERAPIJI OSEĆANJIMA: JEDAN LEK ZA MNOGE BOLESTI

Terapija ne bi trebalo da bude pitanje anarhije, gde će svaki terapeut imati svoj pristup, i sprovoditi psihoterapiju zanemarujući mozak i njegove procese. Postoji stav da bi terapeuti i pacijenti trebalo da rade ono što im odgovara, što im „prija". Problem je što neurotičarima „prija" njihova neuroza. I pacijenti i terapeuti mogu težiti kognitivnoj terapiji. U toj vrsti terapije, gde se biologija zanemaruje, osobu ne posmatraju kao bolesnu, već pre kao klijenta koji ima loše ponašanje. Tako, prema kognitivistima, osoba jednostavno ima devijantne ideje, a ne devijantan sistem.

Naše gledište je da je devijacija sveobuhvatna i da utiče i na našu fiziologiju i na naše ideje. One su jedinstvo. Ako mislimo da je pacijent bolestan, onda treba da pogledamo ceo organizam i vidimo kako bolest utiče na njega. Ali ako je osoba „klijent", kupac naših usluga, mi (kao krojači) treba samo da je posmatramo i ponegde prilagodimo stvari. Terapija zato ne mora da bude previše naučno nastrojena i disciplinovana. A teorija ne mora da bude rigorozna, ona ne mora da ode dalje od neurologije. Teorija može da nalikuje nauci. Ako izudaram štapom nekoga svaki put kad uzme cigaretu, pre ili kasnije, ta osoba će prestati da puši. Da li je to lek? Ili, u slučaju DROP-a, gde je distrakcija stalno prisutna, postoje stotine „naučnih" studija koje *potvrđuju* pozicije ovog pristupa. Ponovo, ako merimo samo ono na površini, očigledno i pojavno, onda je ponašanje kriterijum, umesto ukupnog neurofiziološkog stanja.

Pretpostavimo da je, usled terapije, ponašanje osobe opuštenije. Međutim, nivo hormona stresa (kortizola) kod te osobe raste. Šta nam to govori? To nam govori da moramo da posmatramo ljudsko biće u celini. Znamo, na primer, da ako mašemo na određen način štapićem ispred očiju neke osobe, možemo premestiti ravnotežu na levi represivni mozak i dalje od desne strane. Naravno, osoba, koja je sada više inhibirana, kod koje je potiskivanje jače, zaista izjavljuje da se oseća bolje, manje anksiozno i depresivno. Ključna reč ovde je „izjavljuje". Ako se oslonimo na verbalne izjave, možemo lako biti obmanuti.

Ako su kriterijumi usko definisani, takvo će biti i stvarno merenje progresa. Čuvajte se statističkih istina; one su retko i biološke. One se sviđaju ljubiteljima brojki; njima previše lako manipulišu predrasude istraživača. Istraživačke studije koje finansiraju farmaceutske kompanije, gotovo uvek dolaze do nalaza koji idu u korist tih kompanija. Nije lako ujesti ruku koja nas hrani. Danas, naučni koncept zauzima sekundarno mesto u nauci – iza statističkih činjenica. To čini posao onih, koji se bave osećanjima, veoma teškim, jer osećanja nisu uvek statistički proverljiva.

Ako kažem da lečimo zavisnike od droga, i da je kriterijum – tri meseca bez korišćenja droge – ja mogu da ponudim „dokaz" za svoj lek u vidu pacijentovog ponašanja. Koju cenu plaća pacijent? Nećemo znati dok ne pogledamo ispod haube. Ako neko kaže da su se oni koji su preživeli holokaust kasnije dobro prilagodili, venčali, ostali na istom poslu duže vreme, i da su srećni, ko smo mi da u to sumnjamo? Ako nam je to kriterijum, onda nema rasprave. Ali, ako pogledamo njihov unutrašnji život, njihovu osetljivost na bolesti i preranu smrt, možemo imati drugačiji ishod. Ne mislimo da neko ko je pobegao iz koncentracionog logora ne može zaista biti srećan. Niko to ne osporava. Ono što želimo da znamo jeste *kako* on opstaje. Da li je sklon depresijama, anksioznosti, noćnim morama? Treba da znamo cenu prilagođavanja u terapiji i u životu. Kriterijum je varljiva stvar.

Postoje mnoge „uspešne" dijete. Kriterijum uspešnosti bi mogao biti gubitak od sedamdeset pet kila. Da li to znači da je osoba izlečena? Ne bez generišućih izvora. Možemo reći da je ratni veteran iz Vijetnama dobro prilagođen jer ima dobar stav, ima posao, oženjen je i dobro mu ide. To se ne odnosi na podsvesni otisak. Kada je bol usled traume dovoljno jak, on može biti utisnut i u našem odraslom životu. Ovo je tačno u slučaju ratnih veterana koji su bili u Iraku. Bitno je samo da trauma mora biti izuzetno jaka da bi bila utisnuta; mora imati nekoliko puta veću jačinu od one koju bi imala da se desila u kritičnom periodu.

U analitičkom svetu/svetu uvida, pristup neurozi je, često, pitanje odnosa između lekara i pacijenta (transfer). Lekar usađuje teoriju u svog pacijenta. Svoje naučene misli – serije verovanja. Često se ispostavlja da je to, u stvari, racionalizacija za njegovo (terapeutovo) nesvesno, baš kao što su sve naše misli racionalizacija naših osećanja. Tako, neki terapeuti podižu sopstvene nesvesne probleme na nivo teorijskog principa, kao što je shvatanje da je neuroza zasnovana na dubokom osećanju stida. Treba da budemo oprezni i razdvojimo sopstvena osećanja od pacijentovih. Ako kod nas postoji potiskivanje i živimo u „svojoj glavi", privući će nas terapija koja je više kognitivna, čiji je cilj promena ideja. Ovo važi i za terapeuta i za pacijenta. Tako ovde imamo nesvestan pakt, u kome se oboje slažemo da ograničimo terapiju na carstvo ideja i stavova. Ništa ne mora da se dogovori. Sve se podrazumeva. Ako niko nema pristup osećanjima, nema sumnje da će ona biti zanemarena, kao i evolutivna nauka. Ponovo, simptomi i neurotično ponašanje nisu nastali zbog nedostatka uvida, i uvidi ih neće izlečiti. To je kao da kažemo da glavobolju izaziva manjak aspirina, jer aspirin ponekad „leči" glavobolju.

Postoji nešto što se zove Terapija odluke, još jedna varijacija kognitivnog pristupa. Doktor pomaže osobi da donese odluku u životu. Nažalost, tačno je da mnogim ljudima treba da se kaže šta da rade i kako da žive. To je sastavni deo fašizma, dubokog fundamentalizma, svih religija, i komunizma. Pacijent počinje da živi život svog lekara umesto svoj. A šta ako on ne može da se odluči da donese takvu odluku? Onda moramo da zaronimo dublje; nažalost, tu kognitivisti staju.

Kada govorimo o terapiji osećanjima, izbor se istog časa sužava i usmerava. Osećanja je malo, i možemo im pristupiti pomoću preciznih, ali ograničenih tehnika. Postoji ogroman broj ideja i odigravanja, što vodi beskonačnim terapijama. Izgleda da većina nas želi od terapije isto što želimo od života: sposobnost da dajemo i pružamo ljubav; to je osnova za održavanje odnosa sa drugom osobom. Ako otvorimo moždani sistem kapija, pomažemo svojim pacijentima da vole. Usled toga, osobu više neće pokretati nesvesne snage koje je teraju da pravi iracionalan izbor partnera.

Na primer – žena koja je imala oca tiranina, može tražiti slabog muškarca koji ne predstavlja takvu pretnju kao što je bio njen otac. Ona zatim može biti jako razočarana njegovom pasivnošću i odsustvom ambicije i strasti. Ove osobine neće biti iznenađenje za druge, samo za nju. Kada joj pomognemo da se vrati u detinjstvo i još jednom oseti užasan strah od oca, ona će moći da bira agresivnije, uspešnije osobe, jer takvi muškarci neće više pokretati njen rani užas. Ona to više ne mora da odigrava u sadašnjosti. U kognitivnoj terapiji, možemo probati da je ubedimo da ne bira uvek slabe muškarce, ali to će biti bezupešno, jer nju pokreće nesvestan strah.

Kada osoba blokira užasno osećanje iz detinjstva, rezultat je sistemski. Javlja se opšta blokada osećanja, ne samo specifično potiskivanje jednog osećanja. Usled ovog potiskivanja, mi ne prihvatamo ljubav i nismo svesni da nam se nudi. Studija, objavljena u časopisu „Arhive opšte psihijatrije"[73], došla je do saznanja da su deca majki koje su pušile više od pola pakle cigareta dnevno u trudnoći, bila podložnija poremećajima u ponašanju. Ako se koncentrišemo samo na ponašanje, nećemo videti ove fetalne mesece, kada se taj poremećaj formirao. Postoje, bukvalno, stotine studija koje, dokumentovano ukazuju na efekte fetalnog života na kasnije ponašanje i simptome. Tako, čak i ako terapeut razume ove efekte, on verovatno neće znati šta da radi sa njima; neće shvatiti da oni mogu biti ponovo proživljeni.

Velika greška u psihoterapiji je često mešanje govora sa onim što ga pokreće, kao i verovanje da govor i jezik mogu rešiti problem, ako pacijent usvoji drugačiji set ideja. Pacijent to može učiniti, ali nagon se ne menja; samo je drugačije umotan. Javlja se dilema: funkcije visokog nivoa (kao što su misli i koncentracija) pokreće primitivni mozak, kome obično nemamo pristup, niti taj pristup možemo uopšte i zamisliti. Sve dok zanemarujemo ovu istoriju, ne možemo ni razumeti slom.

Nisu otkriveni ni mehanizam ni moždana struktura koji bi mogli da iskorene emocionalno sećanje ili da unište potrebu za

---

[73] Časopis – „Arhive opšte psihijatrije", jul. 1997.

konekcijom; čak ni terapija elektrošokovima. Elektrošok, očigledno, ima težnju da pojača diskonekciju. Uništavanje memorije je ravno uništavanju dela desne moždane hemisfere. Sve terapije koje ostavljaju otisak netaknutim, jačaju postojeće mehanizme odbrane, udaljujući sećanje od svesti. To znači da ne može biti duboke promene. Odatle se nikuda ne može.

Naš cilj je svesnost, jer je nesvesno definicija za neurozu. Svesnost je jedinstven događaj, koga nikakva količina reči ne može proizvesti. Terapija, u kojoj nema jakih osećanja, ne može nam vratiti to živo osećanje koje se javlja kada stigne svesnost; terapija koja ignoriše osećanja, ne može vratiti sposobnost da se voli, jer ljubav je stvar osećanja.

Izbor

Suze su manifestacija koja vodi do dubljih moždanih otisaka i viših nivoa razumevanja.

Prema Avramu Goldstajnu, neurofiziologu sa univerziteta Stenford, prolivanje suza osvetljava desnu stranu mozga odrasle osobe, ne levu. Ono što se iz ovoga može zaključiti, jeste da izazivanje suza vodi do sećanja iz detinjstva. Ova sećanja mogu u velikoj meri da objasne sadašnje ponašanje. I zaista, suze su manifestacija koja vodi do dubljih moždanih otisaka i viših nivoa razumevanja. Ono što smo klinički otkrili jeste da, čim pacijent počne da plače zbog nečega u sadašnjosti, on automatski kreće ka događajima povezanim sa detinjstvom, pod pretpostavkom da nema ometanja. Neizbežan zaključak je da desna hemisfera mora biti angažovana u terapiji, ako želimo da terapija uspe. Pre dosta godina, sproveli smo istraživanje o suzama sa Vilijamom Frejom sa univerziteta Minesota. Suze zaista ispuštaju neke od neuroinhibitornih transmitera i pomažu nam u pristupu, smanjujući potiskivanje. Zato plakanje mora da bude suštinski deo svake terapije. I najzad, ono mora da bude dovoljno jako da izvuče veoma jaka osećanja iz naših moždanih dubina. Tek nakon toga možemo da shvatimo snage koje stoje iza naših ideja, stavova i verovanja.

Sa svakim odblokiranim osećanjem u našoj terapiji, javlja se i ogroman porast svesnosti, dok nastaje konekcija desne hemisfere sa levom prefrontalnom oblašću.

Pretpostavimo da smo kao oni rani istraživači koji nisu znali šta postoji u zemljinoj „unutrašnjosti“. Njihova istraživanja su bila nasumična, bez mapa, po sistemu pogodak-promašaj. Treba da znamo da postoji odgovarajuća destinacija, i kako da stignemo tamo; da budemo kartografi svih elemenata uma, ne samo mislećeg uma. Ako lekari i terapeuti ne znaju za „unutrašnjost“, oni neće razrešiti napade panike i anksioznosti, depresiju, samoubilačke tendencije, visok krvni pritisak, seksualne probleme, noćne more i hormonalni manjak, da ne pominjemo srčani udar i druge katastrofalne bolesti. Da nastavimo sa metaforom. Dok ostajemo u verbalnom okruženju, nećemo naučiti onaj drugi jezik – jezik senzacija i osećanja. *Iako nam se ovi niži nivoi obraćaju stalno, mi nikada nismo naučili da razgovaramo sa njima.* Nismo naučili njihov jezik, jer je njihov jezik prastar, nastao mnogo pre novog, verbalnog jezika koji danas koristimo. Pokušavamo da navedemo jedan nivo u mozgu da uradi posao drugog nivoa, a on to jednostano ne može. Koristimo reči da kontrolišemo anksioznost – koja nema veze sa rečima. Sa svakim odblokiranim osećanjem u našoj terapiji, javlja se i ogroman porast svesnosti dok nastaje konekcija desne hemisfere sa levom prefrontalnom oblasću. Naš cilj je da proširimo i povećamo svesnost, a suzimo Džanovljev jaz. Nema izlečenja bez priznavanja bola, a sigurno nema izlečenja bez silaska da bi se bol upoznao.

Ideje pacijenta nisu problem u psihoterapiji. One su pokušaj rešenja. One su pokušaj da se napravi protivteža dubljim silama. Sve je pitanje ravnoteže. Loše osećanje, duboko unutra, može naterati ideju da se pojavi na površini, koja će mu biti protivteža. Bespomoćnost koja leži duboko unutar mozga, može voditi u iracionalna verovanja koja sadrže nadu: verovanje u Boga koji nas voli i štiti, na primer. To je protivteža, nesvestan pokušaj da se idejama kontroliše užasno očajanje.

Kada u radu koristimo teorije koje su nastale iz Nesvesnog terapeuta, umesto iz unutarnje realnosti pacijenta (postajemo krojački mehanizmi), menjamo svoje tehnike više iz hira nego zbog nauke.
Moramo biti oprezni kad ideje obeležavamo kao neurotične ili iracionalne. Uzmimo osećanje beznadežnosti; neko je očajan i oseća se poraženo. Pre nego što počnemo da ga ubeđujemo da promeni to osećanje (jer njegov trenutni život nije toliko sumoran da bi izazvao očajanje), treba da vidimo kako ovo osećanje deluje u psihološkoj ekonomiji. Mi, kao terapeuti, možemo pružiti nadu pacijentu. „Najzad, stvari nisu tako loše kao što ih vi prikazujete."

Evo kako nada može psihološki delovati: dete se oseća beznadežno po pitanju dobijanja majčine ljubavi. Ono nije svesno ovog osećanja, jer je počelo život pre nego što je imalo reči. Da bi se sprečilo povezivanje tog, previše bolnog, osećanja, javlja se povećanje lučenja serotonina. Ovaj serotonin može kontrolisati i lučenje dopamina, čiji je rezultat naglašavanje ideja koje sadrže nadu. Tako serotonin upada da bi blokirao opažanje beznadežnosti. Zatim se oslobađa dopamin, da bi pomogao u stvaranju verovanja koja uključuju nadu. Nada se javlja iz beznadežnosti. Beznadežnost daje život nadi. Nada koja se nudi pacijentu ne može izazvati stvarnu promenu u njemu, jer on mora da uroni u dubine beznadežnosti i stavi je u kontekst; onda neće biti razloga za nerealna verovanja. Neće biti razloga za stvaranje lažne nade (Bog ili moj terapeut će me spasti!), jer njen izvor – beznadežnost – više ne postoji.

Ono što treba da uradimo u psihoterapiji jeste da se otarasimo klase „elitnih znalaca" koji su centar sveg postojećeg psihološkog znanja. Pacijent je jedini koji poseduje znanje o svom nesvesnom. Mi terapeuti možemo samo da nagađamo. Kada u radu koristimo teorije koje su nastale iz Nesvesnog terapeuta, umesto iz unutarnje realnosti pacijenta (postajemo krojački mehanizmi), menjamo svoje tehnike više iz hira nego zbog nauke. Do sada, nije postojala teorijska mreža koja bi obuhvatila i psihologiju i neurologiju, iako je bilo pokušaja da se udruže psihoanaliza i neurologija. To je, uglavnom, venčanje pod prisilom. To je isto kao korišćenje gipsa za povezivanje starog, prevaziđenog pojma sa novom naukom, uz nadu da će to trajati. Ako psihoanaliza zanemaruje ključne unutarnje realnosti, onda nije bitno što joj dodajemo određene neurološke činjenice. To ne može da funkcioniše. Zašto bismo uzeli teoriju staru sto godina i spojili je sa istraživanjem starim šest meseci? Ovaj brak ne može da traje; mladoženja je previše star za mladu koja ima nove ideje i nove informacije. Mlada pokušava da vodi starca, ali starac je previše slab da bi je pratio. Mlada teorija, koja funkcioniše unutar neuroloških principa, jeste mnogo bolja.

Ono što Nju ejdž[74] terapije čine, jeste prilično nasumično i bez ikakvog referentnog okvira – stavljanje jedne tehnike na drugu, uz nadu da će se postići poboljšanje. Istina je da određeni vitamini i minerali pomažu, ali gde je sveobuhvatna teorija koja bi nam pomogla da nađemo smisao u tome? Pokušavamo da smirimo brod bez obzira na talase. Kognitivisti i terapeuti uvidom bave se zanatom koji zahvata po površini, pri čemu su ubeđeni da on ima dubinski zahvat. Takozvana „dubinska" psihologija je stvar ideja, koje aludiraju na određena stanja dubokih osećanja koja pritom nisu potkrepljena dokazima. Onaj ko nikada nije video dubine koje smo mi videli, lako će napraviti ovu grešku. Strukturisana teorija uzima u obzir različite nijanse nivoa svesnosti. U svakom slučaju, u konvencionalnim terapijama, pacijenti dolaze da bi potvrdili svoju neurozu. Oni žele da se menjaju, ali bez bola, što je shvatljivo. Ali bez bola nema suštinske promene.

Ako kažemo da se neko ko se ponaša pristojno, oseća pristojno, to je kraj diskusije. Ali ako ponudimo drugačije kriterijume, koji uključuju neurobiološke procese, dokazi će biti drugačiji. Onda ćemo morati da proverimo da li je nivo kortizola niži i da li je nivo serotonina promenjen. Šta se dešava sa šablonima moždanih talasa? Znamo da su kod ratnih veterana, nivoi norepinefrina visoki (što je izmereno u uzorcima urina). Osobe sa užasnim detinjstvom su takođe ratni veterani; rat je prilično tih i suptilan, ali isto tako ubija naše duše. Zanimljivo je da su pacijenti, kada su im dati lekovi da bi se podigao nivo norepinefrina (galvanizujuća osećanja), imali flešbekove traumatskih događaja u detinjstvu. U našoj terapiji to postižemo *bez lekova*. Mi podižemo emocionalni ulog, a istorija se pridružuje.

---

[74] New Age – Novo doba (engl.) – *prim. prev.*

Imamo moć da napravimo atavistički skok u svoju prošlost i otključamo nesvesno. Vraćajući se u naš lični razvoj, možemo zaviriti u milione godina evolucije. Možemo videti kako ideje i verovanja stupaju na scenu kada su osećanja prejaka. Svaki mesec naše lične fetalne evolucije i evolucije u našem detinjstvu (ontogeneza), izgleda da predstavlja milione godina razvoja ljudske vrste (filogeneza). U ovom smislu, u našim terapijskim sesijama, ontogeneza sažeto ponavlja filogenezu. Ono što možemo da uradimo sada, jeste da se vratimo svojim počecima, i kroz njihovo proživljavanje, otkrijemo šta se desilo tokom našeg rođenja. Dalje, možemo otkriti kako je taj događaj uticao na naše živote. Možemo doći do početka naših strategija za preživljavanje, pri čemu svaki korak znači vraćanje većeg dela nas samih. Istrajno se borimo za oslobađanje nesvesnog, jer to znači emocionalnu slobodu.

Hajde da sažeto prikažemo ključne fenomene (po mom mišljenju) u razvoju emocionalne povrede (ili neuroze), i opšte principe prave terapije. Kako sam pomenuo na početku knjige, postoje ključni fenomeni u razvoju emocionalnih povreda. To su:

1. Osnovni uzrok mnogih emocionalnih problema i simptoma je bol.
2. Ovaj bol potiče iz ranog životnog perioda, kao što su život u materici i rođenje.
3. Bol je utisnut u centralni nervni sistem i u celo telo.
4. Bol je kodiran i uskladišten u ključnim moždanim sistemima, naročito u limbičkom sistemu i moždanom stablu, i širi se ka drugim delovima fiziologije osobe.
5. Bol se može registrovati na tri ključna nivoa moždane funkcije ili nivoa svesti.
6. Vreme ili epoha u kojoj se desila trauma odrediće gde je uskladištena u mozgu i kakvu će štetu napraviti.
7. Ovaj bol proizvodi preopterećenost podacima unetim u moždani sistem, koji...
8. Proizvodi neurološko zatvaranje kapija da bi sprečio da bol dođe do svesnosti/svesti.
9. Kao rezultat sistema kapija, bolna osećanja na nižim moždanim nivoima spiralno odjekuju u nižim moždanim strukturama (reverberacija – *prim. prev.*)

10. Širenjem energije bola, dolazi do dislokacije funkcija u mnogim ključnim biološkim sistemima.

11. Bol proizvodi disocijaciju ili diskonekciju među ovim nivoima zaustavljajući neometan protok energije između njih.

12. Pravi terapijski cilj mora biti *konekcija* između utisnutih trauma nižeg nivoa i svesnosti/svesti.

Principi pravilne terapije su sledeći:

1. Terapeut mora da pomogne pacijentu da pristupi ključnim otiscima na različitim nivoima svesnosti, a ne da pruža svoje uvide.

2. Komponenta patnje iz ovih traumatskih otisaka treba da stigne do kortikalne svesnosti za konekciju. Ova komponenta leži u nesvesnom i pokreće nelogične i iracionalne ideje.

3. Povezivanje (ili konekcija) je nužna pretpostavka uspešne terapije, i rešenje mnogih simptoma i poremećenih ponašanja i ideja.

4. Kada dođe do povezivanja, trauma je najzad integrisana; preopterećenje ulaznim podacima se povezuje sa kortikalnim centrima i najzad se rasipa. Integracija znači da je potiskivanje uklonjeno i da više nema stalne potrebe da se osećanja i zadržavaju. Ništa ne mora da se kaže, sve se razume. Ako u terapiji ne postoji pristup osećanjima, nema sumnje da će osećanja biti zanemarena, kao i nauka o evoluciji.

5. Nama je potrebna iskustvena terapija, koja je u saglasju sa savremenim neurološkim istraživanjima i koja pruža dubok pristup neurološkim procesima nižeg nivoa.

6. Ovaj pristup se ostvaruje u malim dozama da bi se omogućilo merenje konekcije i integracije, što stvara trajne promene u mnogim biološkim parametrima, od kojih se najvažniji, *parametri funkcionisanja centralnog nervnog sistema*.

7. Kada se jednom postigne konekcija, neće više biti velike dislokacije u funkcijama i ceo sistem će se normalizovati fiziološki, kao i u oblasti ideja i verovanja.

8. Sa razrešenjem, možemo videti promene u celom biološkom sistemu, od imunog do neurološkog sistema.

Ako priznamo da rana trauma prouzrokuje bol; da taj bol traje i da je utisnut; da je taj bol merljiva snaga; da je moguće da se ponovo proživi i da se poveže sa svešću; da, kada se jednom to uradi, postoji kaskada promena u sistemu od moždane funkcije do promena u imunom sistemu, onda znamo da postoji *samo jedan lek* za mnoge, mnoge bolesti. Kaskada o kojoj govorim je obrnuta od kaskade koju opisuje Martin Teičer, koji je raspravljao o promenama u mozgu povezanim sa ranom traumom, o čemu smo gororili ranije u knjizi. On navodi da se, sa ranom traumom, javlja kaskada promena naniže, sve do nivoa molekula. U ponovnom proživljavanju, javljaju se iste ove promene, samo u obrnutom smeru – normalizacija; ponovno ustanovljavanje polaznih tačaka, tamo gde je to moguće.

Nova ravnoteža se može postići kroz ponovno proživljavanje traume koja je ostala u netaknutoj formi u sistemu. Tako, postoje dva načina za nastanak normalnog sistema: jedan je da budemo voljeni u ranom detinjstvu, i da ne budemo toliko oštećeni da su mnogi biološki sistemi iskrivljeni ili izvitopereni (neuroza); i drugi, da ponovo proživimo tu štetu da bismo ponovo uspostavili ravnotežu. Ništa drugo neće imati taj efekat. Kako sam istakao, ako bismo doveli nezainteresovanu, hladnu majku na terapijsku sesiju i naveli je da jedan sat ljubi i grli pacijenta, ništa se ne bi promenilo. Možda bi bilo prolazne promene tu i tamo, ali ne bi bilo trajnih efekata.

Ponovno proživljavanje mora da obuhvati ponovno proživljavanje u celosti, a ne samo jedan moždani sistem ili samo biološki sistem. Iskustvo nije bilo postavljeno kao ideja, i ideje ga neće promeniti. U stvari, ključna iskustva, koja nas oblikuju, utisnuta su duboko u mozak[75] mnogo pre nego što se jave ideje. Zato i vidimo promenu u nizu različitih sistema posle nekog vremena provedenog na Primalnoj terapiji.

Jedan članak iz londonskog „Tajmsa"[76], ima sledeći naslov : „-Već od treće godine, omeđeni smo svojom ličnošću." U njemu se raspravlja o istraživanju Instituta za psihijatriju u Londonu, koje je

---

[75] U filogenetski starije moždane strukture – *prim. prev.*
[76] „Već od treće godine, omeđeni smo svojom ličnošću," London tajms, 24. avg. 2002, str. 11.

izvršeno kod 1000 trogodišnjih ispitanika, i kada su ti isti ispitanici imali dvadeset tri godine. Ovaj članak ukazuje da se crte karaktera između treće godine i odraslog doba, gotovo ne menjaju. Drugi način da se ovo kaže jeste da se bazična ličnost formira do treće godine. Ovo ima smisla, budući da, u trećoj godini, razvoj limbičkog desnog mozga ustupa mesto frontalnom kortikalnom razvoju. Da citiramo članak iz „Tajms-a": „Rezultati ove studije jesu najjači dokaz do sada, da ponašanje deteta u ranom dobu, može da predskaže njegovo karakteristično ponašanje kada odraste." Mi se malo menjamo posle treće godine što se tiče samopouzdanja, pouzdanosti, otvorenosti, odlučnosti, besa i samokontrole.

Desna hemisfera nam pruža šansu da ukratko ponovimo svoju istoriju, da je ponovo proživimo i promenimo. To je čudo. Ona nam takođe omogućava da posmatramo drevnu istoriju i evoluciju mozga. Vidimo kako svaka moždana struktura doprinosi našoj ljudskosti. Više ne moramo da se oslanjamo na zastarele teorije, koje su iznad pacijenata. Iz usta tih istih pacijenata dolaze sve teorije koje su nam potrebne. Njihova osećanja objašnjavaju ono što treba da znamo.

Osoba razvija ideje usled sloma osećanja, koji ostaje nesvestan. Da bismo snažno uticali na ideje, treba da utičemo na osećanja koja leže ispod njih. Moramo se setiti da je jedan od evolucijskih *raisons d'être* za razvoj levog frontalnog korteksa, bio stvaranje mašine za laganje, mašine koja bi mogla da nas prevari i tako nas drži podalje od bola. Rezultat je otuđenje jedne moždane hemisfere od druge. Ovako dolazi do diskonekcije. Nema smisla da koristimo tu mašinu za laganje da bi nam bilo bolje. To bi značilo da koristimo aparat koji stvara odbrane da bismo ih uklonili! Kada budemo razumeli ulogu osećanja u desnoj hemisferi, a naročito u desnom prefrontalnom korteksu, znaćemo da tu moramo koncentrisati svoje napore. Razlika između terapije osećanjima i kognitivne terapije je ista kao razlika između leka i lečenja simptoma; između leka i ublažavanja, leka i poricanja, između leka i samoobmane, i između pojavnog i suštinskog. To je razlika između emocija i ideja, između holističkog pristupa i lečenja fragmenata. To je razlika između terapije podsećanjem i terapije ponovnim proživljavanjem. (Treba da imamo na umu da je pravo sećanje nešto organsko; mi se sećamo svojom ukupnošću.) U terapiji je opasno ono čega se pacijent ne može setiti. Telo se seća svojim pokretima i stavom, svojim izrazom lica. Sećanje je striktno moždani događaj. Jedan važan činilac: u ponovnom proživljavanju nikada ne pokušavamo da promenimo ishod sećanja. Ne pokušavamo da ponovo pišemo istoriju. Stavljamo pacijenta na neurološku stazu, a ostatak je pitanje istorije koja sledi.

Istorija neuroza je istorija jada; hajde da pustimo pacijenta da isplače taj jad, i da vrišti zbog svake svoje stare povrede. Da plače zbog promašenog života, zbog neuspelih veza i nanošenja bola svojoj porodici; zbog toga što su ga nevidljive i nepoznate snage prisilile da puši, pije i uzima droge; zato što je uništio svoj život, kroz ponašanje koje se nije okrenulo ka ljubavi. Emocije su nam potrebne u životu i u terapiji.

Žak Širak, predsednik Francuske, u govoru o sudbini pariskih Jevreja, koje su nacisti prikupljali da bi ih odveli u koncentracione logore[77], rekao je nešto što nikada ne bi trebalo da zaboravimo: „Naša je dužnost da iz sećanja izvučemo pouku." To se odnosi na sve nas. Sećanje jeste dužnost. I sećanje je lek. Nijedan lek ne može biti efikasan kada se istrgne iz istorijskog konteksta, jer mi, zapravo, lečimo istoriju pomoću sećanja. L. P. Hartli je napisao: „Prošlost je strana zemlja." Moramo krenuti na taj uzbudljivi put do prošlosti, da bismo je učinili svojom i prestali da budemo stranci sami sebi. Možemo se opet vratiti kući. Možemo poništiti istoriju. Iako nas osećanja mogu iskriviti i okretati u svim pravcima, ona su sam život. Nijedna terapija koja se oslanja na reči, ne može da ih oživi i da nam vrati naše živote. Jedina osoba koja može da oživi naša osećanja smo mi sami. Može nam trebati pomoć, ali najzad znamo kako da osetimo ono što nas pokreće, kako da preuzmemo kontrolu, da volimo i živimo!

---

[77] II svetski rat – *prim. prev.*

REFERENCE

Časopisi

AGUILERA, G., and RABADAN-DIEHL, C., "Vasopressinergic Regulation Of The Hypothalamic-Pituitary-Adrenal Axis: Implications For Stress Adaptation." Regul Pept (2000) 22. Dec. 96. (1–2): 23–9.

AMARAL, D.G., and INSAUSTI, R. "Hippocampal Formation: A Review of Anatomical Data." D.G. & Witter, M.P. (1989). "The three-dimensional Organization of the Hippocampal Formation: A Review of Anatomical Data." *Neuroscience*, tom. 31, str. 571–591.

BARBAS, H. An Anatomic Basis of Cognitive Emotional Interactions in the Primate Prefrontal Cortex [Review]. Neuroscience: Biobehavioral Review (1998), tom. 19., str. 499–510.

BARBAS, H., and PANDYA, D.N., Architecture of Intrinsic Connections of the Prefrontal Cortex in Rhesus Monkey. Damasio, A. R., Damasio, H., Cristen, Y. (eds) Neurobiology of Decision Making. Berlin: Springer-Verlag, (1996) str. 13–16.

BLACK, HARVEY. "Amygdala's Inner Workings: Researchers Gain New Insights Into This Structure's Emotional Connections." *The Scientist*, Oktobar (2001), 15(19):20.

BLUM, K., and BRAVERMAN, E.R., et al., "Reward Deficiency Syndrome: A Biogenetic Model For The Diagnosis And Treatment Of Impulsive, Addictive, And Compulsive Behaviors." *Journal of Psychoactive Drugs*, (2000) Nov., tom. 32 Dodatak: i–iv, 1–112.

BOHUS, B., et al., "Forebrain Pathways and their Behavioral with Neuroendocrine and Cardiovascular Function in the Rat." *Clinical Experimental Pharmacology and Physiology*, (1996) 23 (2), str. 177–182.

BOWER, BRUCE, "Left Brain Hammers Out Tool Use." *Science News* (2003), 19 April, str. 241–256.

BOWER, BRUCE, "Smells Like Emotion: Brain Splits Duties To Sniff Out Feelings." *Science News*, 25 Januar (2003), tom. 163, Br. 4, str. 49 – 64.

CANLI, TURHAN., ZHAO, ZUO., BREWER, JAMES., GABRIELI, JOHN D.E., and CAHILL, LARRY. "Event Related Activation in the Human Amygdala Associates with Later Memory for Individual Emotional Experience." *The Journal of Neuroscience* (2000), Tom 20 do 99, str. 1 – 5.

CAREY, BENEDICT, "New Surgery to Control Behavior." *The Los Angeles Times*, 4.Avgust, 2003, str. F1.

CAREY, BENEDICT, "Psychiatry and Preschoolers: More Young Children Are Being Diagnosed with Drugs Even As Doctors Grapple With A Lack of Research." *The Los Angeles Times*, 30 Jun, 2003, str. F1.

CARROLL, LINDA. "Mounting Data On Epilepsy Point to Dangers of Repeated Seizures." *The New York Times*, Utorak, 18 Februar, 2003, str. D 5.

CLONINGER, C. "Genetic and environmental factors in the development of alcoholism. *"Journal of Psychiatric Treatment Evaluation.* Tom 10, (1983).

COMINGS, D.E., and BLUM, K., "Prog. Brain Res." (2000), 126:325–41.

CROMIE, WILLIAM J., "Childhood Abuse Hurts the Brain, Raises Risks of Suicide, Mental Illness." *Harvard Daily Gazette*, 5 Mart, 2001.

DICKEY, CHANDLEE C., MCCARLEY, ROBERT W., and SHENTON, MARTHA E. "The Brain in Schizotypal Personality Disorder: A Review of Structural MRI and CT Findings." *Harvard Rev. Psychiatry* (2002) Januar/Februar.

FOREMAN, JUDY, "Minds Fixed on Chemo Brain." *The Los Angeles Times*, 14 Jul, 2003, str. F 8.

FRIEDMAN, RICHARD A., M.D., "Self-Protection or Delusion? The Many Varieties of Paranoia." *The New York Times*, Utorak, 1-April , 2003, str. D5.

GAZZANIGA, MICHAEL S., "Cerebral Specialization and Interhemispheric Communication: Does the Korpus kalozum Enable the Human Condition?" *Brain* (2000) Oxford University Press, 123, 1293–1326.

GOLDENBERG, MYRON M., "Pharmacology for the Psychotherapist." Accelerated Development Inc., (1990).

GOODMAN, DAVID, "Biochemical Changes During a Dacrystic Regimen." Newport Neuroscience Center. Society of Neuroscience. Tenth Annual Convention. Nov. 1984 Abstract 97.13., str 343 (otprilike).

HELDT, SCOTT A., and FALLS, WILLIAM A., "Research Report: Destruction of the Auditory Thalamus Disrupts the Production of Fear but not The Inhibition of Fear Conditioned to an Auditory Stimulus." *Elsevier Science*, 29 Septembar, 1998.

HOLDEN, MICHAEL E., "The Neurophysiology of Feeling, " and "The Profile of a Primal." *The Journal of Primal Therapy*, vol. II, Br. 3, Zima (1975), str. 181 – 205, 216 – 223.

INGVAR, DAVID A., and LASSEN, NIELS A., "Brain Function and Blood Flow, " *Scientific American*, Oktobar (1978), str. 50–59.

JIMERSON, D.C., WOLTE, B.E., METZGER, E.D., FINKELSTEIN, D.M., COOPER, T.B., and LEVINE, J.M., "Decreased Serotonin Function in Bulimia Nervosa." *Archives*, *General Psychiatry*, str. 54(6):529–534, 1997.

JOHNSON, STEVEN. "The Brain + Emotions: Fear, " *Discover*, Mart (2003), str. 33 – 39.

JOSEPH, R., "Fetal Brain & Cognitive Development." *Developmental Review* (1999), tom. 20, str. 81 – 98.

KALB, CLAUDIA. "Coping with Anxiety, " *Newsweek*, 24 Februar (2003), str. 51 – 52.

KOVACS, G.L., SARNYAI, Z., and SZABO, G., "Oxytocin and Addiction: A Review." Pyschoneuroendocrinology 23, br. 8 (1998): 945–62.

LANG, P.J., DAVIS M., OHMAN, A., "Fear and Anxiety: Animal Models and Human Cognitive Psychophysiology." *Affect Disorders* (2000), Decembar; 61 (3): 137–59.

LEDOUX, JOSEPH E., (Center for Neural Science, New York University) "Emotion Circuits in the Brain." *Annual Review of Neuroscience* (2000) tom 23:155–184.

LEDOUX, JOSEPH E., SAKAGUCHI, A., and REIS, D.J., "Subcortical Efferent Projections of the Medial Geniculate Nucleus Mediate Emotional Responses Conditioned to Acoustic Stimuli." Journal of Neuroscience (1984) Mart; 4 (3): 683–98.

LESHNER, A.I., and KOOB, G.F., National Institute on Drug Abuse,

National Institutes of Health, Rockville, MD, Association of American Physicians (1999) Mart–April; 111(2): 99–108.

LEVINE, S. "Influence Of Psychological Variables On The Activity Of The Hypothalamic-Pituitary-Adrenal Axis." *European Journal of Pharmacology* (2000) 29 Sept.; 405 (1–3): 149–60.

MCGAUGH, JAMES L., "Memory Consolidation and the Amygdala: A Systems Perspective, " *Trends in Neurosciences*, vol. 25 Br. 9, Septembar, 2002.

MERATOS, E.J., DOLAN, R.J., et al., "Neural Activity Associated with Episodic Memory for Emotional Context, " *Neurospsychologia* (2001); 39 (9): 910–20.

MILLER, B., CHOU, L., and FINLAY, B.L., "The Early Development of Thalamocortical and Corticothalamic Projections." Journal of Comparative Neurology (1993) Septembar 1; 335 (1):16–41.

MILLER, MARTIN, "When Anxiety Runs Sky-High." *The Los Angeles Times*, 7 Jul , 2003, str. F1.

NEUMANN, I.D., et al., "Brain Oxytocin Inhibits Stress-induced Activity of the Hypothalamo-Pituitary-Adrenal Axis in Male and Female rats; a partial action within the paraventricular nucleus." *Journal of Neuroendocrinology* (2000) vol. 12 (3), pp. 235–243.

PAPOUSEK, I., and SCHULDER, G., "Covariances of EEG Assymetries and Emotional State Indicate that Activity at Frontopolar Locations is Potentially Affected by State Factors." *Psychophysiology* (2002), tom. 39, str. 350–360.

RAUCH, SCOTT, M.D., Massachusetts General Hospital, "The Amygdala in Brain Function: Basic and Clinical Approaches, " The New York Academy of Sciences, Neuroscience Conference Mart 24 – 27 (2002), Str. 47.

SAMSON, W.K., "Evidence for a psychological role for oxytocin in the control of prolactin secretion." *Endocrinology* (1986), 119 (2), str. 554–560.

SAMSON, W.K., "Oxytocin and the anterior pituitary gland." *Advanced Experimental Medical Biology* (1995), str. 395; 355–364.

SANTOUSE, A.M., FFYTCHE, D.H., HOWARD, R.J., et al., "The Functional Significance of Perinatal Korpus kalozum Damage: An FMRI Study in Young Adults." *Guarantors of Brain* (2002), tom. 125, 1782–1792.

SCHORE, ALLAN N., M.D., UCLA: "The Effects of Early Relational Trauma On Right Brain Development, Affect Regulation, and Infant Mental Health" *Infant Mental Health Journal*, 2001, tom 22, str. 201–269.

SCHORE, ALLAN N., M.D., UCLA: "The Effects of a Secure Attachment Relationship on Right Brain Development, Affect Regulation and Infant Mental Health, " *Infant Mental Health Journal* (2001), tom. 22, str. 7–66.

STUSS, D.T., PICTON, T.W., and ALESANDER, N.P., "Conscio-
usness, Self-Awareness and Frontal Lobes." Salloway, S., Malloy,
P.and Duffy, J. (eds). *The Frontal Lobes and Neuropsychiatric Ill-
ness...* Washington: Psychiatric Press, 1999, str. NA.
SZALAVITZ, MAIA, "Love Is The Drug." New Scientist, 23
Novembar, 2002, str. 38 – 40.
TEICHER, MARTIN, "The Neurology of Child Abuse, " *Scientific
American*, March (2002), pp. 41–42, 75, and Mara M. Sanchez,
navod, str. 74.
VEDANTAM, SHANKAR, "A Mother's Touch, A Lover's Caress."
The Washington Post (International Herald Tribune), 30 Jul,
2002, str. 7.
WANG, ZUOXIN, YOUNG, LARRY J., LIU, YUE., and INSEL,
THOMAS R., (Department of Psychiatry and Behavioral Scien-
ces, Emory University School of Medicine). "Species Differences
in Vasopressin Receptor Binding Are Evident Early in Develop-
ment: Comparative Anatomic Studies in Prairie and Montane
Voles." *The Journal of Comparative Neurology*, (1997) tom 378:
535–546.
WALLACE, J., "The New Disease Model Of Alcoholism." *Western
Journal of Medicine*, tom 152 (1990).

Knjige

AMARAL and PAXINOS: PAXINOS (Ed.) *The Human Nervous Sys-
tem*. San Diego, Academic Press, str. 711–755, 1990.
JANOV, A., *The Biology of Love*, Prometheus books (2000), New
York.
JANOV, A., *The New Primal Scream*, Enterprise Publishing, 1991.
LEDOUX, JOSEPH E., *The Emotional Brain: The Mysterious Under-
pinnings of Emotional Life*. Touchstone Books (1996), New York.
MACLEAN, PAUL, *The Triune Brain in Evolution: Role in Paleocere-
bral Functions*, str. 68.
SCHORE, ALLAN, M.D., UCLA. *Affect Regulation and the Origin of
the Self*. L.E. Erlbaum (1994) New Jersey, str. 180.

Dodatne reference

Minugh-Purvis, Nancy and McNamara. Human Evolution Through
Developmental Change. Johns Hopkins Univ. Press. 2002. Mary-
land

LeVay, Simon. The Sexual Brain. MIT Press. Cambridge, Mass. 1993

Hale, Malcolm. Mechanisms of the Mind. Hale-van-Rugh Press. 1999
    Pa

Schacter, D. and Elaine Scarry. Memory, Brain and Belief. Harvard U.
    Press. Cambridge Mass. 2000

Falk, F. Brain Dance. Harry Holton Books. N.Y. 1992

R. DeMoss Brainwaves Through Time. Plenum Press. 1999 N.Y.

BELEŠKE

[1] Cela rasprava o ovome data je u mojoj novoj knjizi „Seks i podsvesno"

[2] "Neurologija zlostavljanja deteta", Mart 2002

[3] "Zlostavljanje deteta oštećuje mozak" W.J. Cromie, www.news.harvard.edu

[4] Vidite rad van der Kolka o orbito-frontalnom korteksu i Poremećaju Post-Traumatskog Stresa, kao i mnoge istraživačke studije vezane za ovo autora Brusa Perija

[5] Skorašnja studija koju je izvršio Gent Univerzitet iz Holandije, potvrđuje aspekte onoga o čemu govorim. Od ispitanika je traženo da se fokusiraju na određene reči ili fraze, a zatim na značenje i osećanja u vezi njih. Prvo se aktivirala leva hemisfera, a onda, kada su bila uključena osećanja, aktivirao se desni frontalni mozak; aktivacija leve strane nije se smanjila u ovom periodu. Bile su potrebne obe strane da bi se pristupilo i osećanju i značenju – i napravila konekcija. Potrebne su obe hemisfere da bi obradile suštinu osećanja, da bi se uspostavio smisaoni sadržaj i da bi se označilo osećanje. Treba da znamo ne samo „šta" poruka želi, već i kakvo osećanje nosi. Nije samo desna hemisfera odgovorna za osećanja; njoj je potrebna i saradnja leve. Da smo se fokusirali na reči (kao u kognitivnoj terapiji), desna hemisfera ne bi bila u potpunosti angažovana. Aktivaciju desne hemisfere izazvali su obrasci ritma, zvuka i tona. Vingerhoets, G. Berckmoes, C. Stroobant, N. "Cerebral Hemodynamics During Discrimination of Prosodic and Semantic Emotion in speech Studied by Transcranial Doppler Ultrasonography." Neuropsychology. APA Press. Jan. 2003)

[6] M. Szalavitz, „Ljubav je Droga" New Scientist: 23 Novembar 2002, 38–40.)

[7] Viking Press: New York, 2002.

[8] L.A. Times, Dec. 8, 2002. Str. B20.

[9] "Naglasite pozitivno" str. F5, Dec. 9, 2002.

[10] "Snaga žaljenja, " Benedict Carey, str. F1 i F7, 18 Novembar, 2002

[11] Raspravljam o DROP-u naširoko u novoj knjizi, *Velika Obmana. Psihoterapija Bez Osećanja*

U P O Z O R E N J E !

PRIMALNA TERAPIJA JE OPASNA SA NEOBUČENIM OSO-
BAMA. AKO IMATE NEKO PITANJE O OSOBAMA KOJE TVRDE
DA SU PRIMALNI TERAPEUTI, MOLIMO VAS DA KONTAKTI-
RATE PRIMALNI CENTAR NA

primalctr@earthlink.net

ZA INFORMACIJE O PRAVOJ PRIMALNOJ TERAPIJI, MOLI-
MO POGLEDAJTE NAŠ VEBSAJT

www.primaltherapy.com

Artur Džanov PRIMALNO LEČENJE • Izdavačko preduzeće RAD, Beograd, Dečanska 12
Lektor i korektor MIROSLAVA STOJKOVIĆ • Za izdavača SIMON SIMONOVIĆ
Štampa Elvod-print, Lazarevac

CIP – Каталогизација у публикацији
Народна библиотека Србије

615.851

ЏАНОВ, Артур

    Primalno lečenje / Artur Džanov ; [prevod s engleskog Nina Ogrizović]. – Beograd :
Rad, 2006 (Lazarevac : Elvod-print). – 303 str. ; 24 cm. – (XXI vek ; knj. 2)

Prevod dela: Primal Healing / Arthur Janov. – Napomene i bibliografske reference uz tekst. –
Bibliografija: str. 293–298.

ISBN 86-09-00935-1

a) Примална терапија
COBISS.SR-ID 133522188

www.ingramcontent.com/pod-product-compliance
Lightning Source LLC
Chambersburg PA
CBHW070736270326
41927CB00010B/2006